国家卫生健康委员会全科医学规划教材

供全科医生学历继续教育、转岗培训、农村订单定向医学生培养使用

全科医生科研方法

第3版

主　编　刘　民　杜　娟

副主编　占伊扬　姜　晶　张剑锋

人民卫生出版社

·北　京·

图书在版编目（CIP）数据

全科医生科研方法 / 刘民，杜娟主编. —3 版. —
北京：人民卫生出版社，2023.5

国家卫生健康委员会全科医学规划教材

ISBN 978-7-117-34013-7

Ⅰ. ①全… Ⅱ. ①刘… ②杜… Ⅲ. ①家庭医学 – 科
学研究 – 研究方法 – 职业培训 – 教材 Ⅳ. ①R499-3

中国版本图书馆 CIP 数据核字（2022）第 208395 号

人卫智网	www.ipmph.com	医学教育、学术、考试、健康，购书智慧智能综合服务平台
人卫官网	www.pmph.com	人卫官方资讯发布平台

全科医生科研方法
Quanke Yisheng Keyan Fangfa
第 3 版

主　　编：刘　民　杜　娟
出版发行：人民卫生出版社（中继线 010-59780011）
地　　址：北京市朝阳区潘家园南里 19 号
邮　　编：100021
E - mail：pmph @ pmph.com
购书热线：010-59787592　010-59787584　010-65264830
印　　刷：天津画中画印刷有限公司
经　　销：新华书店
开　　本：710×1000　1/16　印张：25.5　插页：1
字　　数：558 千字
版　　次：2013 年 5 月第 1 版　2023 年 5 月第 3 版
印　　次：2023 年 6 月第 1 次印刷
标准书号：ISBN 978-7-117-34013-7
定　　价：69.00 元

打击盗版举报电话：010-59787491　E-mail：WQ @ pmph.com
质量问题联系电话：010-59787234　E-mail：zhiliang @ pmph.com
数字融合服务电话：4001118166　E-mail：zengzhi @ pmph.com

编　者（按姓氏笔画排序）

王皓翔　　　中山大学
占伊扬　　　南京医科大学第一附属医院
刘　民　　　北京大学
刘　珏　　　北京大学
杜　娟　　　首都医科大学
杜兆辉　　　上海市浦东新区上钢社区卫生服务中心
张剑锋　　　广西医科大学第二附属医院
姜　晶　　　吉林大学第一医院
陶立元　　　北京大学第三医院
黄亚芳　　　首都医科大学

编写秘书
黄亚芳　　　首都医科大学

出版说明

　　为了贯彻落实党的二十大精神，充分发挥教育、科技、人才在全面建设社会主义现代化国家中的基础性、战略性支撑作用，全面推进健康中国建设，加快全科医学人才培养，健全公共卫生体系，加强重大疫情防控救治体系和应急能力建设，加强重大慢性病健康管理，提高基层防病治病和健康管理能力，在对上版教材深入调研和充分论证的基础上，人民卫生出版社组织全国相关领域专家对"全科医学规划教材"进行第三轮修订。

　　本轮教材的修订和编写特点如下：

　　1. 旨在为基层培养具有高尚职业道德和良好专业素质，掌握专业知识和技能，能独立开展工作，以人为中心、以维护和促进健康为目标，向个人、家庭与社区居民提供综合性、协调性、连续性的基本医疗卫生服务的合格全科医生。

　　2. 由国内全科领域一线专家编写，编写过程紧紧围绕全科医生培养目标；注重教材编写的"三基""五性""三特定"原则；注重整套教材的整体优化与互补。

　　3. 为积极应对人口老龄化的国家战略，结合全科医学发展、全科医生能力培养、重大传染病防控等方面的需求，本次修订新增3种（社区卫生服务管理、全科老年病临床实践、全科常见未分化疾病诊疗手册），共计12种教材。

　　4. 充分发挥富媒体优势，配备电子书，通过随文二维码形式与纸质内容紧密结合，满足全科医生移动阅读的需求；同时，开发中国医学教育题库子题库——全科医学题库，满足当前全科医生多种途径培养和考核的需求。

　　5. 可供全科医生学历继续教育、转岗培训、农村订单定向医学生培养等各类全科医生培训使用。

　　本轮教材修订是在全面实施科教兴国战略、人才强国战略，培养和建设一支满足人民群众健康需求和适应新时代医疗要求的全科医生队伍的背景下组织编写的，力求编写出符合医学教育规律、服务医学教育改革与发展、满足基层工作需要的优秀教材，希望全国广大全科医生在使用过程中提供宝贵意见。

融合教材使用说明

如何激活电子书？

第①步：刮开二维码涂层

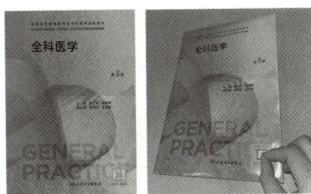

1. 找到图书封面右下角的"蓝色二维码"
2. 刮开带有涂层的二维码

第②步：微信扫一扫，点击"立即领取"

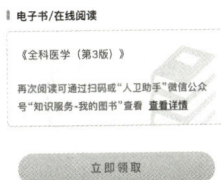

1. 微信"扫一扫"扫描二维码
2. 在新页面点击"立即领取"

第③步：授权并登录

1. 根据页面提示，选择"允许"，允许人卫智数服务号获取相应信息
2. 在新页面点击"微信用户一键登录"
3. 新用户需要输入手机号、验证码进行手机号绑定

第④步：点击"查看"开始阅读

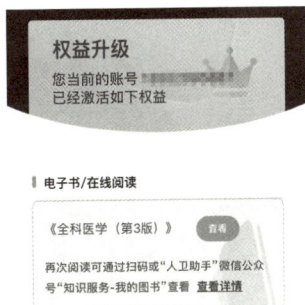

1. 点击"查看"即可阅读电子书
2. 再次阅读电子书可通过"人卫助手"微信公众号、微信小程序、App，在"我的图书"查看

主编简介

刘 民
教授，博士生导师。现就职于北京大学公共卫生学院，承担国家自然科学基金委员会重点项目，面上项目，科技部"863项目"，科技创新2030重大项目，传染病重大专项项目，国家重点研发计划，国家"十一五""十二五"重大科技支撑计划项目，首都卫生发展科研专项项目60余项。主编和参编教材及书籍60余部，发表中英文论文330余篇。

杜 娟
教授，博士生导师。首都医科大学全科医学与继续教育学院副院长，现任中国医疗保健国际交流促进会全科医学分会常委兼秘书长，中华医学会全科医学分会委员兼副秘书长，北京医学会全科医学分会常委。主持国家级及省部级等各类项目10项。以第一作者或通讯作者发表中文核心期刊及SCI收录论文70余篇，出版学术专著1部。

副主编简介

占伊扬　　　主任医师，教授，博士生导师。南京医科大学第一附属医院副院长，中华医学会全科医学分会常委，中国医师协会全科医师分会常委。致力于心血管慢性疾病相关研究，主持国家自然科学基金项目等。2014年获中华医学科技奖三等奖，2021年获江苏高等学校科学技术研究成果一等奖。

姜　晶　　　主任医师，教授，博士生导师。吉林大学第一医院临床研究部副主任，医学伦理委员会副主任委员。中华预防医学会流行病学分会委员，中华医学会医学伦理学分会科研与伦理审查学组委员。参编国家规划教材4部，作为项目负责人主持省部级课题30余项，在国内外专业期刊发表论文100余篇，作为负责人获省部级科研成果3项。

张剑锋　　　主任医师，教授，博士生导师。广西医科大学第二附属医院副院长、全科住培基地主任。现任中国医师协会全科医师分会常委、广西医学会全科医学分会副主任委员，主持国家自然科学基金项目2项、省部级科研项目6项，参编国家级规划教材《全科医学》《全科医学概论》，主编《基层全科医疗实践手册》，发表学术论文60余篇。

前　言

在实现"健康中国2030"战略目标的背景下，我国的全科医生数量持续增加，全科医学进入了学科发展的关键时期。为了规范和提高全科医生的培训质量，在国家卫生健康委员会和教育部相关文件指导下，人民卫生出版社组织专家编写了全科医生系列培训教材。经过多年的培训实践，取得了较好的效果，深受全科医生的欢迎。

作为国家卫生健康委员会全科医学规划教材之一，本教材以《住院医师规范化培训内容与标准（试行）》全科培训细则为依据，确定了教材编写的指导思想和原则。在强调基础理论、基本知识、基本技能的基础上，突出思想性、科学性、先进性、启发性和适用性，旨在提升全科医生科研能力、培养学科骨干、促进全科医学学科发展。

在本教材的编写过程中，我们充分征求了使用者和潜在使用者的意见，在保持前两版系统性和理论性的前提下，注重实用性和通俗性。每个章节均以全科医生实际工作中的科研问题为例，便于读者理解该章节的内容，力求使其兼具教材和工具手册的双重功能。

本教材共十三章，章节安排按照科研工作的全过程展开。第一章"绪论"介绍了开展全科医学科研的目的、意义和全科医学科研的主要领域，并简要介绍了全科医学科研课题设计的基本步骤。第二章"全科医生科研中伦理学问题"主要介绍在医学科研中的伦理审查制度及伦理相关审查文件的撰写。第三章"文献的搜集与评价"是开展科研工作的基础，介绍了文献的种类、文献检索技术、途径和步骤、常用的中英文医学文献检索工具及文献的评价等。第四章和第五章分别为"社区全科医生常用科研方法"和"社会学定性研究方法"，主要内容既包括了全科医生开展科研工作常用的定量研究设计方法，如现况调查、病例对照研究、队列研究、试验性研究等，也包括了常用的定性研究方法，如观察法、访谈法、专家咨询法等。第六章和第七章分别为"全科医生科研中常用的技术"和"全科医生科研中的常用统计学方法"，分别展示了在开展科研过程中资料收集技术及常用统计学分析方法，如计量资料、计数资料的描述性和推断性统计分析、相关与回归分析、统计图表制作等。第八章至第十二章主要介绍了在全科医学研究中常用的研究评价方法，如健康管理的研究设计与实施、社区中医药服务评价、社区卫生服务综合评价、卫生经济学评价、循证医学及应用等，其中社区中医药服务评价研究和卫生经济学评价研究是根据目前全科医生工作实际及未来科研工作开展所需新增内容。最后一章介绍了研究结果如何展示，即医学科研论文和综述的撰写方法和如何投稿、发表。

本教材的编写体现了全体编委在多年的全科医学教学和科研实践中积累的丰富经验

和研究成果。在编写过程中得到了各编委所在学校、医院的高度重视和大力支持。吉林大学第一医院吴燕华、广西医科大学第二附属医院冯基花、首都医科大学全科医学与继续教育学院李卉、北京大学公共卫生学院刘巧、广州市天河区石牌街道社区卫生服务中心吴小亚、南京医科大学万彬、上海市浦东新区上钢社区卫生服务中心王海棠协助编委参与编写了相关内容。编写秘书黄亚芳副教授在文字处理、编排和校对方面做了大量的工作。在此，我们对全体编委、参编人员及编写秘书对本教材的辛勤付出表示衷心的感谢！

感谢北京市丰台区方庄社区卫生服务中心葛彩英、北京市西城区月坛社区卫生服务中心李肖肖、北京市东城区建国门社区卫生服务中心熊卫红、北京市丰台区丰台社区卫生服务中心郭晓玲等全科医生对本书提出的建设性建议。对所有关心和支持本书编写工作的各相关单位的领导、同仁表示由衷的谢意！

由于我们知识的局限，本教材中难免会有错误或瑕疵，恳请读者提出宝贵的意见。

刘 民 杜 娟

2022 年 12 月

目　录

第一章 绪论

> 全科/家庭医学自20世纪60年代创建以来得到了快速发展，科学研究对学科发展起到了举足轻重的作用。在学科创建之初，美国等多国专家进行了大量研究，探索全科/家庭医学设立的必要性、学科的特点与内涵，以及全科医生的培养方法和周期等重要问题，对学科发展起到了至关重要的作用。在我国，随着全科医学和社区卫生服务工作的发展，全科医生面临着越来越多的临床问题、管理问题和科学问题。这些问题的探索和解决需要全科医生掌握医学科学研究的基本方法和技能，而全科医生们也意识到医学科学研究的重要性。全科医生进行科学研究不仅可以解决全科医疗实践中存在的问题，提高全科医疗服务质量，更重要的是能够提高全科医生的科研素养、提高全科医学学科水平、拓展全科医学理论和实践的新领域，促进学术交流和学科发展。

第一节 全科医生科研概述

一、全科医生开展科研工作的目的与意义

（一）全科医生开展科研工作的目的

1. 发展和完善全科医学的理论体系，确立和巩固全科医学学科的学术地位。按照全科医疗的原则和理念，修订完善全科医疗服务内容，提高全科医疗服务的水平和效率。

2. 探索全科医疗服务的适宜技术，包括全科医疗的临床诊疗技能和基本公共卫生服务技能，提升全科医生自身服务能力和科研素养。

3. 提出开展全科医疗服务需要相关政策和运行机制的建议。

4. 研究全科医学教育的培训方法、培训模式和培训效果的评价方法。

（二）全科医生开展科研工作的意义

1. 为全科医疗发展与全科医学学科建设提供科学依据 全科医疗服务随着人们对健康服务及医疗卫生服务需求不断提高而应运而生，它有着自身发展的特点和规律。要使全科医疗服务能不断适应和满足人民群众日益增长的医疗卫生服务需求，积极主动地把握全科医疗发展的客观规律，就必须通过全科医生的科研，不断地探索、尝试，不断积累经验、总结教训，才能更加准确地把握全科医学的本质和发展规律，为制订符合社会发展需要的全科医疗服务政策提供科学依据，为建立适应我国卫生事业发展的全科医疗服务模式提供方法依据，为探索全科医疗适宜技术及其推广应用提供实践依据。同时也为全科医学学科建设提供理论依据。

2. 促进全科医疗服务模式的不断发展　随着国家新医改的实施，社区卫生服务得到了很大的发展。要在新形势下适应和满足人民群众对医疗卫生服务的需求，基层卫生服务模式需要不断地调整。通过全科医生的科学研究，可以为国家出台相关政策提供依据。例如建立双向转诊服务机制与途径、家庭医生签约服务、全科医疗服务团队及智能化服务等。这些研究有利于全科医疗服务水平的提升与管理模式的完善。

3. 促进全科医生专业水平的提高　在全科医学发展的过程中，全科医生的科研能力一直都是较为薄弱的环节。通过培养全科医生的科研能力，可以快速提升全科医生的专业水平。例如从文献阅读、选择研究题目，到确定研究目的、进行项目设计、项目申报，再到项目实施、资料收集、统计分析和论文撰写等各个环节，对全科医生的科研思维能力、组织能力、沟通与协作能力、文字表达能力及临床服务能力都有明显的提升作用。

4. 促进社区卫生服务水平提升和服务特色形成　近年来，随着各地全科医生科研的持续开展，已经产出了一大批具有鲜明特色的全科医疗服务产品，涵盖常见慢性病的早期筛查、慢性病社区管理、社区康复、妇幼保健、老年保健等领域。如对高血压、糖尿病、慢性阻塞性肺疾病等慢性病患者开展社区管理，建立健康档案、开展健康教育与药物治疗、饮食和运动监测等综合干预措施的研究和效果评价研究，逐步推广有效的社区干预模式，使患者的建卡率、管理率、慢性病控制率都有明显提高。

二、全科医生科研的主要类型与内容

医学研究包括基础医学、临床医学和预防医学研究三部分。基础医学研究的任务是认识健康和疾病相互转化的规律，临床医学研究的重点则是促进疾病向健康转化，而预防医学研究的主要任务就是防止健康向疾病转化。这些不同类型的研究分工不同，但又相辅相成，互相交叉。全科医生科研则充分吸取基础医学的研究成果，侧重于研究临床医学与预防医学服务技术在基层医疗卫生服务中的应用。

全科医生科研的内容包括全科医学理论研究、全科医疗服务研究、社区卫生服务研究，以及基层医疗卫生服务的相关政策、服务模式和运行机制的研究等。全科医学是一门综合性的临床二级学科，融合了其他学科的相关理论和知识，在进行全科医学研究时需要将基础医学、临床医学、预防医学、康复医学及社会科学等多学科的知识有机结合，在生物-心理-社会医学模式的指导下，探索全科医疗的服务规律，提升全科医学理论；研究适合于解决社区人群疾病的适宜技术，开展综合、连续、协调、便利的照顾服务，满足社区居民的健康服务需求，达到预防疾病、促进健康的目的。

全科医生开展科研的领域很广，既可以针对某个健康问题、某种疾病或某类人群的健康状况开展调查研究，也可以是社区卫生服务的服务模式、运行机制、管理办法、人才培养等的研究。

按照研究内容分类，全科医生科研类型分为以下五类。

（1）全科医疗服务中临床问题的研究：包括常见病、多发病的诊断、治疗、预防及康复效果的评价，社区卫生服务适宜技术研究及成熟的诊疗技术进一步规范应用等，如对高血压、糖尿病、骨关节炎等慢性病患者提供有效的疾病防治和管理服务，又如对残疾或行动不便的居家老人提供医疗、康复及保健服务等。全科医生在开展临床问题研究时不仅要考虑全科医疗实践工作的需要，也要能够运用国际、国内在该领域中的创新实践，还需要结合其他学科的专业知识和技能等聚焦某一临床问题开展多学科交叉研究。例如"肿瘤患者综合介入治疗后心理改变及社区心理干预效果研究"，全科医生运用 SCL-90 量表、抑郁自评量表、焦虑自评量表等心理学方法评价肿瘤患者介入治疗后的心理改变，运用情绪支持、社会支持、认知重建、适应性技巧训练等方法进行社区心理干预，并对干预效果进行评价。该研究的特点是借鉴心理学的常用方法，将其运用于肿瘤患者介入治疗后的心理干预，选题具有实用价值，又有一定新意。

（2）社区常见健康问题研究：社区常见健康问题的研究内容宽广，常运用流行病学方法开展研究，如社区常见健康问题的现况调查、疾病流行及相关影响因素的研究、常见疾病的病因与危险因素研究及危险因素的干预及效果评估研究等。例如"某社区先天性病残儿现况调查及危险因素研究"，研究者可以通过相关部门，收集该社区先天性病残儿的信息，开展流行病学现况调查。了解该地区先天性病残儿类型、康复现状与需求，为该地区先天病残儿的康复提供科学依据。

（3）社区人群健康行为研究：这类研究主要运用健康教育学、行为学和社会医学方法和理论，探索疾病与健康关系，如居民与疾病相关的行为调查；常见病、多发病健康教育途径及效果评估；医患关系、沟通技巧研究；家庭及社会文化对健康的影响、个人及家庭生活压力事件调查、家庭动力学研究等。例如"多元文化护理在社区高血压患者健康教育中的应用"，全科医生在多年开展高血压患者健康教育的基础上，探索多元文化因素如语言、饮食文化、宗教文化、教育水平、家庭支持对高血压患者开展饮食、运动、戒烟等行为干预的影响，从而为进一步提高健康教育的水平提供科学依据。该课题的创新性在于将多元文化护理的方法用于高血压患者的健康教育。

（4）社区卫生服务研究：这类研究主要侧重于卫生管理与政策研究。包括社区医疗保健服务需求和需要评估；社区卫生服务机构人、财、物等管理模式研究；医疗人力资源及设施的分布及利用研究；患者对医疗服务的满意度、全科医疗服务效率和效果研究；成本-效益分析等卫生经济学评估；与全科医疗服务和健康管理相关政策的研究，如组建全科团队、实施家庭医生责任制、实施药品零差率政策等研究。由于社区卫生服务体制、机制改革在不断深化，这类研究在全科医学科研中占的比例在不断上升。例如"家庭医生制服务内部运行机制及效果评估"，研究者对社区卫生服务中心实施家庭医生责任制的组织形式、约束机制、动力机制、管理机制和支持保障系统进行研究，并运用德尔菲法构建相应的效果评估量表。又如"某社区卫生服务中心项目化综合化管理"，社区卫生服务管理者对现有社区卫生服务中心的人事、财务、物资、医疗质量等常规管理工作进行梳理，形成项目管理路径并建立综合管理工作信息化模块。

（5）全科医学教育研究：包括全科医学教育培训计划制订、课程设置、教学方法与效果评估研究；全科医学教育的投入产出分析；医学院本科生及毕业后住院医师规范化培训模式与教学方法研究；全科医学继续教育及自学评估的方法等。例如"社区全科教学基地师资培养方法的探索"，研究者根据自己多年开展全科医学教学的实践经验，认为社区师资是目前全科医学培训的关键环节，于是申报科研项目，通过调查某地30家社区培训基地的师资情况，初步形成社区全科基地师资培养方法及流程。

三、全科医生开展科研的常用方法

全科医生开展科研时，既需要掌握流行病学、卫生统计学等定量研究的方法进行科研设计、实施、资料收集和统计分析，还需要掌握开展科研工作的基础性工作，如文献搜集与评价、循证医学基础知识等。同时还应掌握开展全科科研工作中常用的一些技术，如问卷设计技术、访谈技术、定性指标的量化技术、移动互联网调查技术及健康相关生存质量评价技术。此外，根据全科医学的学科特点，全科医生还应了解健康管理、社区中医药服务研究、社区卫生服务综合评价、卫生经济学评价等具体研究方法，以及与研究相关的医学伦理学原则。本书将在后续的各个章节中对相关内容进行详细介绍，为全科医生的科研工作提供帮助和指导。

（一）全科医生从事科研工作的基础

1. **文献搜集与评价**　文献搜集是进行科学研究时的最基础工作。全科医生在相对独立的社区环境中执业，在遇到有关某种疾病或症状的病因、诊断、治疗及预后等方面的问题时，可查询教科书，也可通过检索、阅读与分析相关文献，寻求答案。全科医生应了解文献的基本概念、文献检索技术、途径和步骤，熟悉常用的中、英文医学文献检索工具，如中国生物医学文献服务数据库、中国知网、万方数据资源系统及PubMed数据库等。文献管理的方法、文献分析步骤和方法对全科医生科研也很重要。目前，循证医学方法在全科医生科研中也逐步开始应用，如系统评价、荟萃分析（Meta分析）等，为此本书设相应章节进行系统介绍。

2. **卫生统计学**　卫生统计学是运用数理统计学理论与方法在医疗卫生事业领域有关数据收集、整理、分析的一门应用性学科。卫生统计学方法也是全科医生科研中重要的方法学基础，全科医生应掌握数值变量、分类变量和相关回归分析等基本统计分析方法，科学地进行资料统计分析。另外，也应熟悉运用常用统计软件来进行统计分析。全科医生在学习流行病学和卫生统计学方法时，应重点关注其基本原理和方法在研究中应用，通过案例为导向的学习方法，理解常用研究设计方案、资料收集、分析方法及研究结果的解释，而相关公式及推导过程不是学习的重点。

（二）全科医生科研的常用方法

1. **流行病学方法**　流行病学是一门研究人群中疾病和健康状况的分布及其影响因素，并进行防治措施效果评价的学科。流行病学是全科医生科研设计的重要方法，分别介绍了筛检、现况研究、病例对照研究、队列研究、试验研究及疾病预后研究等社区全科医生常用的医学科研方法，以期为全科医生提供科学研究必备的知识和技能储备。

2. **定性研究法**　定性研究是一种系统化询问方式，通过访谈人员与被访者之间的交流过程，收集研究对象对事物发生及发展规律的观点、认识和态度等相关信息，从而阐述事物的特点及发生、发展的规律。定性研究的方法可应用于：①作为快速评价技术，可迅速提供有用的信息；②辅助问卷设计，提高问卷质量；③对所知不多的领域开展探索性研究；④对提出的问题深入研究。常用的定性研究方法包括观察法、深入访谈法、专题小组讨论、选题小组法、德尔菲法、头脑风暴法等。目前，定性研究在探讨社区居民的卫生服务需求、确定卫生服务模式及服务评价指标体系研究等方面有较多使用。

四、全科医生科研中的常用技术

1. 问卷设计技术 问卷是调查研究中收集资料、对某些变量进行度量的一种测量工具，问卷设计质量高低直接关系到调查的质量。全科医生应掌握调查问卷的一般结构，问卷设计的基本原则及程序，问卷的调查方法，现场调查过程管理与质量控制等技术。

2. 访谈技术 访谈技术一般是调查人员为了获得准确可靠的研究资料，运用科学的访问方式，引导调查对象说出研究所需要信息的技巧和策略。访谈技术是开展定性研究进行资料收集的主要方式之一，因此作为研究者应熟悉访谈的全过程及相关访谈技巧，获取到研究所需资料。

3. 定性指标的量化技术 全科医学研究中常会涉及一些定性指标，如疼痛程度、抑郁程度、幸福度等，是不能直接量化测量的，而需通过量化分析技术，如定性条目的分级和定性条目的权重确定等来实现量化，从而减少这类指标的笼统和模糊程度。

4. 移动互联网调查技术 随着互联网科技的发展，智能手机、智能平板等移动终端设备功能的不断升级，基于移动互联网新技术的调查工具的开发和应用，为调查研究领域带来了变化。了解移动互联网调查方式及如何进行移动互联网调查设计，可以提高研究的效率。

5. 健康相关生存质量评价技术 在全科医生科研中经常使用各种量表来评价人群的健康状况和生理、心理问题，全科医生需熟悉常用的健康相关生存质量量表，如生命质量、健康状况量表、心理与社会功能评价量表等。另外也需了解量表的评价方法，如信度、效度及反应度评价等。

第二节 全科医生科研的课题设计

全科医学科研工作的基本步骤包括选题、准备阶段、执行阶段、总结阶段。在确定选题后，进入准备阶段，研究者应仔细阅读近年来与本课题有关的文献与其他相关资料，形成研究假设和研究目标，并对研究中的相关概念进行梳理和澄清，在此基础上设计研究方案，在此阶段还要进行调查人员的培训和相关设备购置等工作；执行阶段一般需要通过预实验，检验研究方案的可行性，对方案进行完善，然后按照研究设计方案，进行资料收集；总结阶段一般指在完成各项资料收集之后，对原始资料进行整理和审核，对缺失数据及时进行补充调查，对不合理数据按照要求进行处理。在完成上述工作后，运用各种统计方法进行资料的统计分析，然后撰写研究报告或学术论文。本节重点介绍科研课题的选题和课题设计。

一、全科医生科研选题

选题是科研过程的战略性步骤和起点，是科学研究的首要环节。爱因斯坦在《物理学的进化》一书曾指出："提出一个问题往往比解决一个问题更重要，因为解决问题也许仅仅是一个数学上或实验上的技能而已。而提出新的问题，新的可能性，以新的角度去看旧的问题，却需要创造性的想象力，而且标志着科学的真正进步。"科学家贝尔纳也曾指出："课题的形成和选择，无论是作为外的经济技术要求，抑或作为科学本身的要求，都是科研工作最复杂的一个阶段，一般说来，提出课题比解决课题更困难。"

由此可见，选题恰当与否不仅决定了课题研究的方向，而且也影响研究的整体设计、研究成果的应用价值。选题决定着课题研究的方向，它是关系到科研工作方向正确与否，成果可及与否，水平高低等关键内容的重要决策；选题也是指导科研设计的主线，研究对象的选择、研究方法的应用、观察指标的选择、资料处理的方式及研究结果的分析都将围绕选题展开。因此，选好题，一项研究的意义就能充分体现出来。

研究者通常从日常医疗卫生保健工作中，在大量阅读文献的基础上，选择自己感兴趣的研究领域，然后通过详细了解该领域的研究现状与未来发展方向，结合现有的工作基础和条件进行选题。

（一）选题的基本原则

1. 重要性　所选研究课题，应是当前需要优先解决的健康问题，一般需要回答三个问题：①问题的严重性如何？②问题涉及面的广度如何？③受影响的对象是谁？如果一个研究课题的影响面广、影响的人多且影响程度大，这就是应该首选的课题。通常选择疾病负担大（高发病率、高病残率）的病种进行研究，如心脑血管病、糖尿病、恶性肿瘤、呼吸系统疾病及新生儿疾病等都是疾病负担十分突出的疾病。

2. 创新性　创新是科学研究的灵魂，是区别其他劳动的本质特征。无创新性的课题，是没有任何意义的，也算不上真正的科学研究。创新是科学研究的源泉和动力，体现了科研的真正价值。科研的创新程度可有不同，但一定要有创新。"创"是指前人或他人没有研究过的题目，而不是重复别人的工作；"新"是指研究项目有独到之处，而不是低水平模仿、抄袭。前人是否做过类似研究，如果已有学者做过研究，要仔细分析前人的研究结果，是否还有哪些重要方面尚未研究透彻或尚未找到答案而需要继续研究。如果该问题已经有答案了，要考虑重复研究有无意义或有多大意义，如果没有意义，应放弃此类选题。通常可利用各种检索工具，如Medline、中国知网（CNKI）、万方、维普等，充分掌握该领域国内外的研究信息和动态，然后经过充分的思考，做好选题工作。

3. 科学性　研究要以辩证唯物主义为指导思想，选题必须以事实为根据，而非主观臆想。要能正确处理继承与发展的关系，不应与现有的科学规律和理论相矛盾；选题必须具体和明确，反映研究者思想的清晰度与深刻性；选题设计需符合科学的要求：受试对象、施加因素、观察措施和指标等选择合理，科研方法先进，统计学设计正确。

课题研究目的必须明确，内容清楚，指标具体，准备研究什么问题，解决什么问题，如何去解决这些问题，期望得到什么结果，哪些应作为研究重点，都应做到心中有数，有的放矢。全科医生通过对日常医疗卫生中遇到的问题进行提炼、归纳，形成研究选题，同时，还注意避免将科研工作完全等同于日常医疗卫生实践。

4. 实用性　包括预期成果的学术价值、社会效益和经济效益。学术价值是指研究的预期结果在本领域有创新，如提出了新的问题、开拓了新的研究领域、提出了新观点、做出了新论证、构建了新理论或发掘了新材料等。社会效益是指预期研究成果对社会的科技、卫生、文化、生态、环境等方面所做出或可能做出的贡献。值得注意的是，社会效益具有慢热、非显性的特点，往往要在一段比较长的时间后才能发挥出来。经济效益是指研究的投入成本和将来成果推广应用时产出的比。课题效益对经济效益的要求一般是投入少、成本低、见效快、收效大。

5. 可行性　选题时还必须考虑完成课题的必要条件，包括课题研究的主观条件、客观条件两个方面。主观条件主要是指研究者在技术上有没有能力开展这项研究，即研究者和合作者的学识水平、业务技术操作能力，积累的科研工作经验，课题组人员知识结构、工作时间、人员结构、上级支持等。客观条件主要是指现有仪器设备、技术、材料、经费、床位、场所等条件是否能满足研究的需要，通常包括开展本项研究所需的仪器设备、实验条件，必要的人员配备，足够的经费资助及合理的时间周期等。现有资源不足时能否找到别的资助，争取必要的条件支持。

6. 伦理道德　应仔细考虑研究过程中是否可能对研究对象带来有害影响。如研究对象能否接受调查，与文化风俗习惯有无抵触，对研究对象隐私保护等。如有需要，在研究开始前应取得伦理道德委员会的批准。

（二）选题的途径

1. 从项目指南中选题　在各类各级科研招标指南中，通常会非常明确地提出鼓励研究领域和重点资助范围，比较详细地提供一系列可供选择的基础研究、应用基础研究、应用研究项目和课题，这些选题一般都是医疗卫生实践中亟待解决的问题。如国家自然科学基金、省部级科学基金等，有关部门每年都会下达项目指南。申请者可以根据自己的兴趣、特长和实力选择适合自己的研究课题。

2. 从实际工作中选题　在社区日常医疗卫生实践中，有大量的未知领域需要进一步探索的问题，亦有大量不断出现的新问题。因此，选题应着眼于工作实践。在实际工作中，会遇到各种各样的问题、难题及难以解释的现象。全科医生可以从以下几方面考虑。

（1）围绕社区常见病、慢性病的诊治：在实践中会发现某疾病近年来发病率持续上升，患者数也越来越多；某疾病现有的治疗效果不佳，容易出现并发症；某疾病总是容易出现在某种特殊人群中；某两种或多种中医药适宜技术的组合对某种疾病是否较传统治疗更有效等问题。

（2）围绕社区常见病、慢性病的管理：在实践中会发现实施不同的防治策略，管理效果会有较大差别；同一管理模式在不同的社区推广应用，也会有不同的管理效果；针对不同的人群，慢性病的防治措施也应有所侧重；社区卫生服务如何在为医养结合、妇幼保健、精神疾病患者管理中发挥作用等问题。

（3）围绕新时期社区卫生服务工作：如何实现公共卫生服务均等化？怎样界定基本医疗卫生服务和基本公共卫生服务？怎样实现老年人的医养结合？怎样加强社区卫生服务人才队伍建设？如何开展社区卫生信息化建设等问题。

（4）围绕与社区卫生服务的交叉领域：在实践中，会碰到如下这些问题，如社区卫生服务提供与民政救助如何有效衔接、居民基本医疗保险与商业医疗保险怎样衔接、社区卫生服务机构如何整合利用各种社区资源更好地提供服务等。

3. 从文献中选题 研究课题来自实际，亦来自文献，在实践中，对疾病的认识总会遇到困难，总会在著作中记载没解决的问题或尚未定论的东西。可以通过阅读文献，借鉴他人的实践，激发自己的认识活动，扩展探索研究思路。如他人某项研究虽然重要但病例太少，则可以扩大样本量做进一步研究；某项研究限于当时条件，其观察指标不恰当或检查方法不精确，可进一步给予补充验证；国外的研究量表不一定适合国人，需要进行国内人群进行验证或通过自拟的研究量表进行测评。

4. 根据客观要求选题 根据人类对健康的愿望和客观要求而产生课题。例如，人从胚胎开始，至出生到生命终止，每一阶段均向医学科学提出了大量的研究题目，优生、优育、生长发育、长寿等各阶段都有许多具体问题需要解决。

5. 从已有课题中延伸选题 课题的研究内容都有一定范围与层次，在完成本课题任务之后，大多数情况下可以从广度和深度进一步延伸。通过已有的课题延伸选题可以使研究步步深入。

6. 从其他学科移植中选题 借鉴与移植是科学研究的重要方法，它是把应用于某疾病、某学科、某专业，甚至某领域的先进的方法技术等借鉴转移过来，应用于另一疾病、学科、专业领域，为己所用。医学的发展在很大程度上依赖于其他学科新原理和新技术的发展，将其他学科新技术与新方法转移来研究医学中的问题，这已成为现代医学科研的重要选题方法之一。

7. 从学术争论中选题 对于同一现象、同一问题，学术界常存在着不同观点、不同认识，甚至产生激烈的争论。了解这种争论的历史、现状及焦点，乃是发现问题的重要途径。许多科学研究，常常是从有争论的问题开始的。参加各种学术讲座、学术会议和疑难病例讨论，是聆听各种意见和见解、启迪灵感的最佳途径，在这里就可以找到适合自己并且非常感兴趣的研究课题。

（三）选题的程序

1. 提出问题 提出问题是任何医学研究活动开始的第一步，要提出一个具有科学意义和能够进行研究的问题，是相当困难的。但是提出问题是科研选题的始动环节，它具有重要的战略意义。

2. **查阅文献** 提出问题之后，就应当进行调查研究。查阅文献的主要目的是了解提出的问题是否在科学上具有创新意义、了解国内外在该领域的研究动态、为建立研究假说提供充分的材料与理论基础。调查资料收集主要有两条途径：一是在相关部门开展现场调查，收集一手资料；二是查阅文献获取二手资料。

3. **建立假说** 建立研究假说是选题的核心和灵魂。假说的正确与否从根本上决定科研工作的成败，假说水平的高低同样决定着科研成果水平的高低。

研究假说具有两个特点，一是科学性，研究假说应有一定的事实根据，需进行科学论证；二是假定性，假说尚未得到实践证明，有假定的性质，包含有猜测的因素，有预见成分。

在建立研究假说的科研实践中，要善于抓住已知的理论解释不了的事实和现象，随时记录自己观察与思考的"闪光点"；要善于进行理论思维，养成对一切未经科学解释的现象进行思考的习惯；要善于学习自己相邻学科的理论及其他有关专业的知识，灵活应用借鉴；要善于从自己或别人的实践中总结经验、教训，发现新的研究点。

4. **确立命题** 命题的确立一般要符合如下基本要求。

（1）要简要概括研究课题的内容。

（2）要含蓄地体现假说的内容。

（3）一般需要附加限定成分，如初步研究、探讨等。

（4）可采用动名词结尾，用以表达课题研究的性质和特点。如"疗效研究""模式研究"等。

（5）命题需要简明扼要，中文题目以不超过25个字为宜，外文题目以不超过15个实词为宜。

二、研究计划的拟定与撰写

科研计划是对研究全部过程分步骤、分阶段的细化性描述。没有良好的计划，就不可能得到卓有成效的研究成果。研究计划应该是课题的具体深化和展开，是具有方向性的学术思想和指导性纲领。

（一）科研计划的拟定

科研计划是达到研究目的的手段，科研计划的拟定是对科研项目设计、实施、进度和报告等整个构思过程的具体说明。其内容的拟定主要取决于研究的任务和目的。通常，一项科研计划拟定的内容包括研究目的、研究目标、立题依据、研究内容、研究方法、技术路线、质量控制、统计方法、预期结果、年度计划、工作基础和经费预算等。

在项目申报时撰写的项目或课题申请书就是一份完整的科研计划书。虽然不同来源的课题对撰写的科研计划内容有不同的要求，但是基本上所包含的内容是大致相同的。下面以科技部和国家自然科学基金项目申请书的内容举例如下。

国家科技支撑计划课题可行性研究（论证）报告包括课题概述；课题需求分析（项目确定的课题目标与任务的需求分析、课题解决的主要技术难点和问题分析）；现有工作基础与优势（国内外现有技术、知识产权和技术标准现状及预期分析，课题申请单位及主要参与单位研究基础）；实施计划及年度目标（课题研究内容、技术路线和创新点，课题进度安排及年度目标）；课题考核指标；经费预算；实施机制；课题承担单位、参与单位及主要研究人员；课题风险分析及对策。

国家自然科学基金申请书内容包括以下内容。

1. 立项依据与研究内容

（1）项目的立项依据。

（2）项目的研究内容、研究目标、拟解决的关键科学问题。

（3）拟采取的研究方案及可行性分析（包括研究方法、技术路线、实验手段、关键技术等说明）。

（4）本项目的特色与创新之处。

（5）年度研究计划及预期研究结果（包括拟组织的重要学术交流活动、国际合作与交流计划等）。

2. 研究基础与工作条件

（1）工作基础。

（2）工作条件。

（3）承担科研项目情况。

（4）完成自然科学基金项目情况。

3. 经费申请说明

4. 申请人简历

5. 其他需要说明的情况

（二）科研计划书的撰写

科研课题确定以后，接下来的工作就是要撰写一份科研计划书。科研计划书既是研究课题的分阶段、分步骤的细化工作，是开题报告，又是研究经费申请所必备的文字材料，后者也称为项目申请书。撰写医学科研计划书对研究者来说是一项必备的基本功。

由于课题来源的途径不同，侧重点也不完全相似，但任何一份科研计划书都应包括以下部分的内容。

1. 确定研究题目
选题过程要经过反复的理论上的思考和实践上的准备。它对一项科研工作或对一位科研工作者来说，是一次战略性的选择。选得合适，经过一定时间后就会出现结果。反之，虽经过长期努力，也不免失败。所以，选好题目是科研工作者各方面能力和水平的综合体现。

拟定恰当的课题名称在立项中也是至关重要的一环。在确定课题名称时，应紧扣项目主题，并以简练的文字表述和传递与项目相关的信息。它在一定程度上可以体现项目的主要研究内容、研究方法及主要目标等。所以，一个好的题目应能以最少的文字，表达最丰富的信息。一个恰当、准确的题目，可以深深地吸引项目同行及评审专家的注意力，使他们会产生极大的兴趣，并能紧紧围绕题目所提供的线索，在项目书中寻找有用的和关键的信息。这就像一本好书要有好的书名，人们在阅读之前就已被书名所吸引或打动一样。

（1）题目要体现出项目创新性：题目是项目申请者对同行或评议专家说的第一句话，因而显得非常重要。题目中除了要体现项目的主要研究内容和方法等信息外，还应突出体现创新性。国内外的基金项目所资助的项目，都是具有一定创新性的优秀项目。

（2）题目要体现项目的先进性：如果所选项目在研究方法或技术手段上具有突出的特点，则可在项目的题目中，体现所用研究方法的先进性，以及在研究手段或技术方法上的难度，这样很可能会起到画龙点睛的效果。

（3）题目所覆盖的范围要合适：如果不是自由选题项目，而是要按招标项目指南选题时，题目的确定要按规定的要求而定，不应超出规定的研究内容范围。如国家自然科学基金的重点、重大项目的题目由招标指南而定，申请者易于掌握。题目的确定也要根据研究时间的期限，以及能够获得经费的数量做出相应的调整。题目过大，包含的内容太多，与指定的项目实施周期不符时，获得资助的可能性就会相应下降。

2. **立题依据**　立题依据是科研计划书的主要组成部分。在该部分中，申请者应该提供项目的背景资料，阐述该申请项目的研究意义、国内外研究现状、主要存在的问题及主要的参考文献等。通过阅读立题依据，不仅可使同行专家明确该立项研究的需求和意义，同时也要使相关领域专家能够最大限度地了解拟研究的问题和必要性。

（1）研究意义：在此应该说明所要研究的疾病或健康问题是当前的重要公共卫生问题或是目前亟需解决的重要问题，强调本研究所具有的价值，以及研究成果对行业发展的促进作用。研究的意义本身就是选题所考虑的重要内容之一，在此应该使用一些的指标如发病率、病死率、死亡率及伤残调整寿命年来阐述此问题。

（2）国内外研究现状：在阅读了大量同类研究文献的基础上，综述出该研究领域国内外研究现状、发展趋势及目前存在的主要问题。

（3）本研究的切入点与特色：针对国内外同类研究中存在的问题引出本研究的目的和意义，阐明本研究的重要性和必要性，理论意义和实际意义。在立题依据的最后部分要重点说明与国内外同类研究相比，本项目的特色、创新之处、必要性和研究成果对行业发展的促进作用。

（4）列出主要参考书目和参考文献。

3. **研究方案**　研究方案中包括研究目标、研究内容、研究方法、技术路线、可行性分析、创新点、年度计划、预期成果等内容。

（1）研究目标：用简洁的文字将本研究的目的写清楚。如"了解城市社区居民伤害现状及影响因素""了解北京市城市居民糖尿病患病率及其影响因素"。原则上，目标要单一、特异。一项研究只能解决一至两个问题。研究目的可以分为主要研究目的和次要研究目的。

（2）研究内容

1）研究现场的选择：研究计划书中应该对拟进行研究的现场写清楚。包括选择研究现场的标准，研究现场所具备的条件及研究基础。研究现场可以是医院，可以是社区，也可以是有一定组织的机关和厂矿。

2）研究对象的选择：研究对象的选择关键是要有代表性，否则所得结果不能外推。选择研究对象时应考虑患者的来源、患者入选标准和排除标准。

3）样本量估计：一般根据所采用的研究方法选择相应的样本量计算公式进行计算。

4）研究对象抽取与分配方法：研究中是否使用随机化的方法来抽取研究对象、是否采取随机分组的方法来分配研究对象，使用什么样的方法和步骤进行抽样等都应该在研究计划书中明确说明。选择研究对象时还要重点考虑对照组的设立。对照的设立主要是为了使那些已知的和未知的影响因素在各比较组间分配均衡，但是也不能为了控制混杂因素而匹配过多的影响因素，因为这样很容易导致匹配过度而损失研究信息。

5）研究因素：选择研究因素需要体现研究目标的要求，突出重点的研究内容。研究因素或研究指标可以是与健康或疾病相关的影响因素，也可以是疾病治疗的终点指标，如死亡和痊愈，也可以是中间指标，如好转、血液黏稠度下降等。选择特异、客观、可测量的指标是研究计划是否能够达到研究目的的重要一环。

6）干预方法：在实施方案中要将拟采取的干预措施进行详细说明。在社区干预研究中，在明确了对随机分组后的干预组和对照组实施的干预措施后，还需要说明在两组中实施干预的具体方法和步骤等。

7）质量控制：项目开始前对研究人员进行培训，统一标准和方法。在研究过程中应定期对各中心的研究质量进行监督并及时反馈信息，以便及时发现和纠正研究中的漏项、缺项和各种操作问题等，保证研究资料的客观性、完整性和准确性。

8）数据处理方法：预先制订适用于本研究数据特征的统计分析方案，选择数据录入、整理和分析的统计学软件。

（3）研究方法：研究方法是研究目标得以实现的具体途径。选用什么样的方法是以研究目标、内容的要求和研究者对方法掌握的熟练程度为依据的。常用的研究方法包括描述性研究方法、分析性研究方法、实验性研究方法及社会学的定性研究方法等。

（4）技术路线：在研究计划书中，研究者可以用文字、简单的线条或流程图，将研究的技术路线表述清楚。清晰的技术路线可以直观地反映研究者的研究思路，也可使项目评审专家迅速地了解本研究的全貌。

（5）可行性分析：在可行性分析部分，应该写明申请者的研究背景、研究能力、申请者及其团队所具有的硬件或软件条件及研究现场的条件等。若有合作完成单位，也需要对以往与这些单位的合作基础或今后合作的可能性和合作机制予以说明。

（6）项目的创新之处：这部分内容是评审专家必看的研究计划内容之一，是项目评审的要点。研究人员必须经过仔细推敲，用简明的文字说明项目的创新之处，切忌长篇大论。如果罗列的创新之处较多，实际上表明本项目没有突出的或明显的创新之处了。

一般在一个项目中的创新点最好为3～4个。

（7）年度研究计划：应按照研究项目的期限来设定项目的年度计划，一般以年为单位按照准备阶段、实施阶段、资料分析阶段和论文撰写阶段的顺序安排，同时也要考虑各年度可能达到的预期目标和每个年度工作的连续性。

（8）预期结果和考核指标：按年度获得的预期结果也可作为年度考核指标。预期成果应以达到研究目标为基本要求，至少需要涵盖预期的研究目标，在此基础上可以扩展更多具体的研究成果。

4. 工作基础　工作基础内容包括：本单位及课题组的实验条件和技术平台情况、与本项目有关的研究工作积累和已取得的研究工作成绩、以往承担的科研项目，尤其是相关领域科研项目的完成情况，用以说明承担新的科研项目的能力、已具备的实验条件，尚缺少的实验条件和拟解决的途径、申请者和项目组成员的学历和研究简历，已发表的与本项目有关的论文论著，已获得的学术奖励情况及在本项目中承担的任务等。

（刘　民）

第二章 全科医生科研中伦理学问题

　　以人作为受试者的临床研究旨在获得可以被普遍化的医学知识、临床诊治方法和医学治疗手段，以预防及减轻人类因疾病和损伤造成的痛苦为目标，不仅在伦理上是被允许的，也是伦理所要求的。由于新的诊断、治疗或预防方法存在未知风险，因此只有当受试者得到充分的尊重和保护，临床研究才能获得伦理学上的支持。为维护人的尊严，尊重和保护受试者的合法权益，国际社会和我国均制订了涉及人的生物医学研究的伦理道德准则和规范。本章将结合全科医学的临床科研特点，系统地介绍临床研究相关的伦理审查制度，应遵循的伦理原则、伦理审查内容、批准项目的基本标准和通行的管理办法，并通过具体案例说明伦理问题在临床研究中的重要性。

第一节　概　　述

一、医学科研伦理的立法

　　医学是一门特殊的科学，从严格意义上说，所有的医学实践都是实验研究。有记载的、最早的、具有明确科学目的、以人为试验为对象的医学研究当推1789年英格兰医生 Edward Jenner 的牛痘接种试验。由于人类早期的医学人体试验多出于善意的动机，彰显了对人遭遇痛苦与不幸的恻隐之心，所以实施过程中并未引发对医学研究伦理原则的深入思考。1865年，现代生理学的奠基人之一、法国生理学家克劳德·贝尔纳（Claude Bernard，1813—1878年）在其出版的《实验医学导论》一书中首先提出了"绝不能在人体开展可能伤害到受试者的实验"的医学实验道德原则，开始强调对人的自主性、尊严和内在价值的尊重。然而，第二次世界大战期间，德国纳粹分子以犹太人、战俘及其他无辜者为研究对象进行了惨无人道的人体医学试验，借科学研究之名屠杀了600万被其称为"没有价值的生命"。

　　第二次世界大战结束后，人们开始反思这些在战争中进行的反人类生物医学研究带来的惨痛代价。1946年在德国纽伦堡国际军事法庭上，23名德国军医教授和高级专家因为开展所谓的"医学研究"严重违背医学人道主义基本原则而受到了审判。依据纽伦堡军事法庭的审判解释形成了人体试验的第一个国际文件《纽伦堡法典》，首次提出了关于人体试验的一系列伦理原则和伦理规范。其十点声明中反复强调受试者的自愿同意绝对必要，应有利于社会，要保护受试者，力求避免在肉体上和精神上造成痛苦和创伤等。

为了更有效地防止历史悲剧重演，并促进医学研究规范进行，关于人体试验的第二个国际文件《赫尔辛基宣言》在1964年第18届世界医学大会获得正式通过。《赫尔辛基宣言》在一定程度上传承了《纽伦堡法典》的精神，但比《纽伦堡法典》更为全面、具体和完善，规定了以人作为受试对象的生物医学研究的伦理原则和限制条件，强调了公正、尊重人格、力求使受试者最大程度受益和尽可能避免伤害的伦理准则，成为世界各国公认的医学研究伦理的纲领性文件。1993年，国际医学科学组织理事会（The Council for International Organization of Medical Sciences，CIOMS）和世界卫生组织（World Health Organization，WHO）共同制订了《涉及人的生物医学研究的国际伦理准则》，使医学研究伦理道德规范体系日臻完善。

我国卫生部在2007年颁布了《涉及人的生物医学研究伦理审查办法（试行）》，将国内医学研究的伦理审查要求提高到国家法规层面。随着生物医学研究的快速发展和伦理审查工作的逐步深入，已有的规范性文件已不能满足当前临床研究管理工作要求，因此在借鉴国内外管理经验的基础上，2016年国家卫生计生委结合新的临床研究形势和要求，颁布了《涉及人的生物医学研究伦理审查办法》，进一步明确了医疗卫生伦理委员会的职责和任务；补充了伦理审查的原则、规程、标准和跟踪审查的相关内容；进一步阐述了知情同意的基本内容和操作规程，使国内医学研究在伦理道德要求上实现与国际接轨同步。2021年3月，国家卫生健康委对《涉及人的生物医学研究伦理审查办法》中行之有效的制度进行总结，并结合新的形势和要求，起草了《涉及人的生命科学和医学研究伦理审查办法（征求意见稿）》，要求所有涉及人的生命科学和医学研究活动均应当接受伦理审查。

在开展医学研究时，研究者既应遵循国际伦理要求，也应当考虑自己国家涉及人类受试者研究的伦理、法律、管理规范和标准。任何国际性或国家性伦理法律或管理规定，都不得削弱或取消《赫尔辛基宣言》提出的对人类受试者的保护。

二、涉及人的生命科学和医学研究

（一）涉及人的生命科学和医学研究的合理性和目的

在医学研究中，虽然可以采用动物实验去证明新药的有效性和安全性，但是其在人体的应用并不一定安全有效，因此必须以科学方法进行人体试验性研究，以明确药物对人体的有效性和安全性。由于涉及人的生命科学和医学研究可能产生保护和促进人类健康所必需的知识和方法，所以其在人体上开展研究能够得到伦理辩护。

涉及人类为受试者的生命科学和医学研究的主要目的是理解人的生殖、生长、发育和衰老过程，了解疾病的原因、发展和结果，从而改进预防、诊断和治疗的干预措施（方法、程序和处理），促进人类健康。即使是已被证实的最佳干预措施，也须对其安全性、可及性和质量进行不断研究和评估。

（二）涉及人的生命科学和医学研究范围及其与临床治疗的区别

根据《赫尔辛基宣言》的定义，涉及人类受试者的医学研究包括利用可鉴定身份的人体材料和数据所进行的研究。这不仅包括直接面向研究对象收集和/或采集各类人体材料和数据的研究，还包括利用以往收集的人体材料和数据进行的研究。此时，若以往的材料和数据包含有可鉴定身份的信息，则属于涉及人类受试者的医学研究，否则，可视为不属于此范畴。例如，利用社区卫生服务中心开展高血压患病情况的描述性研究，疾病的三间分布必然涉及患者的性别、年龄、职业和居住地区等人口学信息，因此，属于利用了可鉴定身份的人体材料和数据。

涉及人的生物医学研究在概念和实践上都是与治疗有区别的，但有些医生在进行研究时还以为在给患者进行临床治疗，参加临床试验的患者也以为试验中的干预是临床治疗。首先，受试者参与生物医学研究的受益和风险是不确定的，其主要目的是获得可普遍化的知识，而临床治疗是使用经生物医学研究证实的安全有效的方法救治患者。其次，研究人员的角色与医生不同，在确保临床诊疗安全的同时，还必须保证研究的科学性，保证受试者的权益和利益，合乎伦理。最后，受试者的角色也与患者不同，临床上患者接受已证实有效的治疗，患者是治疗的受益者，而受试者参加研究，是潜在治疗风险的承担者，本人不一定受益，研究结果可能会有利于其他患者、科学和社会。

三、研究者的义务和受试者的权利

（一）研究者的义务

1. 在以人为受试者的生命科学和医学研究中，研究者需根据国家有关法律法规、技术准则、伦理规范及机构制订的规章制度要求，进行相关研究工作。

2. 研究者对医学研究的科学性、伦理和合规性负责，以维护人的权利，以尊重、保护和公平对待研究受试者的方式进行研究工作。

3. 研究者应遵守科研诚信，不捏造篡改数据，不剽窃他人成果。

4. 研究者应该发表或以其他方式公开所有研究结果，包括阴性、不确定及阳性结果。

（二）受试者的权利

受试者既享有知情权、自主决定权、保护隐私权、公平对待等诸多权利，也负有遵照约定的研究计划参与研究的义务，但"受试者权利优先"是平衡两者关系的基本原则，尊重受试者的权利总是放在首位。

1. 受试者有充分的知情权，有权了解研究相关的信息。

2. 受试者有自主决定权，在充分理解知情同意书内容的基础上决定是否自愿参加研究，也可以随时决定退出研究。

3. 受试者有保护隐私权，受试者的个人隐私和秘密必须得到保护。

4. 受试者有被公平对待的权利，如因参与研究而受损害时，有权得到对该伤害的免费治疗，并得到经济或其他方面的援助，以公平地补偿对他们造成的损伤、能力丧失或残疾。如果由于参与研究而死亡，其赡养人及抚养人有权获得赔偿。

四、医学研究的伦理原则

（一）医学研究的基本伦理原则

医学科研应当遵守国家的法律法规规定，在研究中尊重受试者的自主意愿，维护受试者的尊严，遵从有益、不伤害和公正的原则。《涉及人的生命科学和医学研究伦理审查办法（征求意见稿）》中规定，涉及人的生命科学和医学研究必须符合以下伦理原则：

1. **合法合规原则** 研究活动必须严格遵守国家和地方相关法律法规及伦理指导原则。

2. **知情同意原则** 尊重和保障受试者的知情权和参加研究的自主决定权，严格履行知情同意程序，不允许使用欺骗、利诱、胁迫等手段使受试者同意参加研究，允许受试者在任何阶段无条件退出研究。

3. **控制风险原则** 将受试者人身安全、健康权益放在优先地位，其次才是科学和社会利益，研究风险与受益比例应当合理，尽最大努力使受试者接受风险最小化的研究，力求避免受试者受到伤害。

4. **公平合理原则** 应当公平、合理地选择受试者，入选与排除标准具有明确的生命科学和医学依据；应当公平合理分配研究受益、风险和负担。

5. **免费和补偿、赔偿原则** 对受试者参加研究不得收取任何研究相关的费用，对于受试者在受试过程中支出的合理费用还应当给予适当补偿。受试者受到研究相关损害时，应当得到及时、免费治疗，并依据法律法规及双方约定得到补偿或者赔偿。

6. **保护隐私原则** 切实保护受试者的隐私，如实将受试者个人信息的储存、使用及保密措施情况告知受试者并得到许可，未经授权不得将受试者个人信息向第三方透露。

7. **特殊保护原则** 对儿童、孕妇、老年人、智力低下者、精神障碍患者等特殊人群的受试者，以及受精卵、胚胎、胎儿或其他辅助生殖技术涉及的潜在受试者，应当予以特别保护。

8. **公共利益原则** 个人利益和公共利益存在冲突时，应当经过严格论证。

（二）与医疗相结合的医学研究应遵循的附加原则

临床医疗研究涉及更为复杂的伦理问题，作为试验组的受试者，有可能面临更高的伤害风险，而作为对照组的受试者，也有可能失去从试验干预措施中获取治疗受益的权利。为了更好地保护受试者的生命和健康，维护他们的尊严，《赫尔辛基宣言》制订了与医疗相结合的医学研究应遵循的附加原则。

1. 只有当研究已被证明有潜在预防、诊断或治疗的价值时，医生才能将医学研究与医疗结合起来，而且医生有很好的理由相信，参加这项研究不会给受试患者的健康带来不良影响。

2. 对新的干预措施的受益、风险、负担和有效性的检验必须与当前经过证明的最佳干预措施相比较，但以下情况可以例外。

（1）当不存在当前经过证明的有效干预措施时，安慰剂或不治疗是可以接受的。例如，老年性膝关节退行性变目前并无有效药物，关节置换虽有效果但风险也高。为了研究人工关节的效益，可设置手术组和对照组进行研究，此时，因为没有可用的有效治疗措施，所以对照组可以不给予任何治疗措施（称空白对照）。但如果是研究新药对细菌性痢疾的治疗效果，则不能采取空白对照的方法，因为实际上目前能够有效治疗此病的药物很多，不能为了研究而不给对照组患者任何治疗。此时，可采用非空白对照法，即对照组采用临床常规的治疗措施。

（2）由于令人信服的或科学上有根据的方法学理由，有必要使用安慰剂来确定一项干预措施的绝对疗效或安全性，而且接受安慰剂或无治疗的患者不会遭受任何严重的或不可逆的伤害风险。此种情形主要见于慢性病研究时，对于尚无有效治疗办法的慢性疾病，使用安慰剂和无治疗不会导致患者因病情迅速变化而受损害。但若为急性发作的疾病，虽无特效方法亦应进行对症治疗，故不符合此条伦理原则。

3. 研究结束时，参加研究的患者应被告知研究的结果，分享由此获得的任何受益。例如，获得本次研究确定的有益干预措施或其他相应的治疗或受益。

4. 医生必须充分告知患者医疗中的哪些方面与研究有关，医生绝不能因为患者拒绝参与研究或决定退出研究而影响医患关系。

5. 在治疗患者的过程中，当不存在经过证明的干预措施或这些干预措施无效时，如果根据医生的判断，一项未经证明的干预措施有挽救生命、恢复健康或减轻痛苦的希望，医生在取得专家的建议后，获得患者或其合法授权代表的知情同意，可以使用这种未经证明的干预。可能时，应该对该项临床实践中的干预措施进行研究，旨在评价其安全性和有效性。在任何情况下，新的信息都应该被记录下来，并且在适当时候使其公开可得。

（三）发表、报告研究结果的伦理

《赫尔辛基宣言》中指出，作者、编辑和出版者在发表研究结果的时候都有伦理义务。作者有义务使他们在人类受试者身上进行的研究结果公开可得，对他们报告结果的完整性和准确性负责；应该坚持公认的合乎伦理的报告原则，阴性结果、不能给出明确结论的结果和阳性结果均应发表或使其能公开可得；资金来源、所属单位和利益冲突都应该在发表的时候说明；不符合《赫尔辛基宣言》原则的研究报告不应该被接受和发表。

第二节　医学研究的伦理审查制度

为了保证医学研究伦理原则的贯彻施行，无论是国际上的《赫尔辛基宣言》《涉及人的健康相关研究的国际伦理准则》，还是我国的《涉及人的生命科学和医学研究伦理审查办法（征求意见稿）》和《涉及人的临床研究伦理审查委员会建设指南（2020版）》均对伦理审查执行程序作了具体要求，对如何在科学、伦理和规范方面审查医学研究提出了具体的指导意见。

一、医学伦理委员会

（一）医学伦理委员会的分类

建立医学伦理委员会已然成为国际医学界的常规做法。医学伦理委员会根据其依托机构分为以下三种类型。

1. 医院伦理委员会（hospital ethics committee，HEC） 是在医院等医疗卫生机构中设立的伦理委员会，为发生在医疗实践和医学科研中的医德问题和伦理难题提供教育、咨询等的组织。

2. 机构审查委员会（institutional review board，IRB） 为高等院校、学术期刊和科研机构中设立的伦理委员会，对医学科研选题、开展、结题、成果的发表等进行伦理审查的组织。

3. 医学伦理委员会（medical ethic committee，MEC） 是在国家政府或医学组织中设立的医学伦理委员会，负责对某些重大医学科研、卫生政策、医学法律法规，从伦理上加以决策、论证、辩护。

（二）医学伦理委员会的设立

我国《涉及人的生物医学研究伦理审查办法》规定，开展涉及人的生命科学和医学研究的二级以上医疗机构和市级以上卫生机构（包括疾病预防控制、妇幼保健、采供血机构等），高等院校，科研院所等机构应当设立伦理审查委员会，开展涉及人的生命科学和医学研究伦理审查，定期对从事涉及人的生命科学和医学研究的科研人员、学生、科研管理人员等相关人员进行生命伦理教育和培训。其他开展涉及人的生命科学和医学研究且未设立伦理审查委员会的机构可以书面方式委托区域伦理审查委员会或有能力的机构伦理审查委员会开展涉及人的生命科学和医学研究伦理审查。

（三）医学伦理委员会的职责

伦理审查委员会的职责是保护受试者合法权益，维护受试者尊严，避免公共利益受损，促进涉及人的生命科学和医学研究规范开展；对本机构或委托机构开展的涉及人的生命科学和医学研究项目进行伦理审查。

（四）医学伦理委员会的工作内容

伦理审查委员会对受理的申报项目开展伦理审查，提供审查意见；对已批准的研究项目进行定期跟踪审查；受理受试者的投诉并协调处理，确保项目研究不会将受试者置于不合理的风险之中。伦理审查委员会应当建立伦理审查工作制度、标准操作规程，健全利益冲突管理机制，保证伦理审查过程独立、客观、公正。伦理委员会应定期对从事涉及人的生命科学和医学研究的相关人员进行生命伦理教育和培训。

二、伦理审查程序

（一）提交申请

涉及人的生命科学和医学研究项目的负责人申请伦理审查时应当向伦理审查委员会提交下列材料。

1. 项目材料诚信承诺书。

2. 伦理审查申请表。

3. 研究人员信息、研究项目所涉及的相关机构的合法资质证明及研究项目经费来源说明。

4. 研究项目方案、相关资料，包括文献综述、临床前研究和动物实验数据等资料。

5. 受试者知情同意书或样本、信息的来源证明等。

6. 科学性论证意见。

7. 利益冲突声明。

8. 受试者招募广告及其发布形式。

9. 科研成果的发布形式说明。

10. 伦理审查委员会认为需要提交的其他相关材料。

（二）伦理审查的要素

伦理委员会重点审查研究方案和知情同意，应特别注意研究方案的适宜性和可行性，签署知情同意书的过程，以及受试者的风险与受益。伦理审查主要考虑以下几个方面。

1. 研究是否符合法律法规、规章及有关规定的要求。

2. 研究者的资格、经验、技术能力等是否符合研究要求。

3. 研究方案是否科学，并符合伦理原则的要求。中医药项目研究方案的审查，还应当考虑其传统实践经验。

4. 受试者可能遭受的风险程度与研究预期的受益相比是否在合理范围之内，包括社会受益与风险的权衡与审核。

5. 知情同意书提供的有关信息是否充分、完整、易懂，获得知情同意的过程是否合规恰当。

6. 受试者个人信息及相关资料的保密措施是否充分。

7. 受试者招募方式、途径、入选和排除标准是否恰当、公平。

8. 是否明确告知受试者其应当享有的权益，包括在研究过程中可以随时无理由退出且不受歧视的权利，告知退出研究后的其他治疗方法等。

9. 受试者参加研究的合理支出是否得到了适当补偿；受试者参加研究受到损害时，给予的治疗、补偿或赔偿是否合理、合法。

10. 是否有具备资格或者经培训后的研究者负责获取知情同意，并随时接受有关安全问题的咨询。

11. 对受试者在研究中可能承受的风险是否有预防和应对措施。

12. 研究是否涉及利益冲突。

13. 研究是否涉及社会敏感的伦理问题。

14. 研究结果是否发布，方式、时间是否恰当。

三、伦理审查方式、类别和意见

（一）伦理审查方式

1. 会议审查　召开伦理审查委员会会议进行审查，包括但不限于对研究方案的初始审查和复审。

2. 简易程序审查伦　理审查委员会主任委员可指定一个或几个有相关专业背景和经验的委员，对研究方案进行简易程序的审查。符合简易审查的条件。

（1）已经获得伦理审查委员会批准并在批件有效期内，对研究方案的微小改动。

（2）在多中心临床研究中，参与单位可通过简易审查程序认可组长单位伦理审查的决定。

（3）在实施简易程序审查时，伦理审查委员会主任委员（或者指定委员）接收并且审查申请材料。简易程序可以履行伦理审查委员会所有职权（除不批准该研究之外）。

（4）如果对简易审查的决定是不予批准，或者认为不符合简易程序条件的，应将决定书提交伦理审查委员会。

（5）简易程序审查并不意味着审查指南的不同，也不必然意味着审查过程在时间上的缩短（虽然由于审查程序的简便，审查时间上通常会更短）。简易程序只是意味着在程序上免除了会议审查。

（6）简易程序审查结果应该通知伦理审查委员会全体委员。

3. 关于紧急情况下的审查

（1）即使是紧急情况下，未经伦理审查委员会事先审查和批准，不允许开展以人作为受试者的临床研究。

（2）当紧急医疗涉及使用研究中的药物、设备或者生物制剂时，患者不能被认为是紧急情况下的受试者。这样的紧急处理是医疗，而不是研究，涉及该医疗的任何数据也将不会被包含在任何一个前瞻性研究活动的报告中。

（3）当紧急医疗涉及使用研究中的药物，设备或者生物制剂时，必须满足我国权威管理部门的相关规定和要求。

4. 应急审查　疫情暴发期间开展疫情相关研究的紧迫性对伦理审查委员会的审查工作提出巨大挑战。伦理审查委员会应当坚持以最高的科学与伦理学标准对研究项目进行独立且公正的审查，保证伦理审查的质量与时效。

（二）伦理审查类别

为确保临床研究项目伦理审查申请符合规范及伦理问题得到及时地考虑和处理，伦理审查委员会应进行初始审查和复审程序。

1. 初始审查　初始审查是指研究者在研究开始实施前首次向伦理委员会提交的审查申请。

2. 复审　包括再审、修正案审查、跟踪审查、严重不良事件审查、违背方案审查、暂停和/或终止研究审查、结题审查等。

对已批准实施的研究项目，在项目运行过程中，应当进行跟踪审查，确认项目是否按照已通过伦理审查的研究方案进行试验，研究过程中是否擅自变更项目研究内容。对发生的严重不良反应或者不良事件进行严重不良事件审查。对于项目中的方案违背，进行违背方案审查。

（三）伦理审查意见

伦理委员会对被审查研究项目的审查意见有六种形式。

1. 批准　批准项目执行。

2. 不批准　项目未被批准执行。

3. 修改后批准　需要按照伦理审查意见修改审查材料后递交伦理委员会，待被确认已按要求修改后，伦理委员批准研究项目执行。

4. 修改后再审　需要对方案/知情同意书等伦理审查材料修改后重新申请审查。

5. 暂停研究　暂停已批准的项目。

6. 终止研究　终止已批准的项目。

第三节　医学研究的特殊伦理问题

一、知情同意的特殊情况

凡有能力给予知情同意的受试者，项目研究者应当获得其本人的书面知情同意。对无行为能力、限制行为能力的受试者，项目研究者应当获得其监护人或者法定代理人的书面知情同意。知情同意过程需严格履行知情同意程序，不允许使用欺骗、利诱、胁迫等手段使受试者同意参加研究，并且只有在确定了未来受试者对有关事实及参与研究的后果已有充分理解，并有充分时间考虑是否参加研究之后，才能去征求其同意。

除此之外，为了更好地落实涉及人的生物医学研究的伦理原则，《涉及人的健康相关研究国际伦理指南》对如下四种特殊情况下的知情同意做出具体规定。

（一）口头知情同意

伦理审查委员会在下列情况下可以允许征得受试者的口头知情同意。

1. 该临床研究对受试者可能造成的风险不超过最低限度。

2. 受试者为文盲或盲人时，可以将知情同意书的内容向受试者或法定监护人口头提交，一名与受试者和研究者均无利益关系的成年人可以作为证人签字证明受试者的同意，也可同时留有音像资料作为证据。

3. 如果受试者参加研究的首要风险是由于敏感信息和隐私泄露可能导致的风险或伤害（包括但不限于涉及暴力、强奸、艾滋病患者的调查和访谈，涉及性工作者或吸毒的社会行为学研究等），受试者可能担忧签署知情同意书会对受试者的隐私保护构成威胁，在此情况下伦理审查委员会经过讨论和评价，可以批准征得口头同意，但应留有声音文件等证明文件作为同意的证据。

（二）事后知情同意

某些特殊的心理和行为社会学研究，如果要求事先征得受试者的知情同意，将会影响受试者对问题的回答，从而影响研究结果的准确性，研究将无法进行。伦理审查委员会可批准事后（研究结束后）知情同意。伦理审查委员会应该对研究的风险加以评价，确认研究的风险不大于最低风险，并且事后知情同意可以被受试者理解和接受。

（三）再次知情同意

当研究的如下方面发生变化时，研究人员必须再次征得受试者的知情同意。

1. 研究方案、范围、内容发生变化。

2. 利用过去用于诊断、治疗的有身份标识的样本进行研究。

3. 生物样本数据库中有身份标识的人体生物学样本或者相关临床病史资料，再次使用进行研究。

4. 研究过程中发生其他变化，例如，无论从研究本身或其他来源，可能发现有关试验产品或其替代品风险或益处的新信息。受试者必须及时得到这些信息。

5. 在长期的研究中，应确认每位受试者继续参加研究的意愿。

（四）豁免知情同意

研究伦理委员会在如下条件豁免知情同意。

1. 确信如果没有豁免，研究将不可行或无法实施。

2. 该研究具有重要的社会价值。

3. 研究对受试者构成的风险不超过最小风险。

即使是一项涉及可识别身份的数据或生物标本的研究（有姓名标识或可通过编码与个人关联），也必须满足这三个条件才可以豁免知情同意。此外，当数据或生物标本是无法识别个人身份的，研究人员不知道受试者，因此无法联系获得知情同意，而且，由于数据或标本是不可识别个人身份的，所以这些个人的风险不大于最小风险，可以豁免知情同意。

二、在资源贫乏的人群和社区中的研究

在资源贫乏的人群或社区进行研究之前，研究者必须尽最大努力来确保研究是为了针对该人群和社区的健康需求和优先事项；为了该人群或社区的利益；所研发的任何干预措施和产品或所产生的任何知识都将能为该人群或社区合理可得。

由于处于资源极为有限的环境，以致资源贫乏的人群和社区可能容易受到来自富裕国家和社区的申办者和研究人员的过度利用，因此要求在资源贫乏的人群或社区中所采用的伦理标准应与在良好资源地区开展研究同样严格。

三、涉及脆弱人群的研究

当研究考虑招募弱势群体和个人时，研究人员和研究伦理委员会必须确保采取了特

殊的保护措施，以保护这些个人和群体在研究过程中的权利和福利。

（一）涉及儿童的研究

儿童和青少年应被纳入健康相关的研究，除非有充分的科学理由证明其应排除在外。由于儿童和青少年处于生理和情感发育阶段，可能会使他们在参与研究时遭受伤害的风险更高，并且，他们的知情同意能力也处于发展阶段，而无法保护自己的利益。因此，有必要在研究中对儿童的权利和福利予以特殊保护。

在开展涉及儿童和青少年的研究之前，研究人员和伦理委员会必须确认以下内容。

1. 儿童或青少年的父母或合法授权代表已给予许可，并且根据儿童或青少年发育程度定制的研究信息之后，获得与儿童或青少年能力相一致的同意（赞同）。

2. 如果儿童在研究期间达到法定成人年龄，应该获得他们对继续参加研究的同意。一般来说，儿童或青少年拒绝参加或拒绝继续参加研究必须得到尊重，除非在特殊情况下，参加研究被认为是儿童或青少年的最佳医疗选择。

3. 对儿童或青少年具有潜在利益的研究干预或程序，风险必须最小化，预期的潜在个人利益应超过风险。

4. 对受试者没有潜在个人利益的研究干预或程序，适用两个条件：如果研究干预和程序的目标疾病人群包括成人及儿童和青少年，应该首先在成年人中研究，除非没有儿童或青少年参加就无法获得所需的数据；风险必须最小化，并且风险程度不得超过最小风险。当这种研究的干预和程序的社会价值是令人信服的，并且该研究不能在成人中进行时，研究伦理委员会可以允许风险稍高于最小风险。

（二）因精神和行为疾患而无充分知情同意能力者的研究

由于因精神或行为疾患，导致缺乏足够知情同意能力，无法保护自己的利益，因此，有必要在研究中对这些人的权利和福利予以特殊保护。在开展涉及没有能力给予知情同意的成年人的研究前，研究人员和研究伦理委员会应确认如下问题。

1. 没有能力给予知情同意的人的合法授权代表已经给予许可，并且该许可考虑了受试者以前形成的偏好和价值观。

2. 按受试者理解信息的能力水平提供有关研究的充分信息后，已经在其能力范围内获得了该受试者的同意。

3. 如果受试者在研究期间能够给予知情同意，则必须获得他们对继续参加研究的同意。

4. 一般来说，潜在受试者拒绝参加研究必须得到尊重，除非在特殊情况下，参加研究被认为是没有能力给予知情同意的个人可获得的最佳医疗选择。

5. 如果受试者在完全有能力给予知情同意的情况下做出参加研究的预先指示，则应遵守该指示。

6. 对没有能力给予知情同意的成年人具有潜在利益的研究干预或程序，风险必须最小化，预期的潜在个人利益应超过风险。

7. 对受试者没有潜在个人利益的研究干预或程序，适用两个条件：如果研究干预和程序的目标疾病人群包括无知情同意能力的人和具有知情同意能力的人，应该首先在具有知情同意能力的人群中研究该干预和程序，除非没有无知情同意能力者参加就无法获得所需的数据；风险必须最小化，并且风险程度不得超过最小风险。当这种研究的干预和程序的社会价值是令人信服的，并且该研究不能在具有知情同意能力者中进行，研究伦理委员会可以允许风险稍高于最小风险。

（三）妇女作为研究受试者的研究

妇女应被纳入健康相关的研究，除非有充分的科学理由证明其应排除在外。妇女一直被排除在许多健康相关的研究之外的理由是其可能妊娠。妇女参加研究只需要其本人的知情同意，绝不允许由另一人的许可取代妇女个人知情同意。必须事先告知育龄妇女，如果她们在参加研究期间妊娠可能会对胎儿构成的风险。如果研究期间妊娠可能对胎儿或妇女有危险，申办者和研究人员必须保证其经过妊娠试验，研究前和研究期间获得有效的避孕方法，以及安全合法的流产。

（四）孕妇和哺乳妇女作为受试者的研究

孕妇和哺乳妇女有独特的生理和健康需求。应鼓励旨在获得与孕妇和哺乳妇女健康需求有关知识的研究。针对孕妇和哺乳妇女作为受试者的研究，应审慎考虑现有的最佳相关数据，如下情况可考虑开展。

1. 对孕妇、哺乳妇女或其胎儿或婴儿具有潜在利益的研究干预或程序，风险必须最小化，预期的潜在个人利益应超过风险。

2. 对孕妇和哺乳妇女没有潜在个体利益的研究干预或程序，风险必须最小化，并且风险程度不得超过最小风险；研究目的是获得孕妇、哺乳妇女或其胎儿或婴儿的特定健康需求的知识。

3. 当涉及孕妇、哺乳妇女或其胎儿或婴儿的研究的社会价值是令人信服的，并且该研究不能在非妊娠或非母乳喂养的妇女中进行，研究伦理委员会可以允许风险稍高于最小风险。

4. 根据研究干预及其潜在的风险，涉及孕妇和哺乳妇女的研究可能需要对胎儿和儿童进行短期和长期随访。

5. 作为一般规则，如果涉及孕妇的健康相关研究对胎儿有潜在的伤害，只有保证受试者因研究想放弃怀孕时，能够安全、及时与合法堕胎的情况下，研究才能进行。

第四节　伦理审查相关文件的撰写

临床研究项目能否顺利通过伦理审查，除了项目是否遵从医学研究的伦理法规外，相关文件材料的书写和准备是否规范也是至关重要的影响因素。在送交伦理审查的文件中，伦理委员会审查的重点是研究方案和知情同意书（包括知情同意过程）。

一、研究方案的撰写

研究方案是进行医学研究的指导性文件，在研究方案撰写中，伦理原则就要提前考量。根据 WHO 的《生物医学研究审查伦理委员会操作指南》、CIOMS 的《涉及人的健康相关研究国际伦理指南》、国家卫生健康委的《涉及人的生命科学和医学研究伦理审查办法（征求意见稿）》和国家卫生健康委医学伦理专家委员会的《涉及人的临床研究伦理审查委员会建设指南》对伦理审查要素的要求（见本章第二节、第三节），研究方案撰写中应注意如下伦理问题。

（一）研究总体设计

需重点描述研究设计中涉及伦理问题的步骤和具体做法。

1. **研究依据**　报告所有先前的研究摘要，以及该主题以前发表的研究信息，包括动物研究的性质、范围和相关性，以及其他临床前和临床研究，以证明研究的理由和重要性，以及能够满足研究所在国家/人群的需求。同时还应重点说明研究目的的重要性超过了给研究受试者带来的风险和负担。

2. **研究对象**　确定潜在受试者的纳入或排除标准，根据年龄、性别、社会或经济因素或其他原因排除任何人群的理由；如研究受试者涉及儿童或青少年，无法给予知情同意的人，或弱势个人或群体，给出其必须纳入的理由，描述针对该人群风险控制的特殊保护措施。总体上受试者的纳排标准，应注意保证选择标准的公平、公正性。

3. **样本含量**　样本量应经过科学计算，遵循"用最少的受试者人数获得可靠结论"的最佳原则。

4. **试验或研究设计的详细说明**　如果是有对照组的临床试验，描述应包括但不限于：是否随机分配到治疗组（包括随机化方法），该研究是否设盲（单盲、双盲、开放）。随机化是获取科学结论的重要手段，但有可能使试验组受试者面临更高安全性风险，或剥夺对照组受试者从潜在有效疗法中的获益。虽然随机分组可以保证受试者选择的公平合理，盲法可保证测量和评估的客观性，但也可能面临随机和盲法导致的高风险或导致治疗利益受损的情形，需提前制订相应的补偿对策。

5. **所有干预措施的描述和说明**　研究过程中所用治疗方法，包括试验药物和对照药物的给药途径、剂量、剂量间隔和疗程。研究期间任何其他可能被给予、允许给予或禁忌的治疗。还需要特别说明研究过程中停止标准治疗或不给予标准治疗的计划和理由，包括对受试者造成的任何风险。

6. **终止试验**　在研究过程中如果发现风险超过潜在的益处，或者获得阳性有益结果的确凿证据，即应终止研究。

（二）受益与风险

受试者参与研究可以获得的潜在个人利益，研究对于人群的预期受益，以及参与研究可能面临的风险和不便。对伴有大于最小风险的身体损害的研究，为这种损害提供的治疗，治疗的资助，研究相关的残疾或死亡提供的补偿等计划的细节，包括保险覆盖的范围。

（三）招募受试者

1. 受试者的人群特征　选择受试者人群应遵循负担和利益公平分配的准则。若特殊群体作为受试者，需列出选择他们的特殊理由，保护他们权利和健康的措施。

2. 招募受试者的方式与程序　可通过广告的方式征募受试者，应说明知情告知的内容和方式，招募过程所采取的保护隐私和机密的步骤。

3. 受试者的医疗和保护　应具体描写研究者为受试者提供的与研究相关的免费医疗服务内容和标准、向受试者提供的因参与研究而给予的任何补偿、相关的保险与赔偿。

4. 受试者隐私的保护　说明受试者个人隐私和秘密的保护措施；数据、资料的处理和保密方法。

（四）知情同意

需要具体描述知情同意的程序和过程，尤应注意在特殊情况下的知情同意程序。

二、知情同意书的撰写

知情同意书（informed consent form，ICF）是落实尊重、保护、公平、公正原则的具体形式，它既是患者同意作为某项研究受试者的书面认可形式，也是将来在研究者与受试者发生矛盾纠纷时的重要物证材料。因此，伦理审查会重点关注知情同意书，其内容、文字和格式都应该经得起严格审查。

知情同意书的语言表达，将会影响受试者的理解，因此应与未来潜在受试者的受教育水平和文化背景对应，至少应该可以让大众（一般以9年教育水平为基准）理解和接受。语言表达上不存在诱导性、夸大性的描述。提供通俗易懂的信息，避免使用过分专业的医学术语，还需应用非专业术语解释研究内容，必要时反复解释。知情同意书分为知情告知和同意签字两个部分，前者采用第二人称，或直接叙述的方式，主要向未来受试者提供全面、完整、真实的信息；后者为签字部分，如有相关文字内容，应用第一人称叙述。知情同意书内容应该逻辑合理、思路严谨、格式缜密。

（一）知情告知部分

知情告知的内容应该真实、全面、无隐瞒、无遗漏、无误导。《涉及人的生物医学研究的国际伦理准则》要求，知情告知提供给未来研究受试者的基本信息应注意包括以下内容。

1. 所有的人都是被邀请参加研究的，而不是常规医疗。告知为何考虑其适于参加本研究，并且需说明参加本研究与否是自愿的。

2. 所有的人均可自由地拒绝参加，也可随时撤出研究，而不会受到处罚，也不会失去本应获得的利益。

3. 说明研究目的，由研究者和受试者实施的程序，解释参与研究和常规医疗有何不同。

4. 关于对照试验，需解释研究设计的特点（如随机双盲对照），以及受试者将不被告知所指定的治疗，直至研究结束或揭盲。

5. 参与研究的预定期限（包括到研究中心来的次数、时间和总共需要的时间），以及受试者提前结束试验的可能性。

6. 是否要以货币或其他物品作为参与研究的回报，如果有，说明种类和数量。

7. 在研究结束后，受试者将被告知总的研究发现，以及和个人特殊健康状态有关的发现。

8. 受试者有权要求获得其数据，即使这些数据还没有直接应用价值（除非伦理审查委员会批准数据暂时或永远不公开，在此情况下应该通知受试者，并说明不公开的理由）。

9. 参与研究对受试者（或其他人）有何可预见的风险、痛苦、不适或不便，包括对受试者配偶或性伴的风险、健康或福利的影响。

10. 参与研究对受试者是否有直接的预期利益。

11. 本研究对社区或全社会的预期利益，以及对科学知识的贡献。

12. 研究结束且研究产品或干预措施已证明安全有效时，它们是否会提供给受试者，何时、如何提供，是否要付钱。

13. 是否有现在可得到的其他干预措施或治疗方法。

14. 关于确保尊重受试者隐私和能识别受试者身份记录的保密规定。

15. 说明研究者保守秘密的能力会受到法律或其他方面的限制，以及违反保密的可能后果。

16. 说明使用遗传检验结果和家庭遗传信息的有关政策，对未经受试者同意而泄露其遗传检验结果（如向保险公司或雇主泄露）是否已有预防措施。

17. 说明研究资助者，研究者隶属单位，研究基金的性质和来源。

18. 说明有可能为研究目的而使用（直接使用或二次使用）的医疗过程中取得的受试者的病历或生物标本。

19. 说明是否有计划在研究结束时将研究中收集的生物标本销毁，如果无此计划，说明有关标本保存的细节（何处保存、如何保存、要保存多久及最后如何处置）和将来可能的使用，以及受试者有权对将来的使用作决定，有权拒绝保存或要求把材料销毁。

20. 说明是否有可能从生物标本中研发出商业产品，受试者是否将从这些产品的开发中获得货币或其他利益。

21. 说明研究者是否仅作为研究者，还是既作为研究者又作为受试者的医生。

22. 说明研究者向受试者提供医疗服务的责任范围。

23. 说明对与研究有关的某些特殊类型的伤害或并发症将提供免费治疗，治疗的性质和期限，医疗机构名称或个体医生姓名，该治疗的资金有无问题。

24. 说明一旦这类伤害造成能力丧失或死亡，受试者或受试者的家庭、被抚养者将以什么方式、从什么机构获得赔偿（抑或并无提供此类赔偿的计划）。

25. 说明在未来受试者被邀请参与研究的国家里，索赔权是否有法律保证。

26. 说明本研究方案已获伦理审查委员会批准或准许。

（二）同意签字部分

同意签字部分必须附有未来受试者的知情声明，最好同时附有医生的告知声明。伦理委员会在审查项目的同意签字部分时，一般会特别重视签名部分的格式，在知情同意书中应设置有受试者和告知人的签名处。

1. 受试者签名　凡是具有民事行为能力、有文化的人都应亲笔签上自己的名字。若受试者是未成年人应由其监护人代签，无文化的人可委托他人代签并有见证人，均需在同意签字页内设置专门的签字处。

2. 告知人签名　为了明确责任，负责知情告知的研究者或医生也要在知情同意书中一定的位置签上自己的名字，以备后查。

三、知情同意书的实例

发达国家使用的《知情同意书》有标准格式，并在内容和格式上有非常详细的规定。我国目前对医学研究的《知情同意书》尚无统一格式和内容要求，但各单位都要求知情同意书的文字表达需结合研究项目的内容和未来受试者的特点，要求以受试者能够理解、通俗易懂的语言表达。既要信息充分，又不能累赘；既要激发未来受试者的参与热情，又不能言过其实。

以下为一项儿童前瞻性队列研究的知情同意模板，仅供参考。由于生长发育期儿童的认知能力也处于发展阶段，无法充分自我保护，因此其知情同意需特别关注。通常国际指南中，按照儿童的认知能力分为四个阶段，0～3岁儿童很难获得其真实的意图表达，4～8岁儿童也许能部分了解风险和受益，而≥9岁的儿童可能了解风险和受益，故儿童受试者的知情同意一般需要获得其父母或法定监护人的同意。但对于9岁以上能够独立表达自己意愿的儿童，在获得其父母或法定监护人的同意外，还需要征求儿童的意见。目前儿童知情同意多采用"分段管理"，根据儿童受试者年龄的认知情况，划分为不同复杂程度的版本，充分尊重儿童受试者的知情同意权。2016年3月1日国家药监局发布的《儿科人群药物临床试验技术指导原则》中提到，在我国，通常10周岁以上（含10周岁）的儿科人群应参与知情同意并签署知情同意书。

【案例2-1】知情同意书模板

《××××××××××××××××××××××××

××××××××××××××（课题名称）》

知 情 同 意 书

受试者姓名：＿＿＿＿＿＿＿＿＿＿＿＿

联系地址：＿＿＿＿＿＿＿＿＿＿＿＿

联系电话：＿＿＿＿＿＿＿＿＿＿＿＿

研究单位名称：＿＿＿＿＿＿＿＿＿＿＿＿

主要研究者姓名：＿＿＿＿＿＿＿＿＿＿＿＿

知　情　页

前言：尊敬的同学和家长，您好！我们诚恳邀请您/您的孩子参加我们的一项由××××（经费来源机构）资助的研究项目。在您同意参加该项试验之前，请您仔细阅读这份知情同意书，并向您的医生或研究人员提出任何您需要了解的问题，直至得到满意的答复。请您在对本研究的细节充分理解并与家人充分讨论后，再决定是否参加本研究。如果您同意参加本研究，请签署此知情同意书（一式两份），并且保存一份经过您、监护人和研究者三方签字的知情同意书原件。

研究项目基本情况介绍：12～15岁青少年的生长发育受诸多因素影响，从而表现出明显的种族差异和个体差异。同时青少年生长发育又有阶段性和生长关键期，如果错过则永远不可逆转。为了探索青少年生长发育的影响因素和不同民族青少年生长发育的模式，我们开展此项研究。这一研究结果将有助于我们更好地监测本地区12～15岁青少年的生长发育状况，及时发现问题，以便更好地促进儿童生长发育潜能的发挥，提高儿童生长发育水平。

您和孩子直接参与的研究步骤及需要配合的事项：从今年起，每年4月份参加调查一次，共3年。

1. 家长配合孩子填写生长发育影响因素调查表，内容为普通生活行为信息，不包含敏感或隐私问题。

2. 学生参加体检　体检内容包括：身高、体重、胸围、坐高、皮脂厚度；肺活量、血压；立定跳远、引体向上（男）、仰卧起坐（女）；性发育指标（由同性别调研人员检测，男生为阴毛、腋毛、喉结、睾丸体积；女生为阴毛、腋毛、乳房）。

3. 部分学生参加血液检测，需采集清晨空腹静脉血3ml（比平时医院验血少），用于测定生长因子、激素水平、血糖、血脂和转氨酶指标。采血当天自备早餐到学校，抽血后再吃早餐。

风险和受益：

1. 参加本研究的可能风险与不适

（1）如果抽血结束后针眼未压好或压迫针眼的时间不够长，个别人的抽血点可能会有血液少量渗出而出现淤血，但针眼少量渗血对人体无影响。有些人在抽血时或抽血后因紧张可能会出现短暂的头晕（可自然恢复，不需要特别处理）。

（2）如果检查发现学生存在生长发育落后或过快等问题，家长和孩子可能会担忧，引起心理上的焦虑和抑郁，但成长发育问题迟早都要面对，早发现反而可以早纠正。

2. 参加本研究的受益

（1）由医科大学专业人员分析学生的生长发育水平、身体匀称度和性发育水平，及时向家长反馈体检结果和指导意见。

（2）向家长及时反馈生长因子、激素水平、血糖、血脂和转氨酶指标的检测结果，并由儿科医生提出指导意见。

（3）调研组专家可提供青少年生长发育、营养、教养、心理健康等方面的免费咨询。

保密性：在研究期间，学生的姓名、性别等个人可识别信息将被严格保密，未经研究对象的监护人许可，研究对象的任何资料和检测结果都不公布和确认。而且，研究对象的姓名等任何可识别信息也不会出现在任何研究报告和数据文件中。

安全性：本研究未给学生服用任何药物和食品。抽血由具有资质的专业医务人员按医疗操作规范实施，使用一次性医疗注射器，不存在交叉感染的风险。

收费与经济补偿：参加本研究不收费。所有血液检查和体检项目都是免费的。我们还会对您参加调查所付出的时间和交通费用给予补偿，每次调查100元。

志愿者的权利：您参加本研究完全是自愿的。您可以选择不参加（或不让孩子参加）本项研究，或者有权在研究任何阶段无需任何理由退出、是否参加及是否中途退出均不会对孩子的学校教育与卫生服务有任何影响。

研究中如何获得帮助：您可随时了解与本研究有关的信息资料和研究基础，如果你有与本研究有关的问题，请联系：

研究医生姓名：_____ 联系电话：_____

如果您在研究过程中需要了解关于本研究参加者权益方面的问题您可以联系：

伦理委员会联系人姓名：_____ 联系电话：_____

签 字 页

我在充分了解受试者须知的全部内容及参加本试验可能带来的利弊后，自愿参加本试验，并做出以下申明。

1. 作为受试者，我已阅读了上述受试者须知内容并理解本研究的性质、目的及可能的不适和风险等信息，我的问题已经得到满意的答复。

2. 我同意在研究中按时参加随访，并接受与本研究有关的相应检查。我将遵守受试者须知要求，并与研究人员充分合作，如实、客观地向研究人员提供参加本研究前、研究期间和各随访期的健康状况及相关情况。

3. 我也明白我可以随时退出研究，而此后的治疗并不会因此受到不利影响。我理解研究者有权根据我的情况随时终止研究。

4. 我明白我会收到一份签署过的知情同意书原件。

5. 我同意在此项医学研究中收集、使用和发表我的医学健康数据。

6. 经过充分考虑后，我自愿参加《×××××××××××××××××××研究（课题名称）》。

受试者正楷姓名：_____

受试者签名：_____ 日期：____年____月____日____时____分

研究者填写（请选择一项）

□孩子可以阅读同意书，并且已经在下面签署了参加本研究的同意书文件。

□孩子不能阅读同意书，但是已经向孩子用与其年龄相应的语言口头解释内容，并得到孩子的口头同意，并建议孩子在受试者签名处签字。

□孩子不能阅读同意书，但是已经向孩子用与其年龄相应的语言口头解释内容，并得到孩子的口头同意，但由于孩子不会写姓名，未获得孩子签名。

□孩子不能理解该同意书的内容（无论通过阅读或口头解释）。他/她的法定监护人已经提供了同意书，他/她不能提供同意书。

□其他情况：＿＿＿＿＿＿＿＿＿＿＿＿＿＿＿　研究者正楷姓名：＿＿＿＿＿＿＿＿

研究者签名：＿＿＿＿＿＿＿＿＿＿＿＿　日期：＿＿年＿＿月＿＿日＿＿时＿＿分

法定监护人自愿声明

1. 我承认，我已阅读了上述受试者须知内容并理解本研究的性质、目的及可能的不适和风险等信息，我的问题已经得到满意的答复。

2. 我同意我的孩子在研究中按时就诊随访，并接受与本研究有关的相应检查而且将遵守受试者须知要求，并与研究人员充分合作，如实、客观地向研究人员提供参加本研究前、研究期间和各随访期的健康状况及相关情况。

3. 我明白我的孩子可以随时退出研究，而此后的治疗并不会因此受到不利影响。我理解研究者有权根据我的孩子的情况随时终止研究。

4. 我明白我会收到一份签署过的知情同意书原件。

5. 我同意在此项医学研究中收集、使用和发表我的孩子的医学健康数据。

6. 经过充分考虑后，我的孩子自愿参加《××××××××××××××研究（课题名称）》。

法定监护人正楷姓名：＿＿＿＿＿＿＿＿

法定监护人签名（父亲）：＿＿＿＿＿＿＿＿＿　日期：＿＿年＿＿月＿＿日＿＿时＿＿分

法定监护人签名（母亲）：＿＿＿＿＿＿＿＿＿　日期：＿＿年＿＿月＿＿日＿＿时＿＿分

法定监护人签名（其他）：＿＿＿＿＿＿＿＿＿　日期：＿＿年＿＿月＿＿日＿＿时＿＿分

是否全部法定监护人都已完成签字：□是，□否

未签字原因：＿＿＿＿＿＿＿＿＿＿＿＿＿＿＿＿＿＿＿＿＿＿＿＿＿＿＿＿＿

是否已电话征得其他法定监护人同意：□是，□否　原因：＿＿＿＿＿＿＿＿＿＿＿＿

如受试者的法定监护人均无阅读能力，则需要由受试者和其法定监护人口头同意后，中立的见证人签名并注明日期。

见证人正楷姓名：＿＿＿＿＿＿＿＿＿＿（如适用）

见证人签名：＿＿＿＿＿＿＿＿＿＿＿＿　日期：＿＿年＿＿月＿＿日＿＿时＿＿分

我已告知该受试者（和其法定监护人）研究背景、目的、步骤、风险及获益情况，给予他/她足够的时间阅读知情同意书、与他人讨论，并解答了其有关研究的问题；我已告知该受试者当遇到问题时的联系方式；我已告知该受试者（或法定监护人）他/她可以在研究期间的任何时候无需任何理由退出本研究。

研究者正楷姓名：＿＿＿＿＿＿＿＿

研究者签名：＿＿＿＿＿＿＿＿＿＿＿＿　日期：＿＿年＿＿月＿＿日＿＿时＿＿分

【案例2-2】有关科研伦理问题的典型案例

"黄金大米"事件的伦理学问题

2012年8月1日《美国临床营养学杂志》发表了题为 *β-Carotene in Golden Rice is as good as β-carotene in oil at providing vitamin A to children* 的论文,论文作者依序为美国塔夫茨大学汤光文教授、湖南省疾病预防控制中心胡余明、中国疾病预防控制中心荫士安等。论文发表不久,国际"绿色和平"环保组织通过媒体对此研究表示强烈谴责,认为用发展中国家的儿童作为转基因大米的试验对象是极其不负责任的行为。由于脆弱人群被当成了转基因食品的试验对象,因此这一消息发表后在中国媒体引起轩然大波。中国相关部门和机构、美国塔夫茨大学和《美国临床营养学杂志》均迅速对该项目实施的全过程展开调查。

综合整理2012年的媒体报道,该项目实施过程的情况大体如下所述:

黄金大米,是一种转基因大米,通过转基因技术将胡萝卜素转化酶系统转入到大米胚乳中,富含β-胡萝卜素,因呈黄色被称为"黄金大米"(golden rice)。

美国塔夫茨大学教授汤光文主持的"儿童植物类胡萝卜素维生素A当量研究"是美国国家卫生研究院(National Institutes of Health,NIH)2002年批准的科研项目,荫士安是该项目申请的成员之一。项目内容是研究菠菜、"黄金大米"和β-胡萝卜素胶囊中的类胡萝卜素在儿童体内的吸收和转化成维生素A的效率,探索预防儿童维生素A缺乏症的途径。2003年9月,荫士安以课题中国部分项目负责人的身份,与浙江省医科院签订了美国NIH课题合作协议书,但项目并未实施启动。

2008年初,中国疾病预防控制中心营养所与湖南省疾病预防控制中心签订合作协议,由湖南省疾病预防控制中心胡余明博士配合并实施国家自然科学基金面上项目"植物中类胡萝卜素在儿童体内转化成为维生素A的效率研究",此项目由荫士安研究员负责,通过了中国疾病预防控制中心营养所伦理审查委员会的审批。在这个试验中,参加试验学生的家长均签署了知情同意书,所用的大米、面粉和食用油都购自当地超市,蔬菜购自镇上的菜市场。

此时,汤光文主持的"黄金大米"研究也经过三方协商,加入到了荫士安研究员的国内项目中,由浙江省医科院与湖南省衡南县疾病预防控制中心签订"植物中类胡萝卜素在儿童体内转化成为维生素A的效率研究"的课题现场试验合作协议书,合并进行研究。

2008年5月22日,课题组召开学生家长和监护人知情通报会,但没有向受试者家长和监护人说明试验将使用转基因的"黄金大米",现场未发放完整的知情同意书,仅发放了知情同意书的最后一页,学生家长或监护人在该页签了字,而该页没有提及"黄金大米",更未告知食用的是"转基因水稻"。

2008年5月29日汤光文未经申报将在美国进行烹调后的"黄金大米"米饭携带入境,6月2日开始,按每人每天60g黄金大米的分量掺入营养午餐分发给受试儿童食用,共21天。

2008年6月2日，塔夫茨大学伦理审查委员会通过了对NIH项目中文版知情同意书的伦理审批。塔夫茨大学于2008年批准的该研究知情同意书中未提及试验材料是"转基因水稻"，只是称为"黄金大米"，而该大学伦理审查委员会在2003年至2006年间批准的该研究知情同意书中均有"黄金大米"是"转基因水稻"的描述。

多方的调查都认定：项目在实施时，汤光文和荫士安等作为项目负责人未在现场履行告知义务，在试验期间始终没有告知当地主管部门和项目承担单位开展的是转基因食品"黄金大米"试验；在与学生家长签署知情同意书时故意使用"富含类胡萝卜素的大米"这一表述，刻意隐瞒了使用转基因食品的事实。2012年12月，中国相关单位对三名中方当事人员进行了严肃处理。2015年7月29日，《美国临床营养杂志》宣布由于该研究实施过程存在严重的科研伦理问题，因此对2012年9月发表的论文撤稿。

由上述案例可知，该事件的科研人员存在未将新增加的研究方案提交伦理审查、未对研究对象做到充分知情告知并获同意、采取欺瞒手段让儿童食用试验食物等违背科研伦理的行为，不仅会被行政处罚，科研结果也不会被主流科技杂志承认。该研究设计无疑是严谨的，研究过程和结果也能经得起科学验证，但因为违背了基本的伦理原则和程序，整个团队几年来的研究努力付诸东流，无疑是一个非常深刻的教训。

（姜 晶）

第三章 文献的搜集与评价

文献搜集是进行科学研究时最基础的资料搜集。任何研究前期课题的选择、确定及方案设计等，都必须从文献搜集、阅读、评价开始。进入研究及成果发表阶段、推广及应用阶段，也需文献提供必要的佐证和补充。全科医生在相对独立的社区环境中执业，在遇到有关某种疾病或症状的病因、诊断、治疗及预后等方面的问题时，可查询教科书，也可通过检索、阅读与分析相关文献，寻求答案。另一方面，随着全科医学的发展，部分全科医生需承担教学和科研工作，同样需要通过文献，及时更新知识。本章主要介绍文献的基本概念、检索基本操作、评价及如何结合全科医生的实际工作具体应用。

第一节 概 述

一、文献的概念

人类积累创造的知识，通过一定的方法和手段、运用一定的意义表达和记录体系保存下来，并用以交流传播的一切物质形态的载体，都称为文献（document，literature）。文献因载有知识和信息才有其存在的意义和价值，而知识和信息因附着于文献这一载体上，才能超越时空被保存和传递。

二、文献的种类和发展趋势

（一）文献的种类

1. 按出版类型，可将文献划分为以下七种。

（1）期刊：具有相对固定的刊名、编辑出版单位、报道范围、出版周期，以分期形式报道最新知识信息且逐次刊行的连续出版物。具有更新快、内容广泛、连续出版等特点。常见的国内全科医学期刊有《中国全科医学》《中华全科医师杂志》《中华全科医学》《全科医学临床与教育》《中华医学全科杂志》《全科护理》等；常见的国外全科医学期刊有《家庭医学年刊》（*Annals of Family Medicine*）、《英国全科医学杂志》（*The British Journal of General Practice*）、《家庭医疗》（*Family Practice*）、《BMC家庭医疗》（*BMC Family Practice*）、《家庭医学》（*Family Medicine*）、《澳大利亚家庭医生》（*Australian Family Physician*）、《加拿大家庭医生》（*Canadian Family Physician*）、《欧洲全科医疗杂志》（*European Journal of General Practice*）、《国际全科医学杂志》（*International Journal of General Medicine*）等。

期刊可从网络上出版的网上数字资源进行检索获取，国内期刊可从主要检索引擎如中国生物医学文献服务系统（http://www.sinomed.ac.cn/，简称SinoMed）、中国知网（http://www.cnki.net/）、万方数据知识服务平台（http://www.wanfangdata.com.cn/）、维普信息资源系统（http://www.cqvip.com/）、读秀（https://www.duxiu.com/）等获取。国外期刊可从主要检索引擎如PubMed（https://pubmed.ncbi.nlm.nih.gov/）、ScienceDirect（http://www.sciencedirect.com）、Web of Science（https://www.webofscience.com/wos/alldb/basic-search）、Springer Link数据库（https://link.springer.com/）、Ovid全文电子期刊（http://gateway.ovid.com/autologin.html）等获取。国内外期刊均可从百度学术、谷歌学术等检索，亦可从各期刊杂志官网检索、订阅或从收藏的图书馆借阅。

（2）学位论文：学位论文是指作者从事科研工作并取得创造性的结果或有了新的见解，并以此为内容撰写而成，作为提出申请授予相应的学位时评审用的学术论文。学位论文具有一定的独创性、参考文献多而全面、一般不公开出版等特点。

国内学位论文可从中国知网中的"中国优秀博硕士学位论文全文数据库"、万方数据资源系统的"中国学位论文全文数据库"、CALIS高校学位论文库（http://etd.calis.edu.cn）等检索查阅。国外学位论文可从ProQuest国外学位论文检索系统（https://www.proquest.com/）或者PQDT学位论文库中检索查阅。但是这些数据库或系统访问需要权限，可根据所在学校或单位是否购买这些数据库而选择使用。

（3）会议论文：会议论文是指在学术会议上宣读和交流的论文、报告及其他有关资料。其特点是传递信息比较及时，内容新颖，专业性和针对性强，出版形式多样，但易被忽略。

国内会议论文可从中国知网中的"中国重要会议论文全文数据库"及万方数据资源系统的"中国学术会议论文库"检索查阅。国外会议论文可从CPCI国外会议文献检索系统（http://www.webofknowledge.com）及OCLC Proceedings First国外会议论文检索系统（http://firstsearch.oclc.org）进行检索查阅。

（4）图书：与期刊等其他文献相比，图书具有单本独立性、内容结构具有较强的系统性、内容的观点具有相对的稳定性、内容的文体具有前后一致的统一性、篇幅具有较强的灵活性和出版的时间具有较强的机动性等特点。

进入移动互联网时代，除了传统的印刷本图书，也出现了以电子形式储存，通过计算机等设备使用，方便公众使用的电子图书。主要的医学电子图书数据库包括书生之家电子图书（需要权限）、超星汇雅电子图书（需要权限）、百链（http://www.blyun.com/）、读秀学术搜索（http://www.duxiu.com/）、Thieme E-Book Library（http://ebooks.thieme.com/bookshelf）、牛津医学在线平台（http://oxfordmedicine.com/）、McGraw-Hill医学在线电子图书（http://mhmedical.com/umbrella-index.aspx）、Ovid医学电子图书（在Ovid检索平台点击Books@Ovid）等。除了以上电子图书数据库外，Elsevier、Springer、Karger等著名出版社在其各自的电子出版物平台上提供了大量的电子书供读者阅读。

（5）科学技术报告：简称科技报告，是描述一项科学技术研究的结果、进展或一项技术研制实验和评价的结果或论述一项科学技术问题的现状和发展的文件。科技报告旨在提供系统、详实的信息，不以发表为目的，是科研历程及其成果的完整记载，可具保密性。科技报告可在国家科技报告服务系统（https://www.nstrs.cn/index）、万方数据资源系统"科技报告"及中国知网"科技报告"等查阅。

（6）专利文献：是各国及国际性专利组织在审批专利过程中形成并定期出版的各类文件的总称。专利文献是集技术、经济、法律信息于一体的特殊类型的科技文献，是受专利法保护的有关技术发明的法律文件。绝大多数的医学研究成果所涉及的各种仪器、医疗设备、药品、化学物质、微生物菌种等都属于专利保护的范畴，因此专利文献对医学研究和医疗工作有着重要的参考价值。国内专利检索常用数据库有国家知识产权局专利检索系统（http://pss-system.cnipa.gov.cn）、中国知识产权网（http://search.cnipr.com/）。国外专利检索常用系统有美国专利商标局专利检索（http://patft.uspto.gov/）、欧洲专利局（http://www.epo.org/searching-for-patents/technical/espacenet.html）。

（7）WHO出版物：世界卫生组织（WHO）经常围绕全球公共卫生重大问题或地区性特殊事件等以学术文件的形式发布信息通报、交流工作经验、传播科学知识等，形成一类具有独特学术价值的WHO出版物。可通过访问http://www.who.int/了解WHO出版物的详细内容。此类出版物主要涉及丛书和期刊两大系列。丛书为不定期出版，刊载在期刊的文献多为国际著名的生物医学文献信息系统所收录，如PubMed、Embase等。

从事科研工作时，最常参考的有期刊、学位论文和会议论文这三类文献。这些文献除了在上述数据库检索，还可以到综合数据库检索，可同时检索期刊、学位论文、图书、专利、科技报告、标准等，如超星发现（http://ss.zhizhen.com/）。

另外，除了文献检索，我们还可以进行科研项目检索，比如泛研网全球科研项目数据库（http://www.funresearch.cn）可检索到二十多个科技发达国家和地区的800多万个受资助科研项目数据，最早可追溯到20世纪50年代。

2. 按性质和功能，可将文献划分为以下三种类型。

（1）一次文献：是作者基于本人的研究完成的原始创作，如学术论文、专著、会议论文、学位论文等。

（2）二次文献：将无序分散的一次文献经过收集、整理、加工，按照一定的形式如著者、篇名、主题等加以编排，形成供读者检索一次文献所需的形式，如索引、文摘、目录及相应的数据库。

（3）三次文献：根据研究目的，以二次文献为工具，将搜集到的一次文献进行整理、阅读与分析，编写而成的文献，如综述、系统评价、指南、百科全书、年鉴、手册等。

（二）发展趋势

随着互联网应用的普及，移动阅读市场的扩大，传统的出版商和数据库开发提供了基于移动互联网的终端设备和数据库产品。如PubMed等数据库陆续推出了能在移动设备（手机、平板电脑、电子书等）上进行检索、收藏甚至下载全文的数据库产品。各种便携移动设备依托互联网、多媒体技术及成熟的无线移动网络越来越普及，使人们不受时间、地点及空间的限制，方便灵活地利用各种数据库进行信息查询、浏览和获取资源等。

第二节　文献的搜集

文献搜集是用科学的方法，利用检索工具和检索系统，从有序的文献集合中查找所需信息内容的过程。正确的文献搜集方法不仅能够促进信息资源的迅速开发和利用，而且能够帮助专业人员继承和借鉴前人的成果，避免重复研究，少走弯路。

一、搜集文献的基本要求

临床工作中，在面临查找病因、诊断和鉴别诊断问题、处理方案决策问题、患者健康宣教等问题时，从文献搜集角度，可首先考虑检索循证医学数据库，如Up To Date、Best Practice、DynaMed，这类数据库结构合理，检索便捷，常常在短时间内即可获得问题的答案，可作为床旁查找证据的首选，但这类数据库的缺点是语言均为英语，中国医生面临语言障碍。其次，包含大量电子教材和医学参考工具的数据库（如Access Medicine、MD Consult、Statref等），国内外各大医学会、专业协会制订的临床指南（如国际指南协作网www.g-i-n.net，美国国家指南中心www.guideline.gov），均是很好的资源。

科研工作全过程都需要进行文献搜集。选题阶段，要了解某一研究领域的进展和热点研究，可先通过Web of Science、Scopus、中国引文索引等引文数据库来查询；然后可利用PubMed、中国生物医学文献服务系统等中西文数据库，采用查全策略，全面收集文献；最后整理检索结果，去重、筛选、归类，使用图书馆资源在全文数据库中获取全文。在研究阶段则可通过创建简易信息聚合（Really Simple Syndication，RSS）或EMAIL Alert订阅文献搜集阶段的检索式及本领域重要期刊，来追踪最新研究进展。

文献搜集围绕着我们的目标进行，临床工作和科研工作虽然搜集文献种类不同，但都应遵循搜集文献的基本要求：①先查找最近3～5年的文献，再回溯到过去的文献；②先查找本专业或研究领域的核心文献，再逐渐扩大搜集文献的范围；③全面搜集资料，不能有意回避观点不同的文献；④注意收集原始文献，以避免文献信息利用出错；⑤搜索文献时，为提高检索效率，在检索内容与顺序上，有一定的讲究，一般是先寻求可靠的三次文献，如指南、系统综述、Meta分析等。

二、查找文献的具体方法

在了解搜集文献的基本要求后，具体查找文献的过程就是文献检索的过程，可从文献检索技术、文献检索的主要途径和具体检索步骤三个方面掌握。

（一）文献检索技术

文献检索包含文献信息的存储和查找两个过程。存储是将文献存储有序化，即将大量无序的文献集中，经过整理、分类、标引等处理，形成有序的数据集合，这就是数据库（database）。文献的查找是指运用编制好的检索工具或检索系统，获取到满足用户需求信息的过程。文献检索系统的核心是数据库。数据库由若干条记录集合而成，一条记录包含若干字段。一篇文献用一条记录来表示，一条记录又包含分类、题名、著者、年份、主题等字段，其中大部分字段是可检索字段。在数据库检索文献信息时，用户的信息需求通过编写检索表达式体现，检索表达式由检索词和布尔逻辑运算符、位置算符及系统规定的其他组配连接符号组成。下面介绍几种主要的检索技术。

1. 布尔逻辑检索技术 是文献检索中最常用的检索技术。布尔逻辑检索时通过三个布尔运算符"AND""OR""NOT"来实现其功能，分别表示逻辑与（并且）、逻辑或、逻辑非三种逻辑运算关系。

（1）逻辑"与（并且）""AND"：检索表达式为"A AND B"。查找既包含检索词A，又包含检索词B的记录。作用是缩小检索范围，提高查准率。例如查找"全科医学中医患沟通评价工具"的相关文献，检索式为（general practice）AND（physician-patient communication）。

（2）逻辑"或""OR"：检索表达式为"A OR B"。查找包含检索词A或包含检索词B的记录。作用是扩大检索范围，提高查全率。例如查找"全科医学"相关的文献，检索式为（general practice）OR（family medicine）OR（primary care）OR（general medicine）。

（3）逻辑"非""NOT"：检索表达式为"A NOT B"。查找包含检索词A但不包含检索词B的记录。作用是缩小检索范围。但此运算使用不当时容易排除掉可能有用的文献，应慎用。例如查找"动物子宫内膜异位症（不要人的）"相关的文献，检索式为（endometriosis）AND（animal）NOT（human）。

2. 字段检索 是利用检索词出现的字段进行检索。用户可指定检索某一字段或某几个字段，作用是检索结果更为准确，极大减少误检。检索系统的字段检索会采用缩写形式的字段标识符（如TI表示title，AD表示address等），为了更精准甚至会采用限定符号（如in），如SinoMed的高级检索方式下检索"篇名中含有糖尿病的文献"，需键入"糖尿病in TI"。

3. 截词检索和通配符检索 是利用截断的词的一个局部，即截词进行检索的技术。即自动地对同一概念词的词根相同、含义相近而词尾形式不同等一类相关词进行检索，并自动用"OR"连接截词的检出结果，有效提高了查全率。一般信息检索系统都利用了截词技术，利用截词符和通配符来屏蔽未输入的字符。常用的截词符和通配符有"*""?""$"等。如在PubMed数据库中，*被称为无限截断符，如child*可以检索出包含 child、childish、children、childhood 等词的文献。在 Web of Science 中 $ 被称为有限截断符，可用在词尾截词，也可用在词中作为通配符，如用 ca $t 可检索出含有 cat 和 cart 的文献。

4. 位置符检索 又称邻近符检索，是用来表示检索词与检索词之间位置关系的检索技术。常用的位置算符有 NEAR 和 WITH。NEAR 表示检索词位置相邻，检索词出现的顺序可前可后，如 general practice NEAR communication。WITH 表示检索词位置相邻，且两词出现的顺序与输入顺序一致，如 lung WITH cancer。

（二）文献检索的主要途径

文献检索途径是指检索系统提供的用以查询获取资源的各种标识，在计算机检索系统中常表现为字段检索。常见的有以下几种。

1. 主题词检索 是根据标引人员按照规范词表标引出的主题词进行检索的途径，常用的主题词表是美国国家医学图书馆编制的《医学主题词表》（Medical Subject Headings，MeSH）。如有关"艾滋病"的描述，著者可用"艾滋病""获得性免疫缺陷综合征""AIDS"等词表达，但通过检索 MeSH 词表，只有"获得性免疫缺陷综合征"才是主题词，用主题词途径检索时用获得性免疫缺陷综合征，能检索到纳入该主题词的所需文献信息。目前支持主题词途径的检索系统主要有 SinoMed、PubMed 等。

2. 关键词或标题或摘要检索 用户可根据自己的需求选择熟悉的词语进行检索，使用的词语不必规范化，可检索出文献关键词、标题或摘要含有该词的文献信息。但使用这种途径进行检索时，必须同时考虑多个近义词、同义词，以减少漏检。如检索"艾滋病"时需要考虑其学名"AIDS""获得性免疫缺陷综合征"等。

3. 作者检索 是利用文献上署名的作者、编者或机关团体名称作为检索入口查找文献的途径。在中文数据库检索工具中直接用作者的中文姓名检索即可。在外文检索工具中，常采用姓在前、名在后，用首字母缩写的形式进行检索。如查找 John Smith 的文献，需用 Smith J 进行检索。文献检索出来后，要参照机构和文章内容加以鉴别，避免误检。

另外，还有其他常见的字段检索，如引文检索、机构检索、刊名检索、分类检索、全文检索、DIO 检索等，可根据需要灵活运用。

（三）检索步骤

进行文献检索时首先要明确个人检索要求，然后选定相应的数据库，确定检索途径，最后构建检索表达式完成检索。具体过程如下。

1. 分析课题或研究内容，明确检索要求 分析检索研究内容，通过回答下列几个问题，明晰检索要求。

（1）最能反映研究核心内容的主题概念是什么：分析研究内容后，从研究内容中提取主题概念，注意分析隐含的主题概念。如检索"中国老年痴呆患者家庭照顾者抑郁情绪综合干预"这个课题，其主题概念包括中国、痴呆、家庭照顾者、抑郁和干预，但对于家庭照顾者这一主题，相近的概念还包括照顾、照料、照护、家庭护理、caregiver 等。

（2）需要什么样的文献类型：明确所需文献的语种、类型、年代范围、作者或其他特征，这对限定检索范围很重要。

（3）需要查新、查全还是查准：本次文献检索的目的如果是要了解某学科或者某研究领域的最新进展和动态，强调查"新"；如果是要撰写综述、专著等，强调查"全"；如要解决研究中某具体问题找出技术方案，强调查"准"。

2. 选择数据库，确定检索途径　分析了检索需求后，可根据已知的条件选择最能满足检索要求的数据库。

（1）哪些数据库可能包含所需文献：了解常用医学文献数据库收录的学科领域、收录的文献类型、收录的时间范围、数据库更新的及时性、周期和更新频率、数据库的基本索引和辅助索引。如需查全，则需选定多个数据库。常用医学文献数据库包括：检索国内生物医学文献首选SinoMed，还可选中国期刊全文数据库、中国知网、万方数据库等；若要了解国际医学期刊，首选Medline或者PubMed、Web of Science；若要了解药学相关文献，可选SciFinder、Embase等。

（2）确定检索途径：可根据检索需求或检索课题已知条件及所选定数据库所提供的检索功能，确定检索途径，常用的有关键词检索、主题词检索、摘要检索、标题检索等。仍以检索"中国老年痴呆患者家庭照顾者抑郁情绪综合干预"为例，本研究以制作系统评价为目的，因此确定的数据库包括PubMed、Embase、Cochrane、SinoMed、中国知网、万方数据库。不同数据库检索途径略有差别，在PubMed英文数据库中以intervene、trial、dementia、care、depress为主题词进行检索；而在SinoMed数据库中以干预性研究、家庭护理（非专业）、抑郁为主题词，干预、痴呆、阿尔茨海默病、照顾者、家庭护理、照料者、照护者、抑郁、郁闷为自由词进行检索。

3. 构建检索表达式　检索途径确定后，编写检索表达式，即将作为检索标识的主题词、作者姓名、关键词及各种符号如分类号等用各种算符（如布尔算符、位置算符等）组合，形成既能被计算机识别又能体现检索要求的表达式。这一步的关键是能够找全与课题/问题直接相关的词（尤其是特征词）及其同义词、近义词、别称、简称/缩写，明确它们的逻辑关系（AND/OR）。如失能老人这一主题概念，其近义词可包括长期照顾、长期照料、长期照护、社区护理、照顾者等，对于这些近义词或同义词的把握，一方面是对本领域的熟悉程度，另一方面可以请教专业人员，通过预检索找到这些近义词和同义词。构建检索表达式可采用数据库的高级检索进行，在下单栏选择所需检索字段和运算符即可。

4. 对检索策略进行调整，提高检索效率　检索策略的调整可分为两种情形，即扩大检索和缩小检索。

（1）扩大检索（查全）：即增加检出文献量。可通过选择更多的数据库和时间范围、选择更多的检索途径（如主题词/扩展主题词/上位主题词+自由词）、选择更多的检索方式、使用近义词、同义词、截词检索、相关信息检索等措施获取较多检出结果。如用PubMed查找"全科医学"的相关文献，检索时用（general practi*）OR（family medicine）OR（family physician）OR（primary care），增加用OR连接的检索词，减少AND组合中的非核心词，模糊检索，扩大检索范围。

（2）缩小检索（查准）：即减少检出文献量。可通过减少数据库数量、选择最准的检索途径（如PubMed中的主要主题词）、选择最快捷准确的检索方式、增加AND组合使用、使用字段限定检索、使用精确检索（如双引号）、使用一些检索系统提供的过滤功能（如PubMed提供的filter）等措施获取更精确的检出结果。如用SinoMed的高级检索方式下检索"标题中含有医患沟通"的相关文献，使用字段限定检索，键入"医患沟通 in TI"，很大程度上缩小了检索范围。

5. 整理检索结果，获取原始文献　将结果导入文献管理工具，通过阅读标题摘要等信息，根据文献相关性、来源、作者背景、发表日期、参考文献（证据）、被引情况（认可度）、他人评论等因素，初步判断结果是否满足需求。若对结果不满意，再次回顾检索过程，重新调整策略。如果结果满足需求，则可开始获取原始文献，进入下一步分析研究。

第三节　常用医学文献数据库

医学研究中目前常用的数据库包括参考数据库和全文数据库。参考数据库主要包括文摘和索引数据库，最常使用的有中国生物医学文献服务系统、PubMed等。全文数据库包括期刊论文、会议论文、学位论文、研究报告等。最常使用的中文全文数据库有中国知网、万方数据知识服务平台、维普信息资源系统；英文全文数据库有ScienceDirect、Ovid全文电子期刊、EBSCOhost等，本节主要介绍几种常用数据库的使用。

一、常用中文医学文献数据库

（一）中国生物医学文献数据库

1. 数据库概况　中国生物医学文献数据库（简称CBM）（http://www.sinomed.ac.cn/）是中国生物医学文献服务系统（简称SinoMed）8个中外文数据库中的一个。收录了自1978年以来1 800余种中国生物医学期刊，以及汇编、会议论文的文献题录。CBM的最大特点是题录均严格依据美国国立医学图书馆的医学主题词标引规则，与PubMed检索系统有良好的兼容性。2019年5月，全新升级的SinoMed 3.0正式推出并上线服务。新版对生物医学文献题录数据、引文数据的深度揭示、规范及DOI等外部资源链接信息进行了有效整合，全面优化检索流程，拓展检索途径，提高检索的智能化程度，丰富扩展原文获取渠道。

2. 检索途径和方法　CBM主要检索方式包括快速检索、高级检索、主题检索、分类检索、期刊检索、作者检索、机构检索、基金检索、引文检索等。

（1）快速检索：快速检索是CBM的默认检索方式。直接输入检索词进行检索即可。

如有多个检索词，需用空格键分开，系统默认逻辑关系词"与"。

（2）高级检索：点击"高级检索"按钮，进入CBM高级检索页面。具体操作步骤如下。

1）根据需要选择检索入口：通过下拉菜单选择需要的检索入口，主要包括常用字段、核心字段、中文标题、英文标题等22个检索入口，2019年新增通讯作者/通讯作者单位检索入口。

2）在输入框中输入检索词：用户可根据需要选择是否进行"智能检索"，选择逻辑关系词"AND""OR""NOT"，检索式会自动发送到"检索框"；如果需要构建多个检索词的表达式，重复执行上述步骤即可；对检索框中的检索表达式确认无误后，点击"检索"按钮进行检索；可点击"发送到检索历史"，以便下一步将检索式合并或交集、导出。

（3）主题检索：点击"主题检索"按钮，进入CBM主题检索页面。具体操作步骤如下。

1）在输入框中输入检索词如"高血压"，浏览相关主题词索引，选择确定需要的恰当主题词"高血压"，点击进入副主题词选择页面。

2）在副主题词选择页面，有主题词的注释信息和树状结构表，用户可以根据自己的需要选择更恰当的主题词，并且可以根据检索要求选择是否加权，是否扩展，选择逻辑关系词"AND""OR""NOT"，点击"发送到检索框"按钮，点击"检索"按钮。

（4）其他类型检索方式：除了上述检索方式外，根据检索需要，还可采用分类检索、期刊检索、作者检索、机构检索、基金检索、引文检索、特征词检索等，具体操作方式参考其他相关书籍或CBM官网。

3. 检索结果的处理

（1）检索结果的显示输出：CBM输出记录显示格式支持"题录"和"文摘"两种格式。检索结果输出支持保存格式为SinoMed的txt文档和NoteExpress、EndNote、RefWorks、NoteFirst等文献管理软件的格式文档。

（2）查看相关文献：CBM中相关文献的类型包括"主题相关""作者相关""共引相关"三种类型。用户可以根据自己的需要点击浏览相关文献。

（3）检索历史：系统将每次的检索步骤记录在"检索历史"中，包括序号、检索表达式、检索结果、检索时间及推送。在"检索历史"中可对检索记录进行相应操作。可从中选择一个或多个检索表达式并用逻辑运算符"AND""OR""NOT"组成更恰当的检索策略进行检索。可点击"推送"发送到邮箱。

4. 检索实例　检索自1996年来高血压预防和控制的研究进展。

（1）分析主题概念，确定检索词：根据检索内容，可以提取"高血压""预防和控制""进展"三个检索概念，其中"高血压"为主要检索概念，"预防和控制""进展"为限定检索概念，时间范围为1996—2021年。

（2）检索过程：首先进入CBM首页，点击"主题检索"，在检索框中输入"高血压"，点击"查找"，系统显示有主题词"高血压"，且允许与副主题词"PC 预防和控制"组配，默认选择扩展检索"扩展"、副主题词"扩展"检索，添加完副主题词后，点击"发送到检索框"，点击"检索"进行检索；然后在"快速检索"页面，输入"高血压AND（预防OR控制OR防控）"进行自由词检索；最后点击"检索历史"，选择前两步检索表达式，选择逻辑关系词"OR"进行逻辑运算。在检索结果显示点击"限定检索"进行限定操作，输入年代范围"1996—2021"，勾选文献类型"综述"，然后点击"检索"，系统即显示最终的检索结果。

（二）中国知网

1. 数据库概况　中国知网（简称CNKI）是一个综合性的数字文献资源系统。中国知网的中国知识资源总库提供CNKI源数据库、外文类、工业类、农业类、医药卫生类、经济类和教育类多种数据库。其中综合性数据库为中国期刊全文数据库、中国博士学位论文数据库、中国优秀硕士学位论文全文数据库、中国重要报纸全文数据库和中国重要会议论文全文数据库。CNKI收录的文献包括期刊、博硕士论文、会议论文、报纸、国家标准、企业标准、专利、年鉴、法律法规、科技报告等，收录了国内8 200多种重要期刊，是目前世界上最大的连续动态更新的中国期刊全文数据库。

2. 检索途径和方法　登录CNKI网站（http://www.cnki.net/），进入首页，通过统一的检索界面，可对期刊、学位论文、会议报纸等多个数据库进行跨库检索。CNKI的检索方式主要有文献检索、高级检索、知识元检索、出版物检索、作者发文检索、引文检索及一框式检索等。CNKI的一框式检索页面，操作简单，但检索精度相对差，在实际文献检索过程中，更常用高级检索，下面重点介绍高级检索的操作。

点击首页检索框右方的"高级检索"按钮，切换至高级检索页面。高级检索可以下拉选择不同的检索字段，如主题、篇名、关键词、摘要、全文作者等16个检索入口，可同时输入多个检索词，并且利用逻辑关系词"AND""OR""NOT"指明各个检索词之间的关系；逻辑检索行中的"+""–"意为增加一行检索式或删除一行检索式；"精确"与"模糊"意为选择检索词的匹配程度，"精确"是指检索结果中包含与检索词完全相同的词语，"模糊"为检索结果中包含检索词或检索词中的词素。

当检索内容比较复杂，还可选用专业检索，将所要检索课题内容的检索词使用逻辑运算符和关键词编制成检索表达式进行检索。

3. 检索结果的处理

（1）显示：在检索结果页面默认中英文文献列表显示，包括题名、作者、来源、发表时间、数据库、被引次数、下载次数、操作（文献下载、HTML阅读、收藏）等，可在左侧进行语言、科技、社科、主题、发表年度、文献来源、学科、作者、机构、基金、文献类型等限制；可切换为详情显示，除上述信息外，还显示作者单位、摘要、关键词。

（2）保存：选择需要保存的文献，然后点"导出与分析"按钮进行保存。目前CNKI提供的文献保存格式主要有GB/T 7714—2015 格式引文、知网研学（原E-Study）、CAJ-CD格式引文、MLA格式引文、APA格式引文、查新（引文格式）、查新（自定义引文格式）、Refworks、EndNote、NoteExpress、NoteFirst、自定义等格式。个人可根据自己使用的不同文献管理软件选择相应格式，保存至本地文件。

（3）可视化分析：选择需要分析的文献，然后点"导出与分析"按钮进行可视化分析。目前CNKI提供的可视化分析主要有指标分析、总体趋势分析、关系网络分析（文献互引网络分析、关键词共现网络分析、作者合作网络分析）、分布分析（资源类型、学科、来源、基金、机构）等。

（4）全文下载：CNKI提供CAJ和PDF两种全文格式。用户可点击"CAJ下载"或"PDF下载"全文。需要注意的是CAJ格式文件需要下载安装全文阅读浏览器CAJ Viewer才能进行阅读，该浏览器可在CNKI下载中心免费下载。

4. 检索实例　检索失能老人家庭照顾者社会支持状况相关文献。

（1）进入CNKI首页，点击"高级检索"。

（2）输入检索条件：从检索项的下拉菜单中选择"主题"，输入检索词"失能老人"，分别添加检索条件"主题"中分别输入"家庭照顾者""社会支持"。

（3）点击"检索"按钮，显示检索结果。

（三）万方数据知识服务平台

1. 数据库概况　万方数据知识服务平台（http://www.wanfangdata.com.cn/）汇集了学术期刊、学位论文、学术会议、中外专利、成果、科技报告、法律法规、地方志、视频等资源，内容涵盖自然科学和社会科学各专业领域，是与中国知网齐名的中国专业学术数据库。数字化期刊全文数据库是万方数据知识平台的重要组成部分，收录了自1998年以来国内出版的各类期刊8 000余种；同时亦收录国外期刊共包含40 000余种世界各国出版的重要学术期刊，主要来源于NSTL外文文献数据库及数十家著名学术出版机构，及DOAJ、PubMed等知名开放获取平台。

2. 检索途径和方法　利用万方数据库检索文献，主要有四种方法：快速检索、高级检索、专业检索、作者发文检索。

（1）快速检索：进入万方数据库首页，点击"期刊"链接切换到期刊全文数据库，在后面的输入框中直接输入检索词，点击"搜论文"，即可检索出相关论文。

（2）高级检索：进入万方数据库首页，点击"高级检索"按钮，进入高级检索页面。页面上方选择文献类型，左侧通过下拉菜单选择检索途径（主题、题名或关键词等），输入检索词，选择逻辑关系词，右侧可选择"精确"与"模糊"检索，下方可进行时间限制，选择是否"中英文扩展""主题词扩展"，点击"检索"完成文献检索。

（3）专业检索：根据系统语法将检索词利用逻辑运算符和关键词编制成检索表达式进行检索。

（4）作者发文检索：下拉菜单选择"作者"或"第一作者"，输入作者姓名、单位信息进行检索。

3. 检索结果的处理

（1）显示：检索结果页面显示类似CNKI，在详情显示可以显示杂志是否是北大核心、科技核心等信息。

（2）导出：点击文献下方的"导出"按钮，生成导出文献列表，也可批量选择文献，点击上方的"导出"按钮，选择要保存的文献参考格式进行保存。目前万方提供的文献保存格式主要有参考文献、查新格式、自定义格式、Refworks、EndNote、NoteExpress、NoteFirst、Bibtex等格式。

（3）可视化分析：同CNKI类似，可进行结构可视化分析，选择需要分析的文献后，点击上面的"结果分析"进行可视化分析。

（4）全文浏览、下载：在每篇文献的下方有在线阅读、下载。点击"在线阅读"可以在线查看文献，点击"下载"可以下载PDF格式文档。

4. 检索实例　检索《中国全科医学》杂志上关于高血压患者服药依从性的有全文的相关文献。

（1）进入万方数据知识服务平台首页，选择期刊全文数据库，点击"高级检索"。

（2）在下拉菜单中选择"期刊-刊名"字段填写"中国全科医学"，选择"主题"字段，填写"高血压""服药依从性"，选择逻辑关系词"与"。

（3）点击"检索"按钮得到检索结果。

二、常用英文医学文献数据库

（一）PubMed数据库

1. 概述　PubMed数据库（https://pubmed.ncbi.nlm.nih.gov/）是由美国国家医学图书馆（national library of medicine，NLM）的生物技术信息中心（national center for biotechnology information，NCBI）开发研制的生物医学文献数据库，目前主要基于Entrez检索平台来提供服务。PubMed整合在NCBI的统一检索平台上，并与该平台上的其他40多个数据库建立了无缝链接，均可免费访问，全面提供了生物医学研究必需的文献信息与分子生物信息，主要包括文献库（literature）、健康库（health）、基因库（GENES）等。PubMed收录了全世界80多个国家和地区的5 600多种生物医学期刊的文摘和题录数据。

（1）医学主题词表：医学主题词表（MeSH）是由NLM编制的用来标引PubMed引文的词表，目前已收录的主题词大约有2.6万条，每年更新一次。MeSH副主题词通常和MeSH主题词一起使用，便于更全面地描述某一问题。

MeSH词表主要由字顺表和树状结构表组成。字顺表反映主题词之间的横向联系，而树状结构表反映主题词之间的纵向关系，二者通过树状结构号联结起来，形成一个完整的检索体系。

（2）检索原理及规则：PubMed对检索词具有自动转换和匹配检索的功能，同时也可运用布尔逻辑运算符、截词符等进行复杂的检索，使用规则可参考第二节的相关内容。

1）词汇自动转换功能（automatic term mapping）：词汇自动转换功能是PubMed数据库特有的功能。其基本原理是系统先对输入的检索词进行概念分析，根据用户在基本检索界面的检索框中输入的未带任何限制的检索词，系统会自动使用各种转换表或索引表对其进行搜索、对比、匹配，然后转换成相应的MeSH主题词或刊名、著者等，再将检索词在所有字段[all fields]中进行检索，执行"OR"布尔逻辑运算后呈现出检索结果。如果检索词是词组，系统会将其拆分为单词后在所有字段检索，而单词与单词之间的布尔逻辑关系为"AND"。MeSH转换表（MeSH translation table）是最常用的转换表，该表包括MeSH主题词、副主题词、统一医学语言系统中的同义词、主要的药物和其制品及它们的同义词等词汇。此外还有刊名转换表（journal translation table）、作者全名转换表（full author translation table）、研究者（合著者）全名转换表[full investigator（collaborator）translation table]、作者索引（author index）、研究者（合著者）索引表[investigator（collaborator）index]等，实现对检索词的自动转换和匹配检索。

2）短语精确检索：短语精确检索是指将检索词组加上双引号进行强制检索，此时系统关闭词汇自动转换功能，提高查准率。例如在检索框中输入"mammary cancer"，并用双引号引起来，然后点击"search"按钮，系统将其作为一个整体在数据库的全部字段中进行检索。

3）限定字段检索：PubMed数据库支持限定字段检索，格式为：检索词[字段标识]，常用检索字段的标识及含义见表3-1。例如，要检索文献标题含有高血压的文献，应输入：hypertension[Title]。

表3-1　PubMed的常用检索字段标识及含义

字段标识	字段含义
all fields	所有字段
author	著者
author-first	第一作者
journal	期刊全称、缩写
language	语种
MeSH terms	MeSH主题词
publisher	文献出版社
text words	文本词，来自题名、摘要、主题词等字段
title	文献的题名
title/abstract	文献的题名、摘要

2. 检索途径和方法

（1）基本检索：进入PubMed数据库后，系统默认为基本检索界面。在检索框中输入检索词，点击右方的按钮"Search"，系统开始检索，并显示检索结果。

1）研究内容检索（topics）：在提问框中键入英文单词或短语（大小写均可）后点击回车键或者点击右侧的"search"，PubMed即会使用词汇自动转换功能进行检索并显示检索结果。

2）著者检索（authors）：在提问框中键入著者的姓氏全称和名字的首字母的大写，格式为：著者姓氏－空格－名字首字母大写，例如Lederberg J，点击右侧的"search"按钮，系统就会自动到著者字段去检索。如果只输入了著者的姓氏，那么系统将会默认在MeSH词表、文本词及著者索引中进行匹配。2002年以后的文献，如果提供了作者姓名的全称，也可据此进行检索。

3）期刊检索（journals）：在提问框中键入刊名全称或MEDLINE形式的简称、ISSN号，然后点击右侧的"search"按钮，系统将会在刊名字段检索。

（2）高级检索：在进行复杂课题的研究时通常需要用到高级检索进行分步检索。在PubMed主页，点击检索框下方的"advanced"按钮进入高级检索界面。PubMed的高级检索（advanced search）页面主要有三个组成部分，分别是检索输入框（add terms to the query box）、检索式框（query box）及检索史（history and search details）。

1）检索输入框：利用检索输入框可以很方便地实现多个字段的组合检索，提高查准率，同时结合检索史的应用，加入布尔逻辑运算完成复杂的检索。

检索时，先在左侧的下拉菜单中选择检索字段（系统默认为all fields），在检索框中输入检索词（可点击右侧的"show index"按钮，系统显示该检索词的相关索引词供选择），选择布尔逻辑运算符AND、OR、NOT，检索词即自动键入检索式框，在完成检索式的构建之后，点击"search"按钮即可。系统会自动将检索式及其检索结果存入检索史中。

例如，检索2012—2021年期刊*Neurology*上发表的标题中包含Parkinson Disease的文献，用检索输入框的步骤如下：①在左侧的下拉菜单中点选"Title"字段，输入Parkinson disease，点击"AND"；②点选"Journal"字段，输入neurology，点击"AND"；③点选"date-publication"字段，输入2012 to 2021，检索框中的检索式为（Parkinson disease[title]）AND（"neurology"[journal]）AND（"2012"[date - publication]："2021"[date - publication]），点击"search"按钮后，出现检索结果。

2）检索史：可完整记录本次检索以来所有的检索式的具体格式及检索结果，大概包括检索式序号、操作（actions）、详情（detail）、检索提问式（query）、检索结果数（result）及检索时间（time）。单击操作，可执行布尔逻辑运算（AND、OR、NOT），也可删除检索式（delete）、显示检索结果（show search results for this query）、显示实际执行的检索式（show search details）或者将检索式保存到My NCBI（save in my NCBI）。PubMed最多可储存100条检索式，一旦超过，系统会自动除旧留新；检索历史最多可保留8小时。此外，点击"add query"按钮可直接将某个检索式添加至检索式框。

在实际检索过程中，通常是在检索输入框中选择检索字段并输入检索词，在检索框形成检索式进行检索，生成检索史；重复这一步骤，待把所有检索词都进行完上述操作输入检索史后，再在检索式框中直接输入检索表达式，如#4 AND（#2 OR #3）NOT #6，再点击"search"按钮完成检索。同时，也可先在基本检索的页面完成各个检索词的检索，同样地把检索结果输入检索史中，再在检索史中构建完整的检索表达式，这样方便对检索表达式的调整和修正。

（3）主题词检索（MeSH database）：PubMed中的主题词检索使用的是MeSH主题词检索途径。点击PubMed主页下方的"MeSH"进入MeSH主题词数据库。在输入框中键入一个词或者词组后，系统将把与该词有关的主题词及其定义都显示出来供用户浏览选择。例如：输入主题词"hypertension"。

在选好主题词后，可通过以下两种方式进行检索。

1）在选中的主题词左侧的小方框里打勾，然后点击右侧的"add to search builder"按钮，然后点击"search PubMed"开始检索。系统默认将主题词与所有副主题词组配并进行扩展检索，并在全部主题词字段进行检索。

2）点击选中主题词的超链接，进入主题词详细页面。在主题词的下方列出了副主题词的选项（所有可以与该主题词进行组配的副主题词）、限制主要主题词检索（restrict to MeSH major topic）和不扩展检索（do not include MeSH terms found below this term in the MeSH hierarchy）的选项，如果不选择这些选项，系统将默认与所有的副主题词进行组配，在所有的主题词字段并进行扩展检索。选择副主题词prognosis，点击"add to search builder"按钮，将检索策略加入到提问框中，然后点击"search PubMed"按钮执行检索，页面下方即显示出关于高血压治疗方面的相关文献。

3. 检索结果处理

（1）显示：在PubMed检索结果的界面，可对文献的显示格式（format）、每页显示文献数（per page）及文献排序格式（sort by）等进行设置，点击页面上方的"display options"链接进行操作。PubMed默认的文献显示格式为summary，此外还有abstract、PubMed、PMID等其他格式。系统默认每页显示的记录条数为10，也可更改。检索结果默认按照最佳匹配（best match）排序，也可选择别的格式，如按照最新（most recent）、出版时间（pub date）、第一作者（first author）、文献杂志（journal）等进行排序。

（2）保存：点击检索结果页面上方的"save"或"send to"链接，选择"显示页面所有文献（all results on this page）"或"所有结果（all results）"或"选中文献（selection）"将保存格式选为summary（text）、Pubmed、PMID、abstract（text）、CSV等，然后点击"create file"，即可将记录保存为文献。也可在页面上面点击"Email"或"send to"链接将结果发送至邮箱。

（3）RSS：点击检索结果页面上方的"create RSS"链接，name of RSS feed：输入需要追踪的检索式，默认是上一次检索的检索式；题录（number of items displayed）可选择5、10、15、20、50、100；然后点击"Create RSS"，在下方生成RSS链接，即可复制粘贴到RSS器。

4. 检索实例

检索近5年PubMed收录的有关乳腺癌（breast neoplasms）治疗方面的综述类文献，要求提供免费全文。

检索步骤如下。

（1）PubMed主页点击MeSH database链接，进入主题词检索界面。

（2）输入breast neoplasms，进入该主题词的详细页面中，选择副主题词therapy，点击页面右上方的"add to search builder"，发送到检索式构建框中，然后点击"search pubmed"按钮。

（3）进入检索结果的显示界面，在页面左侧的检索过滤器，出版时间（publication date）选择"5years"，文献类型（article type）选择"review"，文献获取（text availability）选择"free full text"，页面即可显示相对应的检索结果。

（二）Science Direct（ELSEVIER电子期刊全文库）全文数据库

1. 概述　Science Direct(http://www.sciencedirect.com) 是由荷兰的爱思唯尔（Elsevier）公司开发推出的全文数据库检索平台，通过Science Direct可以连接到Elsevier出版社庞大的电子资源，其中包括期刊全文、单行本电子书、参考工具书、指导手册及系列图书等，内容涵盖生命科学、数学、物理学、化学、临床科学等24个学科。

2. 检索途径和方法

（1）高级检索：点击快速检索栏左边的"advanced search"按钮，即可进入高级检索界面。

高级检索中有多个检索输入框，可以输入单词、词组并进行布尔逻辑组配运算。目前的检索输入框有全文（find articles with these terms）、杂志或书名（in this journal or book title）、出版日期[year（s）]、作者[author（s）]、作者单位（author affiliation）、卷号[volume（s）]、期号[issue（s）]、页码[page（s）]、标题/摘要/关键词（title, abstract or author-specified keywords）、标题（title）、参考文献（references）、ISSN or ISBN。

（2）浏览：进入Science Direct数据库默认界面，上方即为期刊浏览栏表，用户可以按照出版物名称字顺或者按照学科主题浏览该数据库收录的期刊或图书。也可点击系统界面上端工具栏中的"view all"进入出版物浏览界面，按照出版物名称字顺、学科主题或者关注的出版物浏览三种方式浏览期刊或者图书内容。左边是过滤器，可以限制出版时间、文献类型、杂志名称、研究领域等。

3. 检索结果处理　检索结果可以浏览、打印、保存，全文只能单篇下载，题录和摘要可以进行批量下载，下载格式默认为PDF格式。

4. 检索实例　检索近一年来Science Direct收录的有关乳腺癌（breast neoplasms）治疗的分子生物学方面的期刊文献，要求提供免费全文。

检索步骤如下。

（1）进入Science Direct主页点击检索框左边的"advanced search"链接，进入高级检索界面。

（2）在第一个检索输入框中键入breast neoplasms AND therapy，点击检索，在结果界面左边文献类型选择journals, open access articles，研究领域选择biochemistry, genetics and molecular biology，出版时间选择2021 to present，即可得到相应的检索结果。

第四节　文献管理与评价

一、文献的管理

（一）文献管理概述

随着互联网技术的不断发展，文献信息的电子化和网络化越来越普及。对于一次研究，根据不同研究目的，研究者往往需要在多个中英文数据库中进行文献的搜集，这样所搜集到的文献可能非常庞杂；另外，研究者可能对多个领域或者某一领域下不同研究方向有兴趣，搜集到大量文献，如何对这些文献分类存放便于查找，这就涉及文献的管理。文献管理是研究者在科研工作中必须掌握的技能之一。在目前各类数字参考资源迅速增长的情况下，传统的文献管理和利用方式越来越难以满足科研人员对文献信息的存储、组织、检索和使用的要求，因此准确、高效、便捷的管理和利用文献的要求促使文献管理软件应运而生。

（二）文献管理软件

1. 概述　文献管理软件集文献检索、收集、整理及导入导出功能于一体，能够帮助用户实现高效的文献管理和应用，一经推出迅速得到推广使用。文献管理软件在国外的影响相对较大，使用广泛，而近年国内的文献管理软件的发展也越来越迅速，其重要性也得到越来越多科研人员的认可。目前国外最常用的文献管理软件有 Endnote、Reference Manager、Procite 等，国内使用相对较多的有 NoteExpress、NoteFirst、E-Study（E-learning）、PowerReference、医学文献王及 WriteNote 等。下面以 NoteExpress 的使用为例展示如何进行文献管理。

2. NoteExpress的使用　NoteExpress（以下简称 NE）是北京爱琴海软件公司开发的一款专业的文献管理软件，除具备文献信息检索与下载功能外，还有对各类文献实行有效管理的强大功能。全中文界面，目前最新版本为 NoteExpress v3.5.0.9045。下载地址：http://www.inoteexpress.com/aegean/index.php/home/index/index.html，可下载个人免费版和集团免费版。下面介绍与文献管理相关的主要功能与操作。

（1）个人数据库的建立：点击工具栏上的"文件-新建数据库"按钮可以新建个人数据库并添加题录。题录是描述文献外部特征的条目，主要包括：文献的题目、作者、摘要、关键词等信息。NE 就是以题录为核心对文献进行管理。建立题录数据库，可先查看摘要而非全文，可提高效率，题录与原文之间通过附件的应用相互链接。题录导入方式主要有三种：手动建立题录、文献检索结果批量导入、在线数据库检索后导入。

1）手动建立题录：是需要手工填写题录的各个字段，比较费时。

2）检索结果批量导入：是指从各个文献数据库（如万方、维普、CNKI、PubMed、Elsevier 等）检索出结果后，将结果批量导入题录数据库。以万方数据库为例，进入万方数据库，根据需要检索得到相应的文献，在检索结果页面点击"导出"链接，然后选择左侧的"NoteExpress"格式后，点击上方的"复制"按钮，题录信息即可自动输入到剪贴板（.txt）或文献（.ris）；然后回到NE中，在相应的题录数据库中执行"文件－导入题录"的命令，题录来源选择"来自剪贴板"，过滤器选择"NoteExpress"后，点击"开始导入"按钮，即可成功将题录数据批量导入题录数据库中。另一种方法，点击万方导出结果界面上方的"导出"，选择保存位置，然后回到NE中，除了题录来源选择"来自文件"，其余同上述"复制"的方法批量导入题录。

3）从在线数据库检索后直接导入：是指利用NE的"在线检索"功能，从PubMed、CNKI等在线数据检索到结果，应用"保存勾选的题录"按钮，即可将检索到的勾选的文献添加至题录数据库中。

另外也可批量导入下载好的PDF，可自动识别作者、标题等信息，但往往会遗漏很多信息，需要手动修改录入信息。

（2）文献的管理：题录数据库建好后，就可以对数据库中的题录进行查重、排序、添加附件、添加笔记、添加标识、库内检索及统计等，实现对文献的有序管理，方便今后阅读。

1）分类：在建立的题录下，可根据个人关注的不同领域分别建立不同的子目录，分别存放不同文献。

2）查重：点击"检索"菜单下的"查找重复题录"，在跳出的窗口中选择待查重的文件夹并填写好查重依据后，进行查重。对于查出来的重复数据，可利用键盘上的"delete"键或"删除题录"菜单，将查到的重复题录一次性删除。

3）排序：单击题录区某字段（如年份）标题栏，系统即可按照该字段对数据进行排序，再次单击该字段，则变成倒序排列，第三次点击该字段时，取消排序。

4）本地检索：选中要检索的文件夹，在工具栏的检索框中输入关键词，按回车键即可进行快速检索；进行高级检索，需要打开"检索"菜单下的"在个人数据库中检索"窗口，填写检索条件后，点击"添加条件"按钮，填写条件后，通过布尔逻辑进行组合检索，明确所有检索条件后，点击"检索"按钮即可开始检索，然后在左侧"最近检索"文件夹下会自动形成以关键词命名的新文件夹，用鼠标右击该文件夹选择"保存检索"命令，即可将最近检索相关主题的题录或笔记保存到"保存的检索"任一文件夹下，从而永久保存检索结果。在联网状态下，该文件夹中的内容会自动更新，以后添加到系统中的题录如果恰好满足该搜索条件，即会自动出现在该文件夹中，这一功能对于追踪某一热点研究问题非常有意义。

5）设置优先级与标签：对于检索得到的文献，根据与研究主题的相关性大小不同，可对其设置优先级，特别重要的文献标识以优先级，提醒及时阅读。同时对于同一主题文件夹下的题录可能又可区分为不同的亚主题，这时可通过设置标签的方式实现。选中要标识优先级和标签的题录，点击鼠标右键，选择"星标与优先级"，点击"非常高"即完成优先级设定；点击工具栏中的"标签与标记"按钮，为设定的标签起名，即可完成标签设定，再点击标签，可获取到相关标签文献。

6）添加附件：NE中的题录可以与文献全文或者任何其他格式的文献通过"添加附

件"功能联系起来，实现个人文献的有序管理。添加附件的方法有两种，一是选中要为其添加附件的题录，点击题录列表下方的"附件"按钮，在附件下方的空白处点击鼠标右键，在"添加"菜单下选择添加附件的类型（单个文件、文件夹等）后，选择要添加的文件完成添加；二是通过鼠标直接拖拽。一条题录可以添加多个附件，在查看题录时，如想查看附件内容，双击附件就能打开。

NE提供批量下载全文的功能，将全文快速下载到本地并与题录关联，下载完毕后即可打开阅读全文。步骤：选中需要下载全文的题录（按下ctrl键，鼠标点击选择多个条目），点击工具栏中的"全文下载"按钮，或者点击鼠标右键，选择全文下载；选择下载全文的数据库；开始全文下载。

7）添加笔记：该功能可以实现在阅读文献时将所产生的想法及观点及时记录下来，并与相关题录建立链接加以管理。选中的题录，在下方的"笔记"添加笔记即可。也可选中笔记所在的文件夹，在笔记列表上点击鼠标右键创建一个新的笔记，并可将之链接到题录。

8）影响因子：NE在V3.0.4.6640之后的版本中添加了影响因子及收录范围字段，题录在进入NE后会自动根据内置的期刊管理器的内容自动产生题录期刊的影响因子及收录范围，用户可以将这两个字段列入表头。如果一个期刊在NE中有影响因子，那么在题录"细节"页面中竖排的几个按钮中的最后一个影响因子趋势图按钮可以点击（如果没有影响因子，则显示灰色）；点击影响因子趋势图，可显示该期刊近五年的影响因子趋势图。

（3）分析：若收集的文献信息过多，或需要对某个研究者的文献信息进行整理，传统的统计方法费时又费力。通过NE，可以方便快捷地对文献信息进行统计分析，这样就能够快速了解某一领域的重要专家、研究机构、研究热点等。分析结果能导出为txt和csv等多种格式，方便做出精准的报告。

NE2.0以上版本可以对所有字段进行统计，包括作者、关键词、主题词等。步骤：①选择需要统计的目标文件，点击鼠标右键菜单中"文件夹信息统计"按钮或者点击文件夹下拉菜单中"文件夹信息统计"按钮；②选择字段进行统计分析，分析结果可以另存为txt或者csv格式。

（4）数据分析与可视化分析：数据分析与可视化功能可以对NE内的文献数据信息进行进一步的加工和展示，针对文献类型、发表年份、作者、关键词、来源及分词后的标题这六个字段，可以进行词的规范化加工；词共现次数、相关系数和相异系数矩阵的计算及导出；词云图、路径关系图的可视化展示及导出，将隐藏在文献元数据里的信息显性化，为用户更准确、更快速地了解研究背景、明晰要素关系、找出研究方向提供帮助。

（5）辅助撰写论文：NE有一个很重要的功能，就是将参考文献题录作为文中注释插入到文章中，并能按照各个期刊杂志的格式要求，自动生成参考文献列表，既准确又快捷，极大地提高了写作效率。成功安装NE后，如果计算机中有Word字处理软件，系统会自动安装一个Word插件。如果没有自动安装该插件，可通过NE菜单"工具"选项里的"扩展"命令，手动安装Word插件。在Word里插入参考文献题录的步骤参考其他相关书籍。

二、文献的阅读与评价

（一）文献的阅读

期刊论文作为医学文献的最常见形式，其一般结构如下：题目、作者姓名与单位、摘要、关键词、背景、材料与方法、结果、讨论、致谢、参考文献等。

在繁忙的临床工作中，一位医生不可能阅读完所有需要了解领域的文献，出于临床工作需要或者科研需要，在完成了相应的文献搜集及整理后，不可能也没必要通读所有检索到的文献，因此需要掌握文献筛选和阅读的方法。

1. 根据文献的题目、摘要，对文献进行分类筛选　一般根据文献的题目和摘要对文献的相关性及重要性进行分析，对无相关性文献进行剔除，完成文献的初筛。对初筛后的文献，根据文献的相关性，可将文献划分为重要文献和一般文献，重要文献是指那些对本学科发展具有里程碑式意义的研究文献及学术权威撰写的综述，对这些文献应仔细阅读原文；一般文献是指与本学科研究领域相关的其他领域重要文献和本学科领域内的除重要文献以外的其他文献，对这些文献以阅读摘要为主，在阅读过程中发现文献有价值，可以升级为重要文献，再阅读全文。

2. 根据不同目的，选择性阅读文献及文献内容　如果医生希望迅速检索自己最需要的临床证据，加拿大循证医学专家Brian Haynes教授于2009年提出了循证卫生保健决策的"6S"模型，类似金字塔状分布（表3-2）。最上面的资源最少，但易于使用，从上至下，文献量逐渐增大，信息逐渐庞杂，需要仔细甄别。该模型也可指导我们阅读医学文献，即先读循证教科书及循证医学期刊，其次为综述，最后读原始文献。在临床科研实践中，不同阶段对文献阅读的侧重点有所不同，因此根据实际需要，有选择性地阅读文献相关内容，如在选题阶段，重点阅读前言部分，掌握该领域研究现状，同时还要重点阅读讨论部分指出的该研究存在的不足、下一步研究方向等，这些可作为今后的研究方向；在课题设计阶段，可重点阅读文献中有关研究方法的部分。

表3-2　循证卫生保健决策的"6S"模型

层数	6S名称	资源	举例
第一层	system（系统）	计算机决策支持系统	极少，偏重临床实践中的综合应用
第二层	summaries（总结）	循证实践指南、循证教科书	Up to Date，Best Practice
第三层	synopses of syntheses（综述摘要）	循证摘要	ACP Journal Club，Evidence-based Medicine
第四层	syntheses（综述）	系统评价	Cochrane系统综述

层数	6S 名称	资源	举例
第五层	synopses of single studies（单一研究摘要）	循证摘要类杂志	—
第六层	studies（原始研究）	发表在期刊上的原文	Pubmed, SinoMed

3. 掌握阅读要点，精读重要文献　对于需要精读的重要文献，在阅读全文时需要注意从下面几个方面去把握。

（1）前言部分：是否交代了研究目的、立题的理论或实践依据是否充分、理论或实际意义是什么。

（2）材料与方法部分：研究设计方案是什么、样本来源及样本大小估算的依据、测量指标有哪些。

（3）结果部分：主要结果是什么、有无新发现、报告结果的图表有哪些。

（4）讨论部分：结论是什么、是否回答了前言部分提出的问题、对于结果是否给出充分合理的解释、是否提出研究主要不足及今后的研究方向等。

在阅读文献的同时，可根据个人习惯将文献打印出来或者直接在电子版文献上进行标记，最后汇总文献的精粹部分及阅读文献的收获等，根据文献不同主题进行分类存放，便于需要时及时查阅。

（二）文献的分析

文献具有两种特征，一是外部特征，如题目、作者、作者单位、发表期刊、发表时间、语种等，这些信息具有唯一性和指向性，因此常被用来标识文献，以便检索查询；二是内容特征，如研究目的、研究对象与方法、结果、讨论与结论等，是文献的核心所在。

目前针对文献外部特征，分析方法主要有传统的文献计量学分析和在此基础上的共现聚类分析。通过上述分析可了解到某一研究领域的高频主题词、高产作者及该领域的主要研究热点等信息，有助于研究者较为全面地了解某一研究领域的概况，具体方法可参考相关教材。

对医学专业人员而言，阅读文献时，更侧重对文献内容的分析和评价。临床医学研究目的主要是解决临床上有关疾病的病因、诊断、治疗及预后等问题，而针对上述不同临床问题，其常用的设计方案也不同，如病因研究常用队列研究和病例对照研究、诊断方法的准确性常用横断面研究、治疗效果随机对照研究、疾病预后则常用队列研究和随机对照研究。针对上述不同研究类型的文献，一些知名学术机构或组织开发了系列评价工具。因随机对照试验研究采用了随机、设置对照组，甚至盲法，最大限度地控制了混杂和偏倚对结果的影响，在临床研究中备受青睐，因此随机对照试验质量评价工具最为多见，常见的如Cochrane风险偏倚评估工具、Jadad量表、CASP清单等，这些评价工具可帮助我们对文献的质量进行判断。有关随机对照试验、病例对照研究、诊断性试验等研究的具体评价方法可参考本教材相关章节。

一般医学文献分析评价包括3个方面：①真实性评价，是评价分析的核心，如果一篇文献真实性有缺陷，则其他方面的价值毫无意义；②重要性评价，是指研究结果本身是否具有临床价值；③适用性评价，是指文献的结果和结论能否推广应用到研究对象以外的群体或者环境。有关上述3个方面评价的具体内容见本教材相关章节。

通过文献的阅读与分析，根据文献研究内容，总结该领域研究现状，发现需要进一步研究的问题和角度，形成文献综述。文献综述的撰写方法见本教材相关章节。

三、应用实例

NoteExpress应用实例。以高血压患者服药依从性相关文献管理为例。

（1）打开NE，点击"文件"，选择"新建数据库"。

（2）点击"在线检索"，选择万方数据库。

（3）在"字段"下单栏选择"主题"，输入检索词"高血压""服药依从性"，模糊检索，选择逻辑关系词"与"；点击"开始检索"。

（4）取回检索结果后，勾选所需要的题录。可以使用批量获取功能，一次性将检索题录全部导入软件。

（5）将获取题录导入软件，点击"保存勾选题录"，选择"至另外一个文件…（F）"，选择指定的文件夹，或新建文件，即可将取回的检索结果保存到指定目录。

（6）用同样的方法在其他数据库检索，比如中国知网、Pubmed等。

（7）去重：点击"检索"菜单下的"查找重复题录"，待查重字段[E]可选择默认的"题录类型；作者；年份；标题"，也可以自行设置，选项都不选，点击"查找"，查出重复数据，利用键盘上的"delete"键或"删除题录"菜单，将查到的重复题录一次性删除。

（8）排序：单击题录区"年份"标题栏，按最新发表时间排在前面。

（9）阅读标题和摘要：点击"综述"，可阅读摘要、关键词等信息。在阅读时将文献设置优先级与标签，并可添加笔记。在题录的左边设置已读状体，点击橙色圆点，变为灰色圆点，即可标记为已读题录。

1）优先级与标签：将随机对照试验、队列研究、流行病学研究等设置为优先。选中要标识优先级和标签的题录，点击鼠标右键，选择"星标与优先级"，点击"非常高"即完成优先级设定；点击工具栏中的"标签标记"按钮，为设定的标签起名，即可完成标签设定，也可在这里设置优先等级及星标，再点击标签，可获取到相关标签文献。

2）添加笔记：将阅读时产生的想法及观点及时记录下来；在"笔记"中输入想法或观点，比如"青年高血压患者"。

（10）批量下载全文：点击优先等级标题栏，按"非常高"排在前面，选中所有"非常高"的文献（选中第一条后，按下shift键，鼠标点击最后一条非常高的条目），点击工具栏中的"全文下载"按钮，或者点击鼠标右键，选择全文下载；选择下载全文的数据库（万方数据、中国知网等）；开始全文下载。下载完成后，可在"附件"查看全文，点击可打开全文阅读。

（11）添加附件：如未能在NE上下载全文，可到相关数据库下载全文，然后通过NE中的"添加附件"将全文导入。选中要为其添加附件的题录，点击题录列表下方的"附件"按钮，在附件下方的空白处点击鼠标右键，在"添加"菜单下选择添加附件的类型"单个文件"后，选择要添加的文件完成添加；或者通过鼠标直接拖拽。

（12）撰写论文时插入引用参考文献：在Word将光标移至想插入注释处；点击Word插件上的按钮"转到NoteExpress"，打开NE；在NE中找到想插进Word文本中的题录（如2011年，王平；曾慧，高血压患者服药依从性研究进展）并选中；点击Word插件列表中的"插入引文"按钮，即可插入该参考文献，自动生成文中引文及文末参考文献索引，同时生成校对报告。点击Word插件上的"格式化"按钮，选择所需要的样式（如中国全科医学），自动生成所选样式的文中引文及参考文献索引。

（张剑锋）

第四章　社区全科医生常用科研方法

　　全科医生在开展医学科学研究时，常常会受到研究方法选择的困扰。"什么样的研究方法适合于我的研究目的？""我的研究方案是否可能同时选择两种研究方法？""不同的研究方法有什么不同？"为了回答上述问题，本章将分别介绍筛检、现况研究、病例对照研究、队列研究、试验性研究及疾病预后研究等社区全科医生常用的医学科研方法，以期为全科医生提供科学研究必备的知识和技能储备。

第一节　筛　　检

　　医学的最终目的是预防与控制疾病及促进健康。不同的学科实现该任务的策略和手段不尽相同。如临床医学通过对有病个体实施有效治疗，缓解症状，促进康复（三级预防策略）；而预防医学则通过对人群实施病因学预防和疾病早期防治，降低人群疾病发病率、复发率及死亡率等，实现人群健康（一级和二级预防策略）。筛检便是在一级和二级预防策略下发展起来的一项具体措施，即利用简便、廉价和快速的医学检查方法，对某一特定的目标人群进行逐一的健康检查，发现高危人群及处于临床前期的患者，采取针对性的预防措施，控制疾病流行，促进人群健康。

一、筛检的概述

（一）筛检的定义

　　1951年美国慢性病委员会正式提出了筛检定义："通过快速的检验、检查或其他措施，将可能有病但表面上健康的人，同那些可能无病的人区分开来。筛检试验不是诊断试验，仅是一种初步检查，对筛检试验阳性者或可疑阳性者，必须进行进一步确诊，以便对确诊患者采取必要的措施。"根据定义可知，筛检（screening）是在目标人群中开展的、以早期发现某种疾病个体为主要目的的一种快速的流行病学调查。所用的检验、检查或措施是简便、快速、经济、安全、有效且群众乐于接受的检测方法，又称为筛检试验（screening test）。它通常被用于疑似某种疾病的初步检查，筛检试验不是诊断试验，筛检试验阳性或异常者须进一步确诊，并积极治疗。在目标人群实施有计划、有目的的筛检工作时，文献中也称之为筛检项目（screening program）。

（二）筛检的目的

筛检的目的主要有以下四个方面。

1. 疾病的早期发现、早期诊断和早期治疗 疾病的早期发现是以可识别的疾病标志物为筛检试验指标，查出那些处于疾病潜伏期、临床前期及临床初期的患者，以便早期诊断，提高治愈率。这是筛检方法建立以来应用最多的内容，如结核、高血压、糖尿病及某些恶性肿瘤（如宫颈癌）等。

2. 检出某种疾病的高危人群 高危人群指该人群发生某种疾病的可能性显著高于一般人群。传统的筛检主要从疾病的形成阶段入手，以早期发现患者为目的。随着流行病学的发展，疾病防治的需要，强调筛检从健康阶段入手，检出某病的高危人群，实施相应的干预，减缓或阻止疾病的发生，降低疾病发病率，促进群体健康。如筛检高血压预防脑卒中，筛检高胆固醇血症预防冠心病等。

3. 传染性疾病和医学相关事件的预防和控制 在一些特殊人群和职业人群中探查和控制传染源或某些医学相关事件的诱因，以保护人群的大多数免受其伤害和影响，如餐饮业人员的伤寒和痢疾杆菌等感染标志的筛检，静脉吸毒人群艾滋病病毒感染标志的筛检等。

4. 了解疾病的自然史，开展流行病学监测。

（三）筛检的类型

依据不同的指标和要素，筛检可以划分为不同的类型。

1. 治疗性筛检和预防性筛检 如果筛检是为了早期发现、早期诊断和早期治疗某种疾病的患者，称为治疗性筛检（therapeutic screening），如乳腺癌的筛检；如果筛检的目的是查出某病的高危人群，进行健康教育等措施的干预和采取必要的治疗，以预防某种疾病，则称为预防性筛检（preventive screening），如筛检高血压预防脑卒中。

2. 整群筛检和选择性筛检 筛检的对象可以是整个目标人群，称为整群筛检（mass screening），如某社区结核病的筛检；亦可以筛检群体中的一个亚群或有某种特征的人群，称为选择性筛检（selective screening），如在某社区55岁以上的人群中进行老年性痴呆的筛检。

3. 单项筛检和多项筛检 可以用某一种筛检性质的检查方法作为筛检试验在人群中筛检某种疾病，称单项筛检（single screening），如用餐后2小时血糖筛检糖尿病；也可同时用多种检查方法作为筛检试验进行筛检，称为多项筛检（multiple screening），如联合应用胸透、痰中结核菌培养和结核菌素试验筛检结核病。

二、筛检的实施原则和筛检试验的选择原则

（一）筛检的实施原则

在一项筛检实施前，要认真考虑一系列与筛检项目实施有关的实施原则，即衡量筛检项目的标准。美国健康保健组织（Group Health Cooperative）提出衡量筛检项目的6条规范化标准。Wilse和Junger在1968年提出了实施筛检计划的10条标准。在此基础上，世

界卫生组织提出了筛检计划成功与否的7条标准。1999年Crossroads提出了评价筛检计划更加全面的13条原则。概括起来主要体现在如下六个方面。

1. 所筛检疾病或状态应是该地区当前重大的公共卫生问题。

2. 对所筛检疾病或状态的自然史有比较清楚的了解。

3. 有可识别的早期临床症状和体征。

4. 有可检测出早期临床症状和体征的筛检手段，且该手段应易于被群众接受。

5. 对筛检阳性者，有相应的进一步的诊断和治疗方法，或者有可行的预防措施。

6. 开展筛检的资源投入有较好的社会经济效益。

总之，较为理想的筛检是每一项标准均能达到，满足的标准愈多说明筛检项目愈成熟。然而实际情况总会有一项或多项标准不能满足，尽管如此，对于某些疾病的筛检仍值得实施。最基本的条件是适当的筛检方法、有进一步的确诊方法和有效的治疗手段，三者缺一不可，否则将导致卫生资源浪费，给筛检试验阳性者带来生理和心理上的伤害等不良后果。

筛检工作虽已应用较广，也就是说已被广泛地作为预防手段应用于各种疾病的控制方案之中，但对不同疾病防治作用的评价很不一致。近年来的研究报告，对许多疾病的筛检效果似以持否定态度者居多。对目前常用的筛检结果的评价表明，高血压、先天性髋关节脱臼、缺铁性贫血、苯丙酮尿症经筛检后早期治疗有效；癌症筛检是希望患者在出现临床症状前，或者在肿瘤发生浸润前，能借助各种检查手段将其查出，从而有可能得到及时的治疗而彻底治愈，藉此改变肿瘤的预后达到降低发病率和死亡率的目的。对于肿瘤的筛检一致公认效果肯定的是对20~70岁妇女，每隔3年进行一次宫颈检查和巴氏刮片检查，可降低宫颈癌的死亡率。乳腺癌筛检效果仍无定论。鉴于癌症过度诊断普遍存在的可能性、癌症筛检较差的成本效益、医疗卫生费用的不断攀升、医患矛盾的广泛存在，有学者建议，所有癌症筛查都应该在被筛查者知情的条件下谨慎决策，防止出现对患者无益且浪费资源的过度诊断和过度治疗。

（二）筛检试验的选择原则

筛检试验是筛检项目实施的必要条件。一项作为筛检试验的检测方法首先必须安全可靠，有较高的灵敏度和特异度，能有效地区别患者和非患者，才能用于筛检。其次，还需考虑价廉和易于被群众接受，一种价格昂贵，对被检查者有创伤或造成被检查者痛苦的检测方法一般不能用于筛检，用于诊断也要慎重。另外，筛检检测方法还应该快速、简单和容易进行。

一般认为一项好的筛检试验应具备以下5个特征：①简便，指易学习、易操作，即便是非专业人员经过适当的培训也会操作；②价廉，费用–效益是评价筛检的一个重要标准，筛检试验的费用越低，则筛检的费用–效益越好；③快速，指能快速得到检测结果；④安全，指不会给受试者带来任何身体和心理的伤害；⑤易接受，指易于被目标人群接受。

三、筛检试验的评价方法

（一）筛检试验的评价指标

筛检试验的评价是需要将被评价的筛查试验结果与金标准进行比较，评价真阳性（金标准判断为患者，待评价方法也判断为有病）、真阴性（"金标准"判断为非患者，待评价方法也判定为无病）、假阳性（"金标准"判定为非患者，而待评价方法误判为有病）及假阴性（"金标准"判定为患者，而待评价方法误判为无病）。可以将筛检试验得出的结果与金标准得出的结果资料整理为格式下面的表格（表4-1）。

表4-1 筛检试验评价的资料整理表

筛检试验	金标准		合计
	患者	非患者	
阳性	a（真阳性）	b（假阳性）	$a+b$（N_1）
阴性	c（假阴性）	d（真阴性）	$c+d$（N_2）
合计	$a+c$（M_1）	$b+d$（M_2）	n（$a+b+c+d$）

筛检试验的评价方法包括真实性、可靠性及预测值三个方面。

1. **真实性** 真实性（validity）指测量值与实际值的符合程度，又称准确性。测量真实性的指标包括灵敏度、特异度、假阴性率、假阳性率、约登指数和似然比。

（1）灵敏度：灵敏度（sensitivity）在金标准确定的患者中，被筛检试验判断为阳性的比例，也称真阳性率，表示筛检试验发现患者的能力。以表4-1为例，灵敏度计算公式为：

$$灵敏度=a/(a+c)×100\% \tag{式4-1}$$

（2）特异度：特异度（specificity）指在"金标准"确定的非患者中，被筛检试验判定为阴性的比例，也称真阴性率，表示筛检试验确定非患者的能力。

$$特异度=d/(b+d)×100\% \tag{式4-2}$$

（3）假阴性率：假阴性率（false negative rate）指"金标准"确定的患者中被筛检试验判断为阴性的百分比，也称漏诊率。

$$假阴性率=c/(a+c)×100\% \tag{式4-3}$$

（4）假阳性率：假阳性率（false positive rate）指"金标准"确定的非患者中被筛检试验判断为阳性的百分比，也称误诊率。

$$假阳性率=b/(b+d)×100\% \tag{式4-4}$$

（5）约登指数：约登指数（Youden index）是将灵敏度和特异度之和再减去1，又称正确指数，反映筛检试验识别患者和非患者的总能力，约登指数越高，试验真实性也越高。

$$Youden\ index=(灵敏度+特异度)-1=1-(假阴性率+假阳性率) \tag{式4-5}$$

（6）似然比：似然比（likelihood ratio，LR）是指筛检试验的某种结果在患者中出现的概率与在非患者中出现的概率比值，可同时反映灵敏度和特异度。因筛检试验的结果有阳性和阴性之分，故似然比也分为阳性似然比和阴性似然比。

阳性似然比是筛检试验的真阳性率与假阳性率之比，反映试验正确判断阳性可能性是错误判断阳性可能性的倍数，也说明筛检试验是阳性结果时患病与不患病的比值，该指标越大筛检试验为阳性结果的研究对象是患者的概率越高，筛检的价值也越高。如果阳性似然比为1，患者和非患者出现阳性结果的概率相同，意味着该试验在区分患者时毫无意义，当阳性似然比大于1，患者比非患者更有可能出现阳性结果。

$$阳性似然比 LR = a/(a+c) \div b/(b+d) = 灵敏度/(1-特异度) \qquad （式4-6）$$

阴性似然比是筛检试验的假阴性率与真阴性率之比，反映筛检试验错误判断阴性可能性是正确判断阴性可能性的倍数，也说明试验为阴性结果时患病与不患病的比值，该指标越小筛检试验为阴性结果的研究对象是非患者的概率越高，筛检的价值也越高。阴性似然比为1，患者和非患者出现阴性结果的概率相等，意味着试验区分非患者时毫无意义，当阴性似然比小于1，表明非患者比患者更有可能出现阴性结果。

$$阴性似然比 LR = c/(a+c) \div d/(b+d) = (1-灵敏度)/特异度 \qquad （式4-7）$$

2. 可靠性　可靠性（reliability）是指在相同试验设备和条件下，用某试验对同一批研究对象进行重复测试后得到相同结果的稳定程度，又称可重复性或者精确度。可靠性越高说明试验的稳定性越好，随机误差影响就越小。评价可靠性的指标有标准差或变异系数、符合率和 *Kappa* 值等。影响可靠性的因素主要包括受试者自身的生物学变异、观察者变异和试验条件及方法的变异。

（1）标准差（standard deviation）或变异系数（coefficient of variance，*CV*）：当观察指标为数值变量定量测定时，可用这两个变异大小的指标表示可靠性大小。标准差或变异系数越大，可靠性越差，反之则可靠性越好。

（2）符合率（agreement/consistency rate）：适用于观察变量为分类计数指标，一般是指筛检试验中真阳性与真阴性例数之和占所有研究对象例数的比例，表示筛检试验与"金标准"的一致性，又称一致率。符合率也可以用于两位研究者对同一批受试者或同一个研究者重复筛检同一批受试者的结果，根据表4-1，计算方法为：

$$符合率 = \frac{a+d}{a+b+c+d} \times 100\% \qquad （式4-8）$$

（3）*Kappa* 值：简称为 *K* 值，可以用于两种筛检方法或同一种筛检方法两次筛检结果的一致性比较，计算方法是实际符合率与非机遇符合率之比，以表4-1为例计算公式为：

$$Kappa = \frac{n(a+d) - (N_1M_1 + N_2M_2)}{n^2 - (N_1M_1 + N_2M_2)} \times 100\% \qquad （式4-9）$$

Kappa 值超过0.75为一致性极好而低于0.4为一致性差。

3. 预测值　预测值（predictive value）是指筛检试验结果中，患病和不患病的可能性大小，表示试验结果的临床意义。由于筛检试验结果分为阳性和阴性，相对应就有阳性预测值和阴性预测值之分。

（1）阳性预测值：阳性预测值（positive predictive value）是指在筛检试验结果为阳性

的研究对象中，属于真正是患者的概率，计算方法为：

$$阳性预测值=a/(a+b)×100\%\qquad（式4-10）$$

（2）阴性预测值：阴性预测值（negative predictive value）是指在筛检试验结果为阴性的研究对象中，属于真正是非患者的概率，计算方法为：

$$阴性预测值=d/(c+d)×100\%\qquad（式4-11）$$

预测值的大小与筛检试验的灵敏度和特异度有关，当灵敏度高时，漏诊的对象较少，被筛检为阴性的研究对象是非患者的可能性就较大，因此阴性预测值会较高。当特异度高时，误诊的对象较少，试验为阳性的研究对象更有可能是真正的患者，因此阳性预测值就会较高。当灵敏度和特异度不变的时候，若待筛检疾病的患病率越高，则阳性预测值就越大，反之患病率低则阴性预测值高。全科医生应该综合考虑待评价筛检试验的灵敏度和特异度及患病率高低，尽量减少漏诊和误诊的比例。

（二）筛检试验的阳性截断值

1. 阳性截断值　筛检试验的目的是将人群中表面健康无症状的可疑患者找出来以便进一步诊治，这就需要对筛检指标有个界定，即确定一个临界点或截断值作为标准来区分正常与异常。在工作实践中，很少有筛检指标的分布在患者和非患者中是完全重合或完全离断的，大多数筛检试验所使用的指标在患者和非患者中呈现连续分布，且有部分重叠，此时阳性截断值（cut off value）的选择就至关重要。

例如，用眼压测量来筛检青光眼时，首先眼压高低在青光眼患者和非患者中是有区分度的，不会完全重合，具有筛检的价值。其次在患者和非患者中，眼压的分布不是离断式的，而是连续的，存在重叠，即有的青光眼患者眼压测量并不一定很高，而非患者也有眼压生理性增高现象。此时选择不同的眼压阳性截断值，筛检试验的灵敏度和特异度也会不同。若将眼压阳性截断值定得很低，则可筛检出更多的无症状青光眼患者，试验的灵敏度很高，但是会将很多非青光眼的人误判为患者，特异度就会很低。若将眼压阳性截断值定得很高，则可大量排除非患者，试验的特异度会很高，但是会漏诊很多青光眼患者，试验的灵敏度就会很低。所以在确定阳性截断值时，需要从多方面进行考虑。

（1）若疾病预后很差但是有可靠治疗方法，漏筛会带来严重后果，可以考虑降低阳性截断值，提高灵敏度，尽可能发现更多患者。

（2）若疾病预后不太严重且治疗方法并不理想，误判会带来严重的心理、生理压力，可以考虑提高阳性截断值，提高特异度，尽可能排除更多的非患者。

（3）若灵敏度和特异度同等重要，尽可能将漏诊和误诊的总数控制在最小，此时应该将阳性分界点定在患者和非患者连续分布指标的重合点。

2. ROC曲线　受试者工作曲线（receiver operator characteristic curve，ROC curve）一般可用来确定筛检试验的最佳阳性截断值，也可以根据曲线下面积大小来比较不同筛检试验之间的效果。

（1）ROC曲线的制作：以假阳性率（1-特异度）为横坐标，灵敏度以纵坐标作图。

对于同一个筛检方法，选择不同的阳性截断值，就能得到不同的灵敏度和特异度，如上述眼压筛检青光眼的例子中，取多个不同眼压的阳性临界点，就能得到多组不同的灵敏度和特异度。然后按照灵敏度和对应的假阳性率（1−特异度），在坐标纸上标出这些点，将这些点用光滑的曲线连接起来，就成为了ROC曲线。

（2）ROC曲线最佳临界点及曲线下面积：ROC曲线从左下方走向右上方，随着灵敏度上升，特异度下降，假阳性率上升。通常把ROC曲线坐标图左上角最近的那一点确定为最佳临界点（图4–1）。ROC曲线下面积的大小可以评估试验的筛检价值，也可以帮助我们比较两种或两种以上筛检试验的真实性（图4–2）。ROC曲线的绘制及曲线下面积计算都可以应用统计学分析的专业软件实现。一般要求至少需要5组及以上数据来绘制曲线。

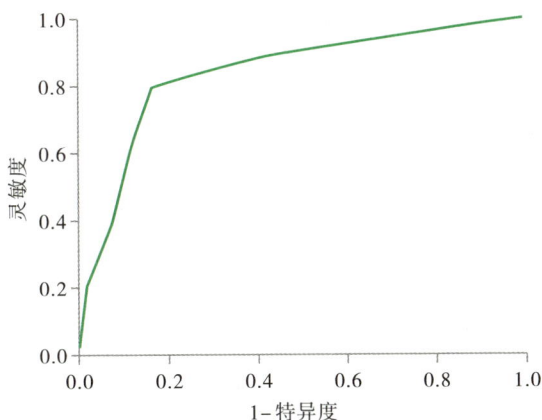

图4–1　碱性磷酸酶（B–ALP）筛检骨质疏松症的ROC曲线

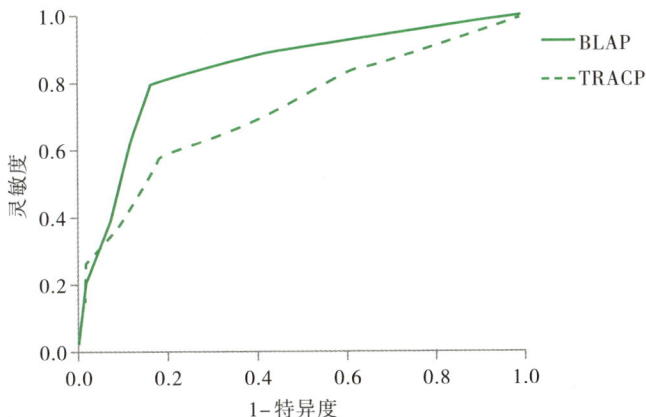

图4–2　碱性磷酸酶（B–ALP）与抗酒石酸性磷酸酶（TRACP）筛检骨质疏松症的ROC曲线比较

第二节 现 况 研 究

一、现况研究的概念

现况研究（cross sectional study）是按照事先设计的要求，在某一特定人群中，调查收集特定时间内某种疾病的患病情况，以及患病与某些因素之间的联系。从时间上来说，这项研究工作是在特定时间内进行的，即在某一时点或在较短时间内完成的，所以也称它为横断面调查。又由于所收集的有关因素与疾病之间的联系资料是通过调查当时的患病情况及某因素的存在情况获得的，用于分析疾病的患病率和疾病与因素的关联，故称为现况研究。现况研究在病因探索中是一种基础性研究方法，可以确切地描述疾病与因素的分布状态，可为进一步的病因研究奠定基础并提供线索。

二、现况研究的设计与实施

（一）现况研究的设计

现况研究中，最常用的方法是普查和抽样调查，以下分别介绍普查和抽样调查的概念、目的、运用时应注意的问题及优缺点。

1. 普查

（1）概念：将某一特定范围的人群中每一成员均作为调查对象，在某一特定时间内调查某病的患病情况及患病与某些因素的关系，这样所做的调查或检查，称为普查。

普查的特点：①在特定时间内进行调查或检查，特定时间意味着时间较短，可以是某一时点，可以是几天或几周，大规模普查可持续数月；②研究对象是某一特定范围内人群中的每一个成员。

（2）目的：①早发现和早治疗患者；②当有疫情发生时，了解疾病的疫情及分布；③了解健康水平，如儿童发育、营养调查；④建立某些反映人体正常生理生化指标的正常值范围。

（3）开展大规模普查时应注意的问题：①明确目的是早发现和早治疗患者；②所普查的疾病最好是患病率比较高的；③普查所用的检验和检查方法应具备较高的灵敏度和特异度，且适宜现场操作；④要有足够的人力、物力和财力保证。

（4）优缺点

优点：①由于是调查或检查某一人群的所有成员，所以在确定调查对象上比较简单；②通过普查可完整地描述所调查疾病的分布特征，即了解疾病分布的全貌；③通过普查可较全面获得有关疾病影响因素和流行因素的线索。

缺点：①不适用于患病率很低和诊断技术复杂疾病的调查；②由于普查对象多，调查期限短，漏查是难免的；③参加普查的工作人员一般较多，使调查和检查质量不易得到控制。

2. 抽样调查

（1）概念：在调查研究工作中，若不是为了早发现和早治疗患者，而是要揭示疾病的分布规律及与某些因素的关系，用普查就比较麻烦，有时很难做到。在这种情况下，我们只需要在研究对象的总体中抽取一部分有代表性的人群（称为样本）来进行调查，通过对样本的调查结果来估计总体的参数，这种调查方法称为抽样调查。这是以小测大，以局部估计总体的调查方法。因此，样本具有代表性是决定抽样调查质量的关键。

（2）优缺点

优点：省时省力，调查工作易做得细致，适宜做流行病学研究。

缺点：①设计、实施与数据分析比较复杂；②重复和遗漏不易发现；③不适用于变异很大的人群；④不适用于需要普查普治的计划；⑤发病率很低的疾病，小样本不能供给所需的数据，而样本达到总体的75%时则不如直接普查。

（3）保证样本具有代表性的条件：抽样调查的结果能否用来推论总体，关键取决于样本是否具有代表性。

样本代表性取决于两个方面：①是否做到了随机抽样，在一个人群中，某些因素或某些方面的特征并不是均匀分布的，必须采用一定抽样技术进行随机抽样，以保证样本的某些特征与总体相同或相近；②样本的大小，这个随机的样本还必须足够大，必须满足统计学上用样本来估计总体所需的调查对象的最小数量，即达到统计学上的把握度要求。只有满足上述两个条件，样本才具有真正的代表性。

（4）抽样方法

1）单纯随机抽样：单纯随机抽样（simple random sampling）的基本原则是每个抽样个体被抽中选入样本的机会是相等的，即把目标人群中的每一个个体都作为抽样的对象。简便、易行的科学抽样方法是利用随机数字表。单纯随机抽样首先要有一份所有研究对象排列成序的编号名单，再用随机的方法选出进入样本的号码，已经入选的号码一般不能再次列入，直至达到预定的样本含量为止。

用法举例：要从500名学生中随机抽查100名，检查服用驱虫药后排出的蛔虫数。自随机数字表中取出500个4位数记在学生卡片上，按随机数大小将卡片排列成序：以头100个卡片或末100个卡片为样本，或每5个卡片抽1个卡片为样本。

单纯随机抽样的优点是简便易行。缺点是在抽样范围较大时，工作量太大难以采用。

2）系统抽样：系统抽样（systematic sampling）是按照一定顺序，机械地每隔一定数量的单位抽取一个单位进入样本，每次抽样的起点必须随机确定，这样系统抽样才是一种随机抽样的方法。例如，拟从10 000人中选5%的人口作为样本（即抽样比为1/20），将10 000个人按一定顺序编号排列，可先从1~20间随机选个数，假设这个数为14，第14号就是选出的起点，再加上20，得34，34加20得54，54再加20得74，74加20得94。这样，14号，34号，54号，74号，94号就是前100号中入选样本的个体，以后依此类推。

系统抽样代表性较好，但必须事先对总体的结构有所了解才能恰当地应用。

3）分层抽样：分层抽样（stratified sampling）是从分布不均匀的研究人群中抽取有

代表性样本的方法。先按照某些人口学特征或某些标志（如年龄、性别、住址、职业、教育程度、民族等）将研究人群分为若干层，然后从每层抽取一个随机样本，各层的随机样本组成一个大的样本，即研究的样本。分层抽样又分为两类：一类叫按比例分配分层随机抽样，即各层内抽样比例相同；另一类叫最优分配分层随机抽样，即各层抽样比例不同，内部变异小的层抽样比例小，内部变异大的层抽样比例大，此时获得的样本均数或样本率的方差最小。

分层抽样要求层内变异越小越好，层间变异越大越好，这样可以提高每层的精确度，而且便于层间进行比较。

4）整群抽样：整群抽样（cluster sampling）的单位不是个体而是群体，如居民区、村、乡、县、工厂、班级、学校等。首先将整个目标人群分成若干单位，然后在这些单位中进行随机抽样。抽到的各单位就构成了研究的样本，将抽的各单位内的所有个体均作为研究对象进行调查，这样的抽样方法就称为整群抽样。整群抽样方法的优点是在实际工作中易为群众所接受，抽样和调查均比较方便，还可节约人力、物力和时间，适用于大规模调查。但整群抽样要求群间的变异越小越好，否则抽样误差较大，不能提供总体的可靠信息。

5）两级或多级抽样：两级或多级抽样（two-stage or multistage sampling）是大型调查时常用的一种抽样方法。从总体中先抽取范围较大的单元，称为一级抽样单元（例如县、市），再从抽中的一级单元中抽取范围较小的二级单元（如区、街），这就是两级抽样。还可依次再抽取范围更小的单元，即多级抽样。多级抽样常与上述其他抽样方法结合应用。

（5）抽样误差：前面谈到抽样时要注意随机原则，否则样本不能代表整个研究人群。事实上，尽管严格遵守随机原则，所获得的样本统计量与总体参数也会有差别。这种抽样引起的样本统计量与总体参数之间的差别，称为抽样误差。在实际工作中这种误差是难以避免的，但只要样本是随机抽取的，抽样误差是随机的，就可以用统计学方法来估计其大小，并通过样本来估计总体。

不同的抽样方法各有其计算抽样误差的方法，具体计算方法可参考相关统计学书籍。

（6）样本量抽样调查时，样本过大不但浪费人力物力，且因工作量过大，调查不够仔细反而易引起偏倚；样本过小则没有代表性。样本大小取决于两个因素：①预期现患率或感染率，如现患率或感染率高，则样本量相对较小，反之则样本量较大；②对调查结果精确性的要求，精确性高即容许误差小，则样本量较大，精确性低即容许误差大，则样本量较小。

一般样本大小可用下列公式计算：

$$S.E = PQ/N \qquad\qquad （式4-12）$$

式中 $S.E$ 为标准误，P 为某病的预期现患率或感染率，$Q=1-P$。

N 为样本大小。

当研究要求容许误差为 $0.1P$，95%可信限水平 $t=2$ 时，设样本率 p 与总体率 P 之间的

差 $d=P-p=t \times S.E.$ 则 $S.E=d/t$。

根据上述公式，可得下列简便公式：

$$N = 400 \times Q/P \qquad （式4-13）$$

式中 N 为样本大小，P 为预期现患率或感染率，$Q=1-P$

若容许误差 $d=0.2P$，则：

$$N = 100 \times Q/P$$

某疾病预防控制中心想了解某地某人群的乙肝病毒感染状况，需要抽样调查多少人合适呢？调查设计者可以按照该地区的目标人群数量和文献报道的乙肝表面抗原阳性率进行计算。如目标人群 10 000 人，已知该地区乙肝表面抗原阳性率约7%，现拟采取抽样调查方法，要求容许误差为0.1P，计算出需抽样调查的人数。

当容许误差 $d=0.1P$ 时，则：

$N = 400 \times 0.9/0.07 = 5\ 143$ 人，需调查 5 143 人。

（二）现况研究的实施

1. **选题和确定研究目的**　选题可根据实际工作来考虑，如在实际工作中发现有某一问题需要解决，可针对此问题立题研究。也可参考有关文献报道，结合当地具体情况，认为有必要对此进行现况调查，也可立题进行研究。不管通过何种途径选题，都必须明确立题的依据是什么，本次调查要解决什么问题，解决这个问题有什么意义。

2. **确定调查对象**　确定合适的研究对象也是现况研究的关键环节。在确定研究对象时，根据研究的目的，对调查对象的人群特征及范围要有明确的规定，还要考虑在该人群开展研究的可行性。

3. **确定样本含量和抽样方法**　根据研究目的采用相应的公式确定样本含量。如果调查目的是了解某病的患病率或患病与某些因素的关系，应采用调查患病率的公式；如调查目的是了解某一生理生化指标或确定其正常值范围，应采用样本均数的公式。确定样本量后，要根据研究对象的人群特征来确定其抽样方法。

4. **拟订调查表**　调查表是流行病学调查的主要工具。一份调查表的设计水平直接影响调查质量及结果分析。一份好的调查表应该充分体现研究内容，便于实施及进行资料分析。

调查表没有固定的格式，内容的繁简、提问和回答的方式应服从于调查目的，并适应资料整理和分析的要求。

调查表的内容一般包括两个部分。第一部分是一般项目，包括调查对象的姓名、性别、年龄（出生年月）、出生地、文化程度、职业、民族、工作单位、现住址等。对于一般性项目也应十分重视，因为现况研究是基础性研究，研究者很可能在现况研究之后进行其他类型的研究，如果在调查一般性项目时记录清楚，那么将来在调查其他项目时就十分方便。另外一般项目中的年龄、性别本身就可能与所研究疾病有关。调查表的另一部分即调查研究的内容，这一部分是调查研究的实质部分。这部分的内容形式多样，安排方式也不尽相同。虽然如此，但在设计这部分内容时，应遵守下列原则：①与本次调查有关的项目一项也不能缺，而与本次调查无关的项目一项也不应有；②每个调查项目都要用通俗的文字准确无误地表达出来，不应使被调查者产生误解或出现不同的理解；③应尽量选用能以客观指标来回答的问题询问调查对象；④调查内容的排列顺序应符合一定的逻辑且便于资料分析。

5. 确定测量和检验方法　在人群中进行疾病的现况调查时，有时需要应用临床检查和检验技术。应尽量采用简单、易行的技术和灵敏度和特异度均较高的检验方法进行检查和检验。

6. 建立必要的质量控制措施　在现况研究过程中，要采取必要的质量控制措施，包括调查员的培训、调查过程中的检查和抽查评价等。

7. 对调查资料进行整理和分析　现况调查获得的资料可以按下列步骤进行整理与分析。①检查与核对原始资料：对原始资料的准确性、完整性等进行检查，填补缺漏，删去重复，纠正错误等，以免影响调查质量，检查与核对原始资料应在调查当天完成，以便发现问题及时纠正。②按统计技术与流行病学需要整理原始资料，进行归纳分组列表等。根据研究目的计算相关统计学指标，包括均数、标准差、标准误、各种率与比等，有时需要对某些指标进行各组间比较，这时还需进行统计学显著性检验。③流行病学分析：有了各种统计指标后，要应用流行病学的原理与方法，对统计指标进行分类、比较、综合与归纳推理来研究疾病的规律，要从统计出来的各种现象特征中总结出规律，明确"通过本次研究能揭示什么问题，解决什么问题，为今后的进一步研究工作提供哪些有价值资料"，同时也应重视对研究工作中存在问题的分析，总结经验教训，为今后同类研究提供借鉴。资料分析后一般可以将分析结果通过论文或研究报告的形式表达出来。

第三节　病例对照研究

一、病例对照研究概述

病例对照研究（case control study）是以已确诊患有某疾病的一组患者作为病例组，以不患有该病但具有可比性的另一组个体作为对照组，调查回顾两组研究对象的可疑危险因素暴露史，测量并比较病例组与对照组可疑危险因素（暴露因素）的暴露比例差异，经统计学检验，判断可疑危险因素与疾病间是否存在联系及其联系程度，在评价各种偏倚对研究结果的影响之后，再借助流行病学专业知识，结合其他研究方法得出的结果，推断出诸多暴露因素中的某一个或多个是否为疾病危险因素的研究设计。

病例对照研究方法，从它获得有关危险因素的方向来看是回顾性的，有关危险因素的资料是通过回顾调查得到的，从因果关系的时间顺序来看是从果查因的研究方法。病例对照研究的原理可用表4-2加以解释和说明。

表4-2　病例对照研究资料整理表

暴露史或特征	病例	对照	合计
有	a	b	$a+b$
无	c	d	$c+d$
合计	$a+c=m_1$	$b+d=m_0$	$a+b+c+d=n$

在病例对照研究中，比较 $a/(a+c)$ 与 $b/(b+d)$，如果 $a/(a+c)$ 显著大于 $b/(b+d)$，我们就说暴露因素与疾病存在关联。如果某因素在病例组和对照组有同等的比例，就谈不上这个因素与疾病存在关联，有时某因素在病例组的比例大于在对照组的比例，但差异没有达到选定的统计显著性水平就不认为这个因素与疾病有关联。

病例对照研究的主要用途包括：①探索不明原因疾病的可疑危险因素，在疾病的病因未明时可以筛选机体内外环境中各种可疑的危险因素以提出病因线索；②验证病因假设，描述性研究初步产生病因假设后可以通过严谨设计的病例对照研究来验证假设，对于罕见病的病因研究，病例对照研究是最可行的研究方法。

二、病例对照研究的设计与实施

（一）病例和对照的选择

在病例对照研究中，最关键的问题是病例和对照之间的可比性。为使得病例和对照组间有良好的可比性，在选择病例和对照时通常采用限制性方法。所谓限制性方法是根据一个或多个限制性变量，使符合条件的病例和对照作为研究对象。限制性变量可以是病例和对照的内、外部特征，也可以是病例与对照的来源地。在病例对照研究中可采用一种特殊性限制方法，即采用个体匹配和频数匹配的技术，要求对照（组）在几个限制性变量上与病例（组）保持一致。应用某些限制性方法的目的在于控制外部变量，以增强病例组与对照组的可比性。

1. 确定研究的病例　确定病例时，要对病例的内外部特征、病例的类型及其来源有明确的规定，这样才能保证研究的病例具有同质性。

（1）病例内外部特征的限制：病例应是患同一种疾病的患者，而且患病部位、病理学类型、诊断标准要有一个明确的限制。这也是病例对照研究必须遵循的重要原则，因为不同种疾病会有不同的病因，甚至同一种病患病部位不同或病理类型不同，其病因可能也是不同的。若无明确的诊断标准，则病例中会混入非患者，影响研究结果的正确性。选择病例时，也要求对病例的外部特征如年龄、性别、种族、职业等有一个明确的限制。其目的一是尽量使研究的病例具有同质性，二是为选择对照作参考依据。

（2）病例类型的选择：有三种类型的病例可供选择，即新发病例、现患病例和死亡病例。在病例对照研究中，应首选新发病例，因为新发病例的发病时间距病因暴露时间相对较近，易于获得暴露历史和各种记录，获得的信息丰富，相对于另外两种病例类型，回忆偏倚要小些；而现患病例是以往新发病例中的幸存者，一是存在代表性问题，二是易引起回忆偏倚，因为对现患病例进行调查时，被调查者的回忆极易受患病后改变了的环境条件和生活习惯的影响，不易辨别因素与疾病的时间关系。但在研究罕见病时，由于获得足够的新发病例很难，这时也必须选择现患病例作为研究病例。而死亡病例由于是他人代述历史，偏倚较大，极少应用。但当调查的因素是某一重要的事件或某一特殊暴露时，选择死亡病例也是可取的。

（3）病例来源的选择：按照病例和对照的来源，可分为以人群为基础的病例对照研究和以医院为基础的病例对照研究。以人群为基础的病例对照研究是在某一特定时间和地区内，经过普查、疾病登记或医院汇总，找出所研究疾病的全部病例。根据全部病例数量的多与少，可以将所有病例作为研究对象，或抽取其中一随机样本作为研究对象。在以医院为基础的病例对照研究中，可在一个医院或不同医院中选取病例，也可根据医院中患者的数量选取全部患者或者选取其中一随机样本作为研究病例。为保证病例样本具有较好的代表性，最好在不同等级的多家医院里选择病例。

2. **确定研究的对照**　对照的选择是病例对照研究设计的关键之一。选择对照的主要考虑因素包括如下几个方面。①病例的特征和来源：在选择对照时，必须保证对照的内外部特征、类型及来源与病例有同质性。②还要充分考虑对所研究疾病的病因认识，在进行以医院为基础的病例对照研究时，不要选择与所要研究的疾病的病因相同或者有联系的疾病的患者作为对照。例如研究肺癌时，不能选择肺结核患者或慢性支气管炎患者作为对照。③对照的代表性问题：对照应足以代表目标人群中的未病人群，在医院中选对照，难以代表未病人群的暴露情况，因而代表性差，而以人群为基础的病例对照研究，选择的对照是目标人群中未患病者的一个随机样本，因而代表性好。在一般人群中选择对照从理论上似乎解决了代表性问题，但随之而来的就是对照与病例的可比性问题，就是对照的外部特征与病例是否相同或相近。在病例对照研究中，所选的对照既具有很好的代表性，又有良好的可比性是难以做到的，因此在病例对照研究中往往更强调病例与对照的可比性。

（1）成组对照

1）一组病例与一组对照：按照相应的限制条件，选取与病例同一医院的一组其他病种的患者作为对照，也可在一般人群中选择一组对照。

2）一组病例与两组对照：在对所研究的疾病有关病因了解甚少，不能确定选什么类型的对照合适时，常采用一组病例和两组对照。在以医院为基础的病例对照研究时，选择住院患者为对照组，考虑到其暴露率与一般人群不同，往往应用一组病例与两组对照，在医院选一组对照的同时，在一般人群中另选一组对照作为前一个对照组的补充。这样可通过比较两组对照间的差别，判断出医院患者的对照组有无选择偏倚。从某种意义上，采取这样的对照形式可增强研究的判断依据。

（2）匹配：匹配（matching）是指在选择对照时，应用一种限制性方法，使对照与病例在某些混杂变量上保持同质性，以达到控制混杂因素的目的。有两种匹配的方法，个体匹配和频数匹配。个体匹配是一个病例与一个或多个对照匹配。其中匹配一个对照者称1:1配比，匹配多个对照者称1:M配比。频数匹配又称成组配对，它的做法是首先弄清病例组匹配因素的频数分布，然后按此频数分布去选对照组，使其与病例组一致或相近。

匹配因素的确定：①已知或非常怀疑是混杂因素，应将此因素作为匹配条件；若某因素可能是疾病的新危险因素，则不能作为匹配的条件。②某些复合变量作为匹配条件，例如，居住地或血缘关系，它们分别代表着若干因素组成的复合变量，用复合变量作为匹配条件的目的是消除组成该复合变量各种成分的不可预见的混杂效应。③匹配因素中年龄、性别是最常见的混杂因素，它们与许多疾病和危险因素都有联系。

匹配过头（overmatching）：是把不起混杂作用的变量也作为匹配因素。这些因素有可能是疾病的潜在危险因素。这些因素一旦作为匹配条件，这些因素与疾病之间的真正联系就会被掩盖。

（二）样本含量的估计

确定样本含量时，计算所得的样本数分别是病例组和对照组的人数，即病例组的人数与对照组的人数相等，但在实际应用时，可根据具体情况而定，一般来说，对照组人数可适当增加，计算公式如下：

$$N = \left(K_\alpha \sqrt{2P_0Q_0} + K_\beta \sqrt{P_1Q_1 + P_2Q_2}\right)^2 \Big/ \left(P_2 - P_1\right)^2 \qquad （式4-14）$$

式中 N 为病例组或对照组人数，K_α 及 K_β 分别为与 α 及 β 值对应的标准正态分布分位数，该数可从相关的统计数中查出，P_1 与 P_2 分别为估计的对照组及病例组中某因素的暴露率。

$Q_1 = 1 - P_1$，$Q_2 = 1 - P_2$

$P_0 = (P_1 + P_2)/2$，$Q_0 = 1 - P_0$

$$P_2 = \left(OR \times P_1\right) \Big/ \left(1 - P_1 + OR \times P_1\right) \qquad （式4-15）$$

（式4-14）也可简化成下式：

$$N = 2P_0Q_0 \left(K_\alpha + K_\beta\right)^2 \Big/ \left(P_2 - P_1\right)^2 \qquad （式4-16）$$

此时，$P_2 = \left(P_1 \times RR\right) \Big/ \left[1 + P_1\left(RR - 1\right)\right]$ （式4-17）

注：式中 OR 为比值比，RR 为相对危险度。

（三）研究（暴露）因素的选择

1. 因素或变量的选定　在研究设计阶段要选择好研究的因素。选择因素的依据或来源于工作实际或来源于文献报道。在设计时还要考虑所选的研究因素是否能通过调查获得较准确的信息，当然所选的研究因素最好能有客观记录，或是生活中经历的重要事件，或是部分人固定的生活习惯及嗜好，这样在调查时就能较准确地获得研究开始前某段时间所研究因素的信息。

2. 因素或变量的规定　准确地定义因素或变量也十分重要。在定义变量时，要尽可能地采取国际或国内统一的标准，以利于交流比较。

3. 因素或变量的定性与定量　关于病例与对照研究因素的暴露情况首先是定性的，

即有或无，然后还应进一步了解暴露的水平，即暴露的定量资料。在进行放射线与白血病关系的病例对照研究时，首先应调查在过去若干年前，是否接受过放射线照射，然后还应调查接触的次数及每次的照射剂量。这些定量资料最好通过查阅有关记录来获得，如通过查阅门诊病历、住院病历、检验单等来获得过去服用某药的历史及剂量、接受放射线照射的历史及剂量等。调查有关职业暴露史及剂量时，可查阅工厂的相关档案。

（四）暴露因素的调查

暴露因素的调查就是收集暴露资料的过程，如何收集要取决于研究设计。有些因素只能通过调查询问获得，有些因素还可通过查阅相关记录获得。一般来说，主要是通过调查员询问，填写调查表收集有关信息，有可能的话辅以查阅档案、病历、检验检测报告等记录资料来收集。无论通过什么样的方式和手段收集，都要严格按设计要求进行。在资料的收集过程中必须同等程度地对待病例组和对照组。

（五）调查资料的整理和分析

在病例对照研究中，主要分析病例组和对照组有关暴露的比例是否存在差异，即是否存在统计学联系。如存在统计学联系，可进一步分析联系的强度系及剂量反应关。

1. 资料的整理

（1）资料的核查：首先要对收集的资料进行核查，以发现资料中存在的问题，剔除不合格的调查表格，对于不合格的表格如可能应尽量设法补救。这一工作最好在每一例调查结束后就进行，以便及时纠正和弥补。调查资料的高质量是进行统计分析的基础和前提。

（2）数据的录入：这一步骤是使原始的数据录入计算机并以数据库的形式保存。选择合适的数据库软件，采取双录入方法，以确保数据库的准确性。

2. 资料的分析

（1）描述性统计：①描述研究对象的一般特征，如病例和对照的性别、年龄、职业、出生地、居住地、疾病类型等等的分布；②均衡性检验是在病例与对照两组之间比较研究因素以外的某些因素或特征是否相同，目的是考察病例组和对照组之间的可比性。

（2）推断性统计：主要是分析暴露与疾病的统计学联系及联系强度。

下面以单因素的病例对照研究为例加以叙述。

① 调查资料按暴露因素的有无整理成表4-2的四格表形式。

例如一项探讨母亲孕期接触放射线与儿童白血病关系的病例对照研究，研究者从肿瘤登记处获得了100例白血病儿童，从病例的邻居获得了非白血病对照儿童200名，通过调查获得儿童母亲怀孕期间是否接受过放射线照射。结果病例中有30位母亲和对照中有45位母亲曾在怀孕期做过放射诊断。将这项研究资料整理成表4-3。

②检验病例组与对照组两组的暴露比例有否差异：将资料整理成上述表格后，可用一般四格表的χ^2或校正的χ^2检验公式来计算χ^2值。

本例中病例组暴露率为$a/m_1=30/100=0.3$，对照组的暴露率为$b/m_0=45/200=0.225$，将四格表中的数据代入公式。

表4-3　母亲孕期接触放射线与儿童白血病的病例对照研究

放射暴露	病例	对照	合计
有	30	45	75
无	70	155	225
合计	100	200	300

$\chi^2=(ad-bc)^2n/[(a+b)(c+d)(a+c)(b+d)]$，作 χ^2 检验。

得 $\chi^2=(30\times155-45\times70)^2\times300/(75\times225\times100\times200)=2$

查 χ^2 界值表，$0.20>P>0.10$。

以 $\alpha=0.05$ 的检验水准判断，母亲孕期接触放射线与儿童白血病无统计学显著性联系，认为母亲接触放射线与儿童白血病无关。

③计算暴露与疾病的联系强度：在表示暴露因素与疾病的联系强度时，常用的指标是相对危险度（relative risk，RR）。在病例对照研究中，由于没有暴露人群和非暴露人群，所以不能直接求出相对危险度，但可用比值比（odds ratio，OR）来代替。用病例组和对照组的两个暴露比值之比，即 $(a:m_1/c:m_1)/(b:m_0/d:m_0)=ad/bc$ 来代替。

$$OR=ad/bc \qquad\qquad （式4-18）$$

以表4-3的资料为例，可计算出其比值比 $OR=(30\times155)/(45\times70)=1.48$

相对危险度（比值比）的意义：当 OR 为1时，表示暴露与疾病无关联，当 $OR>1$ 时，说明暴露导致疾病的危险性增加，也叫做"正"关联，当 $OR<1$ 时，说明暴露使疾病发生的危险性减少，叫做"负"关联。

表4-3资料得到 $OR=1.48$，根据上表，可以初步认为母亲孕期放射暴露对儿童白血病有微弱的有害关联，与前述两组暴露率差异的检验结果相一致。

④OR 的可信限即估计 OR 值的可信区间。通常采用95%可信度。计算95%可信区间的方法很多，较常用的是Woolf氏法。Woolf氏法建立在 OR 方差的基础上。

$lnOR$ 的95%可信区间（CI）用下式计算：

$$lnOR(95\%CI)=lnOR\pm1.96\sqrt{Var(lnOR)} \qquad\qquad （式4-19）$$

其反对数即 OR 的95%可信区间，上限用 OR_u 表示，下限用 OR_L 表示。

以表4-3的资料为例，利用式4-8计算 OR 的95%可信区间：

$$Var(lnOR)=1/30+1/45+1/70+1/155=0.076\,3$$

$$lnOR(95\%CI)=ln1.48\pm1.96\sqrt{0.076\,3}=0.392\pm0.541\,4=0.933\,4\sim0.149\,4$$

求上述数值的反对数即为 OR 的上限与下限值：

$\exp(0.933\,4\sim0.149\,4)=2.54\sim0.86$

即 $OR_u=2.54$，$OR_L=0.86$

本例的95%可信区间下限值小于1，说明如果进行多次研究，其*OR*值有一定比例会小于1，可能母亲孕期接受放射诊断与儿童的白血病无关，这与前述判断相一致。

三、优点与局限性

病例对照研究主要优点是非常适合于罕见疾病和长潜伏期疾病的病因研究；省时、省人力、省物力，能充分地利用资料信息；只需较少数量的研究对象即可进行；一次研究可探索多种可疑因素。

其缺点是研究中控制选择性偏倚和回忆偏倚的难度大；对照组的选择较困难；难以完全控制外部变量。

第四节　队　列　研　究

一、队列研究概述

队列研究（cohort study）是一种重要的用来检验病因假设的流行病学方法。它比病例对照研究更直接地检验病因假设。"队列"（cohort）是指在相同时期（如一年）内出生或有共同经历的一批人。在队列研究中，"队列"泛指共同暴露于某一因素（如吸烟或从事医院放射诊断工作等）或者具有某种共同特征（血清胆固醇和血糖水平偏高等）的一组人群。

（一）队列研究的类型

1. 前瞻性队列研究　从一个人群样本中选择和确定两个群组，一个群组暴露于某一可疑的致病因素（接触X线、联苯胺、口服避孕药等）或者具有某种特征（某种生活习惯或生理学特征，如高胆固醇血症），这些特征被怀疑与所研究疾病的发生有关。这一群组称为暴露群组（exposure group or study cohort）；另一个群组则不暴露于该可疑因素或不具有该特征，称为非暴露群组或对照群组（non-exposure group or comparison cohort）。两个群组除暴露因素有差别外，其他方面的条件应基本相同。将这两个群组的所有观察对象都同样追踪一个时期，观察并记录在这个期间研究疾病的发生或死亡情况（即观察结局），然后分别计算两个群组在观察期间该疾病的发病率或死亡率并进行比较，如果两组的发病率或死亡率确有差别，则可以认为该因素（或特征）与疾病之间存在着联系。

前瞻性队列研究有如下特点：①群组的划分是根据暴露因素的有无来确定的；②暴露因素是客观存在的，并不是人为给予的；③其研究方向是纵向的，前瞻性的，即由因到果的研究方向，在研究开始时有"因"存在，并无"果"（结局）发生，在"因"的作用下，直接观察"果"的发生；④可直接计算发病率，并借此评价暴露因素与疾病的联系。

2. 历史性队列研究　历史性队列研究是根据历史记载的有关暴露情况来划分暴露组

和非暴露组，把观察的起点放到过去某一时段，然后调查分析从过去某一时段到现在两个群组研究疾病的发病率和死亡率，并进行比较。关于历史性队列研究的较典型例子是关于放射线与白血病关系的研究。该研究于1964年开始进行，研究者把观察的起点放在1937—1955年，观察对象根据医院1937—1955年病历记录中诊断和治疗方法的不同分为两组（非放射治疗组、放射线治疗组）。然后再追溯所有观察对象到1961年12月31日为止发生急性白血病及其死亡的情况，并对调查结果进行分析。像这样的研究即属于历史性队列研究。如果在历史性队列研究观察期间内的疾病发生例数或死亡例数不能满足研究的需要，则可继续向前观察。那么，在这个研究中即包括历史性队列研究也包括前瞻性队列研究，称为双向性队列研究。

（二）队列研究的用途

队列研究的主要用途如下。①验证疾病病因假设：验证病因假设是队列研究的最主要目的。在进行病因研究时，往往先通过现况研究提出一定的病因线索，然后经队列研究加以验证。②描述疾病的自然史：队列研究往往可提供疾病自然史的有关资料，例如美国的Framingham心血管病研究发现早年具有某些危险因素（如一过性脑贫血发作、高血压、高血脂）的人以后发生脑卒中的危险性较高，从而认识了脑卒中的发生过程，即认识了脑卒中的自然史，并为预防对策和措施的制订提供了科学依据。

二、队列研究的设计与实施

（一）暴露组的选择

暴露人群常从以下几种人群中选择。

1. **特殊暴露人群**　特殊暴露是指人群经历过某一特殊的事件或较长期固定地接触某一有害物质。一般来说，特殊暴露的接触剂量较高，有利于探索有关因素与疾病之间存在的联系。例如，在研究放射线辐射与急性白血病的关系时，选择受过原子弹爆炸辐射的人群，用X线治疗的脊柱硬化症患者，在胎儿期受X线照射过的婴幼儿及从事放射线工作的医生作为研究的暴露群组。

某种职业人群也是特殊暴露人群，例如，20世纪50年代初期，英国在进行有关联苯胺与膀胱癌的关系研究时，选择了染料厂工人作为研究的暴露群组。又如选择铀矿工人作为暴露群组研究接触放射物质与肺癌的关系等。

2. **有组织的人群**　这种人群往往具有共同的经历，这种共同的经历有时也可能具有某种危害性，是值得研究的因素。当这种有组织的人群数量较多或他们共同暴露是一种常见习惯（如吸烟）时，作为研究人群就特别有意义。Doll和Hill关于吸烟与肺癌关系的研究选用医生登记册上的所有男医生就属于这一类人群。

3. **特定地区的人群**　特定地区的人群是指在某行政区或地理区域内居住的一般人群，如某城市的市区人口、某城镇的全部人口、农村地区的人口等。以下三种情况常用地区性人群作为观察对象：①所要研究的因素和疾病都是人群中常见的；②观察一般人群的发病情况及疾病的自然史；③观察某一地区环境因素与疾病的关系。例如，20世纪40年代，美国公共卫生署在马萨诸塞州东部选了一个名叫Framingham的小镇，从这个镇随机选取了5 000名30~59岁的居民作为观察对象，以研究心血管病及有关危险因素，他们对所选择的研究对象进行了长达60年的观察，观察这个人群中心血管疾病的发病情况，最终阐明了心血管病的发病规律及其危险因素。这就是后来被称为"Framingham心血管病研究"的著名前瞻性研究实例。

（二）非暴露组的选择

在选择非暴露人群的时候，要注意非暴露人群和暴露人群的可比性，即非暴露人群除了未暴露于所研究的因素外，其他各种特征（如年龄、性别、文化程度、民族等）都应尽可能地与暴露组人群相似。选择非暴露人群的常用方法有以下几种：

1. 选择内对照　在前面列举的"吸烟与肺癌"和"Framingham心血管病研究"中，首先选定男医生或Framingham镇的30~59岁居民为观察对象，然后调查男医生的吸烟习惯或测定居民的血清胆固醇水平，根据调查或检测得到的资料，将男医生分为吸烟组和不吸烟组，居民分为血清胆固醇值高于正常组和正常组，不吸烟的男医生和血清胆固醇值正常的居民则为非暴露人群组，像这种在同一个人群中选择非暴露组的方式即为内对照。有时，暴露因素在人群中很难简单地划分为有或无，而是在人群中都不同程度地存在着暴露因素，在这种情况下，可将人群中的暴露水平由低到高划分为不同的水平，暴露水平最低的人群可为对照组，这也可称为内对照。

2. 选择对照群组　当以特殊暴露人群或特殊环境的居民为研究的暴露群组时，再另外选取一个人群作为对照人群。对照群组除不暴露于特殊因素或特殊环境外，其他人口学特征应与暴露群组相似。例如，若以放射科医生为暴露群组来研究接触X线与急性白血病的关系，则可以不接触X线的其他科室的医生为非暴露群组。

3. 与总人口的发病率或死亡率比较　在以特殊暴露人群作为暴露群组时，往往会遇到这样一个问题，就是特殊暴露人群的数量较少，因而不易进一步分组计算年龄别发病（死亡）率、性别发病（死亡）率，这时可用一般人群中不同年龄、性别该病的发病率或死亡率与暴露群组的相应年龄性别的人数来计算出预期发病数或死亡数，然后进行比较。将实际观察到的发病（死亡）人数与预期发病（死亡）人数作比较，看看实际发病或死亡的人数是否比预期的增多了。用这种方法作比较时有几点要注意：①一般人群中的总人口与暴露群组必须在地理上是可比的，也就是说，最好用暴露群组本地区的总人口发病率或死亡率来作比较；②必须有相应的可供比较的总人口的发病率或死亡率资料；③应用于暴露群组追踪观察期相同时间的总人口的发病率或死亡率。

（三）资料的收集

1. 暴露资料的收集

（1）暴露资料的内容：暴露资料一般应包括三方面的内容，一是确定暴露的标准；二是开始接触暴露的时间；三是暴露程度（暴露定量或半定量）。资料应尽可能客观，也就是有据可查，如医院病历、处方、职工登记卡片、户籍卡片或测量记录等。

（2）暴露资料的来源：暴露资料可通过下列四种方式获得。

1）常规记录：如医院住院病历或门诊病历，医院药房处方，人事和劳动档案，职工登记表，环境监测资料等。

2）询问调查：对于无常规记录可查或记录不完整的暴露资料，则可通过对观察对象询问调查获得。提高询问调查技术是获得较可靠的资料的重要保证。

3）辅助医学检查：对有些暴露资料，如血压、血脂、血糖等，只能通过对观察对象的医学检查来获得。采用既简便又具有一定可靠性的检查或检验的方法，提高检查检验人员的技术水平，是保证获得准确检查、检验结果的重要措施。

4）环境因素检测：在研究职业环境或生活环境因素与疾病关系时，如果没有常规的环境因素记录资料，就需要进行现场的环境检测。环境检测时应注意采样点的代表性，还要注意采样的时间，当环境中危险物质的浓度或剂量不稳定时，一次检测的结果往往不能代表全面的暴露情况。宜采用连续、多次检测的方法，将多次的检测结果进行综合，计算出平均的暴露水平。

2. 一般人群特征资料的收集 在收集暴露资料的同时，还必须收集观察对象的一般特征资料。这类资料可以用来评价暴露群组和非暴露群组的可比性，并有助于分析它们对暴露因素的混杂作用。一般人群特征资料包括人口学资料和社会经济状况资料等，如年龄、性别、民族、婚姻状况、文化程度、经济收入、职业等方面的资料。

3. 结局资料的收集 队列研究的重要任务就是追踪观察这些对象，确定他们在观察期间的结局，即是否发病和死亡。有几个问题在收集结局资料时应加以考虑。①结局指标的选择：以发病还是以死亡为观察的结局指标，要根据所观察疾病的诊断技术、死因判断的可靠程度、病死率的高低、病程的长短，常规发病或死亡登记报告制度的有无和完整性等因素来决定。病死率高且病程短的疾病可用死亡作为观察的结局，如白血病等病死率高的疾病，一般只选用"死亡"作为结局指标，因为死亡与发病接近。如果病死率低、病程长的疾病，用死亡作为观察结局的指标，则很难反映疾病的发生情况，也就很难判断暴露与疾病之间的真正联系。因此，对这些疾病，常常用发病作为判断结局的指标。如心血管疾病，常用"发病"为结局指标。②两个群组所有观察对象确定结局的方法应相同，特别要注意所获得的结局资料的可靠程度和完整性应不受暴露与否或暴露程度的影响。利用常规发病或死亡登记的资料一般可以比较好地满足这个要求。对于通过调查获得的结局资料，在调查的过程中应加强质量控制措施，确保在两组的观察方法相同。③为了提高效率，所选用的常规资料来源要能满足查到绝大多数观察对象中的发病或死亡病例，以避免遗漏而造成的偏倚。

（四）调查表的制订和调查员的培训

调查表是收集资料的重要工具，也是调查工作的基本纲要。它记录反映人群暴露情况及结局资料的各种信息。调查表也是最后进行数据分析的依据。因此调查表设计的好坏将直接影响整个研究结果。制订调查表的基本原则：①项目应完整，且能满足调查研究的目的和资料分析的要求；②结果的记录应详细，尽可能采用定量记录；③项目的定义应明确，记录方式应简便易懂；④项目的排列应尽可能符合逻辑顺序；⑤记录结果要方便数据输入。

调查员是指调查研究中查阅所有常规记录、进行医学检查、环境检测、询问调查和随访的全部工作人员。调查员必须要经过选择和统一的培训。在调查工作中的不同阶段应对调查员调查技术的一致性进行抽查评价。在询问调查中，为保证各调查员调查技术的一致性，应制订统一的询问调查提纲。对调查员还应进行有关检查检验技术的培训，以统一标准和方法。

（五）队列研究的失访

在队列研究中，最常遇到的问题就是失访。失访是指在追踪观察的过程中，某些对象由于种种原因而脱离了观察，观察者无法了解到他们的结局，从而造成观察结果偏离了实际结果的情况。常见的失访原因有以下几种：①迁移到比较远的地区而失掉联系；②有些人中途不愿再合作而拒绝继续被观察；③因其他原因死亡，使观察者无法判断与暴露有关的结局发生情况。

避免失访的措施包括以下几个方面：①尽可能地选择比较稳定的人群作为观察对象；②争取观察对象的热情支持与合作；③定期医学检查应采用简便易行和易被观察对象接受的方法；④尽可能利用多种来源收集结局资料；⑤多次反复随访。

（六）队列研究的样本含量估计

队列研究样本大小可用下列公式，即

$$N = \frac{\left(K_\alpha\sqrt{2PQ} + K_\beta\sqrt{P_0Q_0 + P_1Q_1}\right)^2}{\left(P_0 + P_1\right)^2}$$ （式4-20）

这里P_1为暴露组的发病率，P_0为非暴露组发病率，$Q_1 = 1 - P_1$，$Q_0 = 1 - P_0$，$P = (P_0 + P_1)/2$，$Q = 1 - P$

如已知P_0与估计相对危险度（RR），则

$$P_1 = RR \times P_0$$ （式4-21）

（七）数据分析

队列研究的分析主要计算并比较各组的发病率或死亡率，分析暴露因素与疾病是否有关联。如存在关联，则进一步计算关联指标。

在计算队列研究的发病率或死亡率时有两种计算方法，如研究的暴露人口及非暴露人口在观察期间较固定，可用固定暴露人口及非暴露人口作分母计算发病率。用这种方法计算出的发病率又称累积发病率（cumulative incidence）。但如果暴露人口及非暴露人口由于失访或死亡而发生变化时，这时需计算人时（person-time）发病率或死亡率。时间可用日、周、旬、月和年为单位。此种发病率又称发病密度（incidence density）。在队列研究中究竟用哪一种发病率取决于研究人群的稳定性及观察的时间长短。一般来说以人时计算为好，但累积发病率计算简单而且易于分析。

计算发病密度和累积发病率资料整理表格分别见表4-4和表4-5。

表4-4　队列研究发病密度资料整理表

暴露史	发病	观察人时数	发病密度
有	a_i	N_{1i}	a_i/N_{1i}
无	c_i	N_{0i}	c_i/N_0
合计	M_{1i}	T_1	M_{1i}/T_1

表4-5　队列研究累积发病率整理表

暴露史	发病	未发病	合计	发病率
有	a_i	b_i	N_{1i}	a_i/N_{1i}
无	c_i	d_1	N_{0i}	c_i/N_0
合计	M_{1i}	M_{0i}	T_1	M_{1i}/T_1

1. 观察人时数的计算在进行队列研究时，研究对象进入各组的时间往往是不同的，在观察过程中，有的对象或早或晚因死亡、迁出等其他原因退出各组。在这种情况下，各组成员所观察的期间是不同的，必须折算成相同的基数才能计算暴露组和非暴露组发病率并进行比较。一个简单的方法是以暴露人年或暴露人月为基数。例如10个人经过10年观察则暴露人年为100，如果100人暴露一年或200人暴露半年，亦均为暴露100人年。

有两种计算人年的方法：①累积年平均存活人数计算暴露人年；②应用寿命表法计算暴露人年。随着计算机技术和各类统计软件的普及，计算暴露人年主要通过计算软件由计算机自动完成。

2. 联系强度的测量与评价

（1）相对危险度：相对危险度（relative risk，RR）又称"危险比"（risk ratio）或"率比"（rate ratio），相对危险度是暴露组发病（或死亡）率与非暴露组的发病（或死亡）率的比值。

$$RR = I_e/I_u = (a/N_1)/(c/N_0) \qquad （式4-22）$$

式中I_e（暴露组发病率或死亡率）$=a/N_1$

I_u（非暴露组发病率或死亡率）$=c/N_0$

相对危险度说明暴露组发病或死亡为非暴露组的多少倍。也就是说暴露组人群相对于非暴露组人群发病危险性的大小。相对危险度越高，表明暴露导致人群发病的危险性越大。

如$RR>1$说明存在"正"的暴露–疾病联系，即暴露因素是疾病的危险因素。

$RR<1$说明存在"负"的暴露–疾病联系，即暴露因素不是疾病的危险因素，可能对人群还有保护性作用。

$RR=1$说明暴露因素与疾病无联系，即暴露不是疾病的危险因素。

（2）特异危险度：特异危险度（attributable risk，AR）又称"率差"（rate difference）。

在队列研究中，暴露组和非暴露组（对照组）都会有病例发生，如果暴露因素是病因，那么，暴露组发生的病例就会多于非暴露组。完全由某因素所致之危险度叫作特异危险度，特异危险度用暴露组的发病率（或死亡率）减去非暴露组的发病率（或死亡率）的差值表示之。

$$AR = I_e - I_u = a/N_1 - c/N_0 \qquad （式4-23）$$

相对危险度和特异危险度的关系：

由于 $RR = I_e/I_u$，所以 $I_e = RR \times I_u$

$$AR = I_e - I_u = RR \times I_u - I_u = I_u(RR-1) \qquad （式4-24）$$

由公式可见，当已知相对危险度和非暴露组发病率时，即可求出特异危险度。

特异危险度（AR）受相对危险度（RR）与非暴露组的发病率或死亡率（I_u）的影响。

尽管相对危险度和特异危险度都可用来表示暴露与疾病的联系强度，但含义却有所不同。用表4-6资料进一步说明相对危险度和特异危险度含义的不同。

表4-6　吸烟者与非吸烟者死于不同疾病的 RR 与 AR

疾病	吸烟者（1/10 万人年）	非吸烟者（1/10 万人年）	RR	AR（1/10 万人年）
肺癌	8.33	4.49	10.8	43.84
心血管疾病	294.67	169.54	1.7	125.13

由表4-6可见，与非吸烟者比较，吸烟者死于肺癌的相对危险度为10.8，而死于心血管病的相对危险度只有1.7，但是吸烟导致的心血管疾病死亡率比吸烟导致的肺癌死亡率大。

从以上可见，相对危险度与特异危险度的意义不同。相对危险度更侧重于表示暴露因素与疾病发生的因果联系程度，而特异危险度更侧重于表示暴露因素能使多大比例的人群发病或死亡，因此特异危险度更具有公共卫生意义。

三、优点与局限性

（一）优点

1. 由于研究对象暴露资料的收集在结局发生之前，并且都是由研究者亲自观察得到的，所以资料可靠，一般不存在回忆偏倚。

2. 可以直接获得暴露组和对照组人群的发病或死亡率，可直接计算出 RR 和 AR 等反映疾病危险关联的指标，可以充分而直接地分析暴露的病因作用。

3. 由于病因发生在前，疾病发生在后，因果现象发生的时间顺序上合理，加之偏倚较少，又可直接计算各项测量疾病危险关联的指标，故其检验病因假说的能力较强，一般可证实病因联系。

4. 有助于了解人群疾病的自然史，有时还可能获得多种预期以外的疾病的结局资料，分析一个暴露因素与多种疾病的关系。

（二）局限性

1. 不适于发病率很低的疾病的病因研究，因为在这种情况下需要的研究对象数量太大，一般难以达到。

2. 由于随访时间较长，对象不易保持依从性，容易产生各种各样的失访偏倚。同时由于跨时太长，研究对象也容易从半途中了解到研究目的而改变他们的态度。

3. 研究耗费的人力、物力、财力和时间较多，其组织与后勤工作亦相当艰巨。

4. 由于消耗太大，故对研究设计的要求更严密，资料的收集和分析也增加了一定的难度，特别是暴露人年的计算较繁重。

5. 在随访过程中，未知变量引入人群，或人群中已知变量的变化等，都可使结局受到影响，使分析复杂化。

第五节　试验性研究

试验性研究是指研究者根据研究目的对以人为受试对象的研究，设置干预措施，按重复、对照、随机化原则控制非干预措施的影响，总结干预因素的效果，以阐明干预措施作用于受试对象后所产生的效应。如使用某种新研制的降压药物（干预措施）来治疗临床高血压患者（受试对象），观察患者服药前后血压变化情况（实验效应），这就是药物的临床试验。

以人作为研究对象的试验性研究可分为临床试验、现场试验和社区干预试验。

一、现场试验

所谓现场试验研究就是通过在不同人群中实施不同的干预措施，从而评价这些干预措施效果的研究。现场试验有时也称为干预研究或干预试验。

（一）现场试验的定义

现场试验（field trial）是以"社区现场"（工作场所、家庭、部队、学校、社区等）作为研究环境，以尚未患病的自然人群作为研究对象，将其随机分为两组或几组，一组作为对照组，其他一组或几组作为接受某种预防措施的试验组，随访观察并评价预防措施的效果。

（二）现场试验的特点

现场试验除了具备一般性试验研究的基本特征，还是一种前瞻性研究；有明确的由研究者所控制的一种或多种干预措施；每一个研究对象都必须是来自同一个合格总体的抽样人群，并且被随机地分配到两组（或多组）试验和对照组中；有较严格的平行对照组，与各试验组均衡可比等基本特征，还具有以下显著的特点。

1. **具备区分实验性研究和非试验性研究两个最主要特征**　即主动干预和随机分组，主动干预是指研究者主动地对研究对象实施干预因素（预防措施），对何对象及实施何种处理是由研究者决定的；随机分组是指研究者遵循随机化原则将研究对象分配到若干组中，任何研究对象分在各组中的概率是相等的。随机分组的原则能够最大限度地控制影响结果的混杂因素，在样本足够大的前提下，能够使已知的混杂因素和未知的混杂因素均匀地分布到各组中。该特点与临床试验相同，也是现场试验比其他观察性研究循证能力强的主要原因。

2. **研究对象为健康人群或高危人群，研究现场为自然的"社区现场"**　这是与临床试验相区别的最主要特征，临床试验的研究对象是患有某种疾病的患者，研究的场所一般在医院或诊所，而现场试验的对象是自然环境中的健康人。由于在未患病的人群中进行研究，发病的危险性不如临床试验相关事件的发生率高，因此所需要的观察对象相对就多，花费的人力、物力和财力较多。

3. **干预因素为预防性措施**　这是区分临床试验的重要特征。现场试验的干预因素为某个预防性的措施或计划，主要效应是减少新病例的发生。干预措施常分为预防疾病感染或发病的药物干预、疫苗的预防干预、媒介生物控制干预、健康教育措施干预和环境改变措施等方面。

（三）现场试验的分类

现场试验根据接受干预的基本单位不同，可以分为个体现场试验（individual field trial）和社区试验（community trial）。个体现场试验接受干预措施的基本单位为单个健康人，在随机分组中基本的抽样框为单个个体；社区试验是个体现场试验的扩展，其接受干预措施的基本单位是整个社区，或某一人群的各个亚人群，如某学校的班级、某工厂的车间或某城市的街道等。如食盐中统一加碘，使整个研究地区的人群食用，来预防地方性甲状腺肿就属于此类研究。

（四）现场试验设计

1. **确定研究目的**　研究目的是指研究中要阐明和解决的主要问题，研究开始前研究目的必须明确、清楚和详细。研究目的还应当简明扼要地表达被评价的干预措施的类型及效应测定的最后时点，或者研究设计预期测定结果，有时也包括描述研究结果对公共卫生政策的影响和对科学的贡献。

2. **选择研究现场和研究对象**　根据研究目的确定目标人群，并进一步选择研究现场和研究对象。选择研究对象时应制订严格的入选标准（inclusion criteria）和排除标准（exclusion criteria），以避免某些因素影响研究的真实效应或存在医学伦理问题。例如，凡对干预措施有禁忌者、无法追踪者、可能失访者、拒绝参加实验者，及不符合标准的研究对象，均应排除。但要注意，被排除的研究对象愈多，结果外推的面愈小。同时要严格按照知情同意原则确定试验对象，那些符合入选标准并又愿意加入试验的对象才组成真正的研究人群（study population）。

选择研究对象的主要原则有以下几点：①选择对干预措施有效的人群，如对某疫苗预防某疾病的效果进行评价，应选择某病的易感人群为研究对象，要防止将患者或非易感者选入；②要注意研究对象的代表性，即样本应具备总体的基本特征，如性别、年龄、种族等特征要与总体一致；③选择预期结局事件发生率较高的人群，如评价疫苗预防传染病的效果，应选择在相应传染病高发区人群中进行；④容易随访的人群，例如可选择有组织的人群、离实验中心不太远的人群等；⑤选择干预措施对其有益或至少无害的人群，例如在碘缺乏地区开展碘盐预防地方性碘缺乏病的实验研究，对该地区的人群有利，要充分估计干预措施可能产生的不良反应，若干预措施对其有害，一定不能选作研究对象；⑥选择依从性好、乐于接受并坚持试验的人群。

3. 计算样本含量　样本量的计算需要根据评价指标的不同而采取相应的公式，一般将评价的指标分成频率指标（率或构成比）和尺度指标（均数和标准差等）两大类，如果是尺度指标，一般不以社区作为基本单位来分析，而对于频率指标除了根据个体单位评价以外，还需要以社区为单位进行评估。如果社区间研究的结局没有差异，则所需总样本量与以个体为基础单位的大致相同，但是对于大多数情况来说社区间的差异总是存在的，因此所需的样本量将超过以个体现场试验所需的样本。

以发病率比较为例，以个体为单位计算样本含量公式为：

$$y = \frac{\left[(\mu_\alpha + \mu_\beta)^2 (p_1 + p_2)\right]}{(p_1 - p_2)^2} \tag{式4-25}$$

其中y为人年数；μ_α为取一定显著水平所对应的界值，如取显著性水准为0.05（双侧）所对应的值为1.96；μ_β为一定把握度所对应的界值，如当把握度分别取80%、90%、95%单侧所对应的界值为0.84、1.28和1.64；p_1，p_2分别为各组的发病率。

例如某地进行口服疟疾疫苗的干预试验，假设对照组疟疾发病率为10/1 000人年，如果使用疫苗后可以使发病率下降70%，取80%的把握度得到显著性效应，则每组观察人年数为多少？

根据以上例子，p_1为0.01，p_2为0.003，μ_α为1.96，μ_β为0.84，根据（式4-25）计算得：

$$y = \frac{\left[(1.96 + 0.84)^2 (0.003 + 0.01)\right]}{(0.007)^2} = 2\,080\text{人年}$$

以社区为分析基本单位计算样本量时需要按社区间的内部变异进行调整，假设进行两组间发病率的比较，所需社区数公式为：

$$C = 1 + \frac{(\mu_\alpha + \mu_\beta)^2 \left[(p_1 + p_2)/y + k^2(p_1^2 + p_2^2)\right]}{(p_1 - p_2)^2} \tag{式4-26}$$

其中C为所需社区数；y为每个社区内人年数；p_1、p_2分别为试验组和对照组的平均率；k为社区间内部变异系数，即每组内社区间（真实）发病率的变异系数，将率的标准差除以平均发病率，k的估计值可以根据该社区以往的研究或预试验获得，如果无资料可查，可自行定义一个较合理的值，一般取0.25，表明每组实际率大致介于$p_i \pm 2kp_i$之间，即$0.5p_i$至$1.5p_i$之间，一般来说k不能超过0.5。

同样还是疟疾干预试验，以村为单位进行分组，干预前疟疾的发病率为10/1 000人周，如果干预措施可以降低50%的发病率，取90%的把握度，每村有50例儿童参与试验，连续观察1年，则每组需要村数为多少？

根据例中已知的有关信息，μ_α为1.96，μ_β为1.28，$y = 50 \times 50$（周）$= 2\,500$周，p_1为0.01，p_2为0.005，k未知而取0.25，根据（式4-26），则

$$C = 1 + \frac{(1.96+1.28)^2\left[(0.01+0.005)/2\,500 + 0.25^2\left(0.01^2 + 0.005^2\right)\right]}{(0.01-0.005)^2} = 6.8 \approx 7$$

这样每组选7个村，每村2 500人周，总共需要17 500人周，如果是以个体为单位随机分组则需要6 300人周（读者可以自己计算）。

4. 研究对象随机化分组　随机化分组的目的是保证试验组和对照组具有可比性，从而减少偏倚，增加试验结果的正确性。在现场试验中对对照组的处理严格来说应给予安慰剂，但是由于人类试验的伦理道德，如果已知干预确实是有效的，对对照组不施加任何有效因素将违反伦理原则，因此在现场试验中如果是对某干预因素的初步探索，对照组可以用安慰剂、传统的干预方法或不施加任何因素。

5. 确定试验观察期限　根据研究的目的确定观察的期限，包括研究的起点和终点。根据不同研究目的及试验本身特点，所确定的观察期限应符合疾病规律及干预措施对机体的作用规律。过短得不出应有的结果，过长浪费人力、物力，有时实施也很困难。如传染病的免疫预防措施，至少研究一个流行季节。开始时间也非常重要，如疫苗效果评价选择流行季节前1~2个月开始比较适宜，至少观察一个流行季节。有的干预试验的时间可能很长，在评估干预效果时常常分为短、中、长几个不同时间点判断其近、远期效果，例如关于高血压预防控制的健康教育干预，最终的效果应该是人群中高血压的控制率，以及形成了正确的、有效预防高血压健康行为（如坚持服用降压药物、加强体育锻炼、戒烟限酒等），但从知晓健康知识到健康行为形成，以及血压控制到正常水平需要很长的一段时间，试验观察期限不能太短。

6. 结局测量　大部分现场试验是为了评价一个或多个干预因素对发病率、患病率或一些特殊疾病的严重程度的影响，或者一些相关的中间变量的影响，对干预措施的影响效果的测量称之为结局测量。结局常用的评价指标有发生率、死亡率、保护率、抗体阳转率等。

影响结局测量选择的因素：①相关性，即所选结局变量与研究目的有本质的联系，并能确切反映研究因素的效应；②可行性，结局变量的测量必须是可以得到的；③可接受性，一种结局变量测量方法在研究人群中的可接受性是一个试验研究能否成功实施的关键；④客观性，应尽可能选择本身具有较强客观性的指标。

7. 确定基线数据　建立监测系统选定结局变量后，就必须确定该变量在现场人群的基线数据（baseline data）。基线资料一般包括研究人群的基本人口特征、结局指标的基线水平、其他可能影响研究结果的因素等。有了基线数据，结局变量的评价相对比较容易。调查开始和结束时确定基线数据的方法必须相同，以便正确评价干预效果。

8. 资料分析　①比较各组在试验开始前基线调查的有关数据，以评价组间的可比性，判断随机化是否使主要因素在各组间分布均衡。组间基线特征的检查还可以帮助揭示在随机化过程中发生的许多未知问题，例如，如果基线的数据反映各组间分布不同，整个随机化的过程则需要进一步检查，当各组间的可比性确定以后，下面就要判断干预是否有价值，评价各组间差异的大小。②亚组分析，判断干预对具有某些特征的亚组人群（例如男性、老年人、吸毒人员等）的作用效果。③统计分析，采用相应的统计处理方法，计算有关指标，反映数据的综合特征，阐明事物的内在联系和规律，包括用统计指标、统计表、统计图等方法，对资料的数量特征及分布规律进行测定和描述，如描述调查对象的一般特征，进行比较组的均衡性检验，计算疾病发病频率指标、死亡频率指标等，用参数估计、显著性检验和可信区间的计算等进行统计学推断，如在进行疫苗预防性试验研究时，会选择抗体阳转率、抗体几何平均滴度及效果指数等指标进行计算。

二、临床试验

临床试验（clinical trial）是指以人（患者或健康人）为受试对象的实验性研究，主要用于评价疾病的治疗和预防效果。临床试验除了要遵循"重复、对照、随机、盲法"的基本原则外，还要考虑到伦理、失访、依从性、主观感觉对研究结果的影响。基于是否随机分组，按照对照类型，临床试验可以分为随机对照试验、非随机对照试验、前后对照试验、交叉设计试验和序贯试验等。

（一）随机对照试验

1. 概述　随机对照试验（random controlled trial，RCT）首先根据诊断标准确定研究对象的目标人群总体，再根据研究的纳入标准和排除标准，选择合格的研究对象，从中排除不愿意参加的研究者。按照随机分配的原则将愿意加入研究的合格对象随机分配至试验组或对照组，向各组施加相应的处理（治疗措施和安慰剂或不给予任何措施），观察一定时期后，比较试验组与对照组结果的差异，做出结论。

2. 适用范围

（1）临床治疗或预防性研究：随机同期对照试验研究常用于治疗或预防性研究，借以探讨和比较药物、治疗方案、筛检方案等治疗措施或预防措施对疾病的治疗和预防的效果，同时评价其安全性，排除非治疗和干预因素造成的毒副作用，为正确的医疗卫生决策提供科学依据。

（2）特定的病因学研究：多数情况下，随机对照试验并不适用于病因学研究，当所研究的因素被证明对人体确实没有危险性，但又不能排除与疾病的发生有关时，随机化同期对照试验可用于病因的研究。若已有研究证明某一因素对人体有害，就不允许将该因素用于人体进行随机对照试验。

3. 优点与局限性

（1）优点：①可比性好，随机分配可防止研究因素以外的其他干扰因素的影响，并做到试验组和对照组间基线状况的相对一致性，试验组与对照组研究条件相同，研究时间同步；②盲法观察，保证研究结果客观、真实；③诊断和实施过程标准化，研究对象明确，具有严格的纳入和排除标准、标化的防治措施和评价结果的客观指标，以保证试验的可重复性，研究的干预措施（如药物治疗、手术等）是人为施加的、人为控制下的，而不是自然发生的；④数据统计分析效能高，由于大多数统计分析方法是建立在随机抽样基础上的，因此随机对照试验更适合统计方法设定的条件，更适用于 χ^2 检验或 t 检验等常用的基本统计方法。

（2）局限性：①不适用于发生概率极低的副作用的评价，例如棉酚作为男性避孕药服用后引起的低血钾软瘫，其发生概率约为五千分之一；②不适用于某些远期副作用的评价；③对一些罕见病，往往难以保证足够的病例数；④涉及医学伦理问题较多；⑤外部真实性受限，研究结果均来源于合格的研究对象，具有良好的同质性，因此，导致其研究结果的代表性和外推到一般人群时受到一定的限制。

（二）非随机对照试验

1. 概述　非随机对照试验（non-random controlled trial）是根据标准选择合格的、愿意参加的研究对象，非随机地将研究对象分为试验组和对照组，施予不同的措施，然后观察比较他们的结局。非随机分配对象是指研究对象的分配不能完全按照随机分配的原则进行，往往是一种自然存在的状态。如研究某种新药对某种疾病的疗效时，可以将一个医院的住院患者作为对照组，另一个医院的住院患者作为试验组来进行研究。在这种情况下，研究中的试验组与对照组患者并不是随机分配的。

2. 优点与局限性

（1）优点：①方法简单，易于掌握，可操作性强，实施方便；②短时间内可获得较大的样本，尤其是当某一医院合格的病例数较少或对某一疾病不同医院施行不同疗法时，本设计方法较为适用。

（2）局限性：①可比性差，由于分组不是随机的，试验组与对照组的研究对象往往缺乏良好的可比性；②研究过程中也难以用盲法评价试验结果，使得许多已知或未知的偏倚影响观测结果的真实性，从而影响结论的可信度。

（三）前后对照试验

前后对照试验可分为同一病例自身前后对照研究和不同病例的前后对照研究。

1. 自身前后对照研究

（1）概述：自身前后对照研究是每一位受试对象先后接受试验和对照两种不同措施进行试验研究，然后将两次先后观测的结果进行比较的一种设计方案。因为是以个体自身为对照，它可以避免个体差异对结果的影响。在研究过程中，试验和对照两种措施的先后安排可以是随机的，也可以是非随机的，当然，最好是采用随机方法安排先后措施。

（2）适用范围：自身前后对照研究仅适用于慢性反复发作疾病的防治性研究。

（3）优点与局限性

优点：①每一患者在研究过程中均有接受新疗法或新药治疗的机会，符合伦理；②消除了个体差异，可比性好；③每个病例既作为试验对象，又作为对照对象，所需样本可节省一半，节约时间和成本；④减少了志愿者偏倚和研究人员意愿偏倚；⑤可以实现试验措施的标准化；⑥试验中如采用盲法观察并采用随机方法安排前后措施，结果可信度提高，结果可信；⑦单个患者可单个试验，逐步积累到所需要的病例数，即可进行总结，比较符合临床实际，可行性较强。

局限性：①若两阶段观察期过长，可能使两阶段开始前的病情不一致，导致可比性较差。②研究分为两个处理阶段，两个阶段间有一个"洗脱期"（wash-out period），目的是尽可能地避免第一阶段措施的"顺序效应"，包括药物效应和研究对象的一些重要心理效应。对洗脱期的长短应有一个适当估计，估计的原则是保证第二阶段开始时研究对象的一些重要指征（如病情等）应同第一阶段开始时相同或相似，一般根据药物半衰期的长短来确定洗脱期的长短，需要注意的是，如洗脱期过长可能影响患者的及时治疗。③试验的应用范围有限，只适用于慢性、复发且不能自限自愈的疾病。

2. 不同病例前后对照研究

（1）概述：不同病例前后对照研究是以现在开始的前瞻性研究资料作为试验组，以既往的研究资料作为对照组进行比较，因此也称为历史性对照研究。研究对象为非同期患者，前后资料也不来源于同一批患者。

（2）适用范围：适用于各种疾病治疗效果的评价性试验。所需病例没有严格的疾病类型的限制，对照资料既可以是历史上的文献资料记载，也可以是不同时期与试验组疾病诊断相同的患者。如以不同时期与试验组疾病诊断相同的患者作为对照，应该尽量以本单位的历史资料为对照，因为同一单位疾病的诊断标准及预后措施的变化容易掌握，可增加可比性。

（3）优点与局限性

优点：①同时期内所有患者都可接受新疗法或新药物，符合医学伦理原则；②可减少志愿者偏倚和研究人员意愿偏倚；③可充分地利用既往病历等常规资料，省时、省力、节约经费。

局限性：①过去的条件（如诊断水平、诊断标准、医护质量等）与现在的状况可能有所不同，可比性差；②患者来自不同的总体，代表性不好，而且可能存在个体差异；③不能施行双盲法；④受既往资料完整性的限制，有时既往研究对象或既往研究资料难以满足研究的需要。

（四）交叉试验

1. 概述　交叉试验（cross-over trail）是随机对照试验的一种特例，整个过程分两个阶段。首先全部受试对象按随机要求分成两组，在第一阶段一组患者给予所研究的治疗措施，另一组患者作为对照组。经过一段间隔期后进入第二阶段，即两组互相交换处理措施，原运用治疗措施的一组改为对照组，原对照组改为用所研究的治疗措施。最后对结果进行对照比较，它兼有随机对照试验和自身前后对照试验的优点。

2. **适用范围**　一般而言，本方法仅适用于慢性病且不宜根治并需要药物维持治疗的某些疾病的研究。如支气管哮喘、高血压病、冠心病、心绞痛等。因为这些疾病通常不用药物治疗会反复发作。对于某些一治即愈的疾病则不应采用交叉试验设计方案。此外，在新药的开发和研究中，为减少样本量，I期临床试验常采用交叉试验方法来观察药物的毒副作用，以便消除或减少个体间偏倚的影响。

3. **优点与局限性**

（1）优点：交叉试验作为随机对照试验的特例，采用随机分组、盲法观察和同期对照的方法，具有随机对照试验的全部优点，有效控制了选择性偏倚、信息偏倚和混杂偏倚，保证了试验组与对照组之间的均衡性，试验结果真实可靠。而且基于交叉试验理论上可使所需试验的人数减少一半。患者自身比较，效果观察较准确。

（2）局限性：①应用范围受限，只适用于慢性且不宜根治并需要药物维持治疗的、复发性疾病；②两阶段治疗可能存在顺序效应；③若每个阶段用药周期过短，药效可能不易充分发挥；若周期过长，则难以保证良好的依从性；④试验过程包括一定的洗脱期（间隔期），如过短难以避免两种措施的沾染，过长影响试验周期，甚至使患者长时间得不到应有的治疗，影响预后；⑤每个病例在接受第二阶段治疗时，很难保证患者的病情处于试验第一阶段开始时的相似状态，降低第二阶段的可比性，影响疗效评价。

（五）序贯试验

1. **概述**　序贯试验（sequential trial）是指事先不规定多少次重复实验，就是说，在开始研究时对受试者的数量不作任何规定，而是在研究过程中，按照实验研究者规定的检验标准，随着受试对象的加入，不断进行统计学分析，检查比较组间的差别，以决定下一步实验，直到能在统计学意义上判断出结果为止。即在研究之前不规定样本量，而是随着试验进展情况而定。这样就可以用较少的病例得出结论，这种不断加入病例不断进行检验的方法即为序贯试验。采用序贯试验必须预先确定停止研究的条件，并严格执行。

序贯试验有多种设计类型，如封闭型试验、开放型序贯试验、单向序贯试验和双向序贯试验等。

2. **适用范围**

（1）符合临床患者陆续就医的临床实际，对患者有利，尤其适合于新药和老药或新药与安慰剂配对比较，随时观察试验进展，达到预先规定的有效或无效标准立即停止试验；比较适用于仅以单一指标作结论依据并且能较快获得结果的实验研究，不适用于慢性病、长病程及多变量研究和远期随访研究。

（2）来源困难或贵重药品的效应和毒性（半数致死量）的研究。

3. **优点与局限性**

（1）优点：既可避免盲目加大各组的试验样本数而造成浪费，又不至于因试验样本个数太少而得不到结论，能用较少的样本得出结论，比一般试验方法节约样本30%～

50%。试验过程中患者陆续进入试验，及时分析结果，一旦发现试验干预措施（比如试验药）不优于对照措施（比如对照药），可立即停止试验。

（2）局限性：①不适用于一般的药物筛选。一般的药物筛选，试验必须大规模地进行，逐一地进行药物试验往往不切实际。②不能用于慢性病的疗效研究。慢性病由于疗程长，不能很快获得药物是否有效的结论，使研究时间过长。③不适用于急性烈性传染病（如霍乱）与传播很快的非烈性传染病的研究。因序贯试验是逐个试验，逐个分析，不利于对传染病疫情的控制。④回答问题单一，仅适用于单指标的试验。⑤不适用于多中心的联合试验。⑥由于不断进行中间分析，组间的差别可能由于机会而产生，进而导致假阳性的错误结论。

第六节　疾病预后研究

在临床上，当一种疾病被确诊后，无论患者、家属或是医生都会关心疾病的发展进程及其结局。患者及家属常常关心治疗该病有多大的危险性，能否治愈，有无并发症，复发的可能性有多大，治疗后可能存活多长时间，有无后遗症及今后生活质量能否下降等问题。对临床医生而言，最关心的问题是疾病可能发生的结局及有无明确的可用于患者治疗的研究证据，然后结合患者的实际情况采取一种适合该患者的治疗选择，以达到最理想的预后效果。要想回答患者或临床医生关心的问题，仅仅依靠临床医生的临床经验是不够的，而是需要以较大患者群体为观察对象来研究不同疾病的预后及影响因素。

一、疾病预后研究概述
（一）疾病预后研究的定义
预后（prognosis）是指在疾病发生之后，对该病未来的发展过程和不同结局（治愈、复发、恶化、并发症发生、伤残、死亡等）做出的事先估计。这种估计多是以较大的研究样本为观察单位，通常以概率形式表示，如生存率、治愈率、复发率等。临床上因疾病性质的不同，预后结局也不同。有的疾病预后很清楚，有的则不明确。疾病预后研究的主要内容包括疾病各种结局发生的概率估计及影响预后的各种因素分析。

（二）疾病预后研究的意义
疾病预后研究的意义主要有以下几个方面。

1. 了解或者明确各种疾病的发生、发展的规律及判断各种不同结局发生的可能性　有的疾病是自愈性疾病，有的经过治疗可以控制疾病的发展，减少并发症，提高生活质量；有的疾病目前尚无有效的治疗方法。只有对疾病发展趋势和结局有了清楚的了解才能帮助临床医生做出正确的治疗决策。

2. **研究影响疾病预后的各种因素**   疾病结局不仅仅与干预因素有关，而且受多种因素的影响，有的是有利因素，有的是不利因素。只有了解疾病预后的影响因素，才有助于改变疾病的结局，提高临床治疗水平。如某医院拟提高目前该医院肺癌手术患者的生存率，首先就必须找到影响该医院肺癌手术患者生存率的因素，如果分析发现淋巴结的转移距离明显影响生存率的高低，则提示手术中如何彻底清除转移的淋巴结是一个关键问题。这样可以集中精力研究此类技术问题，解决后应用于临床，提高临床治疗水平。

3. **正确评价治疗措施的效果**   在临床上，对同一疾病并非仅有一种治疗措施，而可能是两种甚至多种。究竟哪一种具有更好的治疗效果，通过预后研究就可以回答这一问题。例如，冠心病介入治疗有药物支架和裸架两种选择，通过预后研究比较两种方法的生存曲线就可以判定究竟哪一种方法更为有效，或者是没有疗效差异。此外，由于疾病治疗方法的不断发展和变化，一种新的手术方法、一种新的药物是否带来了更好的治疗效果也可以通过疾病预后研究加以评价。例如，可以对某医院2013年和2018年两个时期乳腺癌术后生存率进行比较研究，以反映该医院近期对乳腺癌治疗水平是否有所提高，但要结合疾病预后的评价原则进行合理评价。

（三）影响疾病预后因素

影响疾病预后因素是指影响疾病结局的一切因素，是强调患者具有某些因素，其病程发展中可能会伴有某种结局的发生。疾病的预后是不同的，有的患者可以痊愈或生存期较长，预后较好；有的患者预后较差，可以致残或死亡。这主要是因为在疾病的发生发展过程中不同患者受各种因素的影响是不同的。例如胰腺癌手术患者，虽然都是在同一所医院甚至是同一个医生做的手术，但生存率会有很大的差别，其原因就是每一个患者所具有的预后因素不同。预后因素多种多样，可以影响到疾病的全过程。因此，一个临床医生必须对患者治疗的全过程做细致的观察，详细的记录，以便发现影响结局的各种因素。

影响疾病预后的因素复杂多样，主要包括以下几个方面。

1. **疾病本身特征**   主要包括疾病的病情、病期、病程、临床类型、合并症等诸多方面。无论是传染病还是非传染病，疾病本身的特征对预后的影响都很大。如恶性肿瘤的生长部位、组织类型、有无淋巴结转移及转移程度；急性心梗患者的梗死部位、梗死范围、有无休克及心律不齐等。同样是艾滋病病毒感染的患者，病毒载量高、CD_4水平低、伴有并发症的患者预后就很差。在临床上，许多医生很注重疾病本身特征对预后的影响，尽管这一点很重要，但还应该知道影响疾病预后的因素除了疾病本身特征外，还存在着其他的重要因素。

2. **患者的机体状况**   主要包括营养状况、体质强弱、体重、精神心理状况、内分泌及免疫系统状况等。体质状况对预后的影响很明显，如癌症患者不管其接受放疗还是化疗，身体素质差、营养状况不良的患者很难耐受达到治疗效果的剂量，从而无法控制病情的发展，导致预后不良。而身体素质好的患者可以比较从容地接受正规的放疗及化疗，使病情得以控制，甚至达到治愈的效果。此外，精神心理状态对疾病的预后影响也十分突出，如同样的肺癌患者，性格开朗者和心胸狭窄者的预后可能会完全不同。

3. **医疗条件**　不同级别医院的差别主要是医疗条件不同，而医疗条件直接影响疾病的预后。同样的一种疾病，其预后在不同医疗条件的医院可能明显不同。如一位重症感染的患者，在医疗条件差的医院可能仅凭临床经验选择抗生素，难以获得好的疗效。而在医疗条件好的医院，则可以结合细菌培养、药物敏感试验合理地选择抗生素，往往会获得良好的预后。但需要注意的是，由于不同级别医院患者的疾病严重程度不同，因此，医疗条件好的医院某种疾病的预后不一定优于医疗条件差的医院。医生的治疗水平也是医疗条件的重要方面，这主要包括治疗方法、用药种类、用药剂量水平、有无药物副作用等。在临床上，医生如果能采取恰当的治疗方法，选择合理的治疗方案，对疾病预后的影响将十分明显。

4. **患者及医护人员的依从性**　这是影响疾病预后的另一个重要方面。依从性是医护人员、患者对医嘱的执行程度。可以分为完全依从性，部分依从性及拒绝医嘱。显而易见，一个好的临床治疗方案若要达到好的治疗效果，一定是以患者和医护人员的配合为前提，否则难以奏效。例如，高血压的降压药物种类较多，尽管临床医生花费很大气力为患者选择了一种适合他服用的降压药物，但如果患者本人不能坚持每天服用，再好的药物也无法得到良好的治疗效果。因此，对于不同预后结果的分析除了要考虑治疗方法外，不要忘了依从性的作用。

5. **早期诊断、早期治疗**　有些疾病能否早期诊断及早期治疗对预后的影响非常大。如各种恶性肿瘤，一般来讲，越能早期发现，早期治疗，其预后就越好。如果没有早期发现，并已出现全身多处转移，失去了手术根治的机会，只能姑息治疗，预后就很差。例如，通过经常自查乳腺或常规体检，发现的乳腺癌患者的生存率会明显高于自然发现者。有报道早期发现的乳腺癌患者生存五年后再活十年的概率为85%以上。由此可见，如能早期发现患者，采取适当治疗方案，常会得到较好的预后。

6. **患者因素、遗传因素、社会因素**　主要包括患者的年龄、性别、家庭经济状况、文化程度、医疗制度、社会保障制度等。这些因素对预后的影响也是显而易见的。如年龄大的患者的预后往往不如年轻者；经济困难的患者求医时往往由于延误，表现为病情较重，导致预后不良；不同的文化程度导致患者对疾病的认识、态度不同，对预后也有影响。社会医疗体制、保障制度也会明显影响疾病的预后。

（四）疾病自然史

疾病自然史（natural history）是指在没有任何医学干预的情况下，疾病自然发生、发展直至最终结局所经历的过程。它包括以下几个不同阶段。

1. **生物学发展期**　又称易感期，是指病原体或者致病因素作用于人体引起有关脏器的生物学反应病变，发生较为复杂的病理生理学改变。

2. **临床症状前期**　指病变的脏器受损害加重，出现了临床症状前期的改变，患者没有表现出明显的症状，往往处于"亚健康"状态。

3. **临床期**　指患者病变的脏器损害进一步加重，出现了形态学改变和功能障碍，发生了较为典型的症状、体征和实验室检查结果的异常，从而被临床医生诊断并做出治疗。

4. 结局发生期 指疾病经过上述的发展变化过程最终出现了结局，如治愈、死亡、伤残、复发等。

每一种疾病的发生、发展都要经历这几个阶段，但不同疾病的演变过程是完全不同的。有的疾病自然史较简单，阶段清楚、变化小、结局不复杂，如一些急性感染性疾病的预后。但有的疾病自然史较复杂，持续时间长，有的甚至不清楚，如恶性肿瘤、心血管疾病、糖尿病等。这些疾病的自然史较长，变化多，结局复杂。

疾病自然史是疾病预后研究的基础，同时对病因研究、早期诊断和疾病防治都有重要的意义。

（五）疾病的临床病程

临床病程（clinical course）是指疾病的临床期，即首次出现症状和体征到最后结局所经历的全过程。在此期间，患者通过临床医生所采取的各种治疗措施接受医疗干预，使得疾病的病程得到了一定的改变。不同疾病的临床病程是不同的，而不同的临床病程与疾病预后关系密切。因此，清楚地掌握和了解各种疾病的临床病程特点对预后的判定有重要意义。

与疾病自然史不同，疾病病程因各种治疗措施的影响发生改变，从而使疾病预后发生变化。在不同病程时期对疾病进行干预治疗其效果是不同的。如在病程早期就采取积极的治疗措施，就可以明显地改变预后；而在病程较晚时期进行医疗干预，治疗效果可能就不明显，预后往往较差。

二、常用的研究方法及指标

（一）常用的研究方法

1. 队列研究 首先要强调的是，队列研究是疾病预后研究设计方案中最常用的设计方案。

队列研究是指在"自然状态"下，根据某暴露因素的有无将选定的研究对象分为暴露组和非暴露组，随访观察两组疾病及预后结局（发病、治愈、药物反应、死亡等）的差异，以验证暴露因素与研究疾病之间有无因果联系的观察分析方法。

例如，诊断明确、临床基线可比性好的肺癌术后患者，有的患者术后愿意接受化学疗法及放射疗法；另一些患者则由于各种原因而选用中药或者不接受其他任何治疗。研究者拟研究肺癌术后放化疗的疗效及对远期预后的影响，于是采用队列研究的设计，将术后接受放、化疗者作为一个队列（暴露组），接受中药或者不接受其他任何治疗的作为另一队列（非暴露组），进行同步随访观察，追踪两个队列的病死率及生存率，借以评价肺癌术后接受放、化疗的患者的预后是否优于对照队列。上述患者"暴露"的有无是在自然状态下产生的，既非随机分组也不是人为实施干预。

根据研究对象构成队列的特点，队列研究可以分为固定队列（fixed cohort）和动态队列（dynamic cohort），前者是研究对象在固定时期或一个短时期之内进入队列并随访至终止，不加入新成员，后者是在某时期确定队列后，可随时增加新的观察对象。前者较适合人群研究，而后者适合临床研究。

队列研究属于观察性研究，而非试验性。但同试验性研究一样，也是前瞻性的；要求设立对照组；研究是在疾病发生前开始的，即是从因到果的研究，所得结果有较强的论证强度，但往往弱于试验性研究。

2. **随访研究** 随访研究属于描述性研究，是对某期间确定的某组患者经过一定时期的随访，观察不同时期各种事件的发生情况，如生存率、病死率、致残率、复发率等指标。例如：某大学附属医院对手术后食管癌患者的预后研究发现，全组1 014例食管癌患者切除术后一年生存率为85.9%，三年生存率为54.9%，五年生存率为45.9%，十年生存率为39.3%。

3. **随机对照试验（RCT）** 是通过随机分组、设立对照、实施盲法等手段有效控制若干偏倚或混杂因素的干扰，确保研究对象具有一定的代表性及各组间基线的可比性，以科学地评价某种措施的效果。RCT与队列研究有相同的地方，即它们都是前瞻性研究，都需要设立对照组等。但两者主要的不同点是RCT需要将患者随机分为试验组及对照组，并通过随机手段人为施加干预措施，而队列研究组别的形成和干预因素的选择都是在自然的状态下形成的。例如，拟采用RCT方案评价放射疗法及化学疗法对肺癌生存率的影响（如果患者同时满足两种治疗方法），首先选择符合诊断标准的合格患者，并按年龄、病期、病理类型等因素进行分层随机，组成两组，然后由医生根据随机原则决定哪一组用放射疗法，哪一组用化学疗法，最后观察两组各自的生存率，以得到哪种疗法更优的结论。由于RCT的设计比队列研究科学，所以结论更可靠。

RCT是治疗性研究设计首选的方案，获得研究结果的真实性最佳，因此被誉为临床试验的金标准方案。但在预后研究中，由于受某些条件的限制，随机对照试验并非首选方案，而是在一定条件下才可以选用。

4. **病例对照研究** 是根据同类疾病患者的不同结局分为"病例组"和"对照组"，如将患者的死亡、恶化、并发症、复发等特征作为"病例组"，而将无此类表现的同类患者作为"对照组"，然后比较两组患者过去某期间所接受的治疗措施及人口学特征等方面的差异性，以找出影响不同预后的措施或因素。同样，也可以用生存时间较短的患者作为"病例组"，以生存时间长的患者作为"对照组"，比较两组过去的治疗措施的差异性，有显著意义的措施就可能是影响预后的因素。例如采用病例对照研究方法探讨患者自控静脉镇痛（PCIA）引起术后认知功能障碍（POCD）的危险因素，以择期行骨科手术的全麻病例POCD组103例和未发生POCD组103例为研究对象进行1∶1配对病例对照研究，以年龄、性别为匹配条件，探讨影响POCD的影响因素。研究结果发现，脑外伤史、VAS评分、受教育程度与PCIA引起POCD有关，PCIA引起POCD的危险因素为曾经有过脑外伤史、VAS评分低下，而受教育程度高可能是其保护因素。

（二）常用指标

疾病预后的评价不仅包括疾病生存状况，也包括症状的改善、病理变化、生化变化、生活质量等方面的内容。因此，预后评价的指标较多，主要包括以下指标：

1. **生存率** 生存率（survival rate）指在接受某种治疗的患者或者患某病的人中，经过一段时间的随访（通常为1、3、5年）后，尚存活的病例数占观察病例的百分比。

$$生存率=\frac{随访满n年尚存活的病例数}{随访满n年的病例数}\times100\%$$ （式4-27）

生存率适用于病程长，病情较重，致死性强的疾病的远期疗效观察，如恶性肿瘤、心血管疾病、结核病等。多用Kaplan-Meier分析或寿命表法进行分析。

2. **病死率** 病死率（fatality rate）表示在一定时期内，患某病的全部患者中因该病死亡的比例。

$$病死率=\frac{某时期某病的死亡人数}{同时期患某病的患者总人数}\times100\%$$ （式4-28）

病死率主要用于短时期内可以发生死亡的疾病，如各种急性传染病、中毒、脑卒中、心肌梗死及迅速致死的癌症，如急性粒细胞白血病等。

3. **治愈率** 治愈率（cure rate）指患某病治愈的患者人数占该病接受治疗患者总数的比例。

$$治愈率=\frac{患某病治愈的患者人数}{患该病接受治疗的患者总数}\times100\%$$ （式4-29）

治愈率多用于病程短而不易引起死亡并且疗效较为明显的疾病。

4. **缓解率** 缓解率（remission rate）指某种疾病患者经过某种治疗后，病情得到缓解的患者占治疗总人数的比例。临床上缓解可分为完全缓解、部分缓解和自身缓解。

$$缓解率=\frac{治疗后病情得缓解的患者数}{接受同种治疗的患者总数}\times100\%$$ （式4-30）

缓解率多用于表示病程长、病情重、死亡少见但又不易治愈的疾病，在整个患病期间，疾病的临床过程比较复杂。

5. **复发率** 复发率（recurrence rate）指某病患者中在缓解或病愈后的一段时期内又复发者所占的比例。

$$复发率=\frac{某病复发者人数}{接受治疗缓解或病愈患者总人数}\times100\%$$ （式4-31）

同缓解率一样，复发率也多用于病程长、反复发作、不易治愈的疾病。

6. **致残率** 致残率（disability rate）指出现肢体及器官功能障碍者占观察者总数的比值。

$$致残率=\frac{发生致残的患者数}{接受观察的患者总数}\times100\%$$ （式4-32）

致残率多用于病程长、病死率低、病情重又极难治愈的疾病。

7. **反应率** 反应率（response rate）是指经"干预"后出现某些改善症状者的比例。

$$反应率=\frac{出现改善者的患者人数}{被"干预"的患者总数}\times100\%$$ （式4-33）

该指标主要适用于轻度功能障碍性疾病，而此类疾病难以做出缓解、痊愈的判断。

（三）应用率指标的注意问题

因疾病预后的多样性及复杂性，所以引用的有关率的指标也较多，在应用率描述预后时应注意以下几个问题。

1. "零时"规定 "零时"（zero time）又称"零点"，是对进入队列的各个患者被随访的始点所做的规定，例如以症状出现、诊断时间或治疗开始时间为始点。在一项预后研究中，每一例患者都应是相同的始点，而不应该有几种不同的始点在同一随访队列中存在。零时的规定对率的测量影响很大。不同的零时所对应的队列会得到完全不同的率的结果。例如现在要观察肝癌患者队列的疾病过程，以死亡作为发生的结局。在这项研究中，如果有的患者的零时是按筛选发现的时间确定，有的是按症状出现的时间确定，有的是按诊断、住院、治疗开始或出院的时间确定，由于这样队列的零时是混合的，所以难以解释率的准确性及其真正的预后。

2. 时间的规定 对患者随访时期应满足时间长度要求以使可能的事件（如死亡）在这期间发生。如果不能保证观察的病例在随访期间内发生预期结局，将使观察到的率的真实性降低。

3. 规定终止 观察发生的事件即规定每一被随访病例观察的终点，如死亡、致残、复发等。如果不采用统一的终点，将会导致率的不一致性。

4. 规定研究对象的有关影响预后特征 这主要包括年龄、性别、病期、病程、病情等有关因素，从而保证研究队列的代表性、可比性及结论的外推性。

5. 注意率所反映的信息 用上述率指标表示预后很简明，易理解，便于交流及比较。但这类指标也有不足之处，就是其所反映的信息不够充分，它仅能提供疾病在某个时点的预后信息，而不能反映某种疾病的整个预后过程。有些疾病的存活率虽然相同，但其预后的过程却相差很大。

三、疾病预后研究的分析方法

生存分析是疾病预后研究的主要评价方法。它是将研究对象的随访结果和随访时间结合在一起进行统计分析，因此能充分地利用所获得的信息，更加准确地评价和比较预后结果。其内容包括生存过程的描述，具体研究生存时间的分布特点，估计生存率及平均存活时间、中位生存时间，绘制生存曲线等；生存过程的比较；影响预后的因素分析，主要探讨影响生存时间的因素，包括有利因素和不利因素。

（一）疾病预后生存分析的计算方法

常用的生存率计算方法有三种：直接法，又称粗生存率法；Kaplan-Meier分析法（乘积极限法）；寿命表法。现将这几种方法作简要介绍。

1. 直接法 在病程的某一时点（如症状出现时，诊断时或治疗开始时）收集某病病例的队列，而后对他们进行随访直至患者出现所欲观察的结局。一般可按性别、年龄分组。

直接法生存率计算公式：

$$_nP_0 = \frac{\text{随访满}n\text{年存活病例数}}{\text{随访满}n\text{年病例总数}} \times 100\% \qquad (\text{式 4-34})$$

式中 P 代表生存率，P 后下标0表示随访第0年（即随访开始），P 前下标 n 表示随访经过的年数，$_nP_0$ 即随访第0年开始经过 n 年后的生存率。

标准误计算公式：

$$S_{nP_0} = \sqrt{_nP_0 \times {_nQ_0} / nN_0} \qquad (\text{式 4-35})$$

$_nQ_0 = 1 - {_nP_0}$，N_0 为观察满 n 年的病例数。

直接法计算生存率简便，在病例较多时误差不大，但例数少时会出现后一年比前一年生存率高的不合理现象，这种方法获得资料效率低，目前该方法已经不再推荐使用。

2. Kaplan-Meier 分析法　该方法属于非参数法，是用乘积极限法估计生存率，故又称为乘积极限（product-limit）法。它以时间 t 为横轴，生存率 P 为纵轴，表示时间与生存率关系的函数曲线，其生存曲线称 Kaplan-Meier 曲线。利用该曲线可对某病例的预期生存时间大于 t 的概率做出估计。

该方法适合于小样本和大样本，可充分利用截尾数据，也不需要对被估计的资料分布做任何假定。随访观察的时间单位越小，估计的精确性越高。

3. 寿命表法　寿命表法（life table method）也称间接法，是利用概率论的乘法定律估计各个观察组在任一特定随访时期患者的生存率。此法的基本原理是先计算出患者观察日开始后（确诊日、各种疗法的开始日等）各年的生存概率 $_nP_x$，$_nP_x$ 表示活过 X 年者再活 n 年的概率，然后将各年的生存概率相乘，获得不同观察时点的累积生存概率。

$$n\text{年的生存率}_nP_0 = {_1P_0} \times {_1P_1} \times {_1P_2} \times {_1P_3} \times \cdots \times {_1P_{n-1}} \qquad (\text{式 4-36})$$

例如五年生存率 $_5P_0 = {_1P_0} \times {_1P_1} \times {_1P_2} \times {_1P_3} \times {_1P_4}$

生存率标准误的计算公式：

$$S_{nP_0} = {_nP_0}\sqrt{{_1Q_0}/({_1P_0} \times {_1N_0}) + {_1Q_1}/({_1P_1} \times {_1N_1}) + \cdots + {_1Q_{n-1}}/({_1P_{n-1}} \times {_1N_{n-1}})} \qquad (\text{式 4-37})$$

寿命表法适用于大样本或者无法准确得知研究结果出现时间的资料。可充分利用各种数据，例如在随访期间内的失访者，观察年限不到的病例与死于其他原因者（不是死于所研究的疾病）。寿命表法还可用于描述其他结局，例如癌症复发、移植的排斥或再感染等任何定期随访资料的分析比较。

（二）疾病预后影响因素的分析方法

临床随访研究的目的不仅在于描述患者在任一时点生存概率的大小，而且还期望探索和发现影响预后的因素。近年来随着统计学方法的发展及计算机分析软件的开发利用，使得多因素分析方法有了很大的发展，目前已有一些成熟的统计分析模型用于疾病预后因素的分析，其中分层分析、多元线性回归、Logistic 回归、Cox 模型就是代表。

1. 分层分析　分层分析（stratification analysis）是在资料的分析阶段将某个或者某些影响因素分成数层进行分析，从而获得了调整混杂影响后的真实结果。该方法非常适合在临床资料分析中用于偏倚的控制。既简单实用，又易于操作。

2. 多元回归 对因变量是定量反应指标并存有多个自变量的资料，可以采用多元回归（multiple regression）方法进行分析。多元回归要求因变量与各自变量之间具有线性关系；各例观测值相互独立；因变量具有相同的方差，并且服从正态分布。

3. Logistic 回归模型 当把患者分类为有反应及无反应的定性反应时，如治愈与未愈、生存与死亡、发病与未发病等。这类资料由于Y是二分类，因此用多元线性回归分析是不合适的。此时可用多元 Logistic 回归模型（Logistic regression model）进行分析。

Logistic 回归是一种适用于因变量为二分类的多因素曲线模型，现在也已用于因变量为多分类资料的分析。

4. Cox 模型 在临床医学中，对患者治疗效果的评价有时需要用时间长短来衡量。生存时间的长短与治疗措施、患者体质、病情轻重及免疫状态等因素有关，由于时间t往往不满足正态分布和方差齐性的要求，不便用多元线性回归来分析生存时间与预后因素之间的关系，有时用其他生存分析模型来拟合也会感到困难。Cox 模型（cox regression model）是以顺序统计量为基础，对生存时间的分布形式没有严格的要求，它可以允许存在"截尾"（censoring）数据及随访时间迟早不一、随访时间长短不一及资料失访的数据，因此，在临床上有很强的应用价值。

在Cox模型中，强调某患者生存到t时刻的死亡风险函数 $h_i(t)$ 是基础风险函数 $h_0(t)$ 与预后因素函数 $f(\beta X)$ 的乘积，即 $h_i(t) = h_0(t) \times exp(\beta_1 Xi_1 + \beta_2 Xi_2 + \cdots + \beta_p Xi_p)$，此式经自然对数转变后为：

$$ln[h_i(t)/h_0(t)] = \beta_1 X_1 + \beta_2 X_2 + \cdots + \beta_p X_p$$

模型参数β为回归系数，其临床意义是，当预后因素 Xi 每改变一个测量单位时所引起的相对风险度的自然对数改变量。从而可知，在做Cox模型分析时，可以得到相对危险度 *RR* 值。

四、疾病预后研究的评价

对于一项疾病预后研究的评价应从研究的真实性、重要性及实用性三个方面考虑。

（一）真实性评价

判断疾病预后研究结果真实性是一个很重要的问题。因为在疾病预后研究中，会常常发现结果不一致，甚至差别很大。因此，对任何一项预后研究结果应充分进行真实性评价。目前主要采用下列评价原则。

1. 明确疾病预后研究的始点 始点又称"零点"（zero time）指在随访队列中的成员被随访的开始点。疾病早期和晚期的预后差别很大，如恶性肿瘤的早期发现及晚期发现的预后差别极其悬殊。同一个患者从入院开始到出院为止，在该期间内采用不同的始点，对预后的影响也很大。例如对肺癌预后的研究采用诊断日期、手术日期、出院日期作为不同的始点会产生不同的预后结果。因为三个不同始点所对应患者状况有很大差别。因此，开展一项疾病预后研究时，应使得被观察的患者具有统一的始点，如确诊日期、手术开始日期、出院日期及开始的治疗时间等。应注意的是，尽管在一次研究中选用了相同的始点，也不能保证每一患者均处在同一病程期，因此，对纳入的病例仍要描述某些方面的特征。

2. **明确队列中所研究病例的来源** 病例的来源会直接影响研究对象的代表性及可比性。首先要考虑的是所选病例是来自哪一级医院。因为不同级别医院所收治的患者的严重程度是不同的。如重症、伴有并发症的患者往往集中于大医院及专科医院，中小医院所收留的患者均是经过重症病的筛选之后遗留下来的轻型患者。如急性心梗患者，多是在基层医院诊治后不能进行有效治疗而转到上级医院，这时采用不同级别医院的独立样本进行预后研究会带来不同的预后结果。其次疾病的严重程度、病期等因素的构成不同对疾病的预后也有很大影响。因此，在研究中应时刻注意要比较组间的可比性，在不同治疗方案预后的比较研究中，最好采用随机的原则。

3. **明确疾病预后结局的客观标准** 预后结局的指标应该明确、具体、客观、特异，因在临床上，疾病预后不仅仅表现为存活或死亡，而是有着较为复杂的中间过程，如残疾、并发症等等。所以，应在预后研究之前就明确拟采用的结局指标，使之具体化，同时采用公认的诊断标准，在观察过程中保持不变。

在结局指标的确立上要尽可能选择客观指标，而不是主观指标，如头痛、疲劳等，对一些由诊断设备所测结果但由医生判断最终诊断的指标也应引起注意，尽管诊断过程及结果是客观的，但最后的诊断仍是由医生通过对结果的认识而由个人做出的，因此也具有主观的方面。类似的判定应对医生的判定能力做出一定的评价，并以专家组的形式做出集体诊断，这会增加结局的可信性。如果一项实验的检测结果与疾病的预后有关，可以用这样的指标替代临床结局。

对疾病预后结局的判定除了要求有非常客观的结局如死亡、存活外，对需要经过医生进行一定的临床分析后才能做出判断的结局，如不稳定型心绞痛、心肌梗死等疾病以及难以判断的疾病结局如残疾的有无及程度等，还应该采用盲法，以消除偏倚。

4. **明确研究队列成员的随访率** 在一项临床预后观察中，期望对期初进入队列的每一个观察对象随访至最终的结局出现。随访的持续时间对随访率有明显的影响，即如果随访时间不充分，在观察截止时间时大部分被观察者均未发生任何结局，产生大量的截尾数据，因此，在回答该病的预后问题时显得证据不够充分。若随访时间过长，则可能容易产生较大量的失访，使结果的真实性下降。

在一项队列观察中，如果失访率小于5%，一般认为对最终结果不会有影响，如果失访率大于20%，则严重影响结果的真实性。预后结局的率越小，失访的影响越大，对于介于5%和20%之间的失访率可以用"敏感性分析"进行判断。

5. **明确影响预后的其他因素及是否进行了调整** 在预后研究中，一种疾病结局的发生往往要受到诸多因素的影响，即在进行两种预后的比较时，除了干预因素外，其他因素要尽可能相同，如果存在其他因素的差异，则应进行及时调整，否则将会影响结果的准确性。例如甲乙两个医院胃癌根治术后一年生存率各为82%和75%，甲医院好于乙医院，故认为甲医院对该病的手术治疗水平高于乙医院。但经过深入的比较，发现乙医院胃癌患者术前淋巴结转移率明显高于甲医院，因此影响了该医院的生存率。

对于预后因素的调整可以采用分层分析、标准化、多因素分析等方法。对于较为简单、数量少的因素可以采用前两种方法，较为复杂的可以采用多因素分析，如多元回归、Logistic 回归和 Cox 模型。

除了上述评价原则外，有时还要考虑预后结局概率的精确性，即可信限及生存过程，同时还要考虑其实用性和重要性。

（二）重要性评价

对研究的重要性评价既需要临床资料，又需要统计学的方法。

1. **研究结果发生的可能性**　一旦获得满意而真实的研究结果，则需要了解在一段时间内该研究结果发生的可能性有多少。一般常用的统计指标是生存率（survival rate）。有以下三种方法描述生存率：①在某一特定时间点的生存百分数，如1年生存率或5年生存率，即用简单的率来表示结果发生的平均概率；②中位生存时间（median survival），即研究中50%的患者死亡所需的时间；③生存率曲线（survival curve），即在每一个时间点，研究样本中没有发生该结果（死亡）的比例（通常以百分数来表达）。

2. **结果的精确性估计**　预后研究为抽样研究，只包括了该类疾病的一部分患者，存在着抽样误差，因此在判断预后研究的结果时，需要知道由于"机遇"造成的结果变化范围，也就是可信区间，即代表患有该病的患者的预后95%可能所在的范围。需要注意的是，在大多数生存曲线中，由于失访的存在或有些患者入组时间较晚，随访早期的一段与晚期的一段相比，有随访结果的患者更多。也就是说，生存曲线的前一部分精确度较高，表现在生存曲线上，就是曲线左侧部分的点估计值的95%可信区间较窄。另一种估计可能性大小的方法，就是通过预后因素的相对危险度（RR）来计算。一般预后的研究结果都应提供95%，区间越窄，精确度越高。

（三）实用性评价

在证明了预后研究的真实性和有效性后，就要结合自己的患者，认真评价该项研究结果是否适合应用。

1. **研究中的患者与实际患者的可比性**　包括研究中有关患者的人口学特征、社会经济状况、临床基本资料和病例来源的描述及诊断、病情和治疗方法等，如果研究和实际的临床患者相似，那么该研究结果就具有借鉴性。当然，完全相同的研究是不存在的，患者的特征越与作者研究中所描述的研究人群的临床特征接近，就越有把握将作者的研究结果用于自己的患者。

2. **将预后结果运用于临床实践**　在采用循证的方法筛选出较为优秀的文献之后，要将结果运用于临床。如果文献的结果提示患者不治疗也会有很好的预后，那么就应慎重考虑是否给患者进行治疗。如果可能出现"不治疗预后就会很差"的现象，就应该马上对患者进行治疗。即使预后研究的结果并不能直接产生一项有效的治疗决策，但它仍能对临床患者的处理给予指导和帮助。上述情况都应向患者或者家属进行说明。

（刘　民）

第五章 社会学定性研究方法

　　全科医学是一门新兴的临床二级学科，是一门整合了临床医学、预防医学、康复医学及人文社会学科相关内容的综合性临床二级专业学科。其主旨是强调以人为中心、以家庭为单位、以整体健康的维护与促进为方向的长期负责式照顾，并将个体与群体健康照顾融为一体。因此在为患者提供长期照顾的全科医疗实践时，更多情况下需要获得与被照顾者有关的心理、行为、情感等方面的信息，这时仅依靠定量研究方法很难解决所有问题。因此，在全科医学研究中借鉴和使用一些社会学研究领域中的定性研究方法成为一种趋势。

第一节 概　　述

　　社会学研究中根据研究所采取的具体方式不同，分为定量研究（quantitative research）、定性研究（qualitative research）和混合研究（mixed research）。定量研究主要依赖定量数据（数值型的数据）的搜集，用实证性数据来验证事先提出的假设。定性研究主要依赖定性数据（文字、图画等）的收集，描述所见事物的含义、特征等。混合研究是研究者根据研究问题将定量研究和定性研究的概念与方法结合起来，从而更全面地理解客观事物特点。下面对定性研究的定义、用途等进行介绍。

一、定性研究的定义

（一）什么是定性研究

　　不同学者对于定性研究有不同的定义。综合来看，定性研究是研究者通过访谈、现场观察、查阅文献及案例研究等技术，了解人们对某一事物或现象的经历、观点、想法或感受等方面的问题。定性研究收集的资料通常是以文字、声音、图像形式表示，而不是数字形式。定性研究是一个发现问题的过程，并可以帮助解释定量研究的结果，回答事件为什么会发生。

（二）定性研究的类型

　　对于定性研究不同学者有不同的分类方式和分类标准，下面介绍几种常见的定性研究类型。

1. **民族志**（ethnography） 源于人类学，描述一群人的文化特征，旨在了解研究对象的世界观。例如想要研究基层医疗中慢性阻塞性肺病患者姑息治疗时的照顾关系情况，如果对来自不同种族背景的家庭照顾者提供的照顾情况感兴趣，这时可考虑采用的定性研究方法就是民族志，侧重了解不同文化背景下的照顾关系。

2. **现象学**（phenomenology） 源于心理学和哲学，描述一个或多个个体对于某个现象的主观体验。例如同样想要研究基层医疗中慢性阻塞性肺病患者姑息治疗时的照顾关系情况，如果对家庭照顾者在实际生活中的照顾体验及因此对他们个人生活的影响感兴趣，这时可考虑采用的定性研究方法就是现象学研究。

3. **扎根理论**（grounded theory） 源于社会学，以归纳的方式产生一个基于对真实世界观察和描述的理论。例如同样想要研究基层医疗中慢性阻塞性肺病患者姑息治疗时的照顾关系情况，如果对全科医生与家庭照顾者之间的互动关系并由此可能产生照顾信任理论感兴趣，这时可考虑采用的定性研究方法就是扎根理论。

除了上述三种定性研究的类型外，还有内容分析（content analysis）、实地研究（field research）、个案研究（case study）、叙事分析（narrative analysis）及历史研究（historical research）等。在医学领域研究发表的定性研究论文中，有些论文明确说明了采用的定性研究类型，而另外一些论文则没有特别提到具体的定性研究方法，仅提到使用主题分析或者内容分析，从叙述内容中提炼出主题。

（三）定性研究的特征

第一，定性研究重视到现场、到实地。研究人员通过深入现场，接触人们的日常生活，在自然的情景中开展研究，通常这种深入现场是相对长期并且要沉浸于社会生活场景之中，这与定量研究的现场调查是不同的。这一特征是定性研究区别于定量研究的标志之一，同时也是定性研究能更好认识和理解社会现象所采取的重要策略。

第二，定性研究重视主观性。定性研究关注人们如何看待和理解自己的经历，如何解释和说明自己的行为等，这与定量研究非常看重客观事实形成鲜明对比。

第三，定性研究中，研究者本身是最重要的工具。为了更好地理解研究对象，特别是从研究对象的角度来理解他们的主观认知，定性研究以研究者作为最重要的工具，这样才能理解纷繁复杂的社会现象，理解不同情景下的行为。但同时带来的不足是，研究者个人水平、能力、素养等主观因素影响最后的研究结果。

第四，定性研究程序的开放性和灵活性。定性研究的程序也遵循研究的一般程序，都是从选题开始，经过研究设计、资料收集、资料分析，最后到研究结果的过程。但定性研究的程序相对比较开放、灵活，在研究进程中会随着研究的开展而不断进行改变、修正、调整，如在研究者与被访者的一次深入访谈之后，就有可能调整甚至改变研究方向。在资料的收集、资料的分析与研究设计时相互交织、不断反复，整个研究过程充满灵活性和开放性。

第五，定性研究结果强调独特的发现，提供当事人的观点。正是由于这一特点，定性研究通常对小样本人群进行深入调查，抽样是非概率性抽样，研究样本通常不是全部事先指定的，可以随着现场调查的开始而发展。样本量通常以信息饱和原则确定。

第六，定性研究是解释性研究。研究者试图理解通过语言、声音、姿势、图像及其他社会活动形态来表达的行为、过程和意义。现场记录和访谈记录本身不能说明什么，必须经过研究者有思想的，基于伦理和政治等方面的解释，研究才有意义。

二、定性研究的用途

定性研究除作为一种独立的研究类型，解决基于个体层面主观认知、诠释行为意义、发现和建构新的理论等以外，还可用于下面几个方面。

1. 定性研究是产生新想法的工具。定性研究可以通过对目标人群的访谈或观察获取第一手资料，了解自己不知道或不了解的有关目标人群的语言和行为情况，了解目标人群在被访谈或观察后的想法和反应，给研究者提供产生新想法的信息。

2. 定性研究可为定量研究提供必要信息。定性研究可以深入了解人们行为、情感、思想等领域里的一系列情况，可为定量研究的问卷设计提供必要的信息。

3. 定性研究可帮助理解和解释定量研究结果。定量研究关注的是整体的、普遍的规律，而在出现了非预期结果时，定性研究可以帮助了解原因，并补充结果，使研究者对研究结果有更为全面的解释。

三、定性研究资料收集方法

定性研究根据研究问题的特点，可以选择不同的方法收集资料，在医学研究中常用的方法包括如下几种。

1. 观察法　观察法（observation）指的是研究者带有明确目的，用感官和辅助工具有针对性地直接了解正在发生、发展和变化的现象。常见的有参与观察和非参与观察。

2. 访谈法　访谈法（interview）是一种研究性交谈，是研究者通过口头谈话的方式从被研究者那里收集第一手资料的方法。按照访谈对象的数量，可分为个人深入访谈（individual depth interview）和专题小组讨论（focus group discussion）两种。

3. 专家咨询法　专家咨询法（expert consultation activity）是以专家为获取信息的对象，请专家运用自己的知识和经验，对某领域内容进行分析判断，然后对多位专家的意见进行整理归纳，得出相应结论的方法。常见的有头脑风暴法（brain storming）、德尔菲法（Delphi method）等。

下面对上述提到的资料收集方法进行详细介绍。

第二节 观 察 法

一、概念与分类

观察法（observation）指的是研究者带有明确目的，用感官和辅助工具有针对性地直接了解正在发生、发展和变化的现象。观察法要求观察者的活动具有目的性、计划性和系统性，要求观察者对所观察到的事实做出实质性和规律性解释。

与其他研究方法相比，观察法比较适合对一些很少为人所知的社会现象（如吸毒、卖淫、同性恋等）进行研究，可以保证研究者较为顺利地进入研究现场，获得相对真实的资料。另外，当研究对象不能够进行语言或文字交流时，如研究聋哑人、盲人、婴儿或少数民族成员的问题或现象时，这时用观察法，同样可以获取到丰富信息。

根据分类标准不同，观察法有不同的类型。按照研究者在观察法中所处的位置或角色可以将观察法分为参与观察和非参与观察；按照观察本身形式可分为结构观察和无结构观察。

二、参与观察与非参与观察

（一）参与观察

参与观察（participant observation）也称实地观察，它是指研究者参与到研究对象的生活中，与研究对象一起生活和工作，在密切的相互接触和直接体验中，倾听和观察研究对象的言行。这种观察的情景比较自然，观察者不仅能够对当地的社会文化现象得到比较感性具体的认识，而且还可以深入到被观察者文化内部，了解他们对自己行为意义的解释。另外，这种观察方式具有开放和灵活的特点，允许研究者根据研究问题和情景的需要不断调整观察的目标、内容和范围。这种方法是人类学家研究原始的非本族文化时最常使用的一种方法。研究者从社会系统的角度揭示所要进行研究专题的影响因素，观察记录这些因素与其他因素的相互关系及意义。简言之，参与观察就是将每天的谈话和每天的观察（非结构面谈和非结构观察）记录下来，整理成为现场工作笔记，以便分析使用。

参与观察主要是用一段文字或一个故事来记录这些内容。这些内容主要包括：研究现场发生了什么？人们在说什么、做什么？他们的行为怎样？他们怎么交流、交流什么？他们使用什么样的身体语言？所观察的活动什么时候发生、持续多长时间？这些活动与其他的活动有什么样的联系？研究者在每一个观察地点追踪观察记录，在整个研究中，这些记录将成为一份连续的记录，对研究来说非常有意义。

参与观察的优点在于研究者将自己的看法和观点强加于所研究的现象或问题的可能性较小，因为研究者常常是在"没有先入为主"的前提下进入研究现场来探讨研究问题的，因此，参与观察是获得研究真实结果的一种很好的方法。参与观察的缺点主要是所得资料往往缺乏可靠性，受研究者本人的背景、文化等主观因素的影响较大。

（二）非参与观察

非参与观察（non-participant observation）是指研究者处于所观察的对象或现象之外，完全不进入研究对象的日常生活。研究者通常置身于被观察的世界之外，作为旁观者了解事情的发展动态。在一些情况下，研究者可以使用摄像机等工具对研究现场进行录像。这种研究方法特别适合于在一项研究开始阶段了解项目最基本情况时使用，它可以帮助研究者确定研究重点或形成研究假设。

非参与观察的优势就是研究者可以与研究对象保持一定距离，比较"客观"地观察研究对象的所作所为，操作起来也相对容易。与参与观察相比，非参与观察也有明显的不足。首先，研究对象在知道自己被观察时，可能出现有别于平日的表现，这样使得研究结果受到"研究效应"或"社会期望"的影响。其次，研究者对所研究的问题或现象较难进行比较深入的了解，不可能像参与观察那样遇到问题或疑问立即向研究对象提问，以求得对问题的深入理解。最后，非参与观察可能会受到条件、环境的限制，如观察距离远，不可能对研究对象和研究现场所发生的问题都非常清楚或了如指掌，因此，可能会对结果也产生一些影响。

三、结构观察和无结构观察

（一）结构观察

结构观察（constructed observation）指的是按照一定的程序、采用明确的观察提纲或观察记录表格对所要研究的现象进行观察。结构观察多采用非参与观察的方式进行。结构观察的观察内容是事先确定的，用观察记录表（类似于结构式问卷）按照统一的要求对每个研究对象进行统一的观察和记录。其结果可以进行定量分析。

（二）无结构观察

无结构观察（non-constructed observation）指的是没有任何统一的、固定不变的观察内容，也没有统一的观察记录表格，完全依据现象的发生、发展和变化过程所进行的自然观察。无结构观察的记录通常使用现场工作记录的方式记录所收集的资料，并常以参与观察的方式进行，其结果只能按照定性资料的处理与分析方式进行。

四、观察法的实施步骤

一般定性研究的实施大致可分为进入研究现场、整理和分析资料及撰写研究结果等。观察法也同样遵循这样一个流程，下面重点对观察法实施中的独特部分进行介绍。

（一）观察实施前的准备工作

1. 确定观察的问题　在计划开展一项研究，确定了研究问题后，决定使用观察法后，就应该根据观察的需要设计观察的问题，一般研究问题都较为抽象，而观察问题应为具体、可操作的。如进行上门医疗服务质量现状的研究，除采用定量研究方法外，还采用观察法，对上门医疗服务全程进行非参与式观察，则观察的问题包括"上门医疗服务提供方的医务人员配置情况是怎样的""出诊用物准备是怎样的""上门医疗服务需求方的居住环境、个人状况及照顾者的状况是怎样的""医务人员的上门医疗服务是如何实施的"等。

2. 制订观察计划 观察的问题确定后，就可以制订初步的观察计划，一般应包括如下内容。

（1）观察的内容、对象与范围：计划观察什么？对什么人进行观察？观察的具体内容是什么？为什么这些人和事值得观察？通过观察这些事情可以回答什么问题？

（2）地点：在何地进行观察？这些地方的特点是什么？研究者将在什么地方进行观察？研究者与被观察对象之间有多大距离？这个距离会对结果产生什么影响？

（3）观察的时间、时长与次数：计划在什么时间进行观察？一次观察多长时间？计划对每个人或地点进行多少次观察？

（4）方式、手段：计划用什么方式观察？参与式还是非参与式？结构式还是非结构式？观察时是否打算使用摄像或者录音设备？使用这些设备的利弊分别是什么？是否准备进行现场笔录？如果不能进行笔录，如何处理？

（5）伦理道德问题：观察中可能出现什么伦理道德问题？计划如何处理？如何使自己的研究不影响被调查者的生活？

3. 设计观察提纲 观察计划拟定好后，就可以编制具体的观察提纲，将观察的内容进一步具体化。首先确定希望观察的具体内容，然后将内容进行分类，分别列入观察提纲，观察提纲要能回答下面问题：谁？什么？何时？何地？如何？为什么？一般观察提纲具有开放性和可变通性，在实际观察时，应根据当时当地具体情况对提纲进行修改。

（二）实施观察

观察一般是从开放到集中，先进行全方位的观察，对观察的整体现场有了一定的感性认识后，明确了具体的观察问题后，开始逐步聚焦。聚焦的程度取决于研究的问题、观察对象及研究的情景等因素。在观察的过程中，研究者尽量将自己融入当地的文化之中，如可以与当地人一起生活、做事，保持谦逊友好的态度，不公开发表与当地人不一致的意见等。

（三）观察的记录方式

1. 记录的程序 对观察活动进行记录要求按时序进行，每件事情要逐一记录，注意完整和细密，不要对所有事情仅做一个整体性总结。

2. 记录的格式 一般在记录的第一页上写出观察者的姓名、观察内容的标题、地点、时间等；笔记的段落不宜过长，一件新的事情发生、不同的人出现在现场及一个新的话题提出都应重起一个段落。另外，在记录中可以将记录页面分为左右两部分，左边记录事实笔记，记录研究者在观察中看到和听到的事实；右边为研究者思考笔记，是研究者对观察内容的感受。

如研究者在进行上门医疗服务质量非参与式观察时，观察某位社区护士上门为患者换药的过程，在事实笔记处记录实际发生情况"护士给患者换药前，换上了橡胶手套，因左手佩戴了一枚边缘有锐利材质装饰的翡翠戒指，左手无名指处的手套撑得感觉很紧，护士给患者伤口换完药，开始用敷料包扎创面，取胶布固定纱布时，胶布粘在了左手手套上，护士轻轻撕扯试图取掉胶布时，左手无名指带戒指处手套撕裂了，这时护士放下胶布，摘掉了双手手套，继续给患者进行伤口处纱布固定。"在右边思考笔记处记录对上述护士操作的感受"入户的出诊护士应遵循在机构进行医疗操作时同样的要求，进行严格手消毒，不能佩戴戒指、手镯等，否则增加操作过程中的感染风险"。

3. 记录的语言　记录的作用是将研究者在观察时看到和听到的事实"概念化"、文字化。观察中的文字笔记提供的是有关观察活动的一个文本，而这个文本将是今后读者理解观察中的事实的一个依据，因此观察记录的语言要尽可能得具体、清楚。例如在观察某社区卫生服务机构全科医生诊疗情况时，如果写下"来机构就诊患者比较多，但真正看病的很少"这样的笔记，就比较抽象和概括。改进的办法是，在事实笔记处，详细记录各个时间段来医生诊室就诊的人数及患者主述，在研究者思考笔记部分记录"来社区卫生服务机构真正看病的患者很少"。另外在记录时要尽量使用朴实、中性的语言，避免过于文学化的语言。

第三节　访　谈　法

一、概述
（一）定义
　　访谈法（interview）是一种研究性交谈，是研究者通过口头谈话的方式从被研究者那里收集第一手资料的方法。与观察法一样，访谈法也是定性研究中收集资料的重要方法。访谈法可以深入了解被访者所思所想，了解他们的情感、价值观、行为规范等；使用访谈法也可以使研究者从被访者的角度对所要研究的现象或问题有更为全面和深入的了解。

（二）分类
　　访谈法根据分类标准不同，有多种类型。依据研究者对访谈结构的控制程度分为结构型、无结构型和半结构型，也可分别称为封闭型、开放型和半开放型。结构型访谈中，研究者依据事先设计好的，具有固定结构的问卷对访谈对象进行访谈。在此种访谈中研究者是访谈的主导者，主要应用于定量研究中，以便收集统一的数据，进行统计分析。无结构型访谈没有固定的访谈问题，研究者鼓励访谈对象用自己的语言发表自己的看法。此种访谈中，访谈者只起一个辅助作用，一般在研究初期使用该方法了解受访者对问题的看法和相关背景。半结构型访谈中，研究者对访谈的结构具有一定控制，但同时又允许受访者积极参与，通常准备一个粗线条的访谈提纲，访谈者在提问的同时鼓励受访者提出自己的问题，并根据访谈的具体情况对访谈内容进行灵活调整。此种访谈一般用于了解了研究基本情况后，随着研究深入，对重点问题进行聚焦。

按照访谈对象的数量，可分为个人深入访谈（individual depth interview）和专题小组讨论（focus group discussion）两种。另外，医学研究中，有一种改良的专题小组讨论即选题小组讨论（nominal group discussion）。下面对这三种方法进行详述。

二、个人深入访谈

（一）概述

个人深入访谈（individual depth interview）是指研究者向一位访谈对象进行访谈，通过两人间的个人互动对研究问题进行探讨。个人深入访谈比较适合于调查主题比较敏感，如人们的性行为、性偏好、性心理等，或者被访者的居住地比较分散极有可能产生同伴压力的情况下使用。

（二）访谈的步骤

1. **策划访谈** 当决定采用个人深入访谈法后，就需要进行访谈的设计和准备，包括研究设计，确定访谈对象和样本大小，选择和培训访谈人员，准备实地调查，收集和分析资料等。特别是对于首次使用该方法的研究者，更应提前做好上述准备工作。

2. **确定访谈对象** 一般选择对所调查问题有足够了解的人作为访谈对象，如进行婴幼儿缺铁性贫血与喂养方式研究进行个人深入访谈时，访谈对象除了婴幼儿的母亲外，还应选择参与婴幼儿喂养的奶奶或者外婆及婴幼儿的父亲等。访谈对象的选取一般采用立意抽样或方便抽样，要有意识地选择符合条件人群中不同年龄、种族、地位、教育等特性作为访谈对象；访谈对象最好与访谈者不认识，以便减少产生偏性回答的可能性。访谈对象的样本量以没有新的信息出现为准，即信息饱和原则。

3. **提出访谈提纲** 访谈提纲包含一系列交谈的话题。准备访谈提纲是研究的重要部分，调查资料的质量取决于研究问题的深度。研究者的任务是回顾研究内容，制订能获得切实回答的问题。应建立问题的框架，包括：列出主要研究目标的清单；列出每个目标的主要部分；列出与访谈对象探讨可能获得信息的问题草稿；对照目标和问题，剔除不适合的问题；再次检查问题，确认列出的所有问题能够保证研究主题所需的所有信息。另外，注意访谈问题的顺序，访谈问题的顺序并不是硬性规定的，应该由访谈者来判断，因此，这是需要培训访谈者主持艺术的原因之一。一般同类的信息要求所有的访谈对象都提供，但问题的用词和顺序可根据每个访谈对象的特点而定。

4. **选择和培训访谈人员** 访谈人员是访谈的主持者，通过询问一系列问题使访谈继续下去，直到获得合适的回答。访谈成功与否很大程度上取决于访谈者本身的素质。因此，要求访谈人员具备一定的素质，如教育程度，受过相关领域（如社会学、医疗卫生）的高等教育且有一定的个人深入访谈经验。同时，也要考虑一些个人特征，如容易使人产生信任和合作、口才好、语言能力良好是优先考虑的条件。另外所需素质包括有深入访谈的经验、能建立良好的人际关系、善于倾听、自信但不傲慢、谦虚、礼貌等。

个人深入访谈比一般的问卷调查需要更多的技巧，所以访谈人员的培训尤为重要。对访谈人员进行培训时，除了应进行相关理论培训外，特别要加强实操层面训练，可采用角色扮演方式，让受训者熟悉访谈开始－主持－结束访谈的全过程，应对访谈中可能遇到的各种问题。在培训中还可以通过让培训者参加访谈的预试验来进一步提高访谈技能。

5. 准备和开展访谈　开展访谈之前，应该仔细做好准备工作，包括联系访谈对象并约定访谈时间，约定时间的时候要征求被访人的意见以确保访谈时间有一定的弹性，访谈员需检查访谈所需用品，如谈话提纲、笔和笔记本、录音设备、电池等，如路程较远，宜尽早安排交通以便准时到达现场。

访谈者应在访谈前到达现场并检查各项安排是否妥当，待被访者到达后，可开始访谈。首先，开场介绍，以营造使被访谈者感到轻松的气氛，包括自我介绍、解释访谈目的、请被访谈者介绍自己、强调被访谈者的意见非常重要，因为人们一旦感到别人认为其意见重要和合理时，往往乐于表达意见或看法，建立友善的气氛和保证访谈的秘密。另外，对于做笔记和使用录音需解释并征求被访谈者的同意。

其次，访谈在访谈提纲指导下进行，尽可能使用交谈的语调，访谈宜先谈不敏感的话题，当被访谈者足够放松的时候再过渡到专门的深层次的话题。总之，要使被访谈者尽量多地谈到与问题有关的内容，并注意语言和非语言（如动作、表情）的信息。同时，访谈者需注意阐述观点、澄清问题、留心问题新的方面。访谈进行中注意对关键问题的笔记记录，最好使用录音设备进行录音，结束一个访谈检查录音情况并做好标记。访谈结束，不要忘记感谢被访谈者，并花一些时间自由交谈一下。

最后，现场资料整理。访谈结束后，访谈者应浏览笔记以保证访谈记录合乎要研究的问题，并在被访谈者未离开之前澄清不明白的信息。每个现场结束时，有必要与访谈人员交谈以探讨他们的实地调查感受，包括使用访谈提纲所遇到的问题，实地调查中发现的新的主题。随着访谈的继续，可以在访谈提纲中增加新的想法，无关的问题则从提纲中删除。访谈结束后，根据研究目的，逐字逐句或以总结的形式写出录音的内容。

（三）个人深入访谈的特点

1. 个人深入访谈的优点

（1）研究者不必依一定的问题按部就班地询问，而是根据访谈对象的回答，随时提出新的问题，逐步深入主题。

（2）具有较大的灵活性和开放性。

（3）研究者可以控制访谈的主题，随时调整谈话顺序，对复杂问题可以收到较好效果。

2. 个人深入访谈的缺点

（1）易受研究者主观因素影响，产生偏差。

（2）对访谈员的要求较高，限制了使用范围。

三、专题小组讨论

（一）概述

专题小组讨论（focus group discussion）也称焦点小组访谈，是指为了解有关人们行为的信念、态度及经历等信息，将一组人召集在一起，对某一研究议题进行深入讨论并得出结论。一般在项目开始前或实施以后用于收集基线调查资料或者评价项目的进程和结果。

（二）专题小组讨论的步骤

1. 制订研究计划　一旦决定运用专题小组讨论就必须对此进行计划，包括研究设计、选择和培训现场调查人员、数据收集、资料分析和撰写报告；另外还需考虑小组讨论会所需的场所、数据收集和分析所需的设备、调查人员培训等都需考虑。

2. 决定小组的类型和选择被访谈者

（1）小组的人数：专题小组讨论最适宜的规模是6~8名被访谈者。如果被访谈者太少，讨论受到限制；如果被访谈者太多，较难推动讨论。小组的大小应该便于被访谈者间相互积极地交流。

（2）小组成员的选择：一般采用目的抽样方法选择专题小组访谈成员。同一组被访谈者的社会经济学特征应该大致相同，如年龄、性别、文化程度、婚姻状况、职业等。如进行家庭医生签约服务问题专题小组讨论时，如果小组中既有一般的医生又有机构的负责人，这可能不利于讨论，因为医生可能不愿意当着他们上级的面发表意见，把他们分成两个组会产生更自由、开放的讨论。

（3）小组的数量：进行小组讨论的数量取决于研究项目的需要、资源和是否能获得新的信息，即来自不同组的不同观点是否显现出来。一个有效的策略是设置足够的专题小组讨论对研究问题提供充分的答案。对于任何议题，只有一个专题小组的讨论是不够的。一般每个亚组至少组织两个小组讨论，如男性两个组，女性两个组，这样可对收集的信息进行比较。

（4）联系访谈对象：访谈对象应该事先至少1~2天受到邀请并了解专题小组讨论的目的和内容。

3. 拟订讨论提纲　拟定提纲的主要目的是引导专题小组讨论。拟订讨论提纲中的问题时应注意，问题设置的顺序是先一般问题再问涉及访谈对象感情和态度的问题；问题形式采用开放式，以便访谈对象自由回答；问题的数量以讨论时间不超过2小时为宜。讨论同一个主题但不同小组的讨论提纲可以稍有不同，这取决于各组访谈对象对有关调查主题的知识或态度。

4. 选择培训主持人和记录员　主持人和记录员对于专题小组访谈的成功与否至关重要，一般要求如下。

（1）主持人：主持人的任务包括引导讨论，鼓励访谈对象充分表达他们的观点并相互交流，建立友好关系以得到访谈对象的信任并探索一定深度的回答，保持灵活性和尽可能的中立，如果讨论离题了，要在不伤害访谈对象自尊的前提下，巧妙地言归正传，控制每一个主题和讨论的时间分配。因此主持人需具备较高的领导才能和交流技巧，并熟悉讨论的主题。

（2）记录员：记录员的任务主要是观察会议和做记录，记录员要记录会议讨论客观情况及观察参与人员的非语言交流情况。根据需要可配备1~2名记录员。

除了主持人和记录员，根据访谈需要，还可以聘请其他人员帮助组织小组访谈，如助理主持人，在主持人对方言不熟悉时，他/她可以帮助讨论的进行，通常是翻译工作。

对于研究人员的培训除了明确上述任务，还要进行角色扮演和预试验，这将有助于完善提纲并可以帮助研究人员组织好今后正式的专题小组讨论。

5. 进行专题小组讨论

（1）安排现场：在进行小组讨论时要保证小组成员间的平等交流，一般采用圆桌式座位方式。另外，会议现场最好安排在与讨论主题无关的场所，减少偏倚，如进行社区卫生服务机构医疗服务利用和质量的讨论则不宜放在社区卫生服务机构讨论。

（2）准备物品：小组讨论要用的录音录像设备、电池、记录本、讨论提纲、主持人及访谈对象的桌牌等，另外还可给参加访谈对象准备一些小礼品。

（3）开展讨论：研究小组人员中应该有一个人作为主持人，另一个人作为记录员。主持人不应该扮演讨论主题的专家，他或她的角色是促进和支持讨论。

主持人的第一个任务是介绍讨论会。包括介绍自己和记录员，介绍所有访谈对象的名字或让他们自我介绍。之后介绍专题小组讨论的目的、所讨论主题的价值、讨论内容的保密性，以利于接下来的讨论。

主持人的第二个任务是鼓励讨论。保持热情、活跃、幽默、显示对小组讨论意见的兴趣，鼓励访谈对象坦率表达他们的真实观点，给所有访谈对象发言的机会，多鼓励那些比较被动/不健谈的访谈对象发表意见，可以通过点他们的名字来询问他们的观点。

当访谈对象询问主持人的想法或观点时，不需要对提问做详细的解答，应该将问题引导到小组讨论上来。如果必要，可在会后与访谈对象交流之前询问的问题。

主持人需仔细聆听并将讨论从一个问题移到下一个问题，巧妙地控制不同问题的时间分配。如果被访谈者自然地将一个话题跳到其他话题上，可让讨论继续，因为有用的额外信息可能随之出现，你可以总结他/她提出的观点并将话题引回到原来讨论的话题。如果离题了，你要注意引导到主题上来，可以通过连接或归纳某些想法和观念，尽量使讨论集中。如X先生，你的经历与Y先生谈到的情况相似还是不同？

记录员负责观察会议和记录，如果录音或者录像，应该向访谈对象解释使用录音或者录像设备的目的，并征得访谈对象的同意。即使有录音，记录员仍要做好记录工作，记录的内容通常包括：专题小组名称、会议日期、会议地点、座位安排、讨论开始和结束时间、访谈对象人数和特征、专题小组讨论现场人员参与水平和兴趣程度、积极或消极访谈对象的情况、个人印象和观察、讨论不同主题的记录（注意非文字的反馈如音调、手势、被访谈者的直接引用语要加引号）。一般记录员不参加讨论，但在某些情况下还是可以发言，如：主持人忽略了被访谈者的重要观点、提出涉及的新问题等。

在讨论结束时主持人和记录员应该核对一致或不一致的地方，最后总结讨论所产生的重要论点，感谢访谈对象并让他们知晓自己观点的价值。

一个小组讨论通常持续1~2个小时为宜。

（三）专题小组讨论的特点

1. 专题小组讨论优点　专题小组讨论与个人深入访谈相比，可以同时访谈若干个访谈对象，在较短时间内获取到更多的信息，可以大大节省人力和时间；专题小组讨论中是以小组讨论形式进行，人多的环境常会鼓励人们充分表达自己的观点、交流活跃，达到互相补充，互相启发，讨论的内容往往比个人深入访谈更完整更全面。

2. 专题小组讨论的缺点　主要不足之处在于容易形成"从众行为"，特别是在访谈中，如果存在个别有较强领导欲，试图影响其他成员的人控制访谈，则更易形成。这种小组讨论形式也使少数比较含蓄的访谈对象感受到其他成员带来的压力，出现有意无意隐瞒真实想法，使自己的回答接近大多数人意见。

四、选题小组讨论

（一）概述

选题小组讨论（nominal group discussion）是一种程序化的小组讨论过程，其目的是寻找问题，并把所发现的问题按其重要程度排列出来。选题小组讨论是一种集思广益，融合定量与定性方法为一体的程序化的方法，避免了头脑风暴法和专题小组讨论等方法中，个别人在讨论过程中的垄断性发言及身份、地位等对讨论的影响，在发现存在问题和初选指标方面，具有独特优势。

（二）选题小组讨论的步骤

1. 开选题小组讨论前的准备工作

（1）相关物品：大白纸或者黑板、水笔或者粉笔、计算器、白纸、信封等。

（2）确定参会人员：根据研究的目的和性质选择小组成员，每组6~10人，可以同时进行几组。

（3）确定会议地点与时间。

2. 召开会议

（1）第一阶段：列出与陈述问题。

步骤：①主持人给出要讨论的问题；②小组成员不出声地酝酿各自的想法，结合自己的工作经验和工作体会，把认为必要的问题写在白纸上，10~15分钟；③然后把每一个人的问题依次列到大图纸上或黑板上，直到全部列完为止；④每人向大家解释自己写的每一项内容。

（2）第二阶段：讨论所列问题。步骤为提问，合并相同的内容，形成新的问题列表。

（3）第三阶段：重要性评判。

步骤：①各小组成员对所产生问题进行重要性排序打分，如从所列指标中选出认为重要的10个指标，最重要的为10分，最不重要的为1分，未选中的为0分；②收上来每人的评分结果，汇总计算所列的每一个问题的得分情况；③按每一个问题的得分情况进行排序，排序在前的结果代表了小组成员的共同意见；④最后根据所列问题的得分情况进行分析。

（三）选题小组讨论的特点

选题小组讨论能把所有人的观点综合起来，能在同一时间内让多个个体在不受外界干扰的情况下表达出自己的观点。选题小组讨论的优点如下。

（1）参与讨论人员都有平等表达自己意见的机会。在观点形成阶段，每一位与会人员的地位都是平等的，因不需口头表达，都能不受他人影响地把自己的观点列举在纸上。

（2）每个人都积极参与，提出自己的看法。因为预期到自己的主张能在小组的讨论中形成影响力，所以人们会增强对小组的责任感，提高参与的积极性，同时也不会出现个别人主导讨论的情况。

（3）每个讨论都有一个肯定的结果。选题小组讨论的形式最终能产生一致的结果，并且这种结果也有可能会影响相关参会人员今后的行动。

（4）选题小组讨论与专题小组讨论相比，更为节省时间，效率更高。

选题小组讨论也存在以下较高要求。

（1）参与讨论的人员文化水平要求高。

（2）选题小组讨论开始提问的语言组织非常重要，要求清晰而明确，任何文字或语法组织上的细微偏差，都可能导致收集的信息或过于宽泛，或模糊，或偏离主题的情况。

第四节　专家咨询法

专家咨询法（expert consultation activity）是以专家为获取信息的对象，请专家运用自己的知识和经验，对某领域内容进行分析研判，然后对各专家意见进行整理归纳，得出相应结论的方法。常见的有头脑风暴法（brain storming）、德尔菲法（Delphi method）、专家预测法、德比克法、哥顿法等。本节重点介绍头脑风暴法和德尔菲法。

一、头脑风暴法
（一）概述

头脑风暴法（brain storming），又称智力激励法、脑力激荡法，它是一种通过团队形式，聚焦于特定的问题或主题，让每位发言者在开放、自由、愉快、轻松的氛围中，毫无顾忌地提出自己的各种想法，像掀起一场头脑风暴引起会议参与者广泛发表看法，激发创造性思维并获得创新性想法的一系列规则与方法，是一种重要的定性研究方法。该方法由美国创造学家亚历克斯·奥斯本于1939年首次提出，1953年正式发表的激发创造性思维的方法，他把头脑风暴法描述成一个团体试图通过聚集成员自发提出的观点，为一个特定问题找到解决方法的会议技巧。头脑风暴原指精神病患者头脑中短时间内出现的大量荒诞想法，借用这个概念，旨在希望团队能应用该方法在短时间内获得大量创造性的想法，而不在乎想法的质量。

在实践中，头脑风暴法可分为两种类型：直接头脑风暴法和质疑头脑风暴法。直接头脑风暴法用于群体决策中相互激发，产生尽可能多的设想；质疑头脑风暴法是对直接头脑风暴法中的设想逐一分析可行性，并进行完善。

有学者还按照复杂程度分为简单头脑风暴法与高级头脑风暴法。简单头脑风暴，又称传统头脑风暴法，是当人们想起新观点时，他们就大声说出观点，这是对头脑风暴的普遍观点。高级头脑风暴，是传统头脑风暴的完善扩展，在基于传统头脑风暴的基础上，加入更加专业化的技术与新技术如计算机技术，使整个过程更容易和更有效。

（二）实施原则与步骤

1. **实施原则**　为保证头脑风暴法实施的质量与效率，尤其需要克服一些制约参与者自由发言的影响因素，奥斯本及后来的研究者提出了诸多原则，总结起来主要包括以下四条核心原则。

（1）禁止评价，自由发言：强调任何一位参与者对他人的观点不做任何批评或者表扬，会议主持人更要注意营造开放、自由、无权威、无评价的氛围，以保证团队中的每个成员都能畅所欲言，激发思维。

（2）鼓励新颖，大胆想象：鼓励自由想象，发挥想象的最大限度，不考虑想法的可行性等问题，甚至鼓励夸张奔放的观点，认为想法看起来越荒唐就越有价值。

（3）注重数量，客观记录：追求数量的最大化，设想的数量越多，就越有可能获得更多的有价值的设想。客观记录每一个提出的观点，不进行任何筛选。

（4）相互激发，整合创新：提倡在他人观点基础之上建立新的观点，重视每一个观点都有相互激发的意义；鼓励与会人员提出改进他人设想的建议；或者鼓励与会者将几个设想综合，提出新设想。

2. **实施步骤**　头脑风暴法是团队性的程序与方法，一般说来包括主持人、记录员、发言人等三部分。主持人负责组织、引导整个头脑风暴法的实施；记录员及时、客观记录发言人的观点；发言人就需要解决的问题自由发表想法、观点。

（1）准备阶段：在开会前要做好准备工作，主要事项如下。①主持人应事先对所议问题进行一定的研究，弄清问题的实质，找到问题的关键，设定所要达到的目标。②确定参加会议人员，一般以8~12人为宜。会议人数太少不利于交流信息，激发思维；而人数太多则不容易掌握，并且每个人发言的机会相对减少，也会影响会议现场气氛。③将会议的时间、地点、所要解决的问题、可供参考的资料和设想、需要达到的目标等事宜一并提前通知与会人员，让大家做好充分的准备，以便其了解议题的背景和外界动态。④布置会议现场，座位排成圆形的环境往往比教室式的环境更为有利。

（2）热身阶段：这个阶段的目的是创造一种自由、宽松、祥和的氛围，以便活跃气氛，使大家得以放松，进入一种无拘无束的状态，促进思维。主持人宣布开会后，先说明会议的规则，然后随便谈点有趣的话题或问题，让大家的思维处于轻松和活跃的境界，比如说说笑话、猜个谜语、听一段音乐等。

（3）明确问题：主持人简要地介绍有待解决的问题，介绍需简洁、明确，不可过分周全，否则过多的信息会限制人的思维，干扰思维创新。

（4）畅谈阶段：畅谈是头脑风暴法的创意阶段，为了使大家能够畅所欲言，需要制订一些规则。主持人首先要向大家宣布规则，如果时间允许，可以让每个人先就所需解决的问题独立思考10分钟左右。随后引导大家自由发言，自由想象，自由发挥，使彼此相互启发，相互补充，真正做到知无不言，言无不尽，可以按顺序"一个接一个"轮流发表意见，如轮到的人当时无构想，可以跳到下一个，在如此循环下，新想法便一一出现。与会人员每讲出一个主意、方案，由记录员马上写在白板上，使每个人都能看见，以利于激发出新的方案。经过一段讨论后，大家对问题已经有了较深程度的理解。为了使大家对问题的表述能具有新角度、新思维，主持人或记录员要对发言记录进行归纳整理，找出富有创意的见解，及具有启发性的表述，供下一轮头脑风暴时参考。

（5）筛选阶段：通过组织头脑风暴畅谈，往往能获得大量议题有关的设想。至此任务只完成了一半，更重要的是对已获得的设想进行整理、分析，以便选出有价值的创造性设想来加以实施，即设想处理。设想处理的方式有两种：一种是专家评审，可聘请有关专家及学员代表若干人（5人左右为宜）承担这项工作；另一种是二次会议评审，即所有与会人员集体进行设想的评价处理工作。通过评审，将大家的想法整理成若干方案，经过多次反复比较，最后确定1~3个最佳方案。

（三）头脑风暴法的特点

1. 头脑风暴法的优点

（1）简便易行：头脑风暴法没有高深的理论，对环境要求较低，实施起来简单易行。

（2）集思广益：头脑风暴法能够使与会人员通过交流信息、相互启发，产生"思维共振"，起到集思广益的作用，从而极大地提高管理决策的质量与效率。

（3）创新性强：头脑风暴法由于使用了没有拘束的规则，使与会人员没有心理压力，能在短时间内得到更多创造性的成果。

（4）培养人才：由于头脑风暴法采用了自由畅谈、禁止批评等规则，这样不仅有助于创新，并且还可以发现并培养思路开阔、有创造力的人才。

（5）增强团队精神：头脑风暴法为参加会议的人员创造了一个无拘无束的信息交流平台，大家可以自由地发表自己的意见和看法，从而增进与会人员的交流与了解，有利于增强群体凝聚力和团队精神。

2. 头脑风暴法的不足

（1）社会惰化现象削弱了头脑风暴法的作用效果：社会惰化现象是指群体共同完成某件事情时个体付出的努力比独立完成时减质减量的现象。就整体而言，头脑风暴的参与者责任分散，往往期望他人提出更高明的见解，形成责任转移，引起集体内的社会惰化现象。同时，当讨论高难度问题时，参与者因为更多地关注他人的观点而缺乏自主思考的时间，群体的环境使人们不能集中精力思考，客观上造成"惰化"的结果。

（2）头脑风暴法中潜在的"冒险转移"可能性：冒险转移，是指在进行风险类问题决策时，团体决策比个人决策更有冒险性的倾向。头脑风暴法的实施原则鼓励新颖独特，具有个体责任分散的特点，满足冒险转移的前提，个人独立决策时自我抑制的行为都得到了助长，极易引起团队做出高风险的决策，导致决策的不理性与脱离实际。

（3）服从团队内权威的思维传统阻碍了新异观点的产生：尽管头脑风暴的过程中强调"所有成员观点等价"，但稳定的服从心理机制难以因为短暂的自由氛围消除，团队成员有可能将注意力集中在权威者的意见上，或者失去表达的机会，导致的结果是，团队中权威人士表达意见后，大多数人放弃提出不同观点，采取服从态度。

二、德尔菲法

20世纪40年代，O·赫尔姆和N·达尔克首创了德尔菲法（Delphi method），后经T·J·戈登和兰德公司进一步发展而最终成型。1946年，美国兰德公司为避免集体讨论存在的屈从于权威或盲目服从多数的缺陷，发表了《长远预测研究报告》，首次将此法用于定性预测，后来此方法被迅速广泛采用。

（一）概述

德尔菲法是通过研究者将所需解决的问题拟定成调查表，按照既定程序，以函件为主要通信方式单独向专家组成员进行征询意见；之后研究者回收汇总专家组成员以匿名方式（函件）提交的建议，整理出综合意见并再次反馈给专家。经过几次反复征询和反馈，专家组成员的意见逐步趋于集中，最后获得准确率较高的集体判断结果的一种决策方法。

德尔菲法依据系统的程序，采用匿名发表意见的方式，即专家组成员间不得互相讨论，不发生横向联系，仅通过调查员的协调与联系，接受多轮的问卷调查，以集合调查专家的共识及搜集各方意见，汇总成专家基本一致的看法，最后做出符合市场未来发展趋势的预测结论。德尔菲法最初产生于科技领域，后来逐渐广泛地应用于商业、军事、教育、人口、卫生保健等领域的预测。德尔菲法在国内医学领域的应用最早为1983年，王莹等人应用此方法进行职业病诊断标准的制订。随后，德尔菲法在临床医学、护理学、卫生管理和流行病学等领域均有应用。

（二）德尔菲法的特点

德尔菲法的核心是以匿名方式进行多轮发函询征求专家组意见并反复整理反馈直至专家组意见趋于一致。因此，它具有如下特点。

1. 匿名性　德尔菲法具有一定程度的匿名性。采用这种方法时所有专家组成员不直接见面，专家组每位成员以背靠背形式独立完成分析判断。在德尔菲法实施过程中，从事预测的专家们彼此互不相知，专家组成员间不发生任何的横向联系。交流仅通过调查员以函件方式单线实现。德尔菲法采取匿名发函调查的形式，克服了专家会议调查法易受权威影响，或者从众心理的影响。专家们可以不受任何干扰地独立对调查表所提问题发表自己的意见，而且有充分的时间思考和进行调查研究、查阅资料。匿名性保证了专家意见的充分性和可靠性。

2. 反馈性　由于德尔菲法采用匿名形式，专家之间互不接触，若仅为一轮调查，专家意见往往较为分散，不易做出结论。为使受邀专家能够对每一轮咨询的汇总情况和其他专家的意见充分了解，就需要组织者对每一轮咨询结果进行整理和综合分析后，及时反馈给每位受邀专家，以便专家们在下一轮咨询中根据新的调查表进一步发表意见。该方法大约需要经过3~4轮的信息反馈，专家组在多次的反馈信息中深入研究和思考，最终使得结果基本能够反映专家的想法。

3. 定量性　在应用德尔菲法进行信息分析与预测研究时，对研究内容的评价或预测既不是由信息分析员完成，也不是由某位个别专家提出，而是由一批相关领域专家集体提出参考意见或观点，并对专家组每位成员的回答进行统计学分析后得到。因此，应用德尔菲法所得的结果与其他预测方法性比，具有定量性特征，既反映了专家观点的集中程度，又可反映专家观点的离散程度。

4. 收敛性　德尔菲法调查过程中首轮调查获得的专家组信息通常较为分散，需要整理汇总，归并同类事件，排除次要事件，并用准确术语提出一个预测事件一览表，并作为下一轮的调查表发给专家。专家组成员根据反馈信息比较自己同他人的不同意见，修改自己的意见和判断。进行反复多轮征询和反馈，最终使各专家组成员的意见逐步趋于集中，最后获得准确率较高的集体判断结果。

（三）德尔菲法实施步骤

1. 组建项目研究小组　小组主要任务有拟定咨询问题、挑选专家、发放调查表、依据专家几个轮回完成的咨询表，对专家提出的意见及结果进行一系列的整理统计分析、反馈调查结果、提出预测报告或者决策意见等。

2. 设计征询调查表　确定调查题目，拟定调查表。首轮调查可只需研究者向受邀专家寄发不带任何附加条件、只提出咨询预测问题的开放式调查提纲，同时向专家提供相关资料（包括预测目的、完成期限、填写说明、相关背景资料等），调查表是专家们交流思想的主要工具。待首轮收集整理相关信息后，即可制订成后面几轮咨询的专家咨询调查表。

一般专家咨询表包括：研究的简要说明和要求、专家个人基本信息、专家权威程度情况及咨询的主体内容。为方便专家填写并提出建议，一般可分别对一级指标及相对应的二级指标分别做成咨询表格。以下是采用德尔菲法确定失能老人上门医疗服务评估指标体系的研究，表5-1是专家权威程度，表5-2是失能老人上门医疗服务评估指标研究中一级指标的咨询表，供参考。

3. 选择受邀专家　受邀专家的挑选直接关系到德尔菲法的成功与否，因此，在选择专家时应注意：

（1）依照研究项目的主题，首先选择本领域那些业务精通、见多识广、经验丰富、具有预见性和分析能力强的专家；其次还要选择一些交叉学科的专家。无论是本领域还是交叉学科，拟选的专家一般是指在其领域从事10年以上技术工作的专业人员。最后还要考虑专家是否有兴趣和能否坚持完成，应事先征得专家同意再将专家咨询表寄发给拟邀请的专家。

表5-1 专家权威程度量化表

一级指标	熟悉程度（根据您对该指标的熟悉程度在相应区域画"√"）					判断依据（对指标进行判断时的会不同程度上受到下面四个因素的影响，请根据这四个因素对您做出判断的影响程度大小，在相应区域画"√"）											
	很不熟悉	较不熟悉	一般	较熟悉	很熟悉	理论分析			实践经验			同行了解			直觉		
						小	中	大	小	中	大	小	中	大	小	中	大
一般情况																	
认知与精神状态																	
躯体功能																	
日常生活能力																	
环境与资源																	
补充指标：																	

表5-2 失能老人上门医疗服务评估指标研究一级指标咨询表

一级指标	指标内涵	重要性（1＝很不重要，2＝较不重要，3＝一般，4＝较重要，5＝很重要）	可行性（1＝很差，2＝较差，3＝一般，4＝较好，5＝很好）	修改意见
认知与精神状态	加工、储存和提取信息的能力和保持心理协调并平衡控制自身行为的能力			
沟通能力	包括视力水平、听力水平和理解表达三个影响沟通能力的因素			
躯体功能状况	指老人的躯体健康情况			
日常生活能力	指个体的基本日常生活活动能力和工具性日常生活活动能力			
环境与资源	包括日常生活的环境、可能利用的医疗照顾资源和非正式照顾顾资源等			

补充指标名称及指标内涵：

（2）依照研究项目规模和涉及领域范围，确定受邀专家人数，人数不宜过多或过少。人数太少，限制学科的代表性，人数太多，难以组织，数据处理复杂且工作量大。根据相关文献报道，专家人数以15~50人为宜。但对于重大问题的咨询预测，专家人数可适当扩大。另外在确定专家人数时，要充分考虑有少部分专家在研究中可能中途退出，因此在预选专家人数时应适当多选一些专家，保证专家的数量。

4. 确定征询次数和征询过程　　征询过程大致可分为四个步骤，在每个步骤中，组织者和受邀专家均有各自不同的任务。

第一轮征询：①研究组向受邀专家寄发调查表，提供现有背景资料，说明预测目的、明确问题要求，规定回收期限，研究者对各个问题的结论进行归纳和统计，并提出下一轮的调查要求；②首轮调查表通常为开放式调查提纲，为避免限制过多而漏掉重要事件，故调查表不带任何附加条件，只涉及预测问题，受邀专家需要紧紧围绕预测问题提出预测观点和判断；③研究组收集汇总回收的调查表，合并归纳同类信息，甄别剔除次要信息，用准确的术语，设计一份"某一研究项目的专家咨询表"，并作为第二轮征询表寄发给每位专家。

第二轮征询：①寄发第二轮征询调查表，要求专家对第二轮的征询表中所列的各个问题做出评价，如有增加或者删除情况要标明理由；②研究组根据再次返回来的咨询表，对专家们的意见进行统计分析；③根据统计分析结果对专家咨询表进行修改，形成第三轮调查表，第三轮调查表除包括咨询事件，还包括专家评判结果的均值、标准差、最小值、最大值和变异系数等。

第三轮征询：①发出第三轮征询调查表，请专家再一次进行判断并进一步提出修改意见，受邀专家可根据反馈信息比较自己同他人的不同意见，修改自己的意见和判断，并充分陈述理由；②研究者回收专家的意见，再次进行统计学分析；③汇总专家组观点，形成第四轮调查表，其重点在于争论双方的分歧观点。

第四轮征询：①寄发第四轮调查表，专家再次评价和权衡，做出新的预测。是否需要再次论证与评价，取决于研究者的要求。②回收第四轮调查表，归纳总结各类建议的理由及争论点。

经过几轮反复匿名征询，专家意见将逐步趋同。征询轮次和时间间隔依据调查内容的复杂程度、专家意见的离散程度有所不同，通常征询轮次为3~4轮。现在许多研究项目在第一轮征询时，改变传统中一张白纸的做法，而是在前期咨询及文献研究的基础上，提供咨询框架及研究主题的背景资料等，多数短期评估及预测经过两轮或三轮，专家的意见亦已相当一致，专家咨询轮回工作即可结束。

（四）专家咨询表的统计分析

德尔菲法在征询轮回中均需对专家应答情况进行统计分析并给予专家信息反馈，达到最终意见的集中。对专家应答的结果进行统计分析，包括一般的统计学描述，如对专家的性别、年龄、职务、专业及从事专业的年限等个人特征进行描述性的分析，以了解专家的基本情况，便于说明参加该项目评估、预测专家的水平与结果的可信和可靠程度的联系。另外,德尔菲法还要对专家应答结果的权威性和可靠性进行评价,主要评价指标包括专家积极系数、协调系数、满分频率等,详述如下。

1. **专家的积极系数**　专家的积极系数是指专家对本项研究关心、合作的程度。通常用专家意见征询表的有效回收率和意见提出率来表示。问卷回收率越高,提出意见的专家人数越多,表明专家积极程度越高。

问卷回收率=回收意见征询表数/发放意见征询表数

意见提出率=提出意见专家数/回复专家数

例如在进行失能老人上门医疗服务质量评价指标研究时,第二轮专家咨询中,研究组共发放意见征询表22份,并在规定时间内全部收回,故问卷回收率为100%;回收的22份问卷中有共计11位专家提出意见,故意见提出率为50%,专家积极性高。

2. **专家意见集中程度**　专家意见集中程度以专家对某指标(如j指标)评分的均数(M_j)、满分频率(K_j)和评价等级和(S_j)表示。根据Likert 5分度量法,将专家意见的重要性程度划分为5个等级,分别赋予不同的量化值,5=非常重要、4=比较重要、3=一般、2=不太重要、1=不重要。

(1)均数的计算公式

$$M_j = \frac{1}{m_j} \sum_{i=1}^{m} C_{ij} \qquad (式5-1)$$

上式中M_j表示对j指标评价的算术平均值,其中:m_j表示参加j指标评价的专家数,C_{ij}表示第i(i=1, 2, ···, m)个专家对第j个指标的评分值。M_j的取值范围根据研究者赋值结果可为0~5分、0~9分或者0~100分,M_j取值越大,则对应的j指标的重要性越高。一般5分为满分时,可选择3.5作为指标取舍标准之一。

例如在进行失能老人上门医疗服务质量评价指标研究时,第二轮专家咨询中,22位专家为一级指标"服务条件"的重要性进行评分,以0~5分进行赋值(1=不重要,2=不太重要,3=一般,4=比较重要,5=非常重要)。评分结果中有17位专家打出5分,5位专家打出4分,则该指标得分的均数为(17×5+5×4)/22=4.77,4.77大于3.5,故符合要求,可予以保留。

(2)满分频率表示对某指标给满分(100分)的专家数与对该指标做出评价的专家总数之比。满分频率的计算公式:

$$K_j = \frac{m'_j}{m_j} \qquad (式5-2)$$

上式中K_j表示j指标评价的满分频率,M'_j表示对j指标给满分的专家数,m_j表示参加j指标评价的专家数。K_j的取值范围为0~1,K_j越大,说明对j指标给满分的专家比例越大,则该指标重要性越大。

例如在进行失能老人上门医疗服务质量评价指标研究时,第二轮专家咨询中,22位专家为一级指标"服务条件"的重要性进行评分,以0~5分进行赋值(1=不重要,2=不太重要,3=一般,4=比较重要,5=非常重要)。评分结果中有17位专家打出5分,5

位专家打出 4 分，则该指标的满分频率为 17/22=77%，给出满分的专家比例较大，该指标重要性较高。

（3）指标的评价等级和即专家对指标做出评价的评价等级的总和。评价等级即名次，一般用自然数 1，2，3…来表示，1 等级最低，数字越大等级越高。评价等级和的计算公式：

$$S_j = \sum_{i=1}^{m_j} R_{ij} \quad\text{（式 5-3）}$$

式 5-3 中，S_j 表示对 j 指标的评价等级和，R_{ij} 为第 i 个专家对第 j 个指标的评价等级。

评价等级计算方法：把同一专家对不同指标的评分从高到低进行编秩，遇有 N 个相同的评分取平均秩次（即平均等级）；再将各专家对同一指标评分的秩次相加，即为秩次和（又名等级和）。评价等级和 S_j 值越大，表明该指标在评价体系中的作用越大，越值得保留。

3. 专家的权威程度 任何专家不可能对预测中的每一问题都是权威，而权威程度对于评价可靠性具有较大影响。因而，在对评价结果进行处理时，常需要考虑专家对某一问题的权威程度。专家的权威程度与预测精度之间存在一定的函数关系，一般来说，预测精度随着专家权威程度的提高而提高。

专家的权威系数（Cr）由两个因素决定，一是专家对咨询内容做出判断的依据，用 Ca 表示，二是专家对咨询内容的熟悉程度，用 Cs 表示。权威系数等于判断系数和熟悉程度系数的算术平均值，权威系数取值范围为 0~1。一般认为，权威系数 ≥0.70 为可信度高，意见可以采纳。权威系数值越大，说明专家判断的科学性越大，结论可信度越高。权威系数的计算公式：

$$Cr = \frac{Ca + Cs}{2} \quad\text{（式 5-4）}$$

专家对项目判断的主要依据分为实践经验、理论依据、参考国内外资料和直觉。Ca 按影响程度递减分为大、中、小，分别赋予不同的量化值判断系数（表 5-3）。Ca 不能大于 1；Ca=1 表示所有判断依据对专家意见的影响程度最大；Ca=0.8 表示影响程度居中；Ca=0.5 表示影响程度最小。专家对条目熟悉程度分为很熟悉、熟悉、一般、不熟悉、很不熟悉五个等级，分别赋予不同的量化值。很熟悉 =0.9、熟悉 =0.7、一般 =0.5、不熟悉 =0.3、很不熟悉 =0.0（表 5-4）。

表 5-3 专家判断依据评分

判断依据	对专家判断的影响程度		
	大	中	小
实践经验	0.5	0.4	0.3
理论分析	0.3	0.2	0.1
国内外同行了解	0.1	0.1	0.1
直觉	0.1	0.1	0.1

表5-4　专家熟悉程度评分

等级	很熟悉	熟悉	一般	不熟悉	很不熟悉
评分	0.9	0.7	0.5	0.3	0.0

例如在进行失能老人上门医疗服务质量评价指标研究时，第一轮专家咨询中，某专家对一级指标"服务条件"的熟悉程度为"熟悉"，判断依据：实践经验"中"、理论分析"大"、国内外同行了解"大"，直觉"中"，则该专家对该指标的$Cs=0.7$，$Ca=0.4+0.3+0.1+0.1=0.9$，$Cr=(0.7+0.9)/2=0.8$，以此类推，分别计算22位专家对该指标的Cr，将这22个值的算数平均数作为所有专家对该指标的Cr。经计算得出$Cr=0.91$，专家权威程度高。

4. 专家的协调程度　专家意见的协调程度是指全部专家对全部指标给出的评价意见是否存在较大分歧，其反映专家意见的收敛情况，通常用变异系数（V）和协调系数（W）反映。变异系数反映专家对j指标相对重要性评价的离散程度，即协调程度，其值越小，说明专家意见的协调程度越高，收敛性越好。一般要求各项指标变异系数≤0.25。协调系数用肯德尔和谐系数（Kendall's W）表示。其取值范围为0~1，一般在0.3~0.5波动。协调系数大，经检验后具有显著性，说明专家意见协调程度好，一致性高，专家评估结果可信度高。

变异系数的计算公式：

$$V_j = \frac{\sigma_j}{M_j} \qquad （式5-5）$$

σ_j表示全部专家对j指标评分的标准差，M_j表示全部专家对j指标的评分均数。

专家协调系数计算公式：

$$W = \frac{12}{m^2 - (n^3 - n)} \sum_{j=1}^{n} d_j^2 \qquad （式5-6）$$

n表示指标数，m表示专家总数，$d_j = S_j - M_{sj}$（S_j表示对j指标的评价等级和，M_{sj}表示全部方案评价等级的算术平均数）。

为了保证协调系数可信和可靠，用协调程度的显著性检验表示。计算公式如下：

$$\chi^2 = \frac{1}{mn(n+1) - \frac{1}{n-1}\sum_{i=1}^{m} T_i} \sum_{j=1}^{n} d_j^2 \qquad （式5-7）$$

协调系数计算和检验可通过肯德尔和谐系数的计算和检验在SPSS统计软件包中实现。启动SPSS，打开相应数据库，选择Analyze → Nonparametric Tests → K Related Samples，点击进入，在弹出的对话框【Test Variables】中将所要分析的变量加入，同时在下方【Test Type】勾选"Kendall's W"选项，点击"OK"键运行即可。

（五）德尔菲法的优缺点

1. 优点　德尔菲法作为一种匿名、轮番征询专家意见，最终得出预测结果的一种集体经验判断法，它与常见的召集专家开会、通过集体讨论得出一致预测意见的专家会议法既有联系又有区别，其优点如下。

（1）科学性：此方法简便易行，无需建立繁琐的数学模型，具有一定的科学性。

（2）准确性：各专家能够在不受干扰的情况下，独立、充分地表明自己的意见，具有一定的准确性。

（3）客观性：可避免专家会议法易出现的迫于权威随声附和，或固执己见，或因顾虑情面不愿与他人意见冲突等弊病，具有一定的客观性。

（4）综合性：预测值是根据各位专家的意见综合而成的，能够发挥集体的智慧，具有一定的综合性。

（5）实用性：应用面比较广，费用比较节省，具有一定的实用性。

2. 缺点

（1）专家通常时间紧，回答有时相对草率。

（2）预测结果主要依靠专家主观判断，缺乏客观标准，故该方法主要适用于历史资料缺乏或未来不确定因素较多的事件。

（3）选择合适的专家较为困难，若受邀专家水平有限或不了解其他专家所提供调查资料的依据，其参考结论可能会趋近算术平均或中位数。

（4）该方法征询次数多，反馈时间长，可能会出现部分专家因工作或其他原因中途退出，影响预测的准确性，该方法不适用于快速决策。

（5）征询过程中专家组缺乏思想沟通交流，可能存在一定的主观片面性。

3. 可以采取以下措施，避免该方法的局限。

（1）向受邀专家说明德尔菲法的原理，让其对德尔菲法特点和流程有较深的认识和了解。

（2）征询前应尽可能详尽地提供与调查项目有关的背景材料和数据。

（3）请受邀专家将自己的判断结果分为最高值、平均值、最低值等不同程度，并分别估计其概率，以保证整个判断的可靠性，减少轮回次数。

（4）在第二轮反馈后，只给出专家意见的极差值，而不反馈中位数或算术平均数，避免发生简单求同的现象。

第五节　定性资料的整理分析与报告

定性研究在的资料收集上来以后，研究者需要对资料进行整理和分析。对资料的整理和分析过程是研究者根据研究目的对所获得的原始资料进行系统化、条理化，然后用逐步集中和浓缩的方式将资料反映出来，最终对资料进行意义解释的过程。与定量研究资料分析不同，定性资料的整理和分析不是截然分开的两个阶段，而是相互交叉、同步进行的过程，对资料及时进行整理和分析不仅可以对已经收集到的资料获得一个比较系统的把握，而且还可为下一步资料收集提供方向。

一、定性资料的整理

（一）整理笔记与建立档案

研究者通过观察、访谈和座谈收集到了一些凌乱的、无结构的、无顺序的现场工作笔记。整理这些工作笔记是定性资料分析开始的第一步。记录或录音的整理需要在访谈或讨论等完成后及时进行，以免时间长了，有遗漏和错误出现。传统的方法是将资料写在卡片上，分别标以不同的代码，然后按不同的类别归类放置。随着计算机技术的普及和应用，研究者多使用计算机来整理分析定性资料。通常的办法是将现场工作笔记全部录入计算机，在磁盘上留有备份。这些资料就变成了随时可以调用、反复使用、任意组织的可处理文件。录入时应该保持原始记录的状态，不做任何修改。

在资料的整理过程中，研究者还要着手建立各种资料档案，这些档案包括背景档案（研究主题的背景资料）、传记档案（研究中的各种人物）、参考书目档案和分析档案（根据分析的主题将各种资料分别集中）。分析档案是资料整理分析过程中最重要的档案。

（二）编码

定性资料处理中的编码是指研究者将原始资料组织成概念类别，提出主题或概念，然后用这些主题或概念来分析资料。编码是在研究问题的指导下进行的，而结果又导致提出了新的问题。它是研究者在熟悉原始资料细节的基础上，更高一个层次来考虑这些资料，引导研究者提出新的概念和理论。

编码分为开放式编码、关联式编码和选择式编码。

1. 开放式编码是研究者事先设置一些主题，将最初的代码分配到资料中，将大量的、零散的资料对应为不同类别。具体做法：研究者仔细阅读现场工作笔记，寻找关键的事件或主题，然后标上记号。按照不同的主题分别标上不同的编码。应该注意的是，事先要有一张记有不同主题词的编码表，以便在开始编码时使用。

2. 关联式编码，也称轴心编码，是研究者从一组初步的主题或概念开始，发现和建立资料类属之间的各种联系，以表示资料中各个部分的有机关联。这些联系可以是因果联系、时间先后联系、相似关系、差异关系等。关联式编码可以激发对概念与主题间联系的思考，同时也可以提出新的问题。另外，也可以加强证据与概念间的连接。

3. 选择性编码，也称核心编码，包括浏览资料和上述编码工作，有选择地查找那些说明主题的案例，并对资料进行比较和对照。选择性编码是在主题中找到可以统领其他一些相关主题的核心主题，将所有的研究结果统一在这个核心主题的范围之内。

（三）形成概念

概念的形成是定性资料分析过程中的一个完整部分，从收集资料时就已经开始。在定性资料的整理过程中，研究者往往通过对资料提出评论性的问题来进行概念化或者形成概念。概念的形成为定性资料分析提供了一种很好的基础和框架。研究者根据某种主题、概念或特征将资料分门别类整理，从中发展出新的概念，并考察概念间的关系，最终将概念相互联系，组成理论。

（四）撰写分析型备忘录

分析型备忘录是研究者对于编码过程中的想法和观点的一种备忘录或一种讨论记录，是研究者对资料和编码的主动反应和思考。这种备忘录是给研究者本人看或留给研究者以后分析时使用的。一些研究者的经验显示，撰写分析型备忘录是一种很好的整理资料的方式，下面是一些学者撰写分析型备忘录的经验。

（1）在收集资料、整理资料及编码过程中，可随时撰写分析型备忘录，以记录当时的一些想法或思维火花。

（2）对写好的备忘录要反复比较，将有差别的编码进行比较核对，以求准确。

（3）对每一概念或主题做专门的分析型备忘录，将所有与这个概念或主题相关的资料、方法、问题、案例及研究者的想法、感受等记录在一起，方便日后分析使用。

（4）在撰写某一主题分析型备忘录时，要考虑与其他主题之间的差异性和相似性。

二、定性资料的分析

（一）分析过程

定性资料的分析过程是一个对资料进行分类、描述、综合、归纳的过程。分析的方法主要是归纳法，即从具体的、个别的和经验的案例中概括、抽象到概念和理论。定性资料的分析过程主要有以下三个阶段。

1. 初步浏览阶段　在该阶段主要是对全部资料浏览，对全部资料有所了解和熟悉，为原始资料的处理打下基础。

2. 阅读编码阶段　在初步浏览阶段的基础上，重新阅读现场记录，边阅读边编码，并将有关内容和感受记录入分析型备忘录中。这时资料就具有很清楚的轮廓了。

3. 分析抽象阶段　在这个阶段研究者阅读分析型备忘录，比较各主题或概念之间的联系与差别，从具体的案例中归纳抽象出能够解释和说明现象的主要变量、关系和模式。这一阶段的工作也是最为困难的工作。

（二）分析方法

定性资料分析的方法就是寻找相似性和差异性，从不同的个案中找出共同的行为模式或找出其差异性。如通过访谈了解弱势群体的卫生服务利用情况，我们可以找出弱势人群普遍的健康和卫生服务利用问题，同时比较不同组如贫困人群组、残疾人群组、老年人群组等，他们之间又存在哪些差异，问题各是什么。有学者建议从频率、程度、结构、过程、原因和后果等六种方法寻找资料中的模式。也有学者提倡使用连续接近法、举例说明法、比较分析法和流程图方法。总之，定性资料的分析方法并非一成不变，无论使用什么样的分析方法，都应该注意：定性研究的分析过程是一个开放式结构，如果初步建立的分析框架、类别及研究的问题不符合收集到的原始资料，研究者可以随时修改。定性研究强调在原始资料的基础上发展理论。如果前人建立的理论可以用来解释或深化研究结构，研究者可以借助现存的理论。如果这些理论与本研究的结果不符，研究者应该相信或尊重自己的发现，真实地展现研究对象看问题的方式和观点。

三、定性研究结果的报告

与定量研究一样，定性研究的最后一步是撰写研究报告或者论文。通过报告或者论文的形式，将自己的研究结果及获得结果的途径、方法表达出来，便于同他人进行交流。定性研究在研究方式、资料性质、分析工具及结果表达方式上与定量研究存在显著不同。随着定性研究方式在医学研究中不断应用和发展，近些年来，不断有学者对定性研究规范报告内容进行研究，如澳大利亚悉尼大学公共卫生学院 Allison Tong 等 2007 年提出的个人深度访谈和专题小组访谈报告 32 项内容清单、加州大学旧金山分校医学院 Bridget C. O'Brien 等 2014 年提出的定性研究报告 21 项内容清单，这些内容清单的提出对规范定性研究的写作具有一定的指导意义，在有些国外期刊杂志投定性研究稿件时，会明确要求按照上述清单格式进行撰写，下面将结合上述清单内容对定性研究结果报告进行概述。

1. 报告的结构　报告的写作可先列提纲，包括研究题目、目的、资料收集的方法与过程、分析方法、各分题的主要发现、讨论、结论、建议等，然后对照写作提纲归纳核查所有资料。写报告时，除了注意结果的呈现，同时也需注意描述研究团队和研究设计的过程。

对于研究者的个人特征，注意描述谁是访谈者、记录者，研究者的背景包括性别、学历、职业，定性研究的经验和培训情况；同时注意研究者与研究对象的关系，如他们的关系是否在访谈前建立、研究对象对访谈者的了解、访谈者的特征及其对结果的可能偏倚判断。

对于研究设计过程，首先描述理论框架，其方法学观念和理论方法是什么，如扎根理论和内容分析。然后，对研究对象的选择进行描述，包括：抽样方法，是目的抽样还是方便抽样或滚雪球抽样；样本量有多少；研究人员与对象是如何交流的，是面对面还是电话或电子邮件；拒绝参加或中途退出的对象有多少，是什么原因。接着，对资料收集的场所和具体过程进行介绍，如在家里还是工作场所，除了研究对象和访谈者外，是否还有其他人在场，研究对象的特征是什么，访谈提纲来源及有无预调查，有无重复访谈，有无录音和记录及场记，访谈历时多长，信息饱和问题。最后，对于资料分析的过程也应进行介绍，如用了多少代码进行资料编码，主题是预设的还是来自获得的资料，管理和分析资料所用的软件信息。

2. 结果的呈现　写报告的目的是将研究发现的问题向有关部门反馈和同道们交流，为进一步制订政策和干预措施提供参考。报告应该具有针对性，对发现的问题进行详尽的描述和分析。同时注意报告的资料能否得出研究的结果，研究结果是否清晰呈现了重要的主题，是否有特殊的案例描述，是否对次要主题也进行了讨论。

写报告时，根据所关心的主题或问题写出结果。可用引语来表明被访谈者重点表达的想法、信念和感情，对引文注意身份标记，如标明编号，需注明被访谈者的大多数观点和少数观点，以及因被访谈者的差异引起的不同观点。研究人员对于资料的分析和认识不应该只停留在资料本身直接提供的信息上，而要应用研究人员自己的知识和经验对资料进行判断和推导，分析存在的主要问题，解释其原因，并将结论升华到理论的高度。同时，根据研究结果提出建议，或总结反映来自被调查者的建议。

四、定性研究资料分析应用举例

在我国医药卫生体制改革和药品集采的背景下，某项目采用定性研究和定量研究相结合的方式，从各利益相关者（医生、患者和基层医疗机构管理人员）的角度出发，了解基层医生对基本药物制度的知晓情况和态度，处方动机和行为现状；同时针对影响基层医生基本药物处方行为的相关因素和现存问题提出对策建议，为促进基层医生处方基本药物提供理论依据。

其中为深入了解全科医生基本药物处方行为的影响因素，研究小组采用定性研究的方式，依据研究目的采用目的抽样的方式选取目前正在从事一线基层医疗门诊工作，且工作时间≥5年的全科医生进行个人深入访谈，按照信息饱和原则，共访谈17人。纳入的研究对象兼顾年龄、工作年限和职称等社会人口学信息，征得受访者知情同意后，对访谈过程进行全程录音并对关键信息进行记录。

在访谈结束后，研究人员将访谈录音逐字转录为文本，并与现场笔记核对，再次阅读确保访谈资料完整。采用内容分析法，用定性资料分析软件NVivo进行编码、归类，并进行归纳综合提炼出访谈主题。

对访谈资料进行整理分析前，每一个访谈对象的文本给予编号（如：GP1~GP17号），每个编号对象对应的主要特征制订一张一览表，以便后面分析时了解访谈对象的特征。接着，提取上述GP1~GP17号访谈记录文本，逐个文本仔细阅读，对每个访谈对象的访谈资料分别进行编码，分析过程由本研究组中2名研究人员独立进行编码，若有不同意见之处通过课题组讨论后决定。随后将表达内容相同的编码归类在一起，对归类后的内容进行进一步的归纳和精简后提炼出相应的访谈主题，同时记录有多少访谈对象提及该主题的内容。对于一些访谈对象回答的表达有代表性或特别富有意义的语句可以标记好，后面报告中可作为引言应用。如针对上述研究中全科医生基本药物处方行为影响因素可归纳如下：

影响全科医生基本药物处方行为的因素，共提取到5个主题（部分展示如下）：

主题一：药物的有效性和安全性

通过访谈了解到药物的有效性和安全性是全科医生处方药物时考虑的主要因素。全科医生在处方过程中更愿意使用循证医学证据充足及临床中经常使用的药品。

"首先考虑的是药物疗效，比如有一些基本药物在临床上经常使用，根据我的临床经验这个药物疗效也很好而且药效稳定，虽然它不是原研药，我也会首选它。"（GP2）

"影响我处方行为的第一个因素是药物的疗效，以高血压为例，如果我将所有的基药都给患者用了一遍，血压控制的效果还是不行，我就会考虑换成原研药，所以药品的疗效还是最关键的。"（GP10）

主题二：患者对药品类型的选择偏好

通过访谈，全科医生反映，目前绝大多数患者在选择药品方面有很强的自主性，对药品的类型都有自己的选择偏好，部分患者倾向于使用原研药，而全科医生在处方过程中为减少医患矛盾，尽量根据患者的要求处方药物，这在一定程度上影响了全科医生基本药物的处方行为。

"中国的老百姓自主性太强，他们来社区卫生服务中心有些完全就是照方抓药，甚至还要求厂家一致，尤其是一些老患者往往会迷信进口药，他认为价格越贵可能疗效会越好，这在很大程度上影响了我们的处方行为。"（GP3）

"有时候患者说只用某个药品（非基药），觉得这个药品药效比较稳定，我们也会跟他讲解基本药物的疗效和安全性，但是仍会有一部分患者坚持自己的意愿，我们最终还是会尊重患者的意愿，给患者开非基药。"（GP5）

（杜　娟）

第六章　全科医生科研中常用的技术

　　随着全科医学学科的不断发展，全科医生作为基层医疗队伍的核心力量，必须通过自己的科研实践来回答临床工作中的问题，提升全科医疗水平。当全科医生根据临床工作实践，凝练出科学问题，选择了合适的研究方法后，就可以通过各种技术来搜集资料。本章系统地介绍了问卷设计技术、访谈技术、定性指标的量化技术、移动互联网调查技术及健康相关生存质量评价技术。

第一节　问卷设计技术

　　问卷（questionnaire）是调查研究中收集资料、对某些变量进行度量的一种测量工具，问卷的设计直接关系到调查的质量。通过问卷调查获取资料是一种比较便捷、经济的途径，是医学研究中收集资料的重要手段。

一、问卷一般结构

　　一份完整的调查问卷至少包括五个部分：问卷的标题、说明信、填表说明、问题与答案及编码。在此基础上，根据实际需要，有的问卷还包括调查员编号、审核员编号、调查日期、调查地点等。

（一）问卷的标题

　　问卷的标题应高度概括调查的主题，因此应简单明了，不宜过长，使调查对象看到标题后就能明确调查目的并产生兴趣。

　　例如，有研究者的问卷标题为"患者问卷调查"，从该标题上很难发现具体调查目的，应将标题根据具体调查目的加以具体化，如"患者门诊就医满意度调查"。

（二）说明信

　　说明信是指在问卷的首页上附给调查对象的说明，其作用包括：表明调查者的身份，增加调查对象的信任，愿意合作；介绍调查的目的和意义，激发调查对象的责任感，使其乐意参与；用真诚的语言请求被调查者合作，要求其准确回答问题；匿名保证，使调查对象在回答敏感问题时消除顾虑；对调查对象的参与表示感谢；留下调查者的地址，以表明调查者是认真负责和值得信赖的。

　　下面是一份调查问卷的说明信。

患者门诊就医满意度问卷调查

尊敬的患者：

您好！为进一步提高我院的医疗服务水平，更好地服务患者，我们设计了这份满意度调查问卷，请您对在我院就诊过程中的医疗质量、服务质量、就医环境及收费价格等进行满意度评价（调查目的）。问卷不记名（匿名保证），请您在百忙之中抽出时间，根据自己的实际情况认真填写，不要有漏项，您的参与将对我院工作起到积极的推动作用（恳请合作），衷心感谢您的支持与合作（表示感谢）。

×××医院（调查者身份、地址）

2020年7月1日

（三）填表说明

填表说明也称为指导语。是用来解释问卷中某些指标的含义，指导被调查者正确地填写调查问卷。分为卷头指导语和卷中指导语。

1. 卷头指导语 通常紧跟问卷的说明信。其作用包括：

（1）对选择答案时所用符号进行说明，例如：

请您在备选答案后面的（　　　）中打"√"

请您在1~10的线段上相应的位置上打"×"

（2）对问卷中所用的代码进行解释，例如：

对于"目前农村医生的数量太少"，这个观点，您的态度是

①A　　②D　　③NA

这里的英文字母为常用代码，因此在指导语中进行解释，A为赞成　D为不赞成　NA为不知道，方便调查对象进行选择。

（3）对某些指标含义进行解释，例如：

您在医院的工作岗位是

A医生　　B护士　　C行政管理人员　　D后勤人员

医院院长、科主任往往是双肩挑干部，如果此问题为单选题，在回答此问题时可以有两种选择，医生和行政管理人员，这样在统计时会出现部分人被统计在行政管理人员中，另一部分人被统计在医生队伍中。因此需要在指导语中对其进行解释：行政管理人员指的是医院各职能部门的工作人员和双肩挑的干部。

（4）对填写、邮寄等要求进行说明，例如：

请您如实填写，每题只选一个答案，不要空项。

请您填好后将问卷装入随问卷寄去的信封并及时寄回我处，最晚寄回日期是某月某日。

有关填表说明举例如下：

填表说明：

1. 请您在每个问题后面，选择最符合您状况的答案，并在相应的答案数字上打√。

2. 需要填写的，请您在＿＿＿＿＿＿上填写。如：年龄69岁

2. **卷中指导语** 是针对某些较特殊的问题做出的特定解释。例如：

针对您的健康问题，签约团队全科医生是否给您做以下健康指导：（本题可多选）

A 戒烟　　B 限酒　　C 限盐　　D 运动计划　　E 控制体重

F 用药指导　　G 心理指导　　H 康复计划　　I 护理指导

上面例子中"本题可多选"即为卷中指导语。

（四）问题与答案

问题与答案是问卷的主体，是调查者最关注的内容，被调查者的各种情况正是通过这部分内容搜集得到。调查者可以根据调查目的，自行设计问题与答案的内容，设计得好坏直接关系到整个调查的成败。

（五）编码

有些问卷提前设计了编码，也有的待问卷回收后进行统一编码，应确保每一份问卷都要记录一个唯一的且有顺序的识别号码，目的是便于后期的数据录入和统计分析。

二、问卷设计的具体方法

问卷设计实际上是将研究的理论假设逐步操作化的过程，即将理论问题转化成可操作指标表示出来，问卷设计的质量直接影响调查的结果，因此一份问卷只有内容合理、项目齐全、语言精练、长短适宜，才有可能达到预期的调查目的。

（一）测量与操作化

全科医生开展科学研究的领域比较广泛，既包括全科医疗中临床问题研究，也包括行为、社会学等方面的研究，而在行为、社会学等方面的研究中，会涉及很多抽象概念的测量，例如某研究者研究家庭功能对于糖尿病患者血糖控制的影响，其中家庭功能就是一个抽象概念，需要对其进行转化，转化为可观察的具体指标，然后才能进行测量。

1. **测量** 是研究者根据一定的规则，用量化的方式描述研究对象所具备的某种特征或行为。测量既包含对事物属性的定量说明也包含对事物属性的定性说明，对抽象概念的测量常常是定性的测量。如上面所举实例，在家庭功能对于糖尿病患者血糖控制的影响研究中，患者血糖水平是因变量，可以使用空腹血糖、2 小时餐后血糖或者糖化血红蛋白水平进行测量，即采用定量测量，而家庭功能的测量则为定性测量，需要进一步地具体化后进行测量。

2. **操作化** 是将抽象的概念转化为可观察的具体指标的过程。上面所举实例家庭功能对于糖尿病患者血糖控制的影响研究中，家庭功能即是抽象概念，需要将其转化为具体指标进行测量。由于对于家庭功能测量，在社会学中已经有较为成熟的量表，如家庭功能 APGAR 量表，该量表已经汉化且在国内广泛使用，因此研究者可以使用该量表对家庭功能进行测量。

在上面所举实例家庭功能对于糖尿病患者血糖控制的影响研究中，除上述对于因变量（患者血糖水平）和自变量（家庭功能）的测量以外，还应考虑许多混杂变量（如性别、年龄、文化程度、患病年限、共病情况等）的影响，这些混杂变量同样也需要进行测量，这些由对因变量、自变量和混杂变量的测量内容共同构成了问卷调查的内容。

3. 信度和效度 信度即可靠性，指采用同样的方法对同一对象重复进行测量时，所得结果的相一致的程度。效度指测量的准确度，即测量工具或手段能够准确、真实地度量事物属性的程度。

在全科医生科研的实践中，常常需要对各类慢性病的管理效果进行评价，如患者对某类疾病的认知、态度和行为等情况进行测量，而认知、态度等均属抽象概念，需转化成可测量的指标或者问题条目，这时需对研究者自编的测量工具的信度和效度进行报告。信效度评价详见本章第五节。

（二）问卷设计要求

完成了问卷内容的构建以后，在具体设计问卷时要注意如下要求。

1. 紧紧围绕调查目的进行设计 问卷是为调查者服务的，因此在问卷设计中应紧紧围绕调查目的展开，需要的内容一个不少，可要可不要的问题尽量不要，问卷中的每一个问题都有一个明确的意义。有些人在设计调查问卷时喜欢包罗万象，想通过一次调查了解尽可能多的问题，将问卷设计得过长，这样一方面调查对象不能很好地掌握调查的目的，另一方面对于过长的问卷往往拒答率很高，使调查失败。因此，问卷一般不宜过长，以回答时间在30分钟内为宜。

2. 项目要齐全，结构要合理 在问卷设计中注意保持问卷的结构完整，不缺项。结构主要包括问卷名称、说明信、填写说明、问题内容与答案四大部分，其他如问卷编号、问卷页码、调查时间、调查地点、调查员姓名等项目也通常是不可缺少的。在实际调查中常见一些调查问卷没有说明信和填写说明，这样很难使调查对象明确调查目的，对于问卷的填写也是无所适从，因此上面所述的四个主要结构内容一个不能少。

3. 问题要明确、表述要清晰 在设计调查问卷中的问题时，一定要保证问题的给出是明确的。例如有研究者对门诊患者进行患者满意度问卷调查，其中设计了一个问题"疾病病种"，该问题的提法不明确，被调查者很难知道是在问疾病史，还是问来医院看什么病。如果想了解患者就医的科室，可以改为"您此次到医院的哪个科室看病"；如果想了解患者的疾病史，可以改为"您曾经得过何种疾病"，相应地将备选答案改为不同的疾病病种。

4. 语言要精练、数字要准确 问题的语言要精练，尽量避免使用"有时""偶尔""经常"等不确定的词，有研究者在进行医院患者满意度的问卷调查时，设计了这样一个问题"您经常到本院看病吗？"，其中"经常"就是一个不确定的词，不同的调查者对于"经常"的理解是不同的，因此可将上述问题修改为"您一个月来我院看几次病？"。

当问卷中有年份、年龄、收入等需要用数字表示的问题时一定要准确。例如：

你的年龄是多少岁？

A <20　　 B 20~30　　 C 30~40　　 D 40~50　　 E >50

显然在每个选项中都有互相包含的部分，使调查对象无法填写。这是在设计问卷时常犯的错误。对于上面所举实例，应将问题的答案修改下面所列的两种形式：

A <20　　B 20～30　　C 31～40　　D 41～50　　E >50

A <20　　B 20～　　C 30～　　D 40～　　E 50～

5. 难度要适中、顺序要合理　设计问卷问题时应遵循调查对象熟悉的、简单易懂的问题放在前面，比较生疏、较难回答的问题放在后面。问题的难度应以不需要经过查阅文献或进行复杂的计算便可以回答为宜，过于复杂的问题会引起调查对象的畏难情绪。例如：

您十年前的收入水平在您所在的地区处于什么位置？

A 上等　　B 中等　　C 下等

调查对象在回答该问题时首先要回忆十年前自己的收入是多少，还需查阅文献找出当时所处地区的平均收入水平，然后再将其分为上、中、下三等，再比较自己的收入处在什么位置。显然这个问题难度太大，调查对象很难准确回答。

6. 问题要分类，层次要清晰　在设计问卷时注意将相同类型的问题进行归类，每一类问题排序时应注意问题的逻辑顺序，这样使得整个问卷层次清晰，便于调查对象按正常思维和逻辑顺序回答，否则造成调查对象思维大范围的跳跃，会影响收集信息的准确性，从而影响调查的质量。问题的类型主要包括：

（1）事实型的问题：年龄、性别、学历、职称、职业、职务等，一般放在问卷的最前面。

（2）行为型的问题：干某事，如就诊、咨询、听健康教育讲座、测量血压、血糖、体检等。

（3）态度型的问题：对某个问题所持的态度，如赞成、反对、满意、不满意等。

（4）原因型的问题：为什么会引起某一事物的发生，如：文化、知识、能力、态度、关系、环境等内在和外在因素。

（三）问卷设计的程序

1. 明确研究目标　在设计问卷之前，对研究目标要十分明确，通过调查希望得到什么样的结论，如何将研究目标转化为可操作的目标；在本研究领域其他人的工作进展是怎样的，有无可以借鉴的东西。因此要进行文献研究，了解国内外研究概况，在此基础上建立理论假设，制订验证理论假设的可操作研究计划，包括调查对象、样本量、调查方法、统计方法、如何组织实施等。

2. 设计问卷初稿　根据调查的目的和理论假设，列出调查内容的提纲，广泛收集相关的资料、信息，建立问题库。第一步将所有要调查的问题一一列出；第二步将所有问题进行归类；第三步将归类的问题按照逻辑关系排出各类问题的顺序；第四步对每一类中的问题进行分层，按照日常习惯和逻辑关系将问题进行排列；第五步反复检查问题前后的连贯性、问题之间的逻辑关系及问题是否可以实现调查目的的需要。

3. 问卷的试用和修改　设计好的问卷初稿，不能直接用于正式的调查，需要经过一个试用过程，这一步十分重要，不能省略。在试用中可能发现问卷中存在的问题，包括问卷的缺陷、遗漏、语言表述、逻辑关系、层次、分类等。试用的方式有两种：一是专家咨询，将问卷初稿分别送给本研究领域的专家、学者和研究人员，请他们根据自己的经验和认识，从各个角度和方面对问卷进行评价，指出其存在的问题；二是开展小范围的预调查，即利用问卷初稿，从正式调查的总体中抽选出部分样本，可选择那些比较愿意配合调查、对研究感兴趣、能够提出一定见解的调查对象。通过对预调查结果的分析查找问卷初稿中存在的问题。根据不同渠道收集的信息，对初始问卷进行修改完善。

4. 确定问卷 将修改完善后的问卷定稿，交付印刷，准备用于正式调查。

（四）问卷的内容设计

1. 问题设计的要求 问题的设计通常可以参考其他研究者的经验，结合本研究的目的，利用专家咨询法、头脑风暴法、小组讨论法等列出问题，然后进行筛选和整理。在问题设计中应注意以下原则。

（1）问题必须围绕假设进行设计。一份好的问卷，要求设置的问题恰好能够满足检验假设的需要，因此在设计中应该有一个总体的框架，要明确需要采用哪些指标来测量假设，对每一个问题在调查中的作用都应该十分清楚，避免将不必要的问题列入。

（2）问题的提出要具体、明确，不能太抽象、笼统。例如，"您对我社区卫生服务中心满意吗"这样的问题显然太笼统，不具体，可以修改为"您对我社区卫生服务中心提供的基本医疗服务项目满意吗"这样使问题具体化，方便回答。

（3）问题的提出避免过于专业术语化，应尽量使用调查对象自己的语言。例如有研究者进行艾滋病知识知晓率调查时，设计了如下问题："获得性免疫缺陷综合征是通过哪种渠道传播的"一般人群不清楚获得性免疫缺陷综合征为何种疾病，因此修改为"艾滋病是通过哪种渠道传播的"就比较通俗易懂。

（4）一个问题不要问两件事，避免难于回答。有研究者在进行医院门诊患者满意度调查时，设计了"您对所接触的医生在认真观察病情和及时检查治疗方面是否满意"这样一个问题，就是犯了一个问题问了两件事的错误。

（5）问题的提出不能有暗示和诱导。有时设计者为了证实自己的假设是正确的，给出的问题带有明显的暗示和诱导，使得调查结果可靠性下降。例如，"您是否认为社区卫生服务中心医生的医疗水平不如大医院的医生"这个问题就有明显的暗示，即社区卫生服务中心医生的水平就是不如大医院的医生水平。对于两类工作性质、工作岗位明显不同的人员进行比较，显然缺少一些限定的指标，比如可以限定在接诊急诊患者、开展慢性病管理方面、开展健康教育、处理疑难杂症等方面分别进行比较更为客观。

（6）问题的提出也不要用双重否定的词和句子：有研究者设计了这样一个问题"您是否认为不吸烟就不得肺癌"这是双重否定的句子，使被调查者不易理解，可直接修改为"您是否认为吸烟可以引起肺癌"。

2. 问题的编写格式 问卷中问题的编写格式有多种，最常用的有8种形式。

（1）二项式：又称是否式。问题下面只设有2个备选答案。例如：

您是否了解我国的社区卫生服务机构的功能？

A 是　　B 否

这种方式提问的优点是易于理解，可迅速得到明确的答案，便于统计分析，但是得到的信息较少，了解得不够深入。

（2）多项式：即问题下面的备选答案超过2个。例如：

下列哪个项目是社区卫生服务提供的基本公共卫生服务项目？

A健康教育　　　B重大公共卫生项目　　　C计划生育　　　D疾病诊断

这种形式是封闭式问卷中最常用的，对于备选答案既可以单选，也可以多选，但所设备选答案不可能包括所有情况时，可以在最后一个选项处设计一个"其他"选项，保证选项的穷尽性。

（3）矩阵式：将同一类问题集中在一起，共同利用一组作为备选答案，从而构成类似数学中的矩阵式的表达方式。例如：

您对社区卫生服务机构提供的服务项目的满意程度如何？

项目	备选答案		
	满意	一般	不满意
慢性病管理			
健康教育			
公共卫生			

（4）序列式：所有备选答案具有程度上的差异并可排列。例如：

您对所本次接诊医生的服务态度是否满意？

A满意　　　B较满意　　　C一般　　　D不满意　　　E很不满意

这种备选答案设为5个水平的形式最常见，但也有设为3个或7个水平的情况。如3个水平：同意、不清楚、不同意；7个水平：很不同意、不同意、有点不同意、不能决定、有点同意、同意、很同意。

（5）尺度式：将答案分成两个极端，中间分成若干个等距离线段，要求回答者在适当位置上打"×"。线段的两头分别表示两个极端的状态，中间可分为3、5、7个距离，每一个线段代表不同的强度，调查对象根据自己的感受在线段的相应位置上打上标记"×"。例如：

你对吸烟能引起肺癌的说法

很不同意1　2　3　4　5　6　7很同意

（6）填入式：这是一种定量的开放式的问题。当备选答案数量很多不容易列全时，可采取此种形式。要求调查对象将定量结果直接填入。研究者可以按照一定的规律进行分类，适合于进行统计分析。例如：

您的年龄_____岁；您的年收入是_____元

（7）关联式：将一系列相互衔接的问题放在一起，后面问题的回答依赖于前面问题的回答。对于中间无关的问题可以跳过。但特别注意在设计关联式时一般需要增加卷中指导语，以提醒调查对象。例如：

1. 您吸烟吗?

A 吸　　B 不吸（如选B,请跳过2、3题,直接回答第4题）

2. 一天吸几支?

A <5　　B 5~10　　C 11~15　　D 15~20　　E >20

3. 您从几岁开始吸烟_____?

4. 您对公共场所禁止吸烟的规定的态度

A 非常赞同　　B 赞同　　C 不赞同　　D 非常不赞同　　E 说不清楚

这里面2、3都是和1关联的题,当第一题选择B时,就不需要回答2、3题,直接回答第4题。因此在第1题后面需加卷中指导语。

（8）顺位法:也称排序法。列出若干项目由调查对象根据某种特征进行排序。该法有两种排序方式,一种是将所有的项目排序,另一种是只对其中某些项目排序。例如:

请将您到社区卫生服务中心看病的三个最主要的原因选出并排序:（请按重要程度由大到小排列）_____

A.看病方便　　B.离家近　　C.不用挂号　　D.便宜　　E.人少,不用排队

F.医生服务态度好　　G.医生了解情况　　H.就医环境好　　I.报销比例高

对于这8种问题形式,在问卷设计中可以根据调查需要灵活使用。

（五）问卷设计的常见问题

设计有误的问卷往往会影响调查的质量,因此设计问卷时应注意以下问题。

1. 说明信与指导语中易出现的问题　有些问卷中的说明信,对调查背景、调查目的缺乏必要说明,这样极易导致被调查者对调查内容不理解而拒答;有些问卷中的说明信则过于冗长,则易导致被调查者的厌烦情绪。

2. 问题设计中易出现的问题　本节中对于问题设计所提的要求,也是问卷调查设计初学者容易犯错误的地方,例如问题的含义不清楚、不明确,可能是问卷设计者对所提问题的目的和用意不清楚造成的,也可能是对问题的用语推敲不够造成的。例如,"您对社区医院近年来变化情况的感觉是什么",此问题的含义就比较模糊,被调查者不清楚问的是社区医院的什么变化情况,是医生整体的诊疗水平的变化呢? 还是医院的就诊环境的变化呢? 问题设计得不够明确,十分含糊。再如,一个问题不要问两件事,如上文中所举的"您对所接触的医生在认真观察病情及及时检查治疗方面是否满意"就是一个问题问了两件事,当被调查者对这两个方面的问题的回答不一致时,就难以作答。在问题设计方面应注意的其他问题,例如,问题的设计避免过于专业化的用语、问题不能有暗示和诱导、不能用双重否定的提问方式等,在问题设计时也应格外注意。

3. 问题答案设计中易出现的问题　答案设计中最易出现的问题是答案含义过于笼统。例如,"您是否经常去社区卫生服务机构看病? A.经常 B.有时 C.极少 D.从未去过"。若把答案改为:"A.每周一次 B.每月一次 C.半年一次 D.从未去过",经过量化,调查者就能得到反映真实状况的资料了。

三、问卷调查的实施

（一）问卷收集方法

问卷资料收集方法主要有两种基本类型，即自填问卷法和结构访问法。

1. **自填问卷法**　指调查者将问卷发送或邮寄给被调查者，由被调查者自行阅读和填答，再由调查者收回的资料收集方法。这种方法是问卷调查中最常用的一种资料收集方法。自填问卷法可分为个别发送法、集中填答法、邮寄填答法和网络调查法。

（1）个别发送法：是自填问卷法中最常用的一种。调查员依据所抽取的样本，将印制好的问卷逐一发到被调查者手中，同时说明调查的要求和意义，请求他们的合作，并约定好收回问卷的时间、地点和方式。个别发送法克服了当面访问中所需调查时间较长的弱点，也不像邮寄法那样与被调查者完全不见面，而是介于两者之间，较好地处理了调查的质量与数量之间的关系，但对被调查者的文化程度有一定要求。

（2）集中填答法：采用某种方式将被调查者集中起来，由调查者统一讲解调查的主要要求、目的、问卷的填答方法等事项，然后将问卷分发给被调查者，请他们当场填写并当场收回。此方法比个别发送法更为节省调查时间和人力，比邮寄填答法更能保证问卷的填答质量和回收率。但此方法最大的局限性在于，实际工作中很难将符合纳入标准的调查对象集中起来，而且将众多被调查者集中在一起填答，有时不利于表达个人真实想法。

（3）邮寄填答法：即调查者把印制好的问卷连同已写好回邮地址和收件人姓名且贴好足够邮资的信封寄给被调查者，被调查者填答完毕后再将问卷寄回调查者。此方法不仅省时、省力、省钱，还可以不受空间距离的限制。但此方法的局限性是，调查者要有被调查者的姓名和地址，而这在实际调查中常常难以得到，即使有，随着时间推移，地址也可能发生变化；另外，该方法最大的缺点是问卷回收率低，难以达到问卷调查的回收率标准。

（4）网络调查法：即调查者利用互联网向特定研究对象发送调查问卷，同时也通过互联网收回被调查者填答好的问卷的调查方法(具体方法见本章第四节移动互联网调查技术)。网络调查法的优点是方便快捷、节省费用。不足之处主要体现在调查对象范围的局限上，即只能调查有条件上网同时也会上网的对象，造成选择偏倚。

2. **结构访问法**　指调查者根据问卷内容，采取口头询问的方式，向被调查者了解相关情况，收集有关资料的方法。结构访问法又分为当面访问法和电话访问法等。

（1）当面访问法：即调查员携带问卷到调查地点，按照问卷内容对所选择的被调查者进行访问，并严格按要求记录调查者的各种回答。调查员应严格按照问卷提出问题，不得改变问题顺序和提法，也不得随意对问题做出解释。

此方法的优点：第一，调查员可对调查过程加以控制，并且根据调查员培训要求，对被调查者提出的问题进行解释，从而提高调查结果的可靠程度；第二，当面访问时调查员不仅可以得到被调查者的回答，还可以观察其表情和动作，以此判断被调查者所提供信息的真实性，必要时可进行解释说明，打消他们的顾虑，问卷回答率高。

此方法的缺点：第一，调查费用较高且调查所需时间较长；第二，当面访问时，由于调查员不同，虽经过调查员培训，但在具体实施过程中，可能因被调查者对问题的理解、交谈进展情况的不同等原因，造成调查员偏倚；第三，对一些敏感问题进行当面访问，会使被调查者产生较多的顾虑，这些会直接影响到被调查者所回答问题答案的可靠性。

（2）电话访问法：即通过电话对被调查者进行访问的方法。电话访问简便易行、省时、省钱。但主要问题是被调查者的选取及代表性方面的困难，一方面，电话号码簿上的号码不一定构成调查者所希望调查的总体；另一方面，许多属于调查总体的成员的号码没有出现在号码簿上，这样就无法抽到他们。另外，在国内使用电话调查时，可能由于文化原因，一般拒答率较高，因此运用电话访问法时，研究者要对总体及样本的情况有足够的认识，尽可能做到抽样的科学性和代表性；另外，电话访问时应也有相应的技巧，降低拒答率。

（二）调查问卷的回收率

调查问卷回收时要注意以下问题：一是在填写完成后的问卷结尾处记录问卷完成的日期和接收日期；二是每一份问卷都要有一个唯一代码；三是原始的问卷要妥善保管。

问卷回收过程中，调查问卷回收率是决定和影响调查样本代表性的重要因素。回收率是反映抽样调查结果对总体的代表性程度的重要指标之一。

1. 调查问卷回收率　调查问卷的回收率也称为调查问卷的应答率或回答率，即调查过程中，研究者成功完成调查的个案数与计划完成的样本总个案数的百分比。

回收率的计算方法：

$$回收率 = \frac{实际完成调查的个案数}{计划完成的样本总个案数} \times 100\%$$

若一项调查从总体中抽取 1 000 名调查对象作为样本，研究者采用自填问卷的方法收集资料，发出 1 000 份问卷，实际收回 957 份，根据上述公式计算，该项调查的回收率：

$$\frac{957}{1\,000} \times 100\% = 95.7\%$$

但实际调查中，由于收回的问卷中还可能会有一些不合格的问卷，所以，严格意义上的调查回收率也称为有效回收率，指的是通过对问卷审核后，剔除掉那些缺项较多、明显乱填的废卷后剩下的问卷数，即有效问卷数占样本总个案数的百分比。

$$有效回收率 = \frac{实际完成调查的有效个案数}{计划完成的样本总个案数} \times 100\%$$

由于最终进入数据分析的问卷数目是有效问卷数，所以，一般情况下研究者在研究报告中向读者报告的应是有效问卷数和有效回收率。

2. 调查问卷回收率的标准和意义　调查问卷回收率是决定和影响调查样本代表性的重要因素。回收率是反映抽样调查结果对总体的代表性程度的重要指标之一，在确定了研究方法及抽样方法后，在进行样本估算时一般考虑到问卷回收时率应保证在80%，会在计算所得的样本含量的基础上再扩大20%的样本量，以保证足够的样本含量，因此一般问卷回收率应保证在80%以上。另外，一旦确定了调查对象后，不能随意更换调查对象，如出现拒访需要更换调查对象时，应遵循课题研究中制订的置换研究对象的相关规定，同时在结果报告时应该报告置换率。如果能够获取到拒访对象的年龄、性别等基本信息时，可以做拒访对象和接受调查人群中这些信息的统计学检验，如果没有统计学差异，则更能说明调查对象的代表性问题。

（三）调查员的选择与培训

1. 调查员的选择　调查员队伍承担着实施问卷调查的具体任务，是调查成功的保证。因此调查员选择要注意下列原则：

（1）调查队伍应该包括课题组成员、调查现场的管理人员和调查员。

（2）进行明确分工，明确各自的任务和职责。

（3）调查员应具备诚实、认真、勤奋、负责、谦虚、耐心、能吃苦等良好素质。

（4）调查员应熟悉调查现场情况，能够找到顺利开展调查的关键人物，并迅速打开局面。

（5）调查员可以由专业调查人员、研究人员、学生、熟悉现场的人员（如开展社区卫生服务调查，社区全科医生是合适的人选）等组成。

2. 开展调查员培训　调查员培训是开展问卷现场调查必不可少的环节，通过培训，调查员可以了解研究的目的及意义，统一和规范调查内容及要求，明确调查员的任务，提高调查员的调查技巧和能力，强化调查工作的组织纪律。

调查员培训的内容包括：①调查概况介绍，包括课题的研究背景、调查的目的、调查工作的重要性、研究单位、参与研究的单位、如何抽样、抽样量、调查对象、每个调查员的工作量、调查步骤、调查所需时间、何时开始、何时结束等；②调查要求，包括每天工作进展、如何保证收集资料完整性、如何制作访问备要、建立相互联络方式、强调调查纪律；③问卷培训，将问卷从头至尾逐题讨论，解释清楚全部可能发生含糊不清的问题，鼓励调查员从不同理解角度提出问题，统一认识，使之规范化，不产生歧义；④调查技巧培训，如何进入现场、如何介绍调查目的和意义、如何取得调查对象的信任与配合、如何保证收集资料的完整性。

（四）问卷现场调查过程的管理与质量控制

问卷现场调查的开展与实施，通常不是由研究者一个人完成，需要有一定数量的调查员的参与，而且通常会持续一段时间。问卷现场调查一般包括设计阶段、实施阶段、资料整理和分析阶段。为使问卷调查结果能反映所调查事物的真实情况，必须对问卷现场调查的每一个环节采取严格的质量控制措施，质量控制贯穿设计阶段、实施阶段和数据的整理分析阶段。

1. 设计阶段的管理与质量控制　设计阶段的管理与质量控制应当从以下几个方面进行。

（1）调查方案的设计：必须围绕调查目的，从实际出发设计调查方案，包括课题组所具备的条件、现场的配合情况、经费情况、时间等，避免脱离实际，造成问卷调查方案不可行。

（2）调查对象的选择：最好的调查对象是相对稳定的人员，比如常驻人员、实际居住人员等。进行抽样调查时应注意抽取代表性强的样本，避免抽样误差。

（3）调查工具的准备：根据研究目的设计调查问卷，认真筛选调查指标，遵循设计原则，满足设计要求，保证问卷质量，避免因设计不完善引入的误差。

（4）预调查：预调查的目的是检验调查设计工作的合理性和可行性。通过预调查可以发现问卷中存在的设计缺陷、易产生歧义的问题及需要补充完善之处，甚至修改调查计划，以减少正式调查中出现误差。

2. 实施阶段的质量控制　现场调查的实施阶段包括调查的组织与管理、调查员的选择与培训、问卷的填写与回收、问卷的初审与复审、现场督导。此阶段的质量控制措施应该从以下几方面来考虑。

（1）调查员的选择与培训：调查员应具有良好的素质，愿意从事调查工作，态度认真负责，工作细致耐心，有一定的社会交往能力。在基层进行的调查，一般以当地医务人员作为调查员为宜。在农村挑选乡镇卫生院医生及工作负责并有一定业务能力的村医，城市挑选社区医生，他们熟悉当地的风俗习惯和语言，能够取得群众配合，获得的资料更真实可信。调查员培训可以使其准确掌握研究的目的，统一、规范对每个问题的理解，学会调查技巧，以保证资料收集环节的准确性，避免误差的引入。

（2）问卷填写与回收：现场调查中应尽可能要求调查对象本人填写问卷，如果调查对象为儿童可由母亲代为填写，以保证填写信息的真实性。对于确定为调查对象的家庭应通过组织和宣传说明调查工作的意义，取得群众的配合。还要注意问卷的回收率，较高的回收率偏误也较少。一般回收率达到50%才是足够的，至少达到60%才算是好的，达到70%以上就是非常好的。

（3）问卷的初审与复审：问卷回收时就应该进行初审，检查问卷的填写质量，发现错漏项目应在最短的时间内请调查对象予以补充和更正。如等到工作结束时再进行审核，这样错漏项目过于集中，进行纠正就比较困难。复审时，可以在完成的调查中随机抽取2%~3%进行重复调查，观察两次调查结果的一致性。两次调查间隔时间应尽可能接近，初审、复审者均应在审核表上签名。

（4）现场督导：现场调查期间，要组织专人进行现场督导，保证调查地区应答率达90%及以上。调查表返回后，由调查研究小组组织随机抽取3%的问卷进行复查。

3. 资料整理和分析阶段的质量控制　问卷现场调查完成后，进入资料整理和分析时的质量控制应注意以下几点。

（1）核查资料的完整性，对问卷再次审核，发现有缺项应要求所属地区负责核查更正，如无法更正者，则将其作废。

（2）检查资料的正确性，对问卷的各项指标填写是否符合要求进行核查，对不符合要求的及时更正。

（3）检查调查问卷的编码，保证编码的单一性。

（4）计算机录入数据时采取两次录入，或采取双机双人录入，完全一致的数据才能进入分析。

（5）设定一定的计算机程序对录入的数据进行逻辑检查，不符合逻辑的数据将无法被录入。

对调查质量控制结果可以从应答率、初审率、复审率、模拟测验发现的差错率、抽样调查的符合率、计算机逻辑检错率、样本代表性等进行分析。

（杜　娟）

第二节　访　谈　技　术

访谈法是定性研究中资料收集的主要方式之一，而访谈技术是访谈法使用成功与否的重要影响因素。访谈技术一般是指调查人员为了获得准确可靠的研究资料，运用科学的访问方式，引导调查对象说出研究所需要信息的技巧和策略。因此作为研究者应掌握访谈的相关技术。

一、访谈原则

1. 访谈对象应选择那些了解研究主题的知情人进行，并且有充足时间保证。

2. 访谈员应取得访谈对象的理解与信任，得到他们的真诚合作。

3. 访谈员访谈前要熟悉研究主题，明确研究目的，并预先拟定好访谈提纲。

4. 访谈员应采取中立的立场，访谈中不对被访者的发言进行评价，让访谈在轻松的访谈气氛中进行。

5. 保护被访者的名誉和利益，特别对于涉及个人隐私、家庭关系、同事纠纷等问题更应严守秘密，不失信用。

6. 访谈时紧扣主题，抓住要点按计划进行，防止谈话偏离访谈提纲。

7. 每次访问，尽量一次完成。临近结束时，再次检查访谈提纲，以防遗漏重大问题。

8. 访谈结束时，真诚感谢对方的配合。

二、访谈员的素质要求

访谈是一种人际关系的互动过程，这一过程是通过人与人之间面对面交谈来实现的。通过研究者设计出的谈话环境，以鼓励被访者说出对所研究问题的看法、意见和感受等。由于不同的人在性格、气质、文化水平、观念、习俗等方面差异很大，常常会影响访谈的进行。为此，对访谈员的素质应有一定的要求，主要包括以下内容。

1. **专业知识**　访谈员必须熟悉自己的专业，明确访谈的目的与内容，对被访者提出的疑问能够及时给予合理的解释。

2. **语言表达能力**　访谈员应具有较好的语言表达能力，善于将访谈目的、要求，向被访者叙述清楚，解释明白。

3. **人际沟通能力**　访谈工作是访谈员向陌生人获取信息的过程。访谈员必须善于在短时间内同陌生人迅速建立起相互信任、理解的关系，取得对方的信任。

4. **控场能力**　在访谈中，尤其是小组访谈时，访谈员能够把控访谈讨论整体方向，当遇到健谈者时，能适时插话，使访谈围绕主题顺利进行，同时对于少言者，也能适时鼓励发言，从而获取到全面信息。

5. **分析判断能力**　对被访者回答问题过程中的表现及内容能准确判断，辨别真伪，确定取舍。

6. **身体素质**　访谈工作是一项艰苦的工作，要求访谈员有较好的身体素质，以保证有精力、体力去完成工作。

三、访谈前的准备工作

1. **准备好问卷或访谈提纲**　当使用结构型问卷调查时，由访谈员叙述或提出问题，被访者回答问题，然后由访谈员将答案填入问卷之中。在进行这种调查时，应事前准备好问卷。当使用非结构型问卷调查，事前应将谈话的目的做出规定，并设计出谈话的方式、顺序。如果是进行无结构访谈时，访谈员应事前设计出访问提纲，在访谈过程中围绕访谈提纲自由交谈。

2. **事先告知被访者**　为了减轻被访者的压力，应尽量事先与被访者联系，告诉他们本次访谈的目的、内容和意义，还要特别告知访谈资料匿名，并能对谈话内容保密等，以打消被访者的疑虑。如果需要录音，也需要征得被访者的同意，方能进行。

3. **了解被访者的一般情况**　了解被访者的一般情况，如年龄、性别、职业、经历等，这将有利于缩小与被访者之间距离，方便访谈进行，同时也能据此选择合适的访谈员及谈话方式。

在选择访谈员时，应根据不同的访谈目的考虑访谈员与被访者的性别与年龄问题。访谈内容如涉及家庭、性关系等，最好选择与被访者同性别的访谈员，以便能更真实地获取访谈资料。对于老年被访者，也应尽量选择年龄相近者，便于沟通。

4. **准备好访谈工具与物品**　访谈前，应准备好下列物品：①访谈员本人的身份证，介绍信；②被访者名单及简历；③笔、笔记本、访谈项目表、访谈提纲或问卷；④照相机、录音机、摄像机之类的器材；⑤小纪念品，作为配合访谈的感谢之用。

四、访谈技巧

在做好充分的访谈准备后，就可以开始实施访谈了。访谈成功与否受到访谈者个人素质、与被访者之间的关系及一些必要的访谈技巧影响。访谈实施过程主要包括提问、倾听和回应，但在实际操作中，这三个方面是相互交融，密不可分的，如很多情况下，回应就是提问的方式，只是回应更多地强调了与被访者前面所述内容的紧密联系，再如访谈者听不明白被访者的真实意思表达，就不可能对被访者做出积极回应。因此，为了方便讨论，以下从提问、倾听和回应三个方面对访谈技巧进行介绍。

（一）提问

在访谈中，访谈者的主要任务之一就是提问题，因此如何提问在访谈中就占据了重要地位。

1. 提问的基本原则　提问题的方式受访谈者与被访者双方背景、双方的关系及访谈的环境等多因素影响，要因时因地因人制宜。

（1）访谈时，应尽量选择安静的地方。无关者不要在场，这样可集中被访者的注意力，使回答不受外界因素影响。

（2）开场白一定要说好，要简明扼要、意图明确、重点突出。要告诉被访者你是什么人，你想干什么，为什么要进行这次访谈。目的就是消除被访者的戒心和疑虑。

（3）所提问题要明确和具体：一个好的开场后，紧接着就要用简单清楚的语言告诉被访者你想了解的问题。对每个所提问题都应简单明了，尽量少用或不用专业术语，使用的语言要适合于被访者，特别是对文化程度较低的被访者，更应使用通俗易懂的语言。不要将所有的问题一次提出来，要先提出容易回答、不需要思考的一些问题，等到被访者进入谈话状态后再提出一些复杂的、敏感的或需要思考的问题。在这个过程中尽可能地调动被访者回答问题的兴趣，建立轻松、融洽的谈话气氛。

（4）访谈问题之间过渡要自然流畅：访谈者应注意倾听访谈者的谈话，进行问题转换时，可将被访者前一问题中谈话内容中的某一点作为提出下一个问题的契机，使访谈进行得自然顺畅。

（5）针对不同的场合、不同的对象使用不同的谈话方式：对于老年人，说话声音应大些，速度应缓慢些。有些被访者不愿意用语言表达，可使用一些图片，卡片，让其选择，以示回答。

2. 追问　在提问过程中除了注意上述原则外，还应有意识地使用追问，对有关问题进行深入探讨，是开放型访谈中的重要提问手段。

追问时注意时机，一般追问不宜在访谈的开始阶段频繁进行。访谈初期是访谈者与被访者建立关系的重要阶段，应尽量给被访者充分表达的机会，不要急于就访谈者自己感兴趣的话题进行追问。另外，在访谈中一些具体细节问题希望被访者补充，可以即时追问，如果访谈者希望追问的内容涉及重要观点、理论等，可等访谈后期时再进行。如在做北京乡村医生工作现状访谈时，被访者在谈到近期心情不好时，可在后期追问，"心情不好是一种什么状态？怎样发生的？对个人的影响是什么"等问题。

追问时还要注意度的问题，注意考虑被访者的感受及访谈问题的敏感程度，如果问题比较尖锐，则应从侧面进行追问。追问时切忌不管被访者正在说什么或者想说什么而一味按照访谈者既定提纲进行。

（二）倾听

在开放型访谈中，倾听同提问一样重要。通过倾听，了解被访者看问题的方式和语言的表达方式。倾听既是一门技术又是一门艺术，除了要会一些听的技能，同时能通过对方说出来的话，体会隐含在这些话语后面的深层意义。因此在倾听被访者谈话时注意下面问题。

1. 访谈者要将全部注意放在被访者身上，给予对方真诚的关注。在访谈中访谈者通过自己的目光、神情和倾听的姿态让被访者感到尊重，被访者因此可对访谈问题进行积极思考，获取到更多信息。

2. 访谈者在访谈中对被访者谈话内容给予回应，并表现出自己对对方表达内容的理解，从而使被访者愿意表达自己的情感和态度。如在做北京乡村医生工作现状访谈时，被访者对目前收入及生活现状比较苦恼时，访谈者可用自己的眼神、面部表情或者语言"确实现在生活的压力挺大"向对方表示同情，这样被访者就更加愿意倾诉自己的想法。

3. 访谈者不要轻易打断被访者的谈话。一般被访者在说话时通常有自己的动机和逻辑，虽然在访谈者看来，可能跑题了，但被访者可能有话要说，有表达的需求，因此一般情况下，先不要打断被访者，被访者只有在自己内心的需要得到满足后，才愿意就访谈者认为重要的问题进行交谈。

4. 访谈中在遇到被访者沉默时，要根据不同情况采用不同方式处理。在访谈中，被访者沉默的原因可能是有意拒绝访谈者的问题、正在思考、不好意思、无话可说等。当遇到被访者沉默时，不要马上发话来打破沉默，要对沉默原因进行判断，如果是被访者不愿意回答，可以采取委婉方式询问无法合作的原因；如果是不能确定被访者是否正在思考，可试探性询问，如"请问您在想什么？"如此询问可以帮助访谈者了解当下对方的思考状况，也可以帮助对方清理思维。

（三）回应

在访谈中，访谈者不仅要主动提问、认真倾听，还要适当地做出回应。回应一般是指在访谈过程中访谈者对被访者的言行做出的语言反应和非语言反应。

1. 回应的方式　一般常用的回应方式有认可、重复、自我暴露和鼓励被访者。

（1）认可：表示认可的行为包括语言行为和非语言行为。语言行为，如"嗯""是的""很好"等表示认可的用语。非语言行为，如点头、微笑、鼓励的目光等。一般情况下，这两类方式都可以达到鼓励被访者愿意多说话的目的。尤其是在访谈中，适当地应用这些非语言行为往往能达到较好的访谈效果，如点头、微笑与被访者目光接触等都可以鼓励被访者继续说下去。听被访者谈话时，一定要专心，不能够表现出心神不定或出现接听电话等行为，以免影响被访者谈话的情绪。

（2）重复：访谈者将被访者所说的事情再重复一遍，目的是引导对方就该事情的具体细节进行陈述，同时检验访谈者对被访者所诉问题理解是否准确。

（3）自我暴露：访谈者对被访者所谈的内容中与自己相似或者相关经历、经验做出回应，如"我也有过和你一样的经历了"。通过这种方式，可以拉近访谈者与被访者之间的距离，使访谈者更容易敞开心扉，更深入地进行访谈。

（4）鼓励被访者：被访者通常会有一些顾虑，不知所说的内容是否符合访谈者的要求，这时要给予被访者适当的肯定与鼓励。如果是谈话话题涉及个人隐私，在这种情况下，可鼓励被访者就他/她可以谈的话题进行下去。

对被访者进行回应时，除了注意上述事项外，还应注意不要对被访者谈话内容进行价值评判，否则将导致被访者的反感，访谈难以进行，或者访谈者隐藏真实想法，不能得到真实信息。

2. 回应的时机　回应的时机没有普遍规则，需视访谈情况而定。如果被访者就一个问题谈到太多、太泛，回应时需要把握好插话时机，切忌生硬打断被访者，应使用一个过渡型问题，将谈话内容引导到谈话主题中来。如访谈某全科医生对于上门医疗服务风险情况的看法时，在访谈过程中，这位全科医生谈及了家庭医生签约服务的种种不易（冗长细节的描述），这时可在对方略有停顿时，插入"家庭医生签约服务真是辛苦，有关上门医疗服务的风险除了您刚才提到的，您觉得还有什么？"如果一时找不到过渡问题，也可直接与被访者沟通，如"刚才您说的这些内容非常有意思，但时间关系，我得问您下一个问题了"，一般被访者也不会表现出不满。

（杜　娟）

第三节　定性指标的量化技术

定性研究相对于定量研究而言，侧重于用语言文字描述、阐述及探索事件、现象和问题。定性研究是一组跨学科、跨专业、跨领域、跨主题的研究方法，由一组复杂的、相互关联的术语、概念和假设等组成。定性研究与定量研究尽管各有自己的方法、思路和研究步骤等，但是两者不是对立的，而是互为联系和互为补充的。

定性指标是指不能直接量化而需通过其他途径实现量化的评估指标，如疼痛程度、抑郁程度、幸福度等指标。定性指标的量化分析是为了比较精确地分析定性指标，从而减少该指标的笼统和模糊程度。定性指标的量化分析可包括定性条目的分级和定性条目的权重确定两个部分。

一、条目的分级

大部分条目都由两部分组成，一部分是题干，一部分是选项。题干往往是对某种观点的陈述，而与之相应的选项则表示对于该题干的同意程度。有些题干允许研究对象有无穷多个或很多个选项，但有些题干对选项的数量有严格的控制。条目的分级就是探讨如何去确定选项的数量及不同选项之间的关系。良好的条目分级需要满足以下几点要求：①条目的分级需要能够全面反映题干的测量范围；②题干的不同条目之间需要有足够的区分度；③题干的不同条目之间最好能够等距地表达题干的意思；④不同条目所表达的意思能够被研究对象良好区分。常见条目分级的方法有李克特量表型、意义差别型、视觉类比型、数字反应形式、"二选一"选项型等。

（一）李克特量表型

李克特量表（Likert scale）是社科领域最常用的等距量表，由美国社会心理学家李克特于1932年在原有的总加量表基础上改进而成的。这种量表由一组与某个主题相关的问题或陈述构成，通过计算量表中各题的总分，可以了解人们对该调查主题的综合态度或看法。

李克特量表型是最常用的条目分级形式之一，它的常见分级方法有五级量表和三级量表之分。五级量表的每个题干有"非常同意""同意""不确定""不同意"和"非常不同意"五种回答条目；三级量表的每个题干有"同意""不确定"和"不同意"三种回答条目。除此之外，李克特量表型的分级也还会有七级量表，九级量表或者四级量表等。

李克特量表型是被广泛用来制作测量观点、信仰和态度类量表的测量工具。与只提供两个答案选项的二元问题相比，李克特式问题可以更精确地反馈出被调查者对该问题的态度，从而收集到更加准确的数据。当然李克特制表法在应用过程中也要求题干能够清楚地陈述所研究的观点、态度、信仰或者其他构念，并且在测量不同的构念时需要对分级的数量进行一定的适用性调整。

（二）意义差别型

意义差别（semantic differential）型主要用于对态度研究的测量，它需要先确定需要测量的"态度"指标，然后列举一组形容词对，每个词对代表形容定义的范围的两端（如诚实与不诚实），在两个形容词之间有好多条线段。如下所示，是对某行业销售人员的测量：

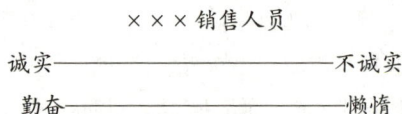

×××销售人员

诚实————————————不诚实

勤奋————————————懒惰

上述示例中每一个单独的线段都代表由该形容词对所定义的连续测量体上的一个点，作答时要求调查对象根据自己的感受在选定的线段上作个标记。无论是极端的观点还是温和的观点，都可以通过在相应线段上做标记来表示。研究对象需要依次对测量的词对做出标记。

研究者所选择的形容词可以是双极的，也可以是单极的。双极的词对表示两个相反品性的存在，例如"友好"与"敌意"；单极的词对表示某个特征的存在和不存在，例如"友好"和"不友好"。

（三）视觉类比型

视觉类比（visual analog）型是另一种分级形式，这种项目形式在某种意义上与意义差别型条目分级相似。视觉类比型的备择选项是一对描述所定义的连续体，两个描述分别为连续体的两端，连续体用一条连续直线表示。回答时，研究对象在这条直线上做出标记，以代表他们的观点、体验、信念及任何被测定的目标。视觉类比型是一个连续型的分级形式，赋分差别的大小由研究者决定。如下面反映疼痛的条目

毫无疼痛————————————————剧烈疼痛

　　视觉类比型分级的一个主要优势是非常灵敏，如果干预事件的效果相对较弱，这种方法对于测量干预前的现象和干预后的现象就非常有用。对于多次重复的测量而言，视觉类比型分级的一个潜在优势是研究对象很难回忆起上次测量时的准确位置，从而能够区分不同测量时点的差异。但视觉类比型分级也存在一定的局限性，即同一个点对于不同的测量个体而言，可能表达不同的疼痛程度，因为每个人对测量特征的理解是不同的。

（四）数字反应型

　　有研究显示某些反应结果可能与大脑处理数字信息的方式相对应，数字不仅以数值的大小还以它的位置来表达度量的大小。这种数字的视觉线条，不仅仅是方便的表征符号，还与基础神经过程有关。因此在条目的分级中数轴中数字的位置也是一种心理暗示，会让研究对象以空间的形式来量化和思考数字。这提示我们，在线性数字串上的数值计算很可能与数量评估中所涉及的基础神经机制相对应。因此以数轴形式呈现的备选项设置形式有其特殊的优势，在条目的分级中可以借鉴和使用。

（五）"二选一"选项型

　　"二选一"选项型是最常见的条目分级模式，著名瑟斯顿型量表和古特曼型量表其条目的选项都是"二选一"选项型，即"赞成"或者"反对"。"二选一"选项型的一个很大的缺点是每个条目的变异性被最小化了，任何一个条目之间的变化只能有两个水平中的一个，这可能导致条目的区分度不足，也会降低问卷/量表本身的变异度和区分度。但是这也是"二选一"选项型的优势所在，即很容易回答，在问卷的作答中会大大减少研究对象的负担，从而在整体问卷/量表的作答上提高研究对象的依从性，减少研究对象的不耐烦情绪，提高问卷/量表的作答质量。

二、条目的权重

　　权重分配是指标体系综合评价中的重要内容，合理地分配权重是量化评估的关键环节，权重构成是否合理直接影响到评估的科学性。在条目的分级确定以后，不同条目间的权重大小分配成为了综合评估的关键。目前确定权重的方法有很多，包括专家打分法、层次分析法、优序图法、秩和比法、熵值法、主成分分析法和因子分析法等。

　　按照计算权重时原始数据的来源不同，又可将权重的赋值方法分为：①主观赋值法，即赋值的原始数据来源于专家的检验主观判断的结果，如德尔菲法和层次分析法等；②客观赋值法，即赋值的原始数据来源于各指标被评价单元中的实际数值，如主成分分析法、熵值法等；③综合赋值法，即赋值的原始数据既包括来源于主观的赋值数值，也包括来源客观的赋值数值，是将两者的信息进行组合使用。

（一）专家打分法

专家打分法往往在德尔菲法中应用，在专家咨询法中研究者往往要求参与研究的专家对条目进行删减，待条目删减完成后。研究者可要求专家对条目就重要性打分，由此便可获得不同专家的重要性打分结果。研究者团队可根据此打分结果求得所有参研专家打分的平均分，并根据不同条目平均分的大小关系获得条目间的相对权重。

由于参研专家的打分可能是符合正态分布的，也可能是不符合正态分布的，因此在求不同专家打分的集中程度时可以计算得分的均数，也可以计算得分的中位数。如果打分严重偏离正态分布，则专家打分结果的集中程度往往用中位数来表示。除此之外，不同专家对该领域的熟悉程度往往也是不同的，因此在专家咨询法时，研究团队往往会评估不同的专家的权威系数。专家权威系数的确定可采用自评或他评的方式来进行评价，可以将自评和他评法结合应用。

获得不同专家的权威系数以后，在不同条目的得分计算上，往往采用加权平均数的计算方法进行，即以该专家的权威系数 × 该专家的打分获得该专家对条目的最终打分结果，这样的加权计算使得权威系数较高的专家意见获得了相对较高的重视。如此获得不同条目的加权平均分后，便可根据它们间相对数值的大小来分配不同条目的权重系数。

（二）层次分析法

层次分析法（analytic hierarchy process，AHP）是一种定性和定量的计算权重的研究方法，采用两两比较的方法，建立矩阵，利用了数字大小的相对性，数字越大越重要权重会越高的原理，最终计算得到每个因素的重要性。层次分析法适用于有多个层次的综合评价，是对难以完全定量的复杂系统做出决策的模型和方法。

层次分析法在确定条目的权重时需要对不同的条目进行两两比较，如下图所示。例如在阴虚证的判定时，需要确定"舌红少苔"和"脉细数"的权重大小，那么需要研究对象（专家）在"舌红少苔"和"脉细数"之间做出选择。如果专家在两者之间没有明确的偏好则勾选1；如果偏好于"脉细数"则在"脉细数"侧作勾选，稍有偏好则勾选3，较有偏好则勾选5，明显偏好则勾选7，绝对偏好则勾选9；如果偏好于"舌红少苔"则在"舌红少苔"侧作勾选，勾选项目同上（图6-1）。

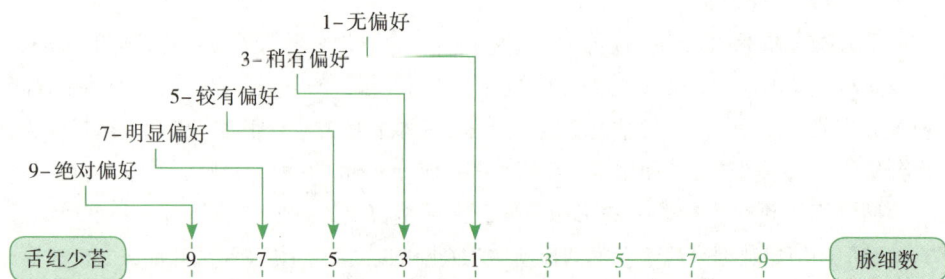

图6-1　层次分析法两条目比对示例图

待对所有条目都进行两两比较以后，便可形成条目间相对大小的判断矩阵。依据此判断矩阵开展一致性检验。通过一致性检验，说明计算所得权重具有一致性，即可得到最终权重值。如果未通过一致性检验，则需要检查是否存在逻辑问题等，需要重新录入判断矩阵进行分析。

（三）优序图法

优序图法是通过对多个指标或目标进行两两相对比较，最后给出重要性次序或者优先次序。该方法应用较为简便，既能处理定性问题，又能处理定量问题。假设有 n 个需要比较的条目，优序图则是一个 $n×n$ 的表格，在做两两比较时需要选择1或者0来表示哪个指标更大或者更优。"1"表示两两相比中的相对大的、优的、重要的指标，而用"0"表示相对小的、劣的、不重要的指标。如果两个指标同等重要，则填写0.5，如指标自身与自身相比。

在利用优序图法判断各因素的优劣或重要性顺序时，在数值的最终分析之前需要开展优序图的互补检验。以优序图中相同指标的权重为对角线（斜对角），把这对角线两边对称的单元格数字进行比对，如果对称的两栏数字正好一边是1，而另一边是0形成互补，或者两边都为0.5，则表示填表数字无误。满足互补检验的优序图权重计算方法是把各行的所填数字横向相加，然后除以总数值，从而得到各指标的相对权重（表6-1）。

表6-1 优序图法及其权重计算（以5个条目为例）

	条目1	条目2	条目3	条目4	条目5	指标得分	指标权重
条目1	a11	a12	a13	a14	a15	横向求和	横向求和占比
条目2	a21	a22	a23	a24	a25	横向求和	横向求和占比
条目3	a31	a32	a33	a34	a35	横向求和	横向求和占比
条目4	a41	a42	a43	a44	a45	横向求和	横向求和占比
条目5	a51	a52	a53	a54	a55	横向求和	横向求和占比

（四）秩和比法

秩和比法（rank-sum ratio，RSR）与专家打分法类似，专家打分法是对专家的打分取均数或者加权均数，而秩和比法是对得分结果取平均秩或者加权平均秩，是一种非参数计量综合指标的方法。秩是指排序的顺序号，在秩和比法中对各指标得分就行排序，得分越高情况越好，其秩次也越高。比如A条目的秩次为1，B指标的秩次为2，则说明A指标的评价低于B指标。秩和比法跟其他的非参数检验一样，当有相同的秩存在时应选用平均秩次。

当对不同条目编秩完成以后，就可以计算条目的秩和比，某个特定条目的秩和比 =（秩次之和）/（条目数 × 专家数）。比如有10个专家对8个条目进行了评分，按照评分的大小，在每个专家的评分内部进行编秩。这样8个条目在第一个专家内部就有了不同的秩次，依此类推8个条目在10个专家内部都分别有了不同的秩次。条目1的秩和比就等于条目1在10个专家里的不同秩次相加之和（A1），除以专家数量（10）和条目数量（8）的乘积（80），也就是条目1的秩和比＝A1/80。如此便可以求得不同条目的秩和比，按照秩和比的相对大小可推导出不同指标的相对权重大小。

（五）熵值法

熵是热力学的一个物理概念，是体系混乱度（或无序度）的量度。熵越大说明系统越混乱，携带的信息越少，熵越小说明系统越有序，携带的信息越多。信息熵的基本思想是从指标的无序程度，即指标熵的角度来反映指标对评价对象的区分程度，某指标的熵值越小，该指标的样本数据就越有序，样本数据间的差异就越大，对评价对象的区分能力也就越大，相应的权重也就越大。相反，某个指标的信息熵越大表明指标的变异程度越小，提供的信息量也就越少，在综合评价中所起的作用也就越小，其权重也就越小。

熵值法计算权重的过程为首先对数据进行标准化（归一化），然后计算各指标的权重，根据信息熵的公式计算各指标的信息熵，最后根据权重公式由信息熵推导出指标的权重大小，信息熵越大者其权重越小。熵值法计算权重的过程属于客观赋值法，即赋值的原始数据来源于各指标被评价单元中的实际数值。该计算过程体现了指标变异程度大者，其在样本间的区分度就好，其权重就相对较大。

（六）主成分分析法和因子分析法

因子分析的基本思想是根据相关性大小把原始变量分组，使得同组内的变量之间相关性较高，而不同组的变量间的相关性则较低。每组变量代表一个基本结构，并用一个不可观测的综合变量表示，这个基本结构就成为公因子，对于所研究的某一具体问题，原始变量就可以分解成两部分之和的形式，一部分是少数几个不可测的所谓公共因子的线性函数，另一部分是与公共因子无关的特殊因子。主成分分析的思路与因子分析的思路类似。

主成分分析法和因子分析法都属于客观赋值法，即通过客观测量的大规模数据来推算各个条目的权重大小。它们首先确定主成分或者公因子，然后写出不同主成分/公因子的因子表达式，该因子表达式中有原指标的回归系数。接下来，利用因子表达式中的回归系数乘以各个公因子的方差贡献，累计不同公因子的该乘积项便是原指标的不同权重。最后通过归一化将不同指标的权重确定，并使得所有指标的权重之和为1。

（陶立元）

第四节　移动互联网调查技术

随着互联网科技的发展，智能手机、智能平板等移动终端设备功能的不断升级，这些设备的普及为众多领域带来了新的发展契机。调查研究领域的发展，不仅表现在学科、方法和理论方面，基于移动互联网新技术的调查工具的开发和应用，也为调查研究领域带来了巨大变化。这些变化主要表现在从固定的调查方式向移动式调查的转变与发展，并且在数据收集、访谈员、受访者等多方面都明显地表现出这种具有移动特性的发展趋势，为调查者进行调查研究时提供了新的方法。

一、基本概念

（一）移动互联网

移动互联网指利用移动通信设备无线接入的互联网，是移动数据通信与互联网结合的产物。它区别于传统互联网的突出特征，即是可移动性。根据中国互联网络信息中心（CNNIC）2014年8月发布的《中国移动互联网调查研究报告》中的描述，按照上网设备的不同移动互联网可分为广义和狭义两种。广义的移动互联网是指用户使用手机、上网本、笔记本等移动终端，通过移动网络获取移动通信网络服务和互联网服务；狭义的移动互联网是指用户使用手机终端，通过移动网络浏览互联网络和手机网站，获取多媒体、定制信息等其他数据服务和信息服务。本节所述的"移动互联网"则采用狭义定义。

（二）智能手机

智能手机是指具有独立操作系统，可以由用户自行安装软件等第三方应用程序的手机。目前主流的操作系统包括：iOS、Android、华为鸿蒙系统（HUAWEI Harmony OS）、Windows（包括基于Windows CE内核的系统、Windows Phone 7）等。部分手机虽然可以支持安装Java版本的程序，但由于其功能简单，应用程序扩展性较差，并不属于智能手机。CNNIC于2021年2月发布的第47次《中国互联网络发展状况统计报告》显示，截至2020年12月，我国智能手机网民规模为9.86亿，已形成较大用户规模，市场占有率趋于饱和，且我国网民使用手机上网的比例达99.7%，这为移动互联网调查技术的发展奠定了人群基础。

（三）互联网应用与服务

互联网应用与服务（application，APP）是指可以在手机终端运行的软件，也叫手机应用程序。类似电脑上的软件，安装在手机桌面后，点击桌面的图标即可进入软件查看内容，不需要登陆浏览器访问网址等复杂步骤。

（四）移动互联网调查

移动互联网调查是指调查者通过手机等移动终端，借助移动通信技术，基于网页或应用程序进行问卷开发，并通过手机、平板电脑或其他手执移动终端设备发放与回收问卷，最终从自愿参加调查的样本中收集信息的过程。

该过程的实现需要满足两个条件：第一，必须使用手机、平板电脑等移动终端设备；第二，必须接入移动互联网络。随着智能手机的普及，本节将移动互联网调查终端限定为智能手机。

二、移动互联网调查方式

移动互联网调查作为一种新兴的调查方法和技术，人们对其分类、实现形式等尚未形成一致的看法和观点。移动互联网调查的实现方式与传统的网络调查有相似之处，即依托互联网，超越时空，具有及时性、范围广、反馈快等特点，但基于移动网络的特性又有所区别。传统基于计算机客户端的调查，虽然会使用聊天软件进行在线讨论访谈，但是更多的是选择网页调查的形式，通过浏览器接入互联网，进行各种形式的网页调查。以智能手机为代表的移动互联网调查，其方式具有移动性、社交化、用户可使用碎片化时间完成等特点，同时进一步增加用户反馈的速度。移动互联网调查主要通过以下三种形式来实现。

（一）电子邮件调查

电子邮件调查指将调查问卷作为附件或邮件内容通过电子邮件发送给被调查者的一种调查方法。问卷数据的回收一般也采用电子邮件形式完成，另外也可将调查问卷的链接通过电子邮件发送给被调查者，被调查者点击链接后直接进入问卷页面填答，可实现数据的自动采集。

以智能手机为代表的各类移动终端设备一般会内置电子邮箱绑定功能，即使无此功能，用户仍然可以通过浏览器连接互联网后登录邮箱，因此，电子邮件调查不仅是传统网络调查形式，在移动互联网环境下同样可以使用。

电子邮件调查存在以下特点：①受限于电子邮件地址的获取，故该方法适用于针对固定人群的调查，这类人群往往容易获得较为完整的电子邮件列表；②由于邮件设置的问题，一些调查邮件可能会被视为垃圾邮件而直接转入垃圾邮箱，从而影响调查的开展，甚至导致调查结果偏倚的产生；③主观排斥，由于网络病毒的盛行，被调查者通常不会接受和打开以附件形式发送的调查问卷。

由于通过移动终端的电子邮件调查与面向计算机的传统网络调查无本质差别，且中国互联网络信息中心的调查数据显示，依托于微信、钉钉等的即时通信软件使用率高达99.3%，而及时性和随意性较低的手机邮件使用率相对较低，因此，电子邮件调查并不是移动互联网调查的优先调查方式。

（二）网页调查

网页调查是指问卷以网页作为载体的网上调查形式。数据显示，2019年我国第三方手机浏览器用户规模达6.82亿人。搜索和网站浏览是手机浏览器的主要功能。《2019年中国网民搜索引擎使用情况研究报告》显示，截至2019年6月，我国搜索引擎用户规模达6.95亿，其中在手机端通过浏览器类应用使用搜索引擎的用户比例最高，达到74.1%。截至2020年12月，我国网页数量为3 155亿个，较2019年底增长5.9%。

在移动互联网环境下，通过网页调查可以实现数据收集功能，但调查页面需要经过专业的开发，以适应移动终端设备。

以计算机为终端的网页调查往往能够利用多媒体技术的优势，调查问卷可包含图片、动画、声音、视频等多种形式，以提高调查的参与性。然而与传统网络调查不同，由于流量及通信费用的限制，这种多媒体调查并不适用于移动终端，使这种方法在应用过程中受到了一定的限制。

（三）APP软件调查

APP软件调查是指利用打开事先安装在智能终端上的软件，进行问卷填写，并将问卷数据提交的一种方式。目前，该方式是最常用的移动互联网调查实现方式。

可以用作移动网络调查载体的APP软件首先在内容产生上要具有开放性，即调查平台至少能够让调查设计者将问卷嵌入APP，或通过平台将问卷发送给被调查者。因此，对于一般的调查设计者来说，一些具有社交属性的APP，如微信、微博、其他手机社交软件等可用作调查平台。另外，越来越多的专业调研网站推出相应的移动APP，其作为计算机端网站的延伸，与计算机端共享资源，可以在手机端方便地进行问卷设计与管理，并实时追踪调研进度，这类专业的APP也是调查设计者的备选平台。

用户使用率是问卷顺利送达被调查者处的前提，也是提高调查准确性的必要条件。因此，作为调查开展平台的APP还应当具有一定程度的用户使用率，否则难以满足调查代表性的要求。

三、移动互联网调查设计

移动互联网调查内容与传统手段调查内容类似，但基于人们对智能手机等移动互联网端的使用场景和习惯，调查者在设计移动互联网调查内容时，应考虑以下几点原则，尽可能使通过移动互联网进行调查的受众具有目标调查人群的代表性。

（一）调查内容具有吸引力

移动互联网调查通常是依托调研平台推送问卷信息，吸引被调查者主动参与调查。调查信息类似于邮寄问卷的封面，由于被调查者使用智能手机等移动终端参与调查时，往往利用碎片化的时间，使用时间有限，因此，调查信息本身的图文编排要具有吸引力。例如，依托某微信公众号推送调查信息时，推送内容一般包含调查说明、物质激励信息和填答问卷的网页链接，平台运营商推送信息文案的撰写需要将学术语言与适当的网络词汇相结合，配图要生动有趣，这些往往能够让调查信息在众多信息中脱颖而出，成功吸引被调查者。

（二）问卷设计简明精炼

人们利用智能终端上网时，往往倾向于利用碎片化的时间。在无人监督的情况下，受制于移动终端设备的屏幕大小，网络连接的流畅性，问题结构复杂、图片繁多、术语过于专业的问卷设计使得调查者填答困难。因此，移动互联网调查适合进行问卷长度较短、设计简单、问题难度较低的调查。

（三）设置规范纠错功能

调查开展过程中，可能会遇到调查者事先无法预料的问题，比如选答题设置错误无法进行跳答，一方面，调查信息界面设置上需要留给被调查者反馈问题的渠道，另一方面，调查者有能够纠正错误的途径，方能使调查顺利进行。此外，督促未完整填写问卷的对象补充信息，向调查人员报告调查进展情况等，都是动态化的体现。同时，设计调查问卷的过程中，对于某些需要填写特定长度字符串的问题，可以设置为仅能填写相应类型和长度的字符，避免传统调查中可能出现的被调查者信息错误等问题。

（四）合理控制成本

有研究认为，互联网调查相对于传统纸质问卷调查而言，有一个突出的优势，就是低廉的调查成本，表现在人力、印刷、邮寄等方面费用的减免。然而，移动互联网调查成本的高低需要注意两个方面：一方面是调查平台的使用成本，由于移动互联网服务提供商或优质自媒体平台垄断着用户数据，要获得高质量的样本库，调查者需要与服务提供商或自媒体平台合作，因而不可避免地会产生平台使用费用；另一方面是物质激励成本，为提高被调查者的响应率，调查者从成本和效果两方面综合权衡，对被调查者给予一定的物质激励，例如对每位完成调查的被调查者给予小额的物质奖励，或者是采用随机抽奖方式，对被调查者给予数额不等的物质奖励。

（五）信息安全与保密

信息的安全性是移动互联网调查实施的基础，涉及调研平台安全性、终端设备安全性、网络传输安全性等技术性问题。保密性涉及数据查阅与使用权限等。移动互联网调查需要借助即时通信工具或APP软件平台，数据的保存、传输、使用等权限需要加以规定。

（刘　珏）

第五节　健康相关生存质量评价技术

一、概述

（一）健康相关生存质量的概念

健康是人类永远追求的目标，但人们对健康的概念认识经历了漫长的过程，直到1948年世界卫生组织（WHO）提出了现代健康的定义：健康是指一种身体上、精神上及社会功能上的完好状态（well-being），而不仅仅是没有疾病或虚弱。1989年WHO深化了健康的概念，认为健康应包括躯体健康（physical health）、心理健康（psychological health）、社会适应良好（good social adaptation）和道德健康（ethical health）。

生存质量（quality of life，QOL），又常称作生命质量、生活质量或生命素质等，最早起源于20世纪30年代美国的社会学领域。1996年WHO将生存质量定义为在一定的文化和价值体系下，个人对本身生存状态的一种自我感受，它与自身的生存目标、期望、标准和关注相关。生存质量可概括为两大类，一是社会经济领域的生活质量，二是医学领域的健康相关生存质量（health-related quality of life，HRQOL）。健康相关生存质量从某种意义来说，是指个体（或某些特定群体）的健康状态，以及与其经济、文化背景和价值取向相联系的主观满意度，即他/她（他们/她们）的身心功能和社会功能的一种主观体验，其将生存质量理论与医学实践结合了起来。

在新的健康观推动下，医学模式已由单一的生物医学模式转变为生物-心理-社会医学模式。医学模式的转变，要求努力延长人们的健康寿命，重视人们的心理健康状况和社会适应性，这促进了健康与生存质量的测量、评价的发展。

（二）健康相关生存质量的评价内容

生存质量评价是在一定时点上对具有一定生命数量的人的生存质量测量。健康和疾病是处于一个连续变动且无法截然划分的状态中，随时间推移，生存质量显示出平衡、改善和下降三种状态。一般认为健康生存质量评价内容包括以下几个方面。

1. 生理状况评价　个体的生理功能和活力状态，包括评价健康问题带来的活动受限、体力适度和社会角色受限。评价躯体活动、走动和自我照顾等方面活动是否受限；评价体力与精力情况，进行一般的体力活动有无疲劳感和虚弱感；评价学习、工作、持家、娱乐等一般社会角色功能受限与否。

2. 心理状况　评价个体不同的心理状态。心理状况比较复杂，一般包括：情绪反应与自控能力，对事物的态度与行为，痛苦和恐惧；焦虑、抑郁问题；意识、机智、定向、推理及记忆力等认知功能。

3. 社会功能状况　评价个体是否能正常生活，包括社会关系、社区支持、社会资源、社会适应，家庭关系与亲密关系、婚姻角色、父母角色、社会角色、社会接触与亲友交往，参加集体与社会活动、因健康而达成机会平等。

4. 主观判断与满意程度　个体对自身健康状态的感受，对疾病、生命状态、人生价值进行的自我综合评定；从感受、担忧中判定健康；从生理、心理及社会良好适应状态的满意程度及幸福感进行自我评价。

5. 其他内容　不同的生存质量量表测量的范围不尽相同，可能超出上述内容，特别是针对特殊人群或特定疾病的专用量表。评价内容与研究的目标相一致的，应体现被评价对象的特征及其关注的问题。

（三）健康相关生存质量的评价特点

由于健康相关生存质量评价量表的研发组织和设计者对生存质量的概念有着不同的理解与关注点，且其测量评价方法是一种新的健康测量和评价技术，定义尚不统一，但大致有以下特点。

1. 多维性　包括躯体和心理的健康、社会适应能力、赖以生存的各种环境等。

2. 主观性　测量内容多为主观的评价指标，是个体的主观感受自评，如对疼痛、情绪、满意度、自身健康状况等的认识。

3. 文化价值依赖性　生存质量是在一定的文化和价值体系下，个人对本身生存状态的一种自我感受，不同文化价值体系下的生存质量及其评价均会有一定的差异，同一个测量工具要根据不同的民族进行相应修订才能使用。

4. 更关注疾病造成的结果　传统的临床服务模式对健康的测量和疗效的评价主要关注发病或患病本身，而相对忽略健康结局（outcome），如主要结局事件的发生率、生存率、生存质量、死亡率、成本-效益比、患者满意度等的评价。生存质量是世界公认的"以患者为中心服务模式"重要评价指标之一，强调对疾病造成的躯体功能、心理状态的改变及社会适应能力等方面的结果进行评价，是提高卫生服务质量与满足居民需求的必然结果。

5. 动态性　健康与疾病具有连续性和相对性，难以截然分开，居于同一连续序列的两端，此长彼消相互移行转化，生存质量度量其整个范围。生存质量的评价既可反映个体健康状况，又评估群体健康水平的高低。

二、常用的健康相关生存质量评价工具

（一）健康相关生存质量的评价量表分类

健康相关生存质量评价工具主要是健康相关量表。目前，已经涌现出大量的健康相关测定量表，根据使用目的、对象、排列方式等可对量表进行归类。

1. 按使用对象分类

（1）普适性量表（generic scale）：用于一般人群生命质量测定。如健康调查量表36（SF-36），世界卫生组织生存质量量表（WHOQOL-100）。

（2）疾病特异性量表（disease-specific scale）：用于特定疾病患者，如肺癌治疗状态评价量表（FACT-L）、肺癌患者生活质量量表（QLQ-LC13）、癌症患者生命质量测定体系之肺癌量表（QLICP-LU）、高血压患者生存质量测定量表（QLICD-HY）等。

（3）领域特异性量表（domain-specific scale）：侧重于测定生命质量的某一领域的量表。如鹿特丹症状量表（RSCL）侧重于疾病症状和治疗不良反应的评价，卡氏功能状态量表（KPS）侧重于行为表现功能的评价。

2. 按应用目的分类

（1）判别量表（discriminative scale）：主要用于判别的量表，即用于区分不同的受试者。如说明治疗组与非治疗组、男性与女性间生存质量有无不同等，往往重视个体的差别。

（2）评价量表（evaluative scale）：主要用于评价的量表，反映某个（或某些）时点的健康状况。可以是某个时点的横断面评价，反映当时的健康状况；也可以是纵向的多个时点的评价，说明健康状况在时间上变化。量表的主要目的是评价不同群体健康状况上的差异或者个体在群体中的相对位置，不是区别不同的个体，因而不同个体间的差异并不太重要，敏感性更重要。

（3）预测量表（predictive scale）：主要用于根据生存质量预测某些现象（如疾病复发，治疗反应）发生的量表。量表的使用价值主要取决于预测效度和效标效度。

（4）诊断量表（diagnosis scale）：用于诊断的量表，如诊断抑郁的自评量表（self-rating depression scale，SDS）可以根据分值高低进行诊断。按照标准分，分界值为53分，分数低于53分，不抑郁；分数高于53分，视分数不同，诊断抑郁的严重程度。

3. 按条目形式分类

（1）线性评价量表（linear analog scale）：条目为线性者，如线性模拟自我评价量表（LASA）、肝癌患者生活质量评价量表（QOL-LC）等。

（2）等级描述评价量表（ordinal rating scale）：条目为等级分类者，如SF-36、WHOQOL、癌症患者生存质量核心量表（QLQ-C30）等。常见的是Likert等距等级的评价量表。

此外，还有瑟斯顿量表（Thurstone scale）、加特曼量表（Guttman scale）及在Osgood等的语义心理学研究成果的基础上提出的语义区分（semantic differential）量表。

4. 按评价者分类

（1）自评量表（self-administered scale）：量表由被测者自己完成。

（2）他评量表（rater-administered scale）：量表由他人完成。可由评价者完成，也可由代理者（家属，朋友）完成。

（二）健康相关生存质量的常用评价量表

常用的健康相关生存质量量表可用于癌症及慢性病临床治疗方法筛选、预防性干预措施效果评价及卫生资源分配决策等方面。目前已报道的健康相关评定量表有数百种，其适用的对象、范围和特点各异。这里按时间先后简介一些较有代表性的在全科医学中应用较多的普适性量表（表6-2）。

表6-2 常用健康相关生存质量普适性量表

量表名 （英文缩写）	开发 年代	结构（考察的领域或侧面）	条目数
总体健康量表（GHQ-30）	1966	焦虑/紧张、自信/愉快、抑郁、精力、社会功能、失眠	30
诺丁汉健康调查表（NHP）	1970	个人体验6个方面（疼痛、躯体活动、精力、睡眠、情绪反应、社会孤独感） 日常生活7个方面（工作、家务、社会生活、家庭生活、性活动、爱好、休假）	45
疾病影响量表（SIP）	1975	躯体运动、灵活性、行走移动、情感行为、社会关系、警觉行为、交流、睡眠与休息、工作、家务管理、娱乐与消遣、饮食等12个方面	136
生存质量表（QWB）	1976	计算权重的健康要素（移动、躯体活动、社会活动）22个加权的症状1复合的健康问题	50
社区人群功能状态测定量表（COOP/WONCA）	1987	体能、情绪、日常活动、社交活动、健康状况、整体健康、疼痛7个方面	7
健康调查量表36（SF-36）	1988	生理功能、生理职能、心理健康、心理职能、社会功能、精力、疼痛、总体健康8个方面	36

续表

量表名 （英文缩写）	开发 年代	结构（考察的领域或侧面）	条目数
欧洲五维度生存质量量表（EQ–5D）	1990	移动性、自我照顾、日常活动（工作、学习、家务、休闲）、疼痛或不适、焦虑或压抑	5
世界卫生组织生存质量量表（WHOQOL-100）	1993	躯体功能、心理功能、独立性、社会关系、环境、总健康6个方面	100
世界卫生组织生存质量简化量表（WHOQOL-BREF）	1996	躯体功能、心理功能、社会关系、环境、总健康5个方面	26
中国人生活质量普适量表（QOL–35）	2002	总体健康和生活质量、生理功能、独立生活能力、心理功能、社会功能、生活条件6个领域和1个反映生活质量变化的条目	35
中华生存质量量表（CH–QOL）	2006	形（身体功能）、神（意识思维）、情（七情）3个领域和气色、睡眠、活动能力、饮食消化、气候适应、神志、思维、眼神、语言表达、喜、怒、悲、忧和惊恐13个方面	50

1. **总体健康量表**（the general health questionnaire，GHQ） 总体健康量表由 Berwick 等学者于1966年开发。该量表在英国开发出来，起初主要用于精神心理评价，后来推广于一般的医学评价，主要以问卷或图表形式来描述被测对象的焦虑、压抑等非精神性心理异常特征，也可用于有心理异常倾向的患者。最初从140个条目中选出60个条目构成量表。随后开发出含30、28、20和12个条目的不同简化版。目前使用的主要有5种：GHQ–60，GHQ–30，GHQ–28H、GHQ–20和GHQ–12。

2. **诺丁汉健康量表**（Nottingham health profile，NHP） 诺丁汉健康量表于1980年由 Hun.SM 发表。最初用于流行病学研究，比较人群的健康状态，调查个人、社会及环境因素与健康的关系，以确定未得到满足的保健区域，后广泛应用于欧洲等国家。NHP 为患者自评量表，共45个问题，6个方面（38条目）的个人体验（包括睡眠、身体活动、精力、疾病、情绪反应和社会孤独感）和7个方面（7条目）的日常生活活动（包括职业、家务、社会生活、家庭生活、性活动、兴趣爱好和度假）。个人体验每个条目权重系数不同，而日常生活活动条目没有权重。

3. **疾病影响程度量表**（sickness impact profile，SIP） 该量表由 Marilyn 等学者于1975年在美国发表，1981年华盛顿大学卫生服务中心发表了对 SIP 的验证结果及其修订。SIP 包括12个方面136个问题，测定躯体、心理、社会健康状况、健康受损程度、健康的自我意识等。每个问题均只回答"是""否"两项，一般20~30分钟可完成。每个问题都经过专家讨论，给予权重，据此可计算各方面得分和总量表得分。SIP 适用于不同人群的生存质量评价，用于测量疾病和治疗对个体的生理、情感、行为改变和角色功能的影响。

4. 生存质量表（the quality of well-being，QWB） 生存质量表最初由Bush等学者于1973年设计，由Kaplan等学者扩展，于1976年发表。量表由两部分组成，第一部分包括22个急性、慢性症状及相关健康问题，让观察对象识别出前6天内发生的症状或问题。第二部分是有关患者生活活动的内容，包括移动、生理活动、社会活动等一系列问题，采用标准方法探索活动受限是否与健康有关。评分从0（死亡）到1.0分（最佳功能）逐渐递增。优点在于将受试者与其功能和症状紧密联系在一起，从而可应用在数量评估和消耗–效益分析中。QWB是一个结合患者特定健康状态效用的量表，不仅描述患者目前健康状况，还权衡期望的健康状态，其权重系数来源于总人口调查，每个条目的权重系数均被规定为负数。由于它缺乏心理压力方面的内容，部分限制了它的评价领域。由于QWB量表操作复杂，须培训合格的调查员才能开展访问调查获取资料，Kaplan等1996年又开发了QWB-SA自测量表（quality of well-being scale，self-administeredversion）。

5. 社区人群功能状态测定量表（COOP charts for primary care practice） 1987年美国达特茅斯医学院的Eugene C.Nelson开发了便于社区居民和患者理解与使用的基层保健COOP量表（COOP charts for primary care practices），1988年世界家庭医生组织（WONCA）对其进行了修订。量表简明扼要，可评价患者的生活质量和功能状态，且可评价干预治疗一段时间或自然病程的结果，利于医患互动，改善医患关系。它由7个条目组成，包括生理适应性、情感、日常活动、社会活动、健康变化、总体健康、疼痛，是对被测者过去2周（疼痛为4周）内的功能进行评价，5分钟内即可完成。

6. 健康调查量表（medical outcomes study 36-item form health survey，SF-36） 该量表是美国医学结局研究（medical outcomes study，MOS）于20世纪80年代初期开发的一个普适性测定量表，有不同条目不同语言背景的多种版本。含有36个条目的健康调查问卷简化版SF-36（V1.0）由Ware，Stewart等于1988年提出。1996年SF-36（V2.0）国际版研制完成，包含躯体功能、躯体角色、肌体疼痛、总的健康状况、活力、社会功能、情感角色和心理卫生8个领域及1个自我评价健康变化条目。它可用于临床实践和研究、评价健康政策、总体人口调查，是目前应用最为广泛的健康状态测量方法。美国医学结局研究中心先后又将SF-36简化为SF-12及SF-8版本。

7. 欧洲五维度生存质量量表（European quality of life questionnaire -5D，EQ-5D） 该量表是由欧洲生存质量学会（European quality of life project group）在1987年设计的，既可以用于健康人群以评价特定人群的健康状况，又可以用于患者群以评价某种疾病导致的健康状况的下降。EQ-5D由问卷和效用值换算表两部分组成。问卷调查结果可以用来描述人群的健康状况和获得EQ-VAS得分，使用效用值换算表则可进一步获得EQ-5D指数得分。问卷又可分为EQ-5D健康描述系统和EQ-VAS两个部分。EQ-5D健康描述系统包括五个维度：行动能力（mobility）、自己照顾自己能力（self-care）、日常活动能力（usual activities）、疼痛或不舒服（pain/discomfort）、焦虑或抑郁（anxiety/depression）。每个维度又包含三个水平：没有任何困难、有些困难、有极度困难。EQ-VAS是一个长20cm的垂直视觉刻度尺。顶端为100分代表"心目中最好的健康状况"，底端为0分代表

"心目中最差的健康状况"。EQ-5D量表具有简明、可行度高、易于操作、应用广等特点。

8. 世界卫生组织健康相关生存质量测定量表（WHOQOL-100，WHOQOL-BREF） 该量表是WHO组织20余个国家和地区于1991年开始共同研制的跨国家、跨文化并适用于一般人群的普适性量表。标准版量表WHOQOL-100含100个条目，覆盖了生命质量的6个领域和24个方面，包括生理领域（疼痛与不适，精力与疲倦，睡眠与休息）、心理领域（积极感受，思想、学习、记忆和注意力，自尊，身材与相貌，消极感受）、独立性领域（行动能力，日常生活能力，对药物及医疗手段的依赖性，工作能力）、社会关系领域（个人关系，所需社会支持的满足程度，性生活）、环境领域（社会安全保障，住房环境，经济来源，医疗服务与社会保障；获取途径与质量，获取新信息、知识、技能的机会，休闲娱乐活动的参与机会与参与程度，环境条件，交通条件）、精神支柱/宗教/个人信仰领域，每个方面有4个条目，加上4个有关总体健康和总体生命质量的问题，共计100个条目。1996年WHOQOL-100被进一步简化为含26个条目的简化版（WHOQOL-BREF）。简化版覆盖其6个领域中的4个领域外加两个反映总的生命质量和健康状况的条目。

9. 我国自主研制的普适性量表 我国有关生存质量评价的研究始于20世纪80年代中期，2000年1月在广州举行中国首届生存质量学术会议，标志着我国生存质量工作已进入了一个新的发展阶段。2008年国际生存质量研究学会亚洲华人分会（International Society for Quality of Life Research –Asian Chinese Chapter，ISOQOL-ACC）成立并举行第一届年会；2014年8月在广州成立了世界华人生命质量研究学会（World Association for Chinese Quality Of Life，WACQOL）并举办了第一届世界华人生存质量学暨第六届全国生存质量学术交流会。这些学会的成立及学术交流会的举办，推动了我国生存质量研究的发展。

（1）中国人生活质量普适量表（the 35-item QOL questionnaire，QOL-35）：由中国医学科学院阜外医院流行病学研究室研制，包括35个条目，分别由总体健康和生活质量、生理功能、独立生活能力、心理功能、社会功能、生活条件6个领域和1个反映生活质量变化的条目组成。适用于中国一般人群生活质量测评。

（2）中华生存质量量表（CH-QOL）：该量表是在中医健康概念基础上研制开发的普适性量表。由广州中医药大学、香港中文大学中医学院、中山大学公共卫生学院等单位联合研制。量表含50个条目，覆盖了与健康状况有关的3个领域[形（身体机能）、神（意识思维）、情（七情）]和13个方面（气色、睡眠、活动能力、饮食消化、气候适应、神志、思维、眼神、语言表达、喜、怒、悲忧和惊恐）。基于中华文化和中医理论，他们还研制了中医健康状况量表（health status scale of traditional Chinese medicine，TCMHSS），评价属于中医问诊的内容，将更有利于中医药合理评价。为此，可将中医健康状况量表与中华生存质量量表结合使用。

除上述量表外，还有疾病特异性量表，如癌症患者生存质量核心量表（EORTC QLQ-30）、癌症治疗功能评定量表（FACT）、癌症患者生存质量测定量表系列（QLICP）、关节炎影响测量量表（AIMS）、慢性病患者生活质量量表（QLICD）等。

三、健康相关生存质量量表评价

测量健康相关生存质量的目的在于反映生存质量的真实情况，但因测量值与真实值之间存在误差，测量不可能无限精确。因此需要对量表进行严格的设计和性能评价，后者一般称为心理测量学特性（psychometrics properties）评价，包括信度、效度、反应度等。

（一）信度及其评价方法

信度（reliability）是指测量结果的稳定程度或一致性，即测验结果是否反映了被测者稳定的、一贯性的真实特征。一个好的测量必须具有较高的信度，也即一个好的测量工具，只要遵循操作规则，其结果就不应随工具的使用者或使用时间等方面的变化而发生变化。信度是反映测量中随机误差大小的指标，在测量过程中任何能引起测量的随机误差的因素——被试、主试、测试内容、施测情境等都会影响测量的信度，提高测量信度就显得尤为重要。

信度的大小一般用信度系数衡量，它是一种相关系数。信度系数越高即表示该测验的结果越一致、越稳定与可靠，目前尚无公认标准，一般认为信度系数 ≥ 0.7 为好。以下将分别介绍几种常用的信度评价指标：

1. **重测信度法**　重测信度（test-retest reliability）又称稳定性系数，是指用同样的量表，对同一组被测者在尽可能相同的情况下，在不同的时间进行两次测量（两次测量相距一般在2~4周）。用两次测量结果间的相关分析或差异的显著性检验方法，来评价量表信度的高低。结果越是相关，则差异越不显著，信度越高。重测信度高，说明前、后两次测量的结果比较一致，测量工具比较稳定，被试的测量属性受被试状态和环境变化的影响较小。重测信度的优点是能够提供有关测验结果是否随时间而变异的资料，可以作为预测受测者将来行为表现的依据。

2. **复本信度法**　如果一种测验有两个以上的复本，同一群受试者接受两个复本测验所得结果的一致性程度就是复本信度（alternate-form reliability），其大小等于同一批被试在两个复本测验上所得分数的相关系数，它主要反映测验的跨形式的一致性。

具体做法是让同一组被调查者一次填答两份量表复本，计算两个复本的相关系数。复本信度法要求两个复本除表述方式不同外，在内容、格式、难度和对应题项的提问方向等方面要完全一致，而在实际调查中，很难得到两份等价的量表，因此采用这种方法者较少。

复本信度的主要优点在于：①能够避免重测信度的一些问题，如记忆效果、练习效应等；②适用于进行长期追踪研究或调查某些干扰变量对测验成绩影响；③减少了辅导或作弊的可能性；④能避免被试因为做相同题目而引起的厌倦情绪。

复本信度的局限性在于：①如果测量的行为易受练习的影响，则复本信度只能减少而不能消除这种影响；②有些测验的性质会由于重复而发生改变；③有些测验很难找到合适的复本。

3. **内部一致性信度法**　内部一致性信度（internal consistency）是检验亚量表条目之

间的内部一致性，也被称为同质性信度，是目前比较流行的信度评价方法。它从量表的构思层次入手，以内部结构的一致性程度对信度做出估计。常用的信度系数是克朗巴赫系数α。每个亚量表α系数均≥0.70，说明量表各条目所测内容具有同源性。如果一次去除一个条目，去除条目后的α系数和亚量表总α系数进行比较，若α系数显著增加，提示该条目的存在降低了量表的一致性，应予去除，反之则保留。克朗巴赫系数α的应用条件为量表中某一领域或维度的所有条目应该是平行、共性的，即所有条目必须测量同一现象，并以相同程度解释该现象的变异。

4. 分半信度法　分半信度（split-half reliability）又称折半信度，是对内部一致性信度的粗略估计。方法为将测验施测于某被试群体，然后将测验题目分成对等的两半，再求被试在每一半题目上的分数的相关程度。具体方法是将奇数题组成一个部分，偶数题构成奇数题的复本。计算两半考试得分的皮尔逊相关系数（Pearson's product moment correlation），再采用Spearman–brown公式矫正。

5. 评价者信度　评价者信度（inter-rater reliability）也称评分者信度，定性资料常用 *Kappa* 值，计量或等级资料用Kendall和谐系数 *W*。

6 信度的评价标准　信度的考评大多是计算各种相关系数，其取值越接近1越好，越接近0越差，但还没有公认的判断标准。一般说来，0.9以上可以认为很好，0.7以上为好，低于0.4为差。此外，不同的考评方法也有不同的要求，一般认为a至少0.70，重测信度r一般应在0.80以上。

（二）效度及其评价方法

效度（validity）即有效性或真实性，也称准确性，是指测量工具或手段能够准确测出所需测量的事物的程度。量表的效度越高，越能显示测量对象的真实性程度。效度评价比较复杂，效度主要分为三种类型：内容效度、准则关联效度和结构效度。

1. 内容效度　内容效度（content validity）是指量表在多大程度上表示了所测特质的范畴，就是要检查测验内容的适切性。换言之，量表是否包含足够的条目来反映所测内容。内容效度的评价主要通过经验判断进行，如量表的条目包含了所测概念的各具体方面，而且有一定的比例，则可认为有好的内容效度，也可计算量表各个条目与各方面得分之间的皮尔逊相关系数r进行评价；或者用内容效度比（content validity ration，CVR）来评价。

一个测验要具备较好的内容效度必须满足两个条件：①要确定好内容范围，并使测验的全部项目均在此范围内；②测验项目应是已界定的内容范围的代表性样本，即选出的项目能包含所测的内容范围的主要方面，并且使各部分项目所占比例适当。

2. 准则关联效度（criterion-related validity）　也称效标效度（criterion validity）、经验效度（empirical validity）或统计效度（statistical validity），是说明量表得分与某种外部准则（效标）间的关联程度，是以测验分数和效标之间的相关系数来表示测验效度的高低。外部准则指不通过该量表，而是通过一些客观指标或某些总体评价性项目来间接反映测定属性。

效标是衡量测验有效性的参照标准，指的是可以直接而且独立测量的我们感兴趣的行为。效标可以分为两个层次，其一是理论水平的观念效标，其二是操作定义水平的效标测量。由于这种效度是看测验对效标预测如何，所以称效标效度。这种效度需在实践中检验，所以又称为实证效标；根据效标资料是否与测验分数同时获得，可分为同时效度和预测效度。前者指效标资料在与测验分数大致相同的时间获得，后者指效标资料在与测验相隔一定的时间之后获得。同时效度和预测效度意义上的差异，不仅来源于时间，而更重要是来自测验的目的。前者与用来诊断现状的测验有关，如教师的评定或学生成绩同测验分数的相关；后者与预测将来结果的测验有关，如就业后的工作成绩同测验分数的相关。

3. 结构效度（construct validity） 也称构思效度或特征效度（trait validity），即测验能够测量到理论上的构想或特质的程度，或者说测验的结果是否能证实或解释某一理论的假设、术语或构想，解释的程度如何；是指实验与理论之间的一致性，即实验是否真正测量到假设（构造）的理论。因而结构效度是最重要的效度指标之一。结构效度具有如下一些特点：

（1）结构效度的大小首先取决于事先假定的理论框架。要使得关于某一特质测验的结构效度的研究结果可以进行比较，则对于该特质的假设和定义就应该相同。否则，不能进行比较。

（2）由于有可能出现理论假设不成立，或该试验设计不能对该假设做出适当的检验等情况，因此，当实际测量的资料无法证实我们的理论假设时，并不一定就表明该测验结构效度不高。

（3）结构效度是通过测量什么和不测量什么的证据累加起来给予确定的，因而不可能有单一的数量指标来描述结构效度。

结构效度的评价较复杂，可用相关分析和因子分析方法来反映。相关分析就是计算各条目与各领域（或侧面）的相关系数，根据相关系数的大小及其检验结果来判断。

效度的评价是较复杂的，应该从多个方面搜集效度证据。除了我们已经介绍的之外，还可以进行临床效度（clinical validity）、交叉效度（cross-validation）、表面效度（face validity）、增量效度（incremental validity）等方面的验证。实际应用时可结合具体情况进行判断。

（三）反应度及其评价方法

反应度（responsiveness）是量表的重要特性，其概念、定义及相应的测定方法还有很多争议。一般认为反应度是能够反映所测定的特质在时间上纵向的变化能力，是指量表能测出所测定特质的微小改变的能力。反应度反映的是在变化状况下该测量手段的应变性。信度和效度反映的是在不变状况下测量手段的准确性和精确性。生存质量量表反应度指量表能测出生存质量在时间上变化的能力和程度。一份生命质量量表如果经评价后有一定的信度和效度，但如果没有检测出细微的、有实际意义的、随时间改变的能力，则这个测量工具是没有任何应用价值的。反应度可以帮助量表确定研究指标选择的优先顺序，或减少指标数量，还可以计算样本量。

在统计学上，根据是否采用一个具体的外部评价标准，可以将反应度分为内部反应度和外部反应度。前者没有采用外部标准，而是根据专业知识、经验等（内隐地）认为在一定措施和时间后（如治疗后）已经有了一定的效果，好的量表应该能反映这种变化。后者采用了一种具体的（外部的）评定方法（如肿瘤大小的变化、生理指标的改变）作为比较的标准。

目前，对反应度的评价方法需亟待解决。一般采用与某种外部标准（客观指标或专业经验）相比较的方法。比如，从专业上判断某病在治疗前后各功能状态均会发生较大变化，如果量表没有反映出这种变化（可采用配对 t 检验进行前后比较），说明缺乏反应度。

两种反应度的评价方法不完全一致，内部反应度的评价习惯上采用配对 t 检验（或秩和检验等），治疗前后有统计学意义（$P<0.05$ 或 $P<0.01$）就认为有好的反应度。外部反应度除了可以用本文的一些指标和方法外，更重要的是还要反映与外部标准的关联和比较，因此，可用相关、回归等方法来分析。下面介绍几种具体评价方法。

（1）配对 t 检验法：该法即采取配对 t 检验来说明采取某种措施（估计能改变生存质量）前后两次测定得分差值均数的显著性。这是一种较直观的方法，用得较多。但因为配对 t 检验是对治疗前后差异为 0（完全相等）的检验，随着样本含量的增加总是能得出阳性结果。当样本含量较大时一点点差异就能得出统计学显著性，但这并不能说明量表灵敏。更不能用 t 值和 P 值的大小来说明反应度的好坏。

为了克服此问题，除了用传统的假设检验外，还应该给出具体的反应度衡量指标。可采用下面一些指标（统计量）来衡量反应度。

1）变化率（change ratio，CR）：即得分变化的百分比，为治疗前后差值（治疗前－治疗后）均数占治疗前均数的比例，反映治疗后生命质量升高（负值）或降低（正值）的程度。

$$CR = \frac{\overline{d}}{\overline{X}_1} \times 100\% \qquad （式6-1）$$

2）效应大小（effect size，ES）：为治疗前后差值（治疗前－治疗后）均数与治疗前标准差的比值。

$$ES = \frac{\overline{d}}{S_1} \qquad （式6-2）$$

3）标准化反应均数（standardized response mean，SRM）：为治疗前后差值（治疗前－治疗后）均数与差值的标准差的比值。

$$SRM = \frac{\overline{d}}{S_d} \qquad （式6-3）$$

本文给出了3种指标，结合其计算公式不难理解其含义，但还没有公认的判断标准。一般认为，ES、SRM 的绝对值在 0.2 左右则反应度较低，0.5 左右反应度适中，0.8 及以上反应度较好。CR 可以取 5%、10%、15%、20% 等。一般说来，各指标判断的结果并不完全一致。从式6-1~式6-3看，区别主要在分母上，SRM 的分母考虑了治疗前后差异，因此推荐以 SRM 为主并参考其他指标下结论。

（2）差异相关法：Meenan等建议用某措施前后生命质量得分的变化（差异）与某种生理指标（可推广）的变化的相关系数作为反应度的评价指标。比如，他们用风湿性关节炎功能量表的得分变化与关节柔韧性和抓握强度的变化的相关分析来评价量表的反应度。

（四）其他特性评价

1. 可接受性（acceptability） 是指患者或被测定者对测定量表的接受程度。再好的量表如果患者不愿意接受，也难于实行。

量表的可接受性主要取决于以下几个因素：

（1）量表具有简单性（simplicity），条目少且容易理解。

（2）量表内容为被测者所熟悉或认为有意义（与其生活及健康相关）。

（3）量表容易填写，看完简短的"填表说明"后即知如何完成。

（4）完成量表所需的时间较少，一般认为7~20分钟较适宜。临床使用的量表最好在15分钟内，一般人群评价的量表可稍长，但也不宜超过30分钟，否则被测者会感到厌烦而不愿完成，或随意乱填。

具体考察时可通过接受率（量表回收率）、量表完成率（事先确定完成的标准，比如所有条目均有回答者）和填表所需平均时间等来评价。

2. 可操作性 是指事情或项目在具体实施前及过程中的组织管理程序、方法在运用起来是否好用，是否流畅，以至于最后行动实施得下去，更侧重于组织管理，与可实施性也是有差别的，可实施性应在事情或项目可以操作的条件下，结合技术、环境、资源条件，事情或项目的具体行动操作，并且具体操作的成功度应该较高。

3. 可行性 一般是从技术、经济、社会和环保等角度判断我们所指向的事情或项目是可以做的，可以完成的，但并不一定就是可操作的，在事情或项目可行性研究初步结论可行的基础上，还需要结合事情或项目的资源状况、环境条件去进一步分析是否可以去具体实施（组织管理、行动操作）。例如，工作是否容易组织实施，花费的代价是否大等。

（张剑锋）

第七章　全科医生科研中的常用统计学方法

　　卫生统计学是统计学原理在健康领域的应用，它通过对卫生相关数据的收集与分析，辅助处理公众健康中的不确定性问题。健康事件既具有规律性，又具有不确定性，所以统计思维与方法尤为重要，它有助于人们基于目前最好的数据证据做出相对最优决策。常用的统计方法包括统计描述和统计推断，计量资料的统计描述指标有：算术平均数、几何均数、中位数；四分位数间距、标准差、变异系数。计数资料统计描述指标有：率、构成比、相对比。常用的假设检验方法有：t 检验、方差分析、χ^2 检验。相关与回归分析是医学研究中常用的探索双变量或多变量之间是否存在相互关系或依存关系的统计分析方法。在进行直线相关与回归分析之前，应先绘制散点图，观察变量间是否有线性趋势；统计表和统计图是统计描述的重要工具，论文中合理设置统计表和统计图能起到画龙点睛的作用。常用统计图包括：条图、饼图、线图、直方图、散点图、双轴图等。

【案例7-1】

　　某大学公共卫生学院在某县农村进行了通过社区卫生服务促进初级卫生保健工作的现场试验研究，为期一年。表7-1是从试验区电子健康档案中随机抽取的部分居民试验前后的收缩压测量值。如果我们想用试验前后收缩压水平的变化作为一项评价指标来评价现场试验的效果，应该怎么考虑？

表7-1　某县居民电子档案中收缩压

乡镇编号	乡镇	编码	性别	年龄/岁	试验前收缩压/mmHg	试验后收缩压/mmHg
1	A乡	01	女	65	132	128
1	A乡	02	女	73	131	127
1	A乡	03	女	55	137	127
1	A乡	04	男	78	131	145
1	A乡	05	男	39	135	122
1	A乡	06	男	71	145	117
1	A乡	07	男	69	129	121
1	A乡	08	女	74	124	114
1	A乡	09	男	70	150	122
…	…	…	…	…	…	…
2	B镇	36	男	35	125	121

续表

乡镇编号	乡镇	编码	性别	年龄/岁	试验前收缩压/mmHg	试验后收缩压/mmHg
2	B镇	37	男	30	118	124
2	B镇	38	男	31	128	118
2	B镇	39	女	71	122	116
2	B镇	40	男	53	117	112

注：数据来源为中澳卫生与艾滋病项目"较贫困乡镇通过社区卫生服务促进初级卫生保健现场试验研究"。

问题的提出：

1. 如何选择足量、有代表性的样本来代表某县试验区整个居民的收缩压水平？

2. 如何用这个样本去推断某县试验区整个居民的收缩压平均水平？

3. 如何判断某乡居民收缩压与全县居民收缩压水平有无差别？

4. 试验前居民的收缩压平均水平是多少？试验后居民的收缩压平均水平是多少？两者差别有无统计学意义？

5. 如何比较A乡和B镇居民收缩压有无差别？这种差别对结果判断有无影响？

6. 如何比较不同乡镇居民的收缩压有无差别？这种差别对结果判断有无影响？

7. 从收缩压判断，某县居民高血压患病率是多少？

8. 如何用这个样本去推断某县试验区整个居民的高血压患病率？

9. 如何从患病率的变化去评价现场试验效果？

10. 如何判断A乡与B镇之间居民高血压患病率有无差别？

11. 如何判断不同乡镇之间居民高血压患病率有无差别？

如何回答以上问题，本章介绍的医学研究中常用统计方法将作详细阐述。

第一节 概　　述

卫生统计学（health statistics）是应用数理统计学的原理与方法，研究居民健康状况及卫生服务与卫生事业管理领域中数据的收集、整理和分析的一门科学，是帮助人们分析所拥有的信息，达到去伪存真、去粗取精、正确认识世界的一种重要手段。由于本书读者对医学统计学的基本原理和基本方法在本科阶段已系统学习，故不作重点介绍。本章将通过应用实例介绍统计方法的选择、统计软件SPSS的操作方法、结果解释及应用时的注意事项。

一、医学统计工作中的基本概念

（一）总体与样本

进行一项研究，首先必须明确研究对象的总体是什么。总体（population）是根据研究目的确定的同质研究对象所有观察单位某变量值的集合。例如，欲研究某县2012年居民的血压，则观察对象是某县2012年的居民，观察单位是每个居民，变量是血压，变量值（观察值）是血压测量值，某县2012年全体居民的血压值构成一个总体。

在实际工作中，总体往往未知，通常研究的都是样本，采用样本统计量估计总体参数。样本（sample）是按照随机化原则，从总体中抽取的有代表性的部分观察单位的变量值的集合。从上面提到的总体（某县2012年的居民）随机抽取40例，他们的血压值即为样本。

（二）同质与变异

我们所研究的对象，除研究因素不同外，其他影响因素应该是一致的，这样才好体现出研究因素的效应。这里，其他影响因素的一致称为同质（homogeneity）。变量值之间的差异称为变异（variation），影响因素不同是产生变异的主要原因。统计学是处理资料中变异的科学和艺术，但是有些因素往往是难以控制的（如遗传），所以在统计学中，同质经常被理解为对研究对象影响较大的、可以控制的主要因素尽可能相同。例如，在研究儿童的身高时，要求性别、年龄、民族、地区等影响身高较大的、易控制的因素要相同，而不易控制的遗传等影响因素则用其他方法加以处理。

（三）变量的分类

统计学是处理资料中变异性的科学，变异性的存在，决定了我们要处理的是变量（variable），即总体中个体的特性。不同的变量需要用不同的统计学方法去分析，一般按变量的值是定量的还是定性地把变量分为数值变量和分类变量。

1. **数值变量**　数值变量（numerical variable）的变量值是定量的，表现为数值大小，可经测量取得数值，多有度量衡单位。如身高（cm）、体重（kg）、血压（mmHg、kPa）、脉搏（次/min）和白细胞计数（$\times 10^9$/L）等。这种由数值变量的测量值构成的资料称为数值变量资料，亦称为定量资料（quantitative data）。大多数的数值变量为连续型变量（continuous variable），如身高、体重、血压等；而有的数值变量的测定值只能是正整数，如脉搏、白细胞计数等，在医学统计学中把它们也视为连续型变量。

2. **分类变量**　分类变量（categorical variable）的变量值是定性的，可能的"取值"不是数字，而是各个不同的水平。分类变量可分为无序分类变量和有序分类变量两类。

（1）无序分类变量：无序分类变量（unordered categorical variable）是指所分类别或属性之间无程度和顺序的差别，又可分为二分类［如性别（男、女），药物反应（阴性和阳性）等］和多项分类［如血型（O、A、B、AB），职业（工、农、商、学、兵）等］。对于无序分类变量的分析，应先按类别分组，清点各组的观察单位数，编制分类变量的频数表，所得资料为无序分类资料，亦称计数资料（enumeration data）

（2）有序分类变量：有序分类变量（ordinal categorical variable）是指各类别之间有程度差别的分类数据。如尿糖化验结果按–、±、＋、＋＋、＋＋＋分类；疗效按治愈、显效、好转、无效分类。对于有序分类变量，应先按等级顺序分组，再清点各组的观察单位个数，编制有序变量（各等级）的频数表，所得资料亦称为等级资料（ordinal data）。

变量的类型是可以相互转化的，变量一般由高级向低级转化：连续型→有序分类→二分类。比如高血压资料，可以从具体的数值资料转化成有序资料（重度高血压、中度高血压、轻度高血压），再转化成是否患有高血压这样的二分类资料。同时，在原始信息不损失的情况下，变量也可以反方向转化。

二、医学统计工作的基本步骤

医学统计工作的全过程都可分为以下四个步骤：设计（design）、收集资料（data collection）、整理资料（data sorting data）、分析资料（analysis of data）。统计工作四个步骤紧密相连、不可分割，任何一步的缺陷都将影响整个研究结果。

统计分析包括统计描述和统计推断。统计描述中，平均数是数值变量中描述集中趋势的指标，标准差是描述离散趋势的指标。率为分类变量中最常见的描述性统计指标。统计推断又分为参数估计和假设检验两大部分，均数和率的可信区间即为最常见的参数估计方法，t 检验、方差分析为数值变量最常用的假设检验方法，卡方检验为分类变量最常用的假设检验方法（图7-1、图7-2），这些是本章中要介绍的主要内容。

要回答上述案例中提出的问题，可从以下几方面入手。

随机抽取某县两个乡镇，两个乡镇分别是较富裕的B镇，较贫穷的A乡。再从每个乡镇中分别随机抽取20例居民，组成样本含量为40的样本。从电子健康档案中查得这40例居民试验前和试验后的收缩压。

以某乡镇20例居民为例，可计算其试验前和试验后收缩压的算术平均数和标准差，根据标准差计算标准误，还可根据上述估计全县居民平均收缩压的95%可信区间，以此推断全县居民收缩压的总体水平。

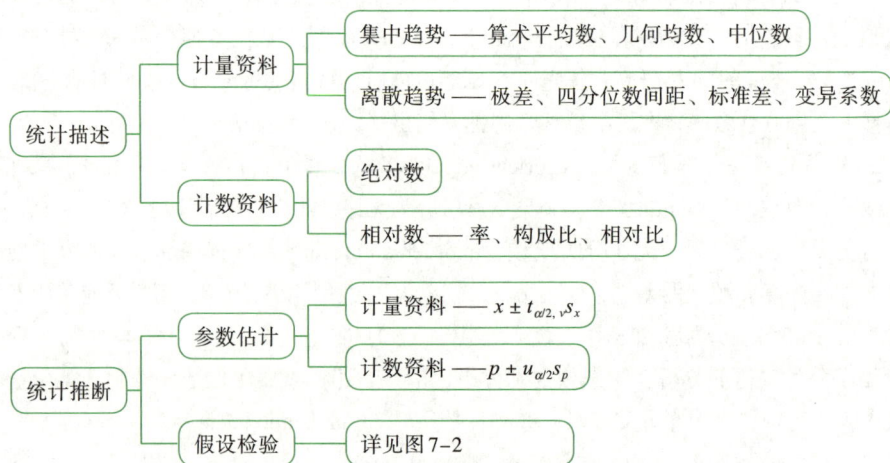

图7-1 基本统计方法归纳

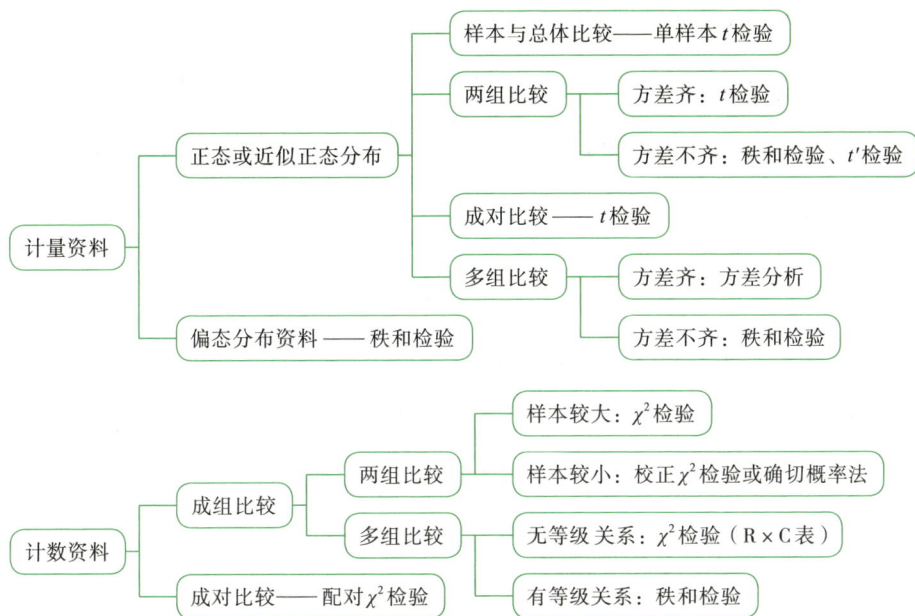

图 7-2　假设检验方法归纳

利用单样本 t 检验推断某乡居民收缩压与全县居民收缩压水平之间的差异，利用配对 t 检验推断试验前后收缩压有无显著性变化，利用两组资料 t 检验推断较富裕乡镇和较贫穷乡镇居民收缩压有无差别。利用完全随机实验设计的方差分析推断不同乡镇居民收缩压有无差别。

计算出这 40 例居民高血压患病率，推算高血压患病率的标准误，并进一步推算出某县全体居民高血压患病率的 95% 可信区间。利用配对 χ^2 检验推断试验前后某县居民高血压患病情况有无变化，利用四格表 χ^2 检验推断较贫穷乡镇和较富裕乡镇居民高血压患病率有无差别，利用行 × 列表 χ^2 检验推断不同乡镇之间居民高血压患病率有无差别。

第二节　数值变量的统计分析

一、数值变量的统计描述

（一）集中趋势

集中趋势（central tendency）在统计学中是指一组数据向某一中心值靠拢的程度，它反映了一组数据中心点的位置所在。集中趋势测度就是寻找数据水平的代表值或中心值，包括算术平均数（arithmetic mean）、几何均数（geometric mean）及中位数（median）。

1. 算术平均数用 $\bar{X}$ 表示。

【案例7-2】

利用直接法计算某县A乡居民的试验前收缩压平均值，数据见表7-1中A乡居民的试验前收缩压测量值。

$$\bar{X} = (X_1 + X_2 + \cdots + X_n)/n \qquad \text{（式7-1）}$$
$$\bar{X} = (132 + 131 + \cdots + 125)/20 = 133.65 \text{（mmHg）}$$

算术平均数是使用最多的平均数，但只能用于呈正态分布或近似正态分布的数值变量。主要缺陷是算术平均数容易受一组数据中极端数值的影响，此时算数均数的代表性就比较差。

2. 几何平均数用 G 表示，适用于：①对数正态分布，即数据经过对数变换后呈正态分布或近似正态分布的数值变量；②等比级数的数值变量，即观察值之间呈倍数或近似倍数变化。如医学实践中的抗体滴度、平均效价等。

【案例7-3】

6例慢性肝炎患者的HBsAg滴度资料1:16，1:16，1:32，1:32，1:64，1:128。计算其几何均数。

$$G = \sqrt[n]{X_1 \cdot X_2 \cdot \cdots \cdot X_n} \qquad \text{（式7-2）}$$

或

$$G = lg^{-1}\left(\frac{lg X_1 + lg X_2 + \cdots + lg X_n}{n}\right) = lg^{-1}\left(\frac{\sum lg X}{n}\right) \qquad \text{（式7-3）}$$

通常按照公式（7-3）计算，几何均数为：

$$G = lg^{-1}\left(\frac{lg 16 + lg 16 + \cdots + lg 128}{6}\right) = 35.92$$

几何均数有明确的限制，如数据中不得出现0，否则无法计算，数据中不得同时存在正值和负值。

3. 中位数用 M 表示。中位数是把观察值由小到大排列，位次居中的数值。中位数一般用于描述：①非正态分布的数值变量（对数正态分布除外）；②频数分布的一端或两端无确切数据的资料；③总体分布不清楚的资料。

（1）直接法

【案例7-4】

某药厂观察7只小鼠口服某药后在缺氧条件下生存时间（分钟）如下：11，32，33，54，65，87，88。试求其中位数。

本例观察对象数 n 为奇数，

$$M = X_{\left(\frac{n+1}{2}\right)} \qquad \text{（式7-4）}$$

当 n 为偶数时，

$$M = \left[X_{\left(\frac{n}{2}\right)} + X_{\left(\frac{n}{2}+1\right)} \right] \Big/ 2 \qquad \text{（式7-5）}$$

式中下标 $\frac{n+1}{2}$、$\frac{n}{2}$、$\frac{n}{2}+1$ 为有序数列的位次，$X_{\left(\frac{n+1}{2}\right)}$、$X_{\left(\frac{n}{2}\right)}$、$X_{\left(\frac{n}{2}+1\right)}$ 为相应位次的观察值。

本例数据已由小到大排列。$n=7$ 为奇数，代入公式，

$$M = X_{(n+1)/2} = X_4 = 54\text{（分钟）}$$

（2）频数表法：对频数表资料，可通过百分位数法近似计算中位数。

百分位数（percentile）是将一组数据按由小到大的顺序排成一个数列，分成100等份，称为100个百分位。位于第 X 百分位上的那个数值称为第 X 百分位数（P_X）。

百分位数是一个数值，它将原始观察值分成两部分，理论上有 $X\%$ 的观察值小于 P_X，有 $1-X\%$ 的观察值大于 P_X。百分位数 P_{50} 就是中位数。

对于频数表资料，百分位数 P_X 的计算公式为：

$$P_X = L + \frac{i}{f_X}(n \times X\% - f_L) \qquad \text{（式7-6）}$$

其中 L 为百分位数所在组段的下限，i 为该组段的组距，f_L 为百分位数所在组前一组段的累积频数，f_X 为该组段的频数，n 为总频数。

【案例7-5】

50例某病患者的潜伏期（小时）如表7-2所示，试计算潜伏期的中位数。

表7-2　50例某病患者的潜伏期（小时）资料

组段	组中值（X_0）	频数（f）	频率/%	累计频数	累计频率/%
12~	18	1	2	1	2
24~	30	7	14	8	16
36~	42	11	22	19	38
48~	54	11	22	30	60
72~	78	5	10	42	84
84~	90	4	8	46	92
96~	102	2	4	48	96
108~120	114	2	4	50	100
合计	–	50	–	–	–

首先，计算各组段的频率、累计频数和累计频率，见上表所示，可判断出 P_{50} 位于"48~"这个组段。将相应数据代入式7-6，得出：

$$P_{50} = 48 + \frac{12}{11}(50 \times 50\% - 19) = 54.55(小时)$$

即该组潜伏期资料的中位数为54.55（小时）。

用中位数表示数据的集中趋势最大的优点在于不易受数据中极端值的影响，其缺点在于对整体数据的代表性较差。

（二）离散趋势

离散趋势（dispersion tendency）是衡量变异程度（或离散程度）的指标，衡量变异程度大小的常用指标有极差、四分位数间距、标准差和变异系数。

【案例7-6】

试观察三组数据的离散情况。

A组：16 18 20 22 24

B组：14 17 20 23 26

C组：16 19 20 21 24

可以看出，三组数据的均数都是20，但是数据的离散程度（变异度）不同。A组和B组的数据点散布均匀，但B组的数据分布范围明显大于A组；A、C两组的数据分布范围相同，但数据点的离散程度不同；B、C两组则数据分布范围与离散程度均不同。

1. 极差 极差（range）亦称全距，用 R 表示。是一组观察值中最大值与最小值之差，用于反映个体变异范围的大小。极差的计算简便，但是它仅仅利用了样本中最大值与最小值的信息，不能反映其他观察值的变异情况。另外，样本量 n 越大，越有机会观察到偏大或偏小的数据，R 可能会越大，因此，样本量相差悬殊时不宜比较极差。即使样本量相同，极差也往往不够稳定。这些在应用中应予以注意。

2. 四分位数间距 四分位数间距（quartile interval）是上四分位数 Q_U（Q_3 即 P_{75}）与下四分位数 Q_L（Q_1 即 P_{25}）之差，其间包括了全部观察值的一半，用 Q 表示。定义为 $Q = P_{75} - P_{25}$。

四分位数间距比极差稳定，常和中位数配合使用。但仍未考虑到每个观察值的变异度。它适用于偏态分布资料，特别是分布末端无确定数据不能计算全距和标准差的资料。

3. 标准差

【案例7-7】

计算三组资料的标准差（standard deviation）。

$$S = \sqrt{\frac{\sum(X - \bar{X})^2}{n-1}} = \sqrt{\frac{\sum X^2 - \frac{(\sum X)^2}{n}}{n-1}} \qquad (\text{式}7\text{-}7)$$

A组：$\sum X = 16 + 18 + 20 + 22 + 24 = 100$，$n = 5$，

$\sum X^2 = 16^2 + 18^2 + 20^2 + 22^2 + 24^2 = 2\,040$

代入式7-7，得

$$S = \sqrt{\frac{2\,040 - \frac{100^2}{5}}{5-1}} = 3.16$$

同理得：B组$S = 4.74$，C组$S = 2.92$。

由于C组的标准差最小，故认为其均数的代表性较其他组要好。标准差适用于对称分布，常和算数平均数配合使用，特别是正态或近似正态分布的数值变量。

4. 变异系数

【案例7-8】

2010年某市调查该地刚满周岁的男童身高均数为78.2cm，标准差为3.4cm；刚满周岁的男童体重均数为9.13kg，标准差为1.02kg。试计算周岁男童身高与体重的变异系数（coefficient of variance，CV），比较其身高与体重的变异程度的大小。

$$CV = \frac{S}{\bar{X}} \times 100\% \qquad (\text{式}7\text{-}8)$$

代入公式（7-8），身高的变异系数和体重的变异系数分别为4.35%和11.17%。结果显示，某市周岁男童体重的相对变异度要大于身高。

当进行两组或多组数值变量变异程度的比较时，如果单位不同和/或均数相差较大时，比较其变异程度就不能采用标准差，而需采用标准差与平均数的比值（相对值）来比较。变异系数没有单位，消除了量纲的影响，变异系数越大，意味着相对于均数而言，变异程度越大。

（三）SPSS操作

SPSS中，选择"分析"—"描述统计"—"探索"，在"统计"中可选择均值的可信区间，再选择"确定"（图7-3）。下图以表7-140位居民健康数据为例。

二、数值变量的统计推断

（一）正态分布与医学参考值范围

正态分布（normal distribution）又称高斯分布（Gaussian distribution），若随机变量X服从一个数学期望为μ、方差为σ^2的高斯分布，记为$X \sim (\mu, \sigma^2)$。正态分布的期望值μ决定了其位置，方差σ^2决定了分布的形状。因其曲线呈钟形，因此，人们又经常称之为钟形

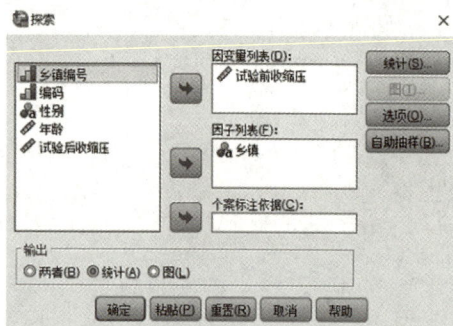

描述	乡镇		统计	标准误差
试验前收缩压	A乡	平均值	133.6500	1.65159
		平均值的95%置信区间 下限	130.1932	
		上限	137.1068	
		5%剪除后平均值	133.2778	
		中位数	132.0000	
		方差	54.555	
		标准差	7.38615	
		最小值	124.00	
		最大值	150.00	
		全距	26.00	
		四分位距	10.25	
		偏度	.671	.512
		峰度	-.237	.992
	B镇	平均值	127.2500	1.29142
		平均值的95%置信区间 下限	124.5470	
		上限	129.9530	
		5%剪除后平均值	127.0000	
		中位数	128.0000	
		方差	33.355	
		标准差	5.77540	
		最小值	117.00	
		最大值	142.00	
		全距	25.00	
		四分位距	5.75	
		偏度	.575	.512
		峰度	1.328	.992

图7-3 SPSS中数值变量的统计描述操作步骤及结果

曲线。正态分布是概率论中最重要的一种分布，也是自然界常见的一种分布，见图7-4。

习惯上，用$N(\mu, \sigma^2)$表示均数为μ，标准差为σ的正态分布。很多医学现象服从正态分布或近似正态分布。例如，同性别、同年龄儿童的身高及同性别健康成人的红细胞数、血红蛋白含量、脉搏数等。一般来说，若影响某一数值变量值的随机因素很多，而每个因素所起的作用均不太大，则这个变量服从正态分布，如实验中的随机误差，通常表现为正态分布。

为了应用方便，经常将一般的正态变量X通过u变换$u = (X - \mu)/\sigma$转化成标准正态变量u，以使原来各种形态的正态分布都转换为$\mu=0$，$\sigma=1$的标准正态分布（standard normal distribution）。u称为标准正态离差。

这种变换称为标准化变换或u变换，由于X是随机变量，因此u也是随机变量，所得到的随机变量u也服从标准正态分布，常常称为u分布，u值所对应的面积见附表1，标准正态分布曲线下的面积。

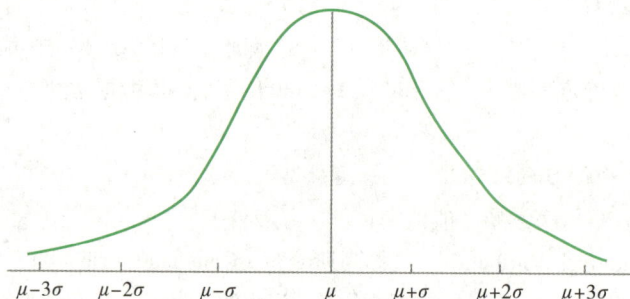

图7-4 均数为μ，标准差为σ的正态分布

参考值范围（reference range）是指绝大多数特定的"正常"人群（排除了对所研究指标有影响的疾病和有关因素的特定人群）的解剖、生理、生化及组织代谢产物含量等指标的取值范围。学者们习惯用该人群95%正常个体的某项医学指标的取值范围作为该指标的医学参考值范围。

确定医学参考值范围主要有两方面的意义：其一，用于划界、分类，如临床上生理、生化指标常常是临床医生判断某指标正常与异常的参考依据；其二，动态分析，如某个地区不同时期某些重金属元素的正常值可反映环境污染的动态变化或环保效果。

确定医学参考值范围的方法有以下两种。

正态分布法：若X服从正态分布，医学参考值范围还可以依照正分布的规律计算。因为正态分布变量X在区间$\mu \pm 1.96\sigma$上取值的概率为0.95，所以正态分布资料双侧95%医学参考值范围一般按下式作近似估计：

$$\overline{X} \pm 1.96S \qquad （式7-9）$$

单侧95%医学参考值范围：

过高异常：$\overline{X} + 1.64S$ （式7-10）

过低异常：$\overline{X} - 1.64S$ （式7-11）

【案例7-9】

以表7-1中40位居民电子健康档案中试验前收缩压为例，其分布近似于正态分布，$\overline{X} = 132.15$（mmHg），$S = 1.17$（mmHg），试估计该县居民试验前收缩压的95%参考值范围。

因为收缩压过高、过低均为异常，所以95%医学参考值范围应当是双侧的。

上限为：$\overline{X} + 1.96S = 132.15 + 1.96 \times 7.41 = 146.67$（mmHg）

下限为：$\overline{X} - 1.96S = 132.15 - 1.96 \times 7.41 = 117.63$（mmHg）

该县居民收缩压的95%参考值范围是117.63~146.67mmHg。

必须注意，95%医学参考值范围仅仅告诉我们某特定人群中，95%的个体该指标值的范围，并不能说明凡在此范围内都"正常"；也不能说明凡不在此范围内都不"正常"。因此，医学参考值范围在临床上只能作为参考。

正态分布法只限于正态分布资料、近似正态分布或以一定的方法可以转化为正态分布的资料。例如，某变量值经过对数变换后可转换成近似正态分布，这时可先求其对数值的参考值范围，再求反对数即为原变量的参考值范围。

确定医学参考值范围必须抽取足够例数的样本，并判定是否应分"层"确定参考值范围。如果测定值在性别间或年龄组间差别较大，则应分"层"确定参考值范围，每层样本含量至少100例。

百分位数法：双侧95%医学参考值范围是（$P_{2.5}$，$P_{97.5}$），单侧范围是P_{95}以下（人体有害物质如血铅、发汞），或P_5以上（如肺活量）。该法适用于任何分布类型的资料，但因只考虑到了几个位点的数据，并无充分考虑每个变量值的离散趋势，因此，代表性不如正态分布法。

（二）均数抽样误差与总体均数的可信区间

1. 均数抽样误差　如果我们从总体中进行随机抽样100次，样本含量为n，可以得到100个样本均数，每个样本均数与总体均数及各样本均数之间都有差异，这种差异称为均数的抽样误差，其大小用标准误（standard error）描述。

（1）标准误的意义：标准误也是一个离散度指标，用它来描述样本均数抽样误差的大小，即同一总体中相同样本量的样本均数间的离散度。标准误用"$\sigma_{\bar{X}}$"来表示，即样本均数的标准差，标准误越小，表明样本统计量与总体参数的值越接近，样本对总体越有代表性，用样本统计量推断总体参数的可靠度越大。

（2）标准误的计算：在实际应用中，总体标准差σ通常未知，需要用样本标准差S来估计。此时样本均数标准误的估计值为：

$$S_{\bar{X}} = \frac{S}{\sqrt{n}}$$

（式7-12）

【案例7-10】

计算表7-1中某县A乡居民的试验前收缩压标准误。已知A乡居民的试验前收缩压平均数$\bar{X}=133.65$（mmHg），标准差为7.386（mmHg）。

代入公式（7-12），得标准误：

$$S_{\bar{X}} = \frac{7.386}{\sqrt{20}} = 1.652(\text{mmHg})$$

该计算结果与SPSS中计算所得结果（图7-3）一致。

标准误与标准差的联系：

（1）$S_{\bar{X}}$与S大小成正比，即总体中各变量的变异度增大，抽样误差也增大。

（2）与$\sqrt{n}$的大小成反比，当n越接近总体时，即所包括的个数愈多时，样本均数愈接近总体均数，抽样误差愈小。

2. t分布　根据数学上的中心极限定理，在总体中以固定的样本含量n抽取若干个样本时，若总体服从正态分布，则样本均数的分布也服从正态分布；若总体不服从正态分布，但样本数量足够大，则样本均数的分布仍近似服从正态分布，即$X \sim N(\mu, \sigma_{\bar{X}}^2)$。所以，对样本均数的分布进行$u$变换$\left[u = \frac{\bar{X} - \mu}{\sigma_{\bar{X}}}\right]$，也可以变换为标准正态分布$N(0, 1)$。

在实际工作中，$\sigma_{\bar{X}}$往往是未知的，常用样本估计值$S_{\bar{X}}$来代替，为了与u变换区别，称为t变换$\left[t = \frac{\bar{X} - \mu}{S_{\bar{X}}}\right]$，统计量$t$值的分布称为$t$分布，$t$分布可以看成是$u$分布的一种扩展。

t分布的特征：

（1）以0为中心，左右对称，呈单峰分布。

（2）t分布是一簇曲线，其形态变化与自由度ν大小有关。自由度ν越小，t分布曲线高峰越低平，尾部翘得越高；自由度ν越大，t分布曲线高峰越高耸，尾部翘得越低，越接近标准正态分布曲线，自由度ν趋近于无穷大时，t分布曲线就是标准正态分布曲线（图7-5）。

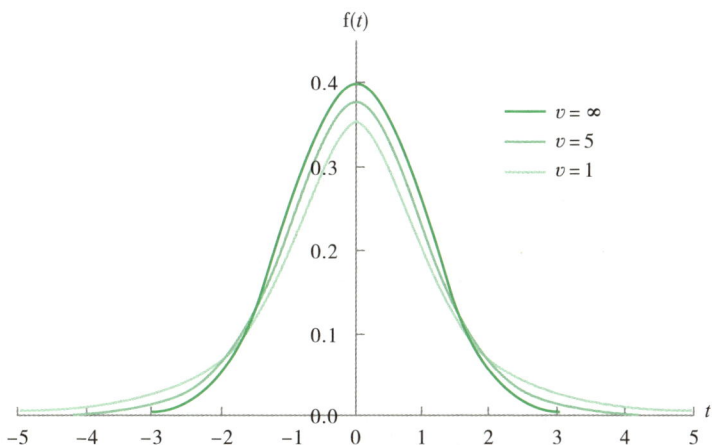

图7-5　不同自由度下的t分布曲线

对应于每一个自由度ν，就有一条t分布曲线，每条曲线都有其曲线下统计量t的分布规律，计算较为复杂。因此，统计学家根据自由度ν的大小与t分布曲线下的面积的关系，编制了t分布界值表（附表2），以便于应用。表中的横标目为自由度ν，纵标目为概率P，表中数字表示自由度ν和P固定时，t的界值。因t分布是以0为中心的对称分布，故t界值表中只列出了正值，如果算出的t值为负值，可以用绝对值查表。t分布曲线下中间面积为95%或99%的界值不是一个常量，而是随着自由度大小而变化的，分别用$t_{0.05/2,\,\nu}$和$t_{0.01/2,\,\nu}$表示，对应的t分布曲线双侧尾部面积分别为5%（0.05）和1%（0.01）。

3. 总体均数的可信区间

（1）可信区间的含义：按预先给定的概率所确定的包含总体参数的一个范围，该范围通常称为参数的可信区间（confidence interval，CI），预先给定的概率$(1-\alpha)$称为可信度（confidence level），常取95%。意思是从总体中做随机抽样，每个样本可以算得一个可信区间，如95%可信区间意味着做100次抽样，算得100个可信区间，平均有95个估计正确，平均5个估计错误。

（2）可信区间的两个要素：一是准确度，反映在可信度的大小，即区间包含总体均数的概率的大小，愈接近1愈好；二是精密度，反映在区间的宽度，宽度愈小愈好。在样本含量确定的情况下，两者是矛盾的，若只提高可信度，会把区间变得很宽，故不宜认为99%可信区间比95%可信区间好，需要兼顾可信度和精密度，一般来说，95%可信区间更为常用，在可信度确定的情况下，增加样本含量，可减小区间宽度，提高精密度。

（3）可信区间的算法

$$\overline{X} - t_{\frac{\alpha}{2}, v} S_{\overline{X}} < \mu < \overline{X} + t_{\alpha/2, v} S_{\overline{X}} \qquad （式7-13）$$

式7-13中，自由度 $v=n-1$，$\overline{X}$ 和 $S_{\overline{X}}$ 分别为样本均数和标准误，$t_{\alpha/2, v}$ 可以按自由度为 v 与检验水准为 α，查 t 界值表得到。

【案例7-11】

试根据某县A乡居民样本的试验前收缩压估计总体均值的95%可信区间。已知A乡居民的试验前收缩压平均值 $\overline{X}$=133.65mmHg，标准误 $S_{\overline{X}}$=2.018mmHg，查 t 界值表得 $t_{0.05/2, 19}$=2.093，A乡居民的试验前收缩压总体均值的95%可信区间为：（133.65－2.093×1.652，133.65＋2.093×1.652），即（130.19，137.11）mmHg，该计算结果与SPSS中计算所得结果（图7-3）一致。

（三）t 检验

t 检验，亦称 Student t 检验（Student's t test），主要用于样本含量较小（例如，$n<30$），总体标准差 σ 未知的正态分布资料。

t 检验分为单样本 t 检验、两独立样本 t 检验和配对样本 t 检验。

1. 样本均数与总体均数的比较

【案例7-12】

比较某县A乡居民的试验前收缩压（133.65mmHg）与该县居民的试验前收缩压总体平均值（μ_0=128.91mmHg）有无差别。资料见表7-1。

（1）建立检验假设，确定检验水准

H_0：$\mu=\mu_0$=128.91（mmHg），μ 为该县A乡居民的试验前收缩压总体均数，μ_0 为该县居民的试验前收缩压的总体均数。意为"就总体而言，该县A乡居民的试验前收缩压总体均数与该县居民试验前收缩压的总体均数无差别"。

H_1：$\mu \neq 128.91$（mmHg）

$\alpha=0.05$

（2）计算统计量

$$t = \frac{\overline{X} - \mu}{S/\sqrt{n}} \qquad （式7-14）$$

$$v=n-1$$

其中，$\overline{X}$ 为样本均数；μ 为总体均数；S 为样本标准差；n 为样本含量；v 为自由度。本例 n=20，$\overline{X}$=133.65mmHg，S=7.386mmHg，μ_0=128.91。

按式7-14得

$$t = \frac{133.65 - 128.91}{7.386 / \sqrt{20}} = 2.87$$

相应的自由度为$v=19$。

（3）确定P值，做出推断：本例以$v=19$、$t=2.87$，查t界值表，因$t_{0.02/2, 19} < 2.75 < t_{0.01/2, 19}$，故$0.01 < P < 0.02$。按$\alpha=0.05$水准，拒绝$H_0$，接受$H_1$，差异有统计学意义。可认为试验前A乡居民的收缩压高于该县居民的收缩压。

SPSS中，选择"分析"—"比较平均值"—"单样本t检验"，在"检验值"中输入该县居民平均收缩压，然后选择"确定"生成结果（图7-6）。

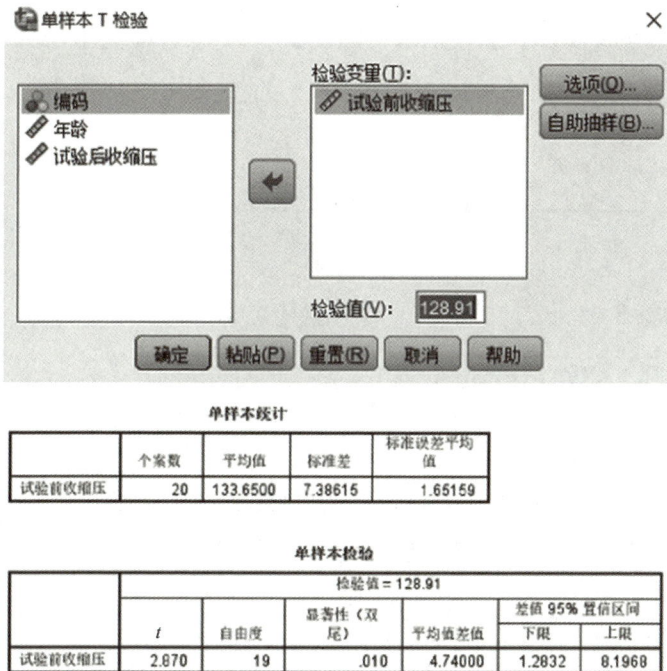

单样本统计

	个案数	平均值	标准差	标准误差平均值
试验前收缩压	20	133.6500	7.38615	1.65159

单样本检验

	检验值 = 128.91					
	t	自由度	显著性（双尾）	平均值差值	差值 95% 置信区间	
					下限	上限
试验前收缩压	2.870	19	.010	4.74000	1.2832	8.1968

图7-6 用SPSS进行单样本t检验的步骤及结果

单样本t检验是检验样本均数来自的总体均数与已知的总体均数（一般为理论值、标准值或大量观察得到的稳定值）有无差别，要求样本来自的总体分布是正态分布。

在统计学中，如果H_0实际是正确的，但由于抽样的偶然性，使得由样本资料计算获得的检验统计量得出拒绝H_0的结论，统计学上将这种拒绝了正确的H_0（弃真）的错误称为Ⅰ型错误（type Ⅰ error），又称为假阳性错误。如果真实的情况是H_0错误（H_1正确），但由于抽样的偶然性，使得由样本数据计算获得的检验统计量得出了不拒绝H_0（存伪）的结论，统计学上将这种不拒绝实际上不成立的H_0所犯的错误称为Ⅱ型错误（type Ⅱ error），又称为假阴性错误。统计推断的两类错误及其概率见表7-3和图7-7。

表7-3　统计推断的两类错误及其概率

实际情况	统计推断	
	拒绝 H_0，有差异	不拒绝 H_0，无差异
H_0成立，无差异	I 型错误（假阳性）	正确
	概率 $=\alpha$	概率 $=1-\alpha$
H_1成立，有差异	正确	第 II 类错误（假阴性）
	概率 $=1-\beta$	概率 $=\beta$

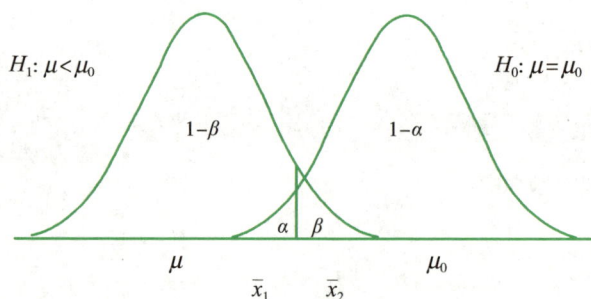

图7-7　I 型错误和 II 型错误

2. 两独立样本均数的比较

【案例7-13】

利用随机抽取的某县较富裕乡镇B镇和较贫困乡镇A乡居民试验前收缩压情况。试比较某县较富裕地区和较贫困地区居民试验前收缩压是否有差异。

（1）建立检验假设，确定检验水准

H_0：$\mu_1 = \mu_2$，即该县较富裕地区和较贫困地区居民试验前收缩压值的总体均数相等。

H_1：$\mu_1 \neq \mu_2$

$\alpha = 0.05$

（2）计算统计量

$$t = \frac{\overline{X}_1 - \overline{X}_2}{\sqrt{\dfrac{(n_1-1)S_1^2 + (n_2-1)S_2^2}{n_1 + n_2 - 2}\left(\dfrac{1}{n_1} + \dfrac{1}{n_2}\right)}}$$ （式7-15）

$$v = n_1 + n_2 - 2$$

其中，$\overline{X}_1$ 和 $\overline{X}_2$ 为两样本均数；S_1 和 S_2 为两样本标准差；n_1 和 n_2 为两样本含量。

本例较贫困地区样本均数 $\overline{X}_1 = 133.65\text{mmHg}$，标准差 $S_1 = 7.386\text{mmHg}$；较富裕地区样本均数 $\overline{X}_2 = 127.25\text{mmHg}$，标准差 $S_2 = 5.772\text{mmHg}$，$n_1 = n_2 = 20$。

按公式7–15，得

$$t = \frac{133.65 - 127.25}{\sqrt{\dfrac{(20-1)\times 7.386^2 + (20-1)\times 5.775^2}{20+20-2}\left(\dfrac{1}{20} + \dfrac{1}{20}\right)}} = 3.05$$

$$\nu = 20+20-2 = 38$$

（3）确定P值，做出推断：查t界值表得$t_{0.005/2,\,40} = 2.971 < 3.05$，$P < 0.005$。按$\alpha = 0.05$水准，拒绝$H_0$，接受$H_1$，差异有统计学意义，可以认为该县较富裕地区和较贫困地区居民试验前收缩压有差异。

SPSS中，选择"分析"—"比较平均值"—"独立样本t检验"，将"乡镇"设为分组变量，即可比较A乡与B镇居民试验前收缩压是否有差异（图7–8）。

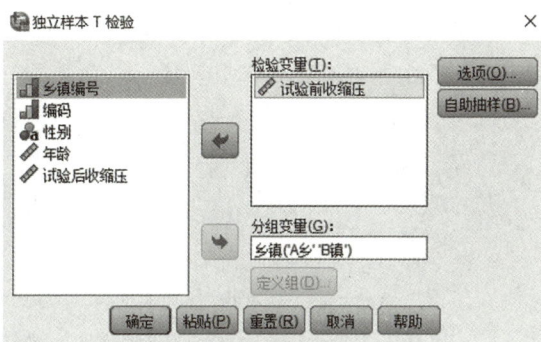

组统计

	乡镇	个案数	平均值	标准差	标准误差平均值
试验前收缩压	A乡	20	133.6500	7.38615	1.65159
	B镇	20	127.2500	5.77540	1.29142

独立样本检验

		莱文方差等同性检验		平均值等同性t检验						
		F	显著性	t	自由度	显著性（双尾）	平均值差值	标准误差差值	差值95%置信区间下限	上限
试验前收缩压	假定等方差	2.099	.156	3.053	38	.004	6.40000	2.09655	2.15575	10.64425
	不假定等方差			3.053	35.912	.004	6.40000	2.09655	2.14763	10.65237

图7–8　使用SPSS进行两独立样本t检验的步骤及结果

两独立样本t检验是检验两个样本均数来自的两总体均数有无差别，要求两样本均来自正态分布总体且方差齐。

3. 配对计量资料的比较　配对设计（paired design）是一种比较特殊的设计方式，能够较好地控制非实验因素对结果的影响。配对比较的t检验适用于下列情况。自身配对：同一受试对象处理前后的比较；同一受试对象接受两种不同处理。异体配对：将两个受试者配成对子，施予两种不同处理。

第七章　全科医生科研中的常用统计学方法

【案例7-14】

比较某县 A 乡居民试验前后收缩压是否有差异。假定试验前后居民试验前后收缩压的差值服从正态分布，进行 t 检验。

（1）建立检验假设，确定检验水准

H_0：$\mu_d=0$，即试验前后收缩压的差值的总体均数为零。

H_1：$\mu_d \neq 0$

$\alpha=0.05$

（2）计算统计量

$$t=\frac{\bar{d}-0}{S_d/\sqrt{n}} \qquad （式7-16）$$

$$v=n-1$$

其中 $\bar{d}$ 为差值的均数，S_d 为样本差值的标准差，n 是对子数。

本例 $n=20$，$\sum d=114$，$\sum d^2=2\,482$，$\bar{d}=(\sum d)/n=5.70$。

$$S_d=\sqrt{\frac{2\,482-\dfrac{114^2}{20}}{20-1}}=9.82$$

按公式3-16得

$$t=\frac{5.70-0}{9.82/\sqrt{20}}=2.596$$

（3）确定 P 值，做出推断：自由度 $v=n-1=20-1=19$，查 t 界值表，可知 $t_{0.02/2,\,19}=2.528<2.596$，$P<0.02$。按 $\alpha=0.05$ 水准，拒绝 H_0，差异有统计学意义。可以认为试验前后 A 乡居民收缩压有所降低。

SPSS中，选择"分析"—"比较平均值"—"成对样本 t 检验"，将试验前收缩压与试验后收缩压选为"配对变量"，然后选择"确定"（图7-9）。

配对样本 t 检验是检验对子差值的总体均数与0有无差别，要求差值服从正态分布。

4. 假设检验注意事项

（1）要有严密的科研设计：这是假设检验的前提。对比组之间应均衡，具有可比性，要充分考虑影响结果的各种因素，极大限度地减少或避免误差，排除混杂因素的干扰。

（2）选用的检验方法必须符合其适用条件：t 检验的前提是资料服从正态分布，两组样本比较是否要求方差齐性。通过正态性检验推断数据的正态性，方差齐性的推断可进行方差齐性检验。如果不满足这些条件，只能使用非参数检验如秩和检验代替 t 检验进行两组间的比较。

（3）单侧检验和双侧检验：选用双侧检验还是单侧检验需要根据分析目的及专业知识进行确定。例如，在临床试验中，比较甲、乙两种治疗方法的疗效有无差异，目的只要求区分两方法有无不同，无须区分何者为优，则应选用双侧检验。如果有充分的理由认为甲法疗效不比乙法差，此时应选用单侧检验。在没有专业知识说明的情况下，一般

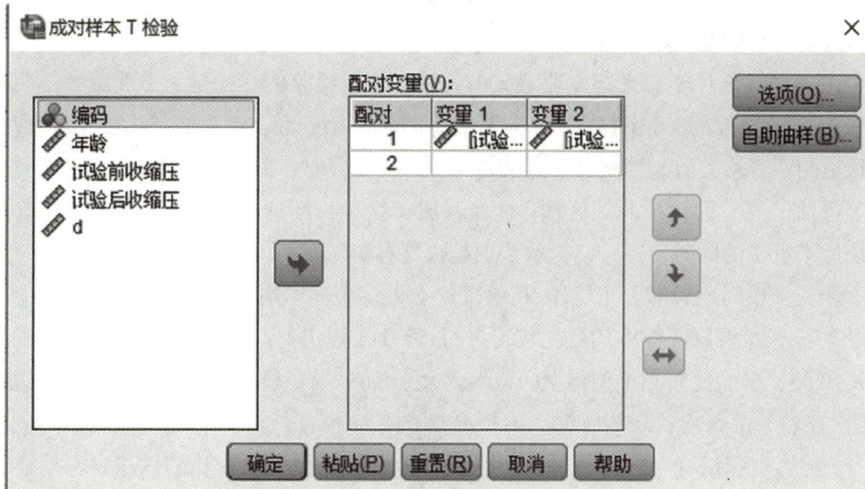

配对样本统计		平均值	个案数	标准差	标准误差平均值
配对 1	试验前收缩压	133.6500	20	7.38615	1.65159
	试验后收缩压	127.9500	20	8.02283	1.79396

配对样本相关性		个案数	相关性	显著性
配对 1	试验前收缩压 & 试验后收缩压	20	.190	.423

配对样本检验		配对差值					t	自由度	显著性（双尾）
		平均值	标准差	标准误差平均值	差值95%置信区间				
					下限	上限			
配对 1	试验前收缩压 - 试验后收缩压	5.70000	9.81996	2.19581	1.10412	10.29588	2.596	19	.018

图7-9 使用SPSS进行配对样本 t 检验的步骤及结果

应采用双侧检验。选用双侧检验还是单侧检验，应该在假设检验的第一步建立检验假设时确定，不应该在算得检验统计量后主观确定，否则可能得到相反的结论。对同一份资料做 t 检验，单侧检验比双侧检验较易获得有统计学意义的结论。如果本应采用双侧检验而误用了单侧检验，易犯Ⅰ型错误，即假阳性错误。

（4）假设检验的结论：不能绝对化，假设检验的结论是根据 P 值大小和检验水准 α 做出的，有犯错误的风险。拒绝 H_0，可能犯Ⅰ型错误；不拒绝 H_0，可能犯Ⅱ型错误。

（5）正确理解 P 值的意义： P 值是指在 H_0 成立的前提下，出现现有样本统计量及更极端情况的概率。 P 值越小说明当前样本的证据越倾向于拒绝 H_0，当 P 值小于等于事先规定的检验水准 α 时，就拒绝 H_0。

P 值的大小不仅与总体参数间的差别有关，而且与抽样误差等有关。不能认为 P 值越小，总体参数间的差别越大。 P 值越小，说明实际观测到的差异与 H_0 之间不一致的程度就越大，越有理由拒绝H_0。假设检验只做出拒绝或不拒绝H_0的定性结论，但不能给出总体参数间差别大小的结论。

（6）正确理解统计学意义与专业意义的关系：假设检验的目的是为专业服务，假设检验中做出统计学推断，紧随其后的是做专业推断。当统计学意义与专业意义一致时，则最终结论与两者均一致。当统计学意义与专业意义相悖时，需结合具体情况加以考虑。

（7）可信区间与假设检验的区别：两者都属于统计推断的方法，可信区间在回答差别有无统计学意义的同时，还可以提示差别是否具有实际意义。

（8）涉及多组间比较时，不能用t检验理论上讲多个样本均来自同一正态总体，应当无统计学差异。如果每两样本均数比较均进行t检验，规定每次t检验允许犯Ⅰ型错误的概率为$\alpha=0.05$，多次比较犯Ⅰ型错误的概率就大于0.05。g组样本进行两两比较，需进行$g(g-1)/2$次比较，故每次比较均正确，不拒绝H_0的概率为$(1-\alpha)^{g(g-1)/2}$，犯Ⅰ型错误的概率为$1-(1-\alpha)^{g(g-1)/2}$。例如，$g=3$时，则进行3次比较，若$\alpha=0.05$，每次比较均正确不拒绝H_0的概率为0.857，即实际上拒绝H_0接受H_1的概率为$\alpha=1-0.857=0.143$，而不是0.05，所以增大了犯Ⅰ型错误的概率。

（四）方差分析

方差分析（analysis of variance，ANOVA）是由英国著名统计学家R.A.Fisher提出的，又称F检验，是通过对数据的变异分解来判断不同样本所代表的总体均值有无差别，用于比较两组或者两组以上样本均数的差别。

基本思想：原始数据对于总体均数的离差平方和可分解成几个部分，每一部分代表一种变异的来源，自由度也可以得到相应的分解，通过对不同来源变异的均方的比较，以判断某种变异原因的存在与否。其中完全随机设计资料的方差分析是较为简单的一种，完全随机设计（completely random design），即只涉及一个处理因素，该因素有两个或两个以上水平，采用完全随机的方法直接将受试对象分配到各个处理水平组。各处理水平组的例数可以相等也可以不等。具体计算过程，本章不作详细介绍。

第三节　分类变量的统计分析

先将研究对象按其性质或特征进行分类，再分别清点每一类的个数，这样所得到的资料称分类变量资料，也称计数资料。

一、分类变量的统计描述

（一）常用相对数

对分类变量资料，常运用相对数指标来进行统计描述。相对数（relative number）是两个有关联的数据之比，用以说明事物的相对关系，便于对比分析。常用的相对数指标很多，按联系的性质和说明的问题不同，可分为：率、构成比、相对比。

1. 率（rate） 率是某现象实际发生数与可能发生某现象的总数之比。用以说明某现象发生的频率或强度。常以%、‰、1/万、1/10万等比例基数表示。常用的率有发病率、患病率、死亡率、病死率、治愈率等。率的计算方法：

$$率 = 某现象实际发生例数 / 可能发生该现象的总数 \times K \qquad （式7-17）$$

K为比例基数，取100%、1 000‰、1万/万或10万/10万。

【案例7-15】

计算试验前后某县居民的高血压患病率，数据见表7-4。

表7-4 某县居民高血压患病情况

乡镇编号	乡镇	编码	性别	年龄/岁	试验前高血压	试验后高血压
1	A乡	01	女	65	0	0
1	A乡	02	女	73	0	0
1	A乡	03	女	55	0	0
1	A乡	04	男	78	0	1
1	A乡	05	男	39	0	0
1	A乡	06	男	71	1	0
1	A乡	07	男	69	0	0
1	A乡	08	女	74	0	0
1	A乡	09	男	70	0	0
1	A乡	10	男	55	0	0
1	A乡	11	女	37	0	0
1	A乡	12	男	54	0	0
....						
2	B镇	36	男	35	0	0
2	B镇	37	男	30	0	0
2	B镇	38	男	31	0	0
2	B镇	39	女	71	0	0
2	B镇	40	男	53	0	0

注：根据标准，收缩压低于140mmHg的用0表示，即不患高血压；收缩压等于或高于140mmHg的用1表示，即患高血压。

根据公式7-17，代入数据：

$$某县居民试验前高血压患病率=5/40×100\%=12.5\%$$

$$某县居民试验后高血压患病率=3/40×100\%=7.5\%$$

2. 构成比（constituent ratio） 表示事物内部某一构成成分在全部构成中所占的比例或比重。用于反映客观事物内部的结构。计算公式：

$$构成比(\%)=\frac{事件内部某一部分的例数}{事件内部各构成部分的例数总和}×100\% \qquad （式7-18）$$

【案例7-16】

分别计算某县居民的男女性别构成比，数据见表7-4。

利用公式7-18，代入数据：

$$男性构成比(\%)=\frac{20}{40}×100\%=50\%$$

$$女性构成比(\%)=\frac{20}{40}×100\%=50\%$$

3. 相对比（relative ratio） 表示两个有联系的指标之比。A、B两个指标之比，说明A为B的若干倍或百分之几，通常用倍数或百分数表示。A、B两个指标性质可以相同，也可以不同，可以是绝对数，也可以是相对数或平均数。

计算公式：

$$相对比=\frac{A指标}{B指标}(或×100\%) \qquad （式7-19）$$

【案例7-17】

比较某县居民试验前、后高血压患病率的相对比。

根据配对已知某县居民试验前、后高血压患病率分别为10.0%和7.5%。根据公式（7-19），代入数据：

$$相对比=\frac{12.5\%}{7.5\%}=1.67$$

即某县居民试验前高血压患病率是试验后的1.67倍。

在SPSS中，选择"分析"—"统计描述"—"频率"，将需要描述的变量选中，然后选择"确定"（图7-10）。

4. 应用相对数应该注意的问题

（1）防止概念混淆，分析时不要把构成比当作率。

（2）计算相对数时，应注意观察的单位数不能太小，必须要有足够的观察单位数作

频率表

试验前高血压

		频率	百分比	有效百分比	累计百分比
有效	0	35	87.5	87.5	87.5
	1	5	12.5	12.5	100.0
	总计	40	100.0	100.0	

试验后高血压

		频率	百分比	有效百分比	累计百分比
有效	0	37	92.5	92.5	92.5
	1	3	7.5	7.5	100.0
	总计	40	100.0	100.0	

性别

		频率	百分比	有效百分比	累计百分比
有效	男	20	50.0	50.0	50.0
	女	20	50.0	50.0	100.0
	总计	40	100.0	100.0	

图7-10 使用SPSS计算相对数的步骤及结果

为分母，计算的率才是稳定的。

（3）对分组资料计算合计率时，不能简单地把各组率取平均数，而应分别将分子和分母合计，再求出合计率。

（4）率或构成比的比较应注意可比性。在比较相对数时，除了欲对比的因素之外，其余的影响因素应尽可能相同或相近。

（5）对样本相对数的比较应作假设检验。由于样本率或样本构成比存在抽样误差，如果通过样本推断总体率或总体构成比有无差异，必须进行差别的假设检验。

（二）率的标准化方法

【案例7-18】

调查某地甲、乙两个社区某病的患者数，调查人数和患者数分别如下表所示，试比较两个社区的患病率（表7-5）。

表7-5 甲、乙两个社区某病的患病率比较

性别	甲社区			乙社区		
	调查人数	患者数	患病率/%	调查人数	患者数	患病率/%
男性	300	180	60.0	100	65	65.0
女性	100	35	35.0	300	125	41.7
合计	400	215	53.8	400	190	47.5

上表的资料表明，甲、乙两个社区某病的患病率都是男性高于女性，而且无论男性还是女性，都是乙社区的患病率高于甲社区。但是，从合计栏看来，甲社区的粗患病率为53.8%，乙社区的粗患病率为47.5%，似乎甲社区的患病率高于乙社区。怎么会出现这

样的矛盾呢？因为两个社区的调查人数的性别构成比例不一样：甲社区的男性调查人数多于女性调查人数；而乙社区正好相反，女性调查人数多于男性调查人数。这种情况下，两个社区的粗患病率是没有可比性的，只有通过采用统一的标准消除其内部构成上的差别之后，才能进行比较，这种消除内部构成差别，使总体率能够直接进行比较的方法就叫做率的标准化法。采用统一标准调整后的率为标准化率，简称为标化率（standardized rate）。标准化率的计算步骤如下。

（1）直接法计算：计算甲、乙两个社区的标准化患病率，结果见表7-6。①选定"标准人口"：本例将甲、乙两个社区人口数合并，作为"标准人口"，其中，男性调查人数 $N_1=300+100=400$ 例，女性调查人数 $N_2=100+300=400$，$N=N_1+N_2=400+400=800$。②分别计算"标准人口"的预期患者数：对于甲社区，男性和女性的患病率分别为 $P_1=60\%$ 和 $P_2=35\%$。将甲社区用"标准人口"计算，预期患病率人数分别为 $N_1P_1=400\times60\%=240$ 和 $N_2P_2=400\times35\%=140$，预期患者数之和为380。类似地，乙社区的男性和女性的预期患者数为260和167，预期患者数之和为427。③分别计算甲、乙两个社区的标准化患病率：对于甲社区，标准化患病率 $P'=$ 预期患者数之和/标准人口数 $=380/800\times100\%=47.5\%$；对于乙社区，标准化患病率 $P'=$ 预期患者数之和/标准人口数 $=427/800\times100\%=53.4\%$。经标准化后，乙社区的患病率高于甲社区。

表7-6　直接法计算甲乙两个社区某病的标准化患者数

性别	标准人口数	甲社区		乙社区	
		原患病率/%	预期患者数	原患病率/%	预期患者数
男性	400	60.0	240	65.0	260
女性	400	35.0	140	41.7	167
合计	800	—	380	—	427

（2）间接法计算：如果在观察人群中，不知道各年龄组的发病（或死亡）率，而是利用标准人口的年龄别率与观察人群中相对年龄组人数相乘，求出年龄组预期发病（或死亡）人数的和，再与实际数相比，得出标化发病（或死亡）比（standardized incidence ratio, SIR）或（standardized mortality ratio, SMR）；最后乘以标准人口总发病（或总死亡）率，得出该人群的标化发病（或死亡）率。该计算法就称为间接法。

至于选用哪种标化法较好，主要决定于手头掌握资料的情况而定。一般认为直接法是以标准人群年龄别人口数为基准，分母大，所以比较稳定；而间接法用的是标准人群年龄别的发病率，分母是各组的接触人数，数量相对少而不稳定。

二、分类变量的统计推断

（一）率的抽样误差和总体率的估计

1. 率的抽样误差　由于抽样的原因造成的样本率和总体率的不一致或者样本率之间

的不一致，就是率的抽样误差。率的抽样误差可以用率的标准误来表示，计算公式如下：

$$\sigma_P = \sqrt{\frac{\pi(1-\pi)}{n}} \qquad （式7-20）$$

其中，σ_P为率的标准误，π为总体率，n为样本含量。因为实际工作中很难知道总体率π，故一般采用样本率p来代替，而上式就变为：

$$S_P = \sqrt{\frac{p(1-p)}{n}} \qquad （式7-21）$$

2. 总体率的可信区间 由于样本率与总体率之间存在着抽样误差，所以需要由样本率对总体率进行区间估计，当样本含量n足够大，且样本率p和（$1-p$）均不太小，如np或$n(1-p)$均≥5时，样本率的分布近似正态分布，则总体率的可信区间可由下列公式估计：

总体率（π）的95%可信区间：

$$p \pm 1.96S_p \qquad （式7-22）$$

总体率（π）的99%可信区间：

$$p \pm 2.58S_p \qquad （式7-23）$$

【案例7-19】

试根据某县居民试验前高血压样本患病率估计该县居民试验前高血压总体患病率。资料见表7-4。

试验前样本高血压患病率$P = 5/40 = 0.125$，代入式7-21中计算得：

$$_P = \sqrt{\frac{p(1-p)}{n}} = \sqrt{\frac{0.125 \times (1-0.125)}{40}} = 0.002$$

因此，某县居民试验前高血压总体患病率的95%可信区间：

$$p \pm 1.96S_p = 7.5\% \pm 1.96 \times 0.27\% = (6.97\%，8.03\%)$$

（二）χ^2检验

1. 定义 χ^2（卡方）检验（Chi-square test）是用途很广的一种假设检验方法，特别在分类资料统计推断中有很重要的应用，包括两个率和两组构成比比较的卡方检验、多个率或多组构成比比较的卡方检验及分类资料的关联性分析等。

2. χ^2检验的用途

（1）两个率或两组构成比的比较。

（2）多个率或多组构成比的比较。

（3）两个分类变量的关联性分析。

（4）频数分布的拟合优度检验。

3. χ^2检验的基本公式 式7-24中χ^2检验的基本公式，可适用于各种情况。

$$\chi^2 = \sum \frac{(A-T)^2}{T} \qquad （式7-24）$$

$$v=(R-1)(C-1)$$

其中，A 为实际频数（actual frequency），即某结果的实际发生频数。T 为理论频数（theoretical frequency），v 为自由度，R 为行数，C 为列数。

理论频数的计算公式：

$$T_{RC} = \frac{n_R n_C}{N} \tag{式7-25}$$

其中，n_R 表示相应行的合计，n_C 表示相应列的合计，N 为总例数，T_{RC} 表示某个实际频数相对应的理论频数。

4. 四格表的卡方检验（Pearson Chi-square test）

【案例7-20】
比较某地城市与农村居民糖尿病患病率是否有差异，资料见表7-7。

（1）建立假设检验，确定检验水准
H_0：$\pi_1 = \pi_2$，即某地城市与农村居民糖尿病患病率相同
H_1：$\pi_1 \neq \pi_2$
$\alpha = 0.05$
（2）计算统计量：列出四格表（表7-7）

表7-7 某地城市与农村居民糖尿病患者数

乡镇	非糖尿病	糖尿病	合计
城市	67（a）	13（b）	80
农村	75（c）	5（d）	80
合计	142	18	160

对于四格表，通常运用专用计算公式计算，公式为：

$$\chi^2 = \frac{(ad-bc)^2 n}{(a+b)(c+d)(a+c)(b+d)} \tag{式7-26}$$

$$v=(R-1)(C-1)$$

其中，a、b、c、d 分别表示四个表的四个实际频数，n 为总例数 $=a+b+c+d$。

根据式7-26代入数据：

$$\chi^2 = \frac{(67 \times 5 - 13 \times 75)^2 \times 160}{(67+13)(75+5)(67+75)(13+5)} = 4.006$$

（3）确定 P 值，做出推断：首先计算其自由度 $v=(R-1)(C-1)=(2-1) \times (2-1)=1$。再查 χ^2 分布界值表，可知 $\chi^2_{0.05, 1}=3.34$，$\chi^2_{0.02, 1}=5.41$，$\chi^2_{0.05, 1}<4.006<\chi^2_{0.02, 1}$，故 $0.02<P<0.05$。在 $\alpha=0.05$ 的水平上拒绝 H_0，接受 H_1，可以认为两总体率不同。

四格表χ^2检验的应用条件：任何一个格子的理论数大于或等于5，且样本例数大于或等于40，即$T \geqslant 5$且$n \geqslant 40$。

当任何一个格子的理论数$1 \leqslant T < 5$且$n \geqslant 40$时，用校正四格表卡方检验计算公式：

$$\chi^2 = \frac{\left(|ad - bc| - n/2\right)^2 n}{(a+b)(c+d)(a+c)(b+d)} \qquad (\text{式}7\text{-}27)$$

$$v = (R-1)(C-1)$$

在SPSS中，首先录入数据，本例地区"1"表示城市，"2"表示农村；糖尿病情况"1"表示非糖尿病，"2"表示患有糖尿病。然后对个案进行加权，选择"数据"—"个案加权"—勾选"个案加权系数"—将"频数"放入频率变量框中—"确定"。选择"分析"—"统计描述"—"交叉表"，将分组变量"地区"放入"行"，将指标变量"糖尿病"放入列，在"统计"中勾选"卡方"，在"单元格"中勾选"实测"和"期望"—"确定"（图7-11）。

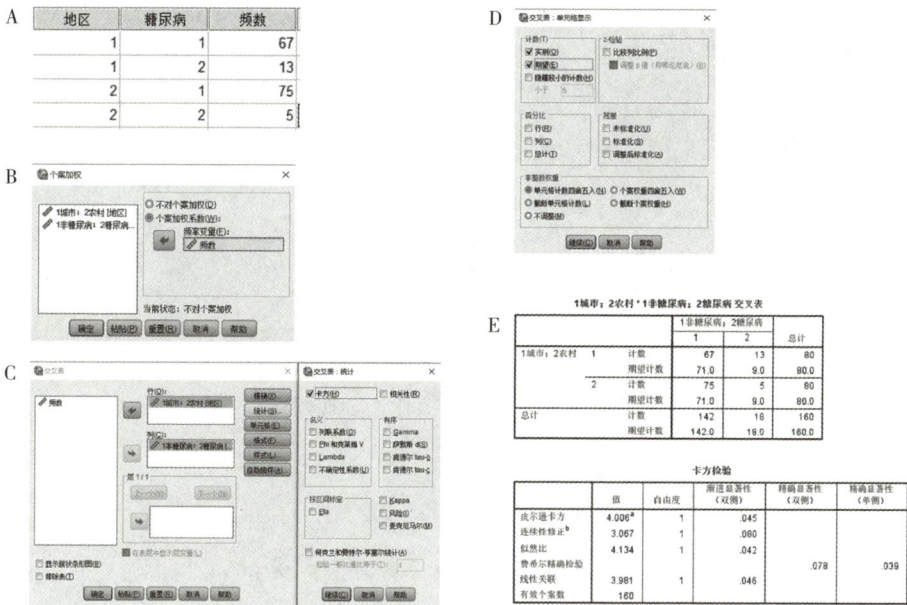

图7-11 使用SPSS进行四格表卡方检验的步骤及结果

5. 配对四格表的卡方检验（McNemar Chi-square）

【案例7-21】

比较某县居民试验前后高血压患病率是否有差异，资料见表7-4。本例可以用配对资料的卡方检验来处理。

（1）建立检验假设，确定检验水准

H_0：$B=C$，即试验前后高血压患病率相同

H_1：$B \neq C$，即试验前后高血压患病率不同

$\alpha = 0.05$

（2）计算统计量（表7-8）

表7-8　某县居民试验前后高血压患者数

试验前	试验后		合计
	非高血压	高血压	
非高血压	34（a）	1（b）	35
高血压	3（c）	2（d）	5
合计	37	3	40

注：根据标准，收缩压低于140mmHg的用0表示，即不患高血压；收缩压等于或高于140mmHg的用1表示，即患高血压。

当$b+c \geqslant 40$时，可以用以下专用公式计算：

$$\chi^2 = \frac{(b-c)^2}{b+c}, v=1 \qquad (式7\text{-}28)$$

当$b+c<40$时，可用下式进行连续性校正：

$$\chi^2 = \frac{(|b-c|-1)^2}{b+c}, v=1 \qquad (式7\text{-}29)$$

对于本例，因为$b+c=3+1=4<40$，所以需要作连续性校正。

按公式（7-29）：

$$\chi^2 = \frac{(|1-3|-1)^2}{1+3} = 0.2.$$

（3）确定P值，做出推断：自由度$v=1$，查χ^2分布界值表，可知$\chi^2_{0.05,1}=3.34$，$0.25<\chi^2_{0.05,1}$，即$P>0.05$。所以在$\alpha=0.05$的水平下，不拒绝H_0，尚不能认为某县居民试验前后高血压患病率不同。

用SPSS计算配对四格表的卡方检验方法同上述卡方检验操作方法类似，注意在"统计"中勾选"麦克尼马尔"即可（图7-12）。

6. 独立样本的行×列表的卡方检验（R×C table Chi-square test）

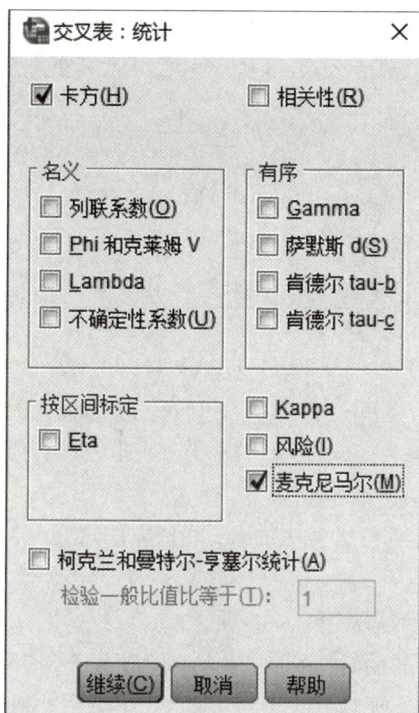

图7-12 使用SPSS进行配对四格表卡方检验

<hr>

【案例7-22】

某县A、B、C、D四个乡镇居民的试验前高血压患病情况如表7-9结果，试比较其高血压患病率有无差异。

表7-9 四个乡镇居民试验前高血压患病患者数

	非高血压／个	高血压／个	合计／个
A乡	32	8	40
C乡	34	6	40
B镇	37	3	40
D镇	36	4	40
合计	139	21	160

本例可以用行×列的卡方检验来处理：

（1）建立检验假设，确定检验水准

H_0：$\pi_1 = \pi_2 = \pi_3 = \pi_4$，即四个乡镇居民的试验前高血压患病率相同

H_1：四个乡镇居民的试验前高血压患病率不等或不全相等

$\alpha = 0.05$

（2）计算统计量：独立样本 $R×C$ 表的卡方检验用于 R 个率或 R 组构成比的比较，其卡方值的计算式可使用前述基本公式，但用通用公式计算更为方便，两个公式完全等价。

$$\chi^2 = n\left(\sum \frac{A^2}{n_C n_R} - 1\right)$$ （式7-30）

$$v = (R-1)(C-1)$$

按公式7-30，代入数据计算得：

$$\chi^2 = 160\left(\frac{32^2}{40×139} + \frac{34^2}{40×139} + \cdots + \frac{4^2}{40×21} - 1\right) = 3.234$$

$$v = (4-1)×(2-1) = 3$$

（3）确定 P 值，做出推断：查卡方界值表，可知 $\chi^2_{0.25,\,3}=4.11$，$\chi^2_{0.5,\,3}=2.37$，$\chi^2_{0.25,\,3}<3.234<\chi^2_{0.5,\,3}$，故 $0.25<P<0.5$，在 $\alpha=0.05$ 的水平上不拒绝 H_0，尚不能认为四个乡镇居民的试验前高血压患病率不同。

用 SPSS 计算独立样本的行 × 列表的卡方检验方法同上述卡方检验操作方法类似，在此不另作说明。

应用行 × 列表 χ^2 检验时需注意以下事项。

（1） $R×C$ 表应用：χ^2 检验时，各格子中的理论频数 T 不应小于1，并且 $T<5$ 的格子数不应超过总数的20%。当出现以上情况，可采取如下方法处理。①增加样本量，使理论频数增加；②结合专业知识，增加或删去理论频数太小的行或列，或者将理论频数太小的行或列与性质类似的行或列合并。

（2）多个样本率比较，若统计推断为拒绝 H_0，接受 H_1，可认为总体率有差别，不能认为任意两个总体率之间均有差别，要进一步推断哪两两总体率之间有差异，需要进一步进行多个样本率的多重比较。

第四节　相关与回归分析

本章前三节内容介绍各种统计分析方法，主要目的是推断不同组别或类别数值变量资料或分类变量资料之间是否有统计学意义。在医学研究中，往往还需要分析两个变量（如食盐摄入量与血压、血小板数与出血症状等）之间的相关关系或依存关系，统计学中通常采用相关分析与回归分析来探索。相关关系是一种非确定性的关系，是英国统计学家 Francis Galton 于19世纪80年代提出了相关性概念，并建立回归分析方法。后来由英国统计学家 Karl·Pearson 完善了 Galton 提出的相关系数，并提出了回归分析中的复相关系数。相关系数和复相关系数是用于衡量变量之间线性相关程度的统计指标。相关分析与回归分析的种类较多，本节介绍简单的直线相关、直线回归、多重线性回归、Logistic 回归和Cox回归分析。

【案例7-23】

　　某医生对北京某社区男性居民进行健康体检，获得肺活量、年龄、肌肉量、脂肪含量、无机盐含量、身高、体重和台阶指数等资料，下面列出70例受试男性居民的各项指标，如表7-10所示。

表7-10　70例男性肺活量健康体检结果

序号	肺活量 /ml	年龄 /岁	肌肉量 /kg	脂肪含量 /kg	无机盐含量 /kg	身高 /cm	体重 /kg	台阶指数
1	1 955	56	49.1	10.9	3.4	167	62	42.5
2	3 953	53	49.5	14.6	3.4	170	66	47.1
3	3 955	57	56.3	8.3	3.0	182	67	90.9
4	3 528	41	52.8	23.1	4.5	174	79	59.2
5	3 850	39	62.2	30.9	5.1	166	85	46.6
6	4 226	43	48.3	15.6	3.9	167	67	56.6
7	3 636	50	40.5	13.7	3.4	167	69	57.7
8	3 407	55	44.6	11.6	3.5	163	59	67.7
9	3 456	49	51.2	16.2	4.1	169	71	76.9
10	3 422	58	49.1	10.6	3.4	176	62	65.2
11	2 841	59	47.6	9.9	3.3	170	60	57.3
12	4 679	38	56.3	8.3	3.0	174	68	68.2
13	4 377	44	53.5	13.5	4.2	167	71	58.4
14	3 516	43	49.3	21.0	4.3	168	74	60.4
15	2 694	58	59.2	23.4	4.0	168	86	39.3
16	3 240	49	39.4	7.9	3.0	159	49	52.9
17	5 200	29	62.1	7.6	3.4	194	75	50.3
18	4 696	40	56.3	13.8	3.0	171	74	57.3
19	3 464	58	47.9	15.0	3.9	162	66	76.9
20	2 320	51	45.2	15.5	3.8	170	74	48.9
21	3 496	49	49.7	13.8	3.9	167	68	81.1
22	3 936	35	47.4	9.8	3.6	174	60	51.7
23	3 632	54	48.4	15.2	3.3	165	65	48.4
24	3 246	32	45.3	2.5	3.1	170	51	72.0

续表

序号	肺活量/ml	年龄/岁	肌肉量/kg	脂肪含量/kg	无机盐含量/kg	身高/cm	体重/kg	台阶指数
25	2 823	57	45.7	6.9	3.3	173	55	63.8
26	1 508	53	40.6	7.2	3.0	164	50	65.7
27	2 190	56	44.0	7.1	3.2	165	54	63.4
28	3 650	51	45.0	8.4	3.4	167	56	53.3
29	2 020	44	47.0	10.7	3.1	169	63	43.5
30	2 835	53	49.7	9.7	3.4	165	62	62.5
31	4 694	53	50.6	11.9	3.5	169	65	63.4
32	3 338	34	48.2	18.2	4.0	167	70	52.6
33	3 964	45	53.1	18.6	4.4	171	76	62.9
34	4 128	31	71.2	12.3	2.2	173	80	18.3
35	3 563	50	55.9	20.7	4.7	174	81	78.9
36	2 375	47	0.0	0.0	0.0	175	75	52.9
37	2 414	47	46.8	19.8	4.1	163	70	67.2
38	4 792	50	56.8	17.9	3.1	173	79	84.1
39	5 396	24	60.5	14.1	3.3	172	79	67.7
40	4 114	53	58.6	16.8	3.2	173	80	58.1
41	3 723	44	61.4	19.0	3.3	174	83	64.7
42	5 010	30	57.5	23.3	4.9	174	85	65.7
43	4 092	41	64.6	23.5	3.5	175	94	63.8
44	5 115	29	70.4	27.6	3.8	183	103	55.6
45	4 017	39	63.7	27.2	5.5	176	96	62.5
46	3 327	43	49.7	4.4	2.7	173	59	60.8
47	3 255	21	48.5	7.0	3.3	167	58	76.3
48	4 757	25	51.7	13.0	4.0	179	68	64.7
49	4 583	38	47.1	10.8	3.6	169	61	59.2
50	3 847	43	50.6	6.7	3.5	168	61	62.5
51	4 874	24	51.5	7.7	2.8	171	63	55.2
52	3 419	50	49.2	12.2	3.4	171	64	49.5
53	3 764	57	52.3	10.5	2.8	169	66	77.6
54	3 819	49	70.2	26.1	4.6	184	79	46.4

204

序号	肺活量/ml	年龄/岁	肌肉量/kg	脂肪含量/kg	无机盐含量/kg	身高/cm	体重/kg	台阶指数
55	4 826	37	59.4	10.0	3.3	177	74	58.4
56	5 027	27	65.7	14.1	3.5	187	84	76.9
57	4 905	28	61.2	10.2	3.3	176	76	63.4
58	5 006	25	59.7	18.7	4.8	183	83	67.2
59	3 795	45	51.4	14.8	2.8	165	69	46.4
60	3 992	30	52.6	19.1	4.4	173	76	63.8
61	3 776	37	51.0	17.0	4.2	165	72	45.7
62	3 490	29	58.2	20.9	3.2	174	81	48.1
63	3 699	49	51.7	27.7	4.8	167	84	59.6
64	3 324	40	47.8	14.3	3.8	167	66	55.9
65	4 555	28	59.1	15.3	3.2	177	78	51.1
66	3 047	51	54.0	9.6	2.9	163	68	48.6
67	2 972	57	47.0	14.7	2.6	159	66	61.2
68	4 205	40	55.8	15.5	3.0	171	76	59.2
69	3 927	48	51.7	18.9	4.3	169	75	52.9
70	3 486	55	61.0	16.4	3.3	175	81	52.9

问题的提出：

1. 请分析该数据文件中70例男性居民肺活量和体重两个指标之间是否存在直线相关？

2. 请分析该数据文件中70例男性居民肺活量和体重两个指标之间是否存在线性依存？

3. 请利用该数据文件中70例男性居民健康体检结果，建立肺活量（y）与年龄（岁，x_1）、肌肉量（x_2）、脂肪含量（x_3）、无机盐含量（x_4）、身高（x_5）、体重（x_6）和台阶指数（x_7）之间的多重线性回归方程，采用逐步回归法，$\alpha_入 = 0.05$，$\alpha_出 = 0.10$。同时进行共线性诊断、异常点分析、预测估计。

一、直线相关分析

（一）直线相关概述

直线相关（linear correlation）又称为简单线性相关，适用于分析双变量正态分布（bivariate normal distribution）资料之间是否有线性相关、相关方向及密切程度的统计分析方法。相关系数（coefficient of linear correlation）用符号 ρ 和 r 表示，ρ 表示总体相关系数，r 表示样本相关系数。

在进行直线相关分析之前，为了直观地判断两个变量之间的关系，可以将每对（x_i,

y_i）在直角坐标系中绘制出散点图（scatter plot），粗略判断两变量之间是否有线性变化趋势，如图7-13。

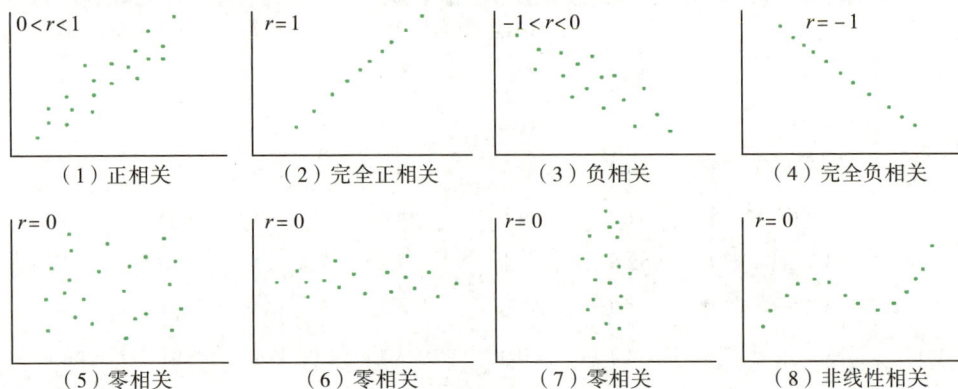

图7-13　相关系数示意图

在图7-13中，图（1）散点呈椭圆形分布，两变量x、y变化趋势同向，称为正相关（$0<r<1$）；反之，图（3）x、y变化趋势呈反向，称为负相关（$-1<r<0$）；图（2）x、y呈同向变化且散点在一条直线上，$r=1$，称为完全正相关（perfect positive correlation）；反之，图（4）x、y呈反向变化且散点在一条直线上，$r=-1$，称为完全负相关（perfect negative correlation）；图（5）～（8），两变量间没有联系或可能存在一定程度的曲线联系而没有直线相关关系，$r=0$，称为零相关（zero correlation）。正相关或负相关并不一定表示一个变量的改变是另一个变量变化的原因，有可能同受另一个因素的影响。完全相关属相关分析中的特例，由于医学研究中影响因素众多，个体变异不可避免，很少呈现完全相关。

（二）相关系数的意义及计算

相关系数亦称Pearson积差相关系数（Pearson product-moment correlation coefficient），是通过两个离差相乘来反映两变量之间相关程度及其相关方向的统计指标。相关系数没有单位，其值$-1 \leqslant r \leqslant 1$，计算公式为：

$$= \frac{\sum(x-\bar{x})(y-\bar{y})}{\sqrt{\sum(x-\bar{x})^2 \sum(y-\bar{y})^2}} = \frac{l_{xy}}{\sqrt{l_{xx}l_y}} \qquad （式7-31）$$

式7-31中，l_{xy}为两变量的离均差积和；l_{xx}与l_{yy}分别为变量x与y的离均差平方和。

（三）相关系数的假设检验

样本相关系数r是总体相关系数ρ的一个估计值，r与ρ之间存在抽样误差，必须作假设检验。从同一总体中随机抽取不同的样本会得到不同的样本相关系数（r_1、r_2、…），表明样本相关系数具有变异性。同样，即使从$\rho=0$的总体中做随机抽样，由于抽样误差的影响，所得r值也不一定等于零。故计算样本r值后，应进行$\rho=0$是否成立的假设检验，以判断两变量的总体是否有直线相关关系。相关系数的检验可通过查相关系数 r 的界值表（附表4）来实现，亦可用 t 检验，计算公式如下：

$$t = \frac{r-0}{S_r} = \frac{r}{\sqrt{\dfrac{1-r^2}{n-2}}}, v = n-2 \qquad （式7-32）$$

（四）直线相关统计学分析思路

1. 绘制散点图，粗略判断两变量之间有无直线趋势。
2. 检验双变量是否满足正态性的条件。
3. 选择检验方法，计算相关系数 r。
4. 相关系数假设检验，确定 P 值，得出统计学推断结论。

（五）实例分析

由于相关类统计学问题计算繁杂，本节不再介绍计算方法，直接展示SPSS操作过程及结果解读。

【案例7-24】

对表7-10中70例男性居民体检结果数据中的肺活量和体重资料进行直线相关分析。

将数据导入SPSS软件中，首先进行变量的正态性检验：选择"分析"—"探索"，将需要检验的变量放入因变量列表框中，在"图"中勾选"含检验的正态图"—"确定"，步骤和结果如图7-14所示。结果显示肺活量和体重正态性检验的 P 值均大于0.05，可以认为这两个变量服从近似正态分布和正态分布。

正态性检验

	柯尔莫戈洛夫-斯米诺夫[a]			夏皮洛-威尔克		
	统计	自由度	显著性	统计	自由度	显著性
肺活量（mL）	.089	70	.200[*]	.977	70	.227
体重（kg）	.064	70	.200[*]	.985	70	.562

*. 这是真显著性的下限。

a. 里利氏显著性修正。

图7-14　使用SPSS对变量进行正态性检验的步骤及结果

然后进行相关性分析，选择"分析"—"相关"—"双变量"将肺活量和体重选入变量框中—"确定"。结果如图7-15所示，该例中70例男性居民肺活量与体重的相关系数 $r=0.454$，$P<0.001$，可以认为该直线相关关系具有统计学意义。

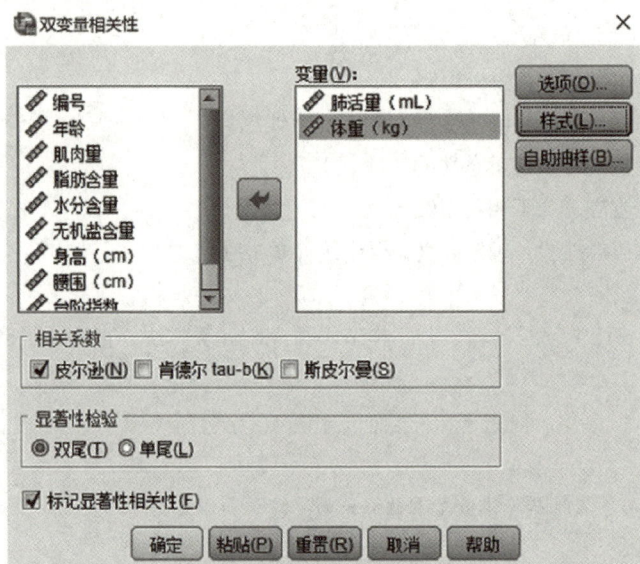

相关性

		肺活量（mL）	体重（kg）
肺活量（mL）	皮尔逊相关性	1	.454**
	显著性（双尾）		.000
	个案数	70	70
体重（kg）	皮尔逊相关性	.454**	1
	显著性（双尾）	.000	
	个案数	70	70

**. 在 0.01 级别（双尾），相关性显著。

图7-15　使用SPSS进行直线相关分析的步骤及结果

在操作SPSS过程中，选择变量这一步可以将多个变量选入变量框中，即可显示多个变量两两之间的直线相关关系，读者可自行尝试。

（六）直线相关分析时应注意的问题

1. 进行直线相关分析时，要求两个随机变量服从双变量正态分布。

2. 发现有异常值时应慎用直线相关分析，因为异常值对相关系数的影响较大。

3. 当样本相关系数接近零时，并不意味着两变量间一定无直线相关关系，需要绘制散点图及作假设检验后才能下结论。

4. 两变量之间的相关关系具有统计学意义，并不一定是因果关系，有无因果关系还须进一步从专业角度研究。

二、直线回归分析

（一）直线回归概述

在医学研究中，有时还需要反映结局变量是如何依从于解释变量的变化而被动变化的线性趋势（如女大学生肺活量依从于体重水平的变化趋势），或通过易测变量对难测变量作变化趋势的预测（如通过孕妇尿中雌三醇的含量预测胎儿体重），通过限制某变量的水平对另一变量的水平进行控制（如通过限制车流量以控制大气污染水平）。直线回归（linear regression）可以解决此类问题。直线回归又称简单回归（simple regression），是研究一个因变量（dependent variable）和另一个或一些自变量（independent variable）间线性依存关系，从而预测或控制未知变量的统计分析方法，如糖尿病患者的血糖水平（因变量）随胰岛素（自变量）变化的关系。

（二）回归系数的意义及计算

直线回归分析前同样需要绘制散点图，粗略直观地判断因变量 y（纵轴）和自变量 x（横轴）之间是否存在直线依存趋势，以决定是否有必要进一步拟合直线回归方程。直线回归方程（linear regression equation）用来描述因变量 y 和自变量 x 之间线性依存关系，直线回归方程为：

$$\hat{y} = a + bx \qquad\qquad （式7-33）$$

式7-33中，x 为自变量；y 为当 x 取某一值时因变量 y 的估计值；a 为回归直线在 y 轴上的截距（intercept），也称常数项（constant）；b 为回归系数（regression coefficient），即回归直线的斜率（slope），其意义是 x 改变一个单位时，y 平均改变的单位数。$b>0$ 时，表示 y 与 x 呈同向直线趋势；$b<0$ 时，表示 y 与 x 呈反向直线趋势；$b=0$ 时，表示 y 与 x 无直线关系，但并不表示无其他关系（如曲线关系）。根据数学上的最小二乘法（least square method）原理（各实测点至回归直线的纵向距离的平方和最小），可导出 a、b 的计算公式如下：

$$b = \frac{l_{xy}}{l_{xx}} = \frac{\sum (x - \bar{x})(y - \bar{y})}{\sum (x - \bar{x})^2} \qquad\qquad （式7-34）$$

$$a = \bar{y} - b\bar{x} \qquad\qquad （式7-35）$$

（三）回归系数的假设检验

样本回归方程 $\hat{y} = a + bx$ 是对总体回归方程 $\hat{Y} = \alpha + \beta X$ 的估计，由于抽样误差的存在，即使总体回归系数 β 为0，样本回归系数 b 也不一定是0。因此，必须对总体回归系数 β 是否为0进行假设检验，才能说明直线回归关系是否存在，可用方差分析法或 t 检验法。

（四）直线回归统计学分析思路

1. 绘制散点图，粗略判断两变量之间有无直线依存趋势。
2. 检验因变量 y 是否满足正态性条件。
3. 选择检验方法，计算回归系数 b、截距 a。

4. 回归系数假设检验，确定 P 值，得出统计学推断结论。

5. 回归方程的绘制与应用。

（五）实例分析

【案例7-25】

对表7-10中70例男性居民体检结果数据中的肺活量和体重资料进行直线回归分析。

因变量的正态性已于例7-23中检验，该例中省略。

在SPSS中，选择"分析"—"回归"—"线性"，将肺活量（y）和体重（x）分别放入因变量框和自变量框中—"确定"。步骤及结果如图7-16所示。

结果显示拟合的直线回归方程为 $\hat{y}=1\,228.422+35.477x$。

回归系数的 t 检验的变量体重的 $t=4.207$，$P<0.001$，具有统计学意义。可认为肺活量和体重之间存在线性依存关系。

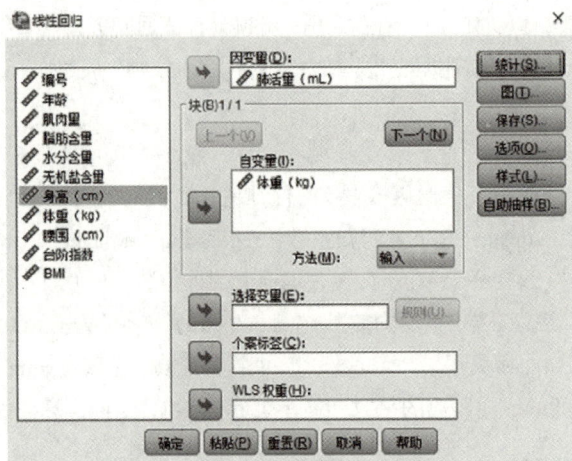

系数[a]

模型		未标准化系数		标准化系数	t	显著性	B 的 95.0% 置信区间	
		B	标准误差	Beta			下限	上限
1	（常量）	1228.422	605.059		2.030	.046	21.046	2435.799
	体重（kg）	35.477	8.433	.454	4.207	.000	18.649	52.304

a. 因变量：肺活量（ml）

图7-16　使用SPSS进行直线回归分析的步骤及结果

绘制回归直线：选择"图形"—"散点图"—"简单散点图"，将变量放入相应对话框中—"确定"；然后双击图形进入编辑器，选择"选项"—"来自方程的参考线"，输入直线回归方程—"应用"，结果如图7-17所示。

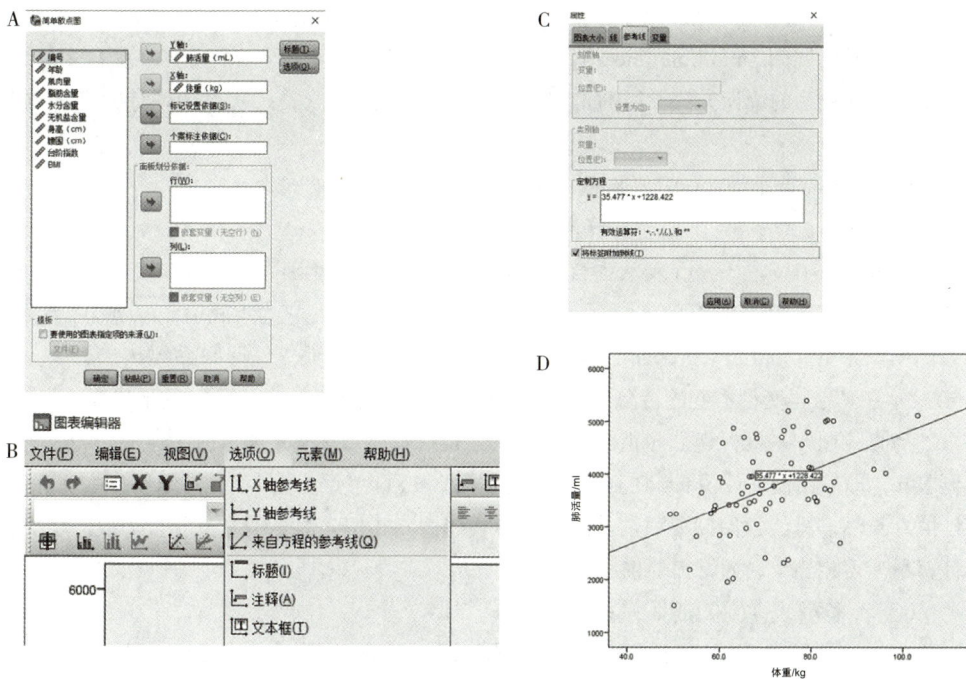

图 7-17 使用 SPSS 绘制回归直线的步骤及结果

（六）直线回归分析时应注意的问题

1. 要求因变量 y 服从正态分布或近似正态分布，自变量可以是随机变量，也可以是人为控制和选择的变量。

2. 直线回归方程的适用范围有其限度，一般仅适用于自变量 x 的原始数据取值范围内（内插），而不能任意外推（外延），所以绘制的回归直线一般也不宜延长至该范围之外，利用回归方程进行预测或控制时也不宜超出此限。

3. 在实际应用中，两变量之间的关系要有实际意义，不能把毫无关联的两种现象作回归分析，事先须对两种观象间的内在联系有所认识。

4. 作回归分析时，一般以"因"的变量为 x，以"果"的变量为 y，若变量之间看不出明显的因果关系，则通常以容易测定、较稳定或变异度较小者为 x。

5. 当两变量变化趋势为非线性时，可考虑拟合非线性回归方程。

三、多重线性回归分析

（一）多重线性回归概述

在医学研究中，由于生物医学规律的复杂性，某个医学指标（因变量 y）的变化往往受到多个因素（自变量 x）的影响，此时就需要应用多重线性回归来分析、估计和预测。例如，成年人的收缩压受年龄、饮食、锻炼和遗传等许多因素的影响，这时可运用多重线性回归分析定量评价多个自变量对因变量的贡献大小。多重线性回归是简单直线回归的扩展。

多重线性回归（multiple linear regression）是研究一个连续性因变量与多个自变量之间线性依存关系的统计方法，目的是用两个以上的自变量 $x_1, x_2, \cdots, x_m$ 数值估计因变量 y 的平均水平。

因变量 y 与自变量 $x_1, x_2, \cdots, x_m$ 间的多重线性回归方程表达式为：

$$\hat{y} = b_0 + b_1 x_1 + b_2 x_2 + \cdots + b_m x_m \qquad （式7-36）$$

在式7-36中，因变量 y 表示为自变量 $x_1, x_2, \cdots, x_m$ 的线性函数。b_0 为常数项，又称为截距，是所有自变量都等于0时，因变量的估计值，有时也称它为本底值；$b_1, b_2, \cdots, b_m$ 称为偏回归系数（partial regression coefficient）或简称回归系数。偏回归系数 $b_i (i = 1, 2, \cdots, m)$ 表示在其他自变量不变的情况下，x_i 增加或减少一个单位时，因变量 y 的平均变化量。

与直线回归一样，建立多重线性回归方程先用最小二乘法原理求出 $b_i (i = 1, 2, \cdots, m)$，再求 b_0，即求出使估计值 $\hat{y}$ 与观测值 y 之差的平方和 $\sum(y - \hat{y})^2$ 达到最小的一组解作为 b_i 的估计值。虽然多重线性回归参数估计的原理与直线回归相似，但是随着自变量个数的增加，计算量变得相当大，通常需要依靠统计软件完成。

（二）多重线性回归的假设检验

由样本计算得到的偏回归系数 b_i 是总体偏回归系数 β_i 的估计值，即使总体偏回归系数等于0，但由于抽样误差，仍可使样本偏回归系数 b_i 不等于0，因此多重线性回归也要作假设检验，以判断其是否有统计学意义。包括对多重线性回归方程的假设检验（方差分析）和每个偏回归系数的假设检验（t 检验）。

1. 对多重线性回归方程的假设检验——F 检验　F 检验是将回归方程中所有自变量 $x_1, x_2, \cdots, x_m$ 作为一个整体来检验他们与因变量 y 之间是否有线性关系，并对回归方程的预测或解释能力做出综合评价。其基本思想与直线回归分析类似，也是将 y 的变异即总的离差平方和分解成回归和残差平方和。步骤如下：

检验假设 H_0：$\beta_1 = \beta_2 = \cdots = \beta_m = 0$

H_1：各 $\beta_j (j = 1, 2, \cdots, m)$ 不全为0

$\alpha = 0.05$

检验统计量 F 值

将因变量 y 的总变异分解为两部分，即：

$SS_{总} = l_{yy} = \sum_i (y_i - \bar{y})^2 = \sum_i (\hat{y} - \bar{y})^2 + \sum_i (y_i - \hat{y})^2$，其中 $\sum_i (\hat{y} - \bar{y})^2$ 为回归平方和，$\sum_i (y_i - \hat{y})^2$ 为残差平方和。

$$SS_{总} = SS_{回} + SS_{残} \qquad （式7-37）$$

并有 $v_{总} = n - 1$，$v_{回} = m$，$v_{残} = n - m - 1$

$$F = \frac{SS_{回} / v_{回}}{SS_{残} / v_{残}} = \frac{MS_{回}}{MS_{残}} \qquad （式7-38）$$

根据 F 分布，由检验统计量 F 与自由度确定 P 值，即可得到相应的统计结论（表7-11）。

表7-11 多重线性回归方差分析

变异来源	SS	Df	MS	F	P
回归	$SS_回$	M	$SS_回/m$	$MS_回/MS_残$	
残差	$SS_残$	$n-m-1$	$SS_残/(n-m-1)$		
总变异	$SS_总$	$n-1$			

如果 $F \geqslant F_{\alpha,(m, n-m-1)}$，则在 α 检验水准上，拒绝 H_0，接受 H_1，可认为因变量 y 与 m 个自变量 $x_1, x_2, \cdots, x_m$ 之间存在线性回归关系。

2. **对偏回归系数的假设检验** 多重线性回归模型成立只能认为总的来说因变量与自变量间存在线性关系，但研究者往往更加关心对各自变量的解释。因此，需对每一个自变量的偏回归系数进行假设检验，并衡量每一个自变量对 y 的作用大小，可用 t 检验法。

偏回归系数的 t 检验是在回归方程具有统计学意义的情况下，检验某个总体偏回归系数是否等于零的假设，以判断对应的自变量对回归是否有贡献。

检验假设 H_0：$\beta_i = 0$；H_1：$\beta_i \neq 0$，$\alpha = 0.05$

检验统计量

$$t_i = \frac{b_i}{s_{b_i}}$$（式7-39）

$$v = n-m-1$$

其中 b_i 为偏回归系数的估计值；S_{b_i} 为 b_i 的标准误，其计算较复杂，要用矩阵计算 t_i 服从 $v = n-m-1$ 的 t 分布，若 $t_i \geqslant t_{\alpha, n-m-1}$，则在 α 检验水准上，拒绝 H_0，接受 H_1，认为 Y 与 X_i 有线性回归关系。因计算复杂，宜用统计学软件来实现。

（三）评价回归模型的拟合效果指标

评价多重线性回归模型效果的优劣是回归分析的重要内容之一。常用的评价指标有：复相关系数、决定系数、校正决定系数、剩余标准差等。

1. **复相关系数** 复相关系数（multiple correlation coefficient, R）用来度量因变量（y）与多个自变量（x_i）间的线性回归关系的密切程度，即观察值 y 与估计值 $\hat{y}$ 之间的相关程度。复相关系数的取值范围在0与1之间，R 值越接近1，说明变量之间的线性回归关系程度越密切。注意：复相关系数 R 用于评价多重线性回归模型优劣时，即使在模型中增加了没有统计学意义的自变量，R 值仍会增大。

$$R = \sqrt{\frac{SS_回}{SS_总}}$$（式7-40）

2. **决定系数** 决定系数 R^2（coefficient of determination）等于复相关系数的平方。R^2 表示在 y 的总离均差平方和中由自变量 $x_1, x_2, \cdots, x_m$ 能够解释的百分比，即决定系数的大小反映了各自变量（x_1）对因变量（y）回归贡献大小。R^2 无单位，其取值范围为 [0, 1]，当 R^2 越接近1时，说明回归平方和（$SS_回$）在总平方和（$SS_总$）中所占的比重越大，剩余平方和（$SS_残$）所占比例越小，回归效果越好。决定系数R^2与复相关系数R一样，即使在模型中增加了没有统计学意义自变量，其值随着自变量个数的增加而不断增加。因此，它只能用来评价自变量个数相同的回归方程的回归效果。

$$R^2 = \frac{SS_回}{SS_总} = 1 - \frac{SS_残}{SS_总}$$ （式7-41）

3. 校正决定系数 校正决定系数R^2_{adj}（adjusted determination coefficient）可以消除自变量个数的影响，当模型中增加的自变量没有统计学意义时，R^2_{adj}会减小。

$$R^2_{adj} = 1 - \left(1 - R^2\right)\frac{n-1}{n-p-1} = 1 - \frac{MS_残}{MS_总}$$ （式7-42）

式7-42中n为拟合多重线性回归模型时的样本量，p为方程中自变量的个数。一般情况下，R^2_{adj}越大，说明模型拟合得越好。但当p/n很小时，如小于0.05时，校正作用趋于消失。

在实际应用中，R^2、R^2_{adj}的大小还取决于自变量的取值范围。当自变量的取值范围很窄时，所建模型的R^2会偏大，但此时并不代表模型的拟合效果一定好。当自变量的取值范围很宽时，也可获得较大的R^2_{adj}，但由于误差均方偏大使得可信区间很宽，模型会失去实际应用价值。

4. 剩余标准差 剩余标准差（standard deviation of residual）用$S_{Y\cdot X}$表示，等于误差均方$MS_{残差}$的算术平方根（残差的标准差），即扣除m个自变量的影响后，因变量Y仍然存在的变异，即不能由m个自变量的变化解释的Y的变异，其大小反映模型预测因变量的精度。

$$S_{Y\cdot X} = \sqrt{MS_残} = \sqrt{\frac{SS_残}{n-p-1}}$$ （式7-43）

式7-43中n为拟合多重线性回归模型时的样本量，p为方程中自变量的个数。剩余标准差$S_{Y\cdot X}$越小，说明建立的回归模型效果越好。剩余标准差$S_{Y\cdot X}$除了与残差平方和有关外，还与自由度有关，因此，$S_{Y\cdot X}$与R^2对回归效果优劣的评价结果有时不一致。通常研究者希望用尽可能少的自变量来最大限度地解释因变量的变异，从这个意义上来说，用剩余标准差作为评价回归效果比决定系数要更好一些。此外，剩余标准差与校正决定系数类似，当模型中增加无统计学意义的自变量时，剩余标准差反而会增大。

（四）自变量的筛选

为使多重线性回归方程仅包含有回归效果显著的自变量，从而使回归方程达到最佳，有必要进行自变量筛选和对偏回归系数的假设检验。筛选自变量的准则和方法有多种，会产生不同的"最优"回归方程。

筛选自变量的原则：基于研究问题本身的专业知识，使残差均方尽可能小或使校正决定系数（R^2_{adj}）尽可能大。

自变量筛选方法有强制进入法、逐步回归法、强制剔除法、向后法和向前法五种。①强制进入法（enter）：候选自变量不论有无意义全部入选回归模型。②逐步回归法

（stepwise）：遵循"先剔除后选入"原则，引入有意义的变量（前进法，forward），剔除无意义变量（后退法，backward），从而得到一个"最优"回归方程。引入变量的检验水准要小于或等于剔除变量的检验水准，即 $\alpha_入 \leqslant \alpha_出$。逐步回归法克服了向前法在后续变量引入模型后可能使已在方程中的变量变得不重要的缺点，同时吸收了后退法剔除的做法。③强制剔除法（remove）：以 Block 为单位，按移除标准将同一个 Block 内的变量一次全部剔除。④向后法（backward）：对已入选方程的变量按对因变量贡献大小由小到大依次剔除，且只出不进。其缺点是当自变量的数目较多或高度相关时，可能得不出正确结果。⑤向前法（forward）：对候选自变量按对因变量贡献大小由大到小依次选入方程，且只进不出。其局限性是随着后续变量的引入可能会导致先引入的自变量变得不重要。目前此法已基本淘汰。在实际应用中，采用逐步回归法筛选自变量较为常用。

对于偏回归系数假设检验时检验水平 α 的选择上，一般小样本 α 定为 0.10 或 0.15，大样本 α 定为 0.05。α 定得过小表示选取自变量的标准越严，被选入的自变量个数相对也较少；α 定得过大表示选取自变量的标准较宽，被选入的自变量个数也相对较多。

由于不同的选择方法所得的多重线性回归方程不一定相同，也未必是最佳的。因此，可以尝试不同的方法，把得到的结果与专业知识结合从而选出"最优"的。

（五）实例分析

【案例7-26】

利用表 7-10 中 70 例男性居民健康体检结果，建立肺活量（y）与年龄（岁，x_1）、肌肉量（x_2）、脂肪含量（x_3）、无机盐含量（x_4）、身高（x_5）、体重（x_6）和台阶指数（x_7）之间的多重线性回归方程，采用逐步回归法，$\alpha_入 = 0.05$，$\alpha_出 = 0.10$。

SPSS 中，依旧是选择"分析"—"回归"—"线性"，将想要研究的自变量全部放入自变量框中，方法选为"步进"（逐步），相关选项调整如图 7-18 所示。结果给出了三个较优模型，我们根据实际情况与专业知识选择模型 3，即入选了年龄（x_1）、肌肉量（x_2）和台阶指数（x_7）三个自变量。

如图 7-18 所示，主要统计分析结果及结论如下：

（1）模型概述：①复相关系数 $R=0.733$，表明自变量与因变量之间的线性回归关系程度较为越密切；②决定系数 $R^2=0.538$，反映了各自变量对因变量的回归贡献为 53.8%；③校正决定系数 $R^2_{adj}=0.517$，说明该模型拟合得比较好。

（2）多重线性回归方程的方差分析：从方差分析表知：$F=25.589$，$P<0.001$，拟合的多重线性回归方程有统计学意义。

（3）建立多重线性回归方程：

$$\hat{y}=2\ 613.636-37.716x_1+36.446x_2+14.568x_7$$

由回归系数的 t 检验可知，年龄（x_1）、肌肉量（x_2）和台阶指数（x_7）的 $P<0.05$，有统计学意义。

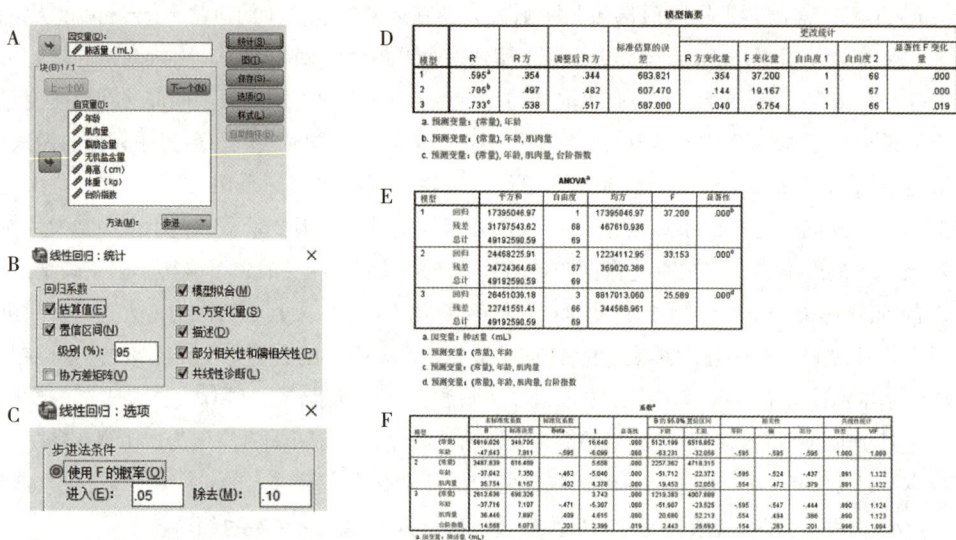

图 7-18 使用 SPSS 进行多重线性回归分析的步骤及结果

（六）多重线性回归分析的应用及注意问题

1. 多重线性回归模型的应用　多重线性回归在实际中被广泛应用于医学领域中的数据分析，并且对它的研究和应用还在不断地深入和拓展，这里只介绍其简单的应用。

（1）影响因素分析：通过自变量对因变量有无影响的分析，从而分析出影响因素及其重要程度。例如，影响高血压的因素可能有年龄、超重或肥胖、家族史、工作紧张度、食盐量等，在影响高血压的众多可疑因素中，需要研究哪些因素影响较大。这些都可以利用回归的方法进行分析。

（2）估计与预测：实际工作中某些指标是难以测定的，此时可通过建立这些指标与另一些容易测量指标的多重线性回归模型，用易测指标估计难测指标。对因变量 Y 估计或预测有如下两种情况：

1）总体均数 $\mu_{Y|X_1, X_2, \cdots, X_m}$ 的点估计与可信区间估计：给定自变量 $X_1, X_2, \cdots, X_m$（假定回归方程包含 m 个自变量）的一组取值得 $\hat{Y}$，此时 $\hat{Y}$ 是总体均数 $\mu_{Y|X_1, X_2, \cdots, X_m}$ 的点估计值，相当于样本均数，用样本均数加减标准误的形式就可以得到总体均数 $\mu_{Y|X_1, X_2, \cdots, X_m}$ 的（$1-\alpha$）可信区间估计：

$$\left(\hat{Y} - t_{\frac{\alpha}{2}, v} S_{\hat{Y}}, \hat{Y} + t_{\frac{\alpha}{2}, v} S_{\hat{Y}} \right) \qquad （式7-44）$$

其中，$S_{\hat{Y}}$ 是自变量的任意一组值所对应的 Y 的标准误。

2）个体 Y 值的预测区间：用样本均数加减标准差的形式就可得到个体 Y 值的（$1-\alpha$）预测区间：

$$\left(\hat{Y} - t_{\frac{\alpha}{2}, v} S_Y, \hat{Y} + t_{\frac{\alpha}{2}, v} S_Y \right)$$

（式7-45）

其中，S_Y是自变量的任意一组值所对应的Y的标准差。

（3）统计控制：用建立的多重线性回归方程进行逆估计，即在因变量Y指定的值或范围内来控制自变量X的值。预测和控制要求回归方程具有很好的回归效果。

2. 多重线性回归模型的注意问题

（1）满足多重线性回归分析条件：因变量y应是服从或近似服从正态分布的独立变量，且当在自变量取不同值时的总体方差齐同。

（2）数据标准化处理：因为m个自变量都具有各自的度量单位及不同的变异度，所以不能直接用偏回归系数的数值大小来反映方程中各自变量对因变量y的贡献大小。为此，可先将原始数据进行标准化，再用标准化的数据进行回归模型拟合，此时得到的偏回归系数称为标准化偏回归系数（standardized partial regression coefficient），标准化偏回归系数的绝对值较大的自变量对因变量的影响更大。

（3）多重共线性：各自变量之间不应有明显的多重共线性趋势，多重共线性指的是自变量间存在着近似的线性关系，即某个自变量可以近似地用其他自变量的线性函数来描述。当共线性趋势明显时可能导致偏回归系数的估计值与常识不符、专业上明确有意义的自变量不能引入方程等现象，针对多重共线性问题，可考虑的对策包括增大样本量、采用多种自变量筛选方法相结合的方式、使用主成分分析、进行通径分析和岭回归分析等。

（4）自变量间的交互作用分析：为了检验两个自变量是否具有交互作用，普遍的做法是在方程中加入它们的乘积项。当研究自变量间存在交互作用时，可以通过设复合变量的方法来分析自变量间的交互作用并进行检验。以3个自变量为例，若要考虑x_1、x_2的交互作用对因变量的影响，则可设置一个新的变量$x_4=x_1 x_2$，然后进行回归分析，如果x_4的回归系数有统计学意义，则可认为x_1、x_2间存在交互作用。回归方程中是否考虑交互作用要结合专业知识来判断，如没有这方面的专业知识一般先按无交互作用的模型来进行回归，然后根据是否有统计学意义来判断是否引入交互作用。

四、Logistic回归分析

（一）Logistic回归模型概述

多重线性回归模型要求反应变量是连续型的正态分布或近似正态分布变量，且解释变量与反应变量呈线性关系。当反应变量是分类变量，且解释变量与反应变量不呈线性关系时，就不能使用多重线性回归模型。此时，处理该类数据常用logistic回归模型。logistic回归分析是研究二分类或多分类反应变量与某些影响因素之间关系的一种多重回归分析方法。

在疾病的病因学研究中，经常需要分析疾病的发生与各危险因素之间的定量关系。比如，研究胃癌的发生与吸烟、饮酒、不良饮食习惯等危险因素的关系。如果采用多重线性回归分析，由于反应变量y为二分类变量（通常取值0或1），不满足正态分布和方差齐等应用条件，若强行使用线性回归分析，其预测值可能会大于1或小于0而无法解释。在流行病学研究中，虽然可以用Mantel-Haenszel分层分析方法分析多个因素的混杂作用。但这种经典方法有其局限性，随着混杂因素的增加，分层越来越细，致使每层内的数据越来越少，使相对危险度的估计产生困难。Logistic回归模型较好地解决了上述问题，已经成为医学研究，特别是流行病学病因研究中最常用的分析方法之一。

Logistic回归模型的反应变量y为二分类变量，通常设置为1（研究关注的结局）和0（与之对立或相反的结局）。假设x_1, x_2, $\cdots$, x_p为可能影响y的p个因素（即解释变量）。在这些解释变量的作用下，$y=1$发生的概率记为π，$y=0$的概率记为$1-\pi$。欲建立π和x_1, x_2, $\cdots$, x_p的回归关系，使π的取值范围为[0, 1]，而$x_1 \sim x_p$的线性组合（$\beta_0+\beta_1 x_1+\beta_2 x_2+\cdots+\beta_p x_p$）取值范围为（$-\infty$, $+\infty$），应对π进行logit变换，$logit(\pi)=\ln\left(\dfrac{\pi}{1-\pi}\right)$，此时变换后的$logit(\pi)$取值范围变换为（$-\infty$, $+\infty$），可以与解释变量的线性组合的取值范围对等，可建立以下方程：

$$logit(\pi)=\ln\left(\frac{\pi}{1-\pi}\right)=\beta_0+\beta_1 x_1+\beta_2 x_2+...+\beta_p x_p \qquad （式7-46）$$

或

$$\pi=\frac{\exp\left(\beta_0+\beta_1 x_1+\beta_2 x_2+...+\beta_p x_p\right)}{1+\exp\left(\beta_0+\beta_1 x_1+\beta_2 x_2+...+\beta_p x_p\right)} \qquad （式7-47）$$

β_0为常数项，β_1, β_2, $\cdots$, β_p为logistic回归系数（coefficient of logistic regression）。exp表示以e为底的指数，式7-47可用于预测x_1, x_2, $\cdots$, x_p取某一组确定数值时，$y=1$的概率π及$y=0$的概率$1-\pi$。

（二）参数估计

Logistic回归模型中的回归参数β_0, β_1, β_2, $\cdots$, β_p需要通过样本数据进行估计，通常采用极大似然估计（maximum likelihood estimate，MLE）。极大似然估计的基本思想是求解出得到样本结局的可能性最大的b_0, b_1, $\cdots$, b_p值，样本似然函数为：

$$L=\prod_{i=1}^{n}\pi_i^{y_i}\left(1-\pi_i\right)^{1-y_i}\left(i=1,2,\cdots,n\right) \qquad （式7-48）$$

L表示似然函数，$\prod$表示连乘，π_i表示第i例观察对象处于相应暴露条件下时$y_i=1$发生的概率。对似然函数取对数后，用Newton-Raphson迭代方法得出参数β_0, β_1, β_2, $\cdots$, β_p的估计值及其标准误。

（三）假设检验

通过样本估计参数建立的logistic回归模型，需要对拟合的模型进行假设检验，判断回归模型是否成立及估计的模型参数是否具有统计学意义。因此，假设检验包括logistic回归模型的检验和logistic回归系数的检验。

1. logistic回归模型的假设检验 目的是检验模型中的解释变量的线性组合是否与经过logit变换后的π存在线性关系。检验的方法包括似然比检验（likelihood ratio test）、计分检验（score test）和Wald检验（Wald test）等。

2. logistic回归系数的假设检验　对模型中每一个解释变量的回归系数进行检验，判断每一个解释变量是否对模型有贡献。假设检验 H_0：$\beta_i = 0$。常用的假设检验方法为Wald检验。

（四）logistic回归系数的流行病学意义

Logistic模型中的回归系数 β_i 为其他解释变量保持不变时，解释变量 x_i 每改变1个单位，$logit(\pi)$ 的平均改变量。β_i 可以与流行病学中的优势比（odds ratio，OR）联系起来：$OR = \exp(\beta_i)$ 或 $\beta_i = \exp(OR)$。因此，logistic回归系数可以解释为，其他变量不变时，暴露对于某影响因素 x_i 相对于非暴露于该影响因素的 OR 值的自然对数；或者调整其他解释变量的影响后，解释变量 x_i 每增加一个单位，得到的优势比的自然对数。当 $\beta = 0$ 时，$OR = 1$，暴露与结局间不存在关联；当 $\beta > 0$ 时，$OR > 1$，提示暴露因素可能增加结局发生的风险；$\beta < 0$ 时，$OR < 1$，提示暴露因素可能降低结局发生的风险。

（五）实例分析

【案例7-27】

某医生对53名前列腺癌患者进行术前检查，分别获得年龄、酸性磷酸酶（ACID）、X线检查（有X线检查史=1；没有X线检查史=0）、术前探针活检病理分级（轻度=0；重度=1）、直肠指检肿瘤的大小与位置（大小位置良好=0；大小位置不理想=1）等资料，手术探查结果（有淋巴结转移=1；无淋巴结转移=0）。数据如表7-12所示。

表7-12　53例男性前列腺癌患者术前检查及手术探查结果

序号	X线检查	病理分级	肿瘤大小与位置	年龄 / 岁	ACID/(μmol·L⁻¹)	淋巴结转移
1	0	1	1	64	40	0
2	0	0	1	63	40	0
3	1	0	0	65	46	0
4	0	1	0	67	47	0
5	0	0	0	66	48	0
6	0	1	1	65	48	0
7	0	0	0	60	49	0
8	0	0	0	51	49	0
9	0	0	0	66	50	0
10	0	0	0	58	50	0
11	0	1	0	56	50	0
12	0	0	1	61	50	0
13	0	1	1	64	50	0

序号	X 线检查	病理分级	肿瘤大小与位置	年龄 / 岁	ACID/(μmol · L^{-1})	淋巴结转移
14	0	0	0	56	52	0
15	0	0	0	67	52	0
16	1	0	0	49	55	0
17	0	1	1	52	55	0
18	0	0	0	68	56	0
19	0	1	1	66	59	0
20	1	0	0	60	62	0
21	0	0	0	61	62	0
22	1	1	1	59	63	0
23	0	0	0	51	65	0
24	0	1	1	53	66	0
25	0	0	0	58	71	0
26	0	0	0	63	75	0
27	0	0	1	53	76	0
28	0	0	0	60	78	0
29	0	0	0	52	83	0
30	0	0	1	67	95	0
31	0	0	0	56	98	0
32	0	0	1	61	102	0
33	0	0	0	64	187	0
34	1	0	1	58	48	1
35	0	0	1	65	49	1
36	1	1	1	57	51	1
37	0	1	0	50	56	1
38	1	1	0	67	67	1
39	0	0	1	67	67	1
40	0	1	1	57	67	1
41	0	1	1	45	70	1
42	0	0	1	46	70	1
43	1	0	1	51	72	1
44	1	1	1	60	76	1

续表

序号	X线检查	病理分级	肿瘤大小与位置	年龄/岁	ACID/(μmol·L^{-1})	淋巴结转移
45	1	1	1	56	78	1
46	1	1	1	50	81	1
47	0	0	0	56	82	1
48	0	0	1	63	82	1
49	1	1	1	65	84	1
50	1	0	1	64	89	1
51	0	1	0	59	99	1
52	1	1	1	68	126	1
53	1	0	0	61	136	1

试分析影响前列腺癌细胞淋巴结转移的因素，并建立淋巴结转移的预报模型。

在SPSS中，将数据导入软件后，选择“分析”—“回归”—“二元logistic”，将因变量和协变量放入相应变量框中，变量筛选可以选择逐步、向前、后退，这里选择后退法。如图7-19所示。

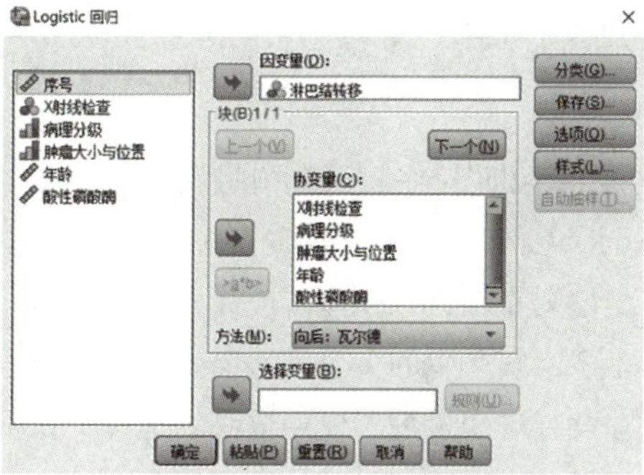

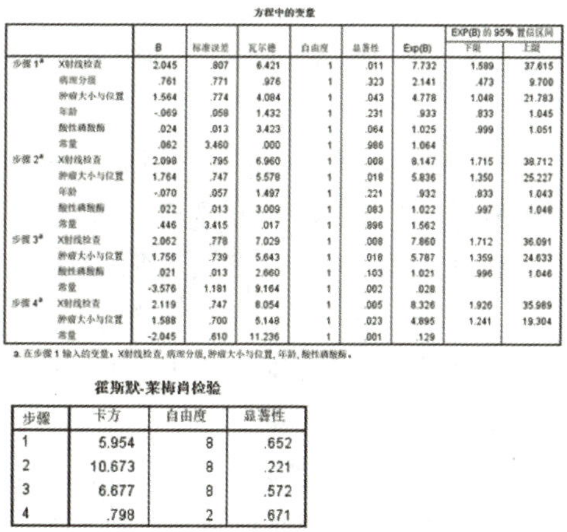

方程中的变量

		B	标准误差	瓦尔德	自由度	显著性	Exp(B)	EXP(B) 的 95% 置信区间	
								下限	上限
步骤 1[a]	X射线检查	2.045	.807	6.421	1	.011	7.732	1.589	37.615
	病理分级	.761	.771	.976	1	.323	2.141	.473	9.700
	肿瘤大小与位置	1.564	.774	4.084	1	.043	4.778	1.048	21.783
	年龄	-.069	.058	1.432	1	.231	.933	.833	1.045
	酸性磷酸酶	.024	.013	3.423	1	.064	1.025	.999	1.051
	常量	.062	3.460	.000	1	.986	1.064		
步骤 2[a]	X射线检查	2.098	.795	6.960	1	.008	8.147	1.715	38.712
	肿瘤大小与位置	1.764	.747	5.578	1	.018	5.836	1.350	25.227
	年龄	-.070	.057	1.497	1	.221	.932	.833	1.043
	酸性磷酸酶	.022	.013	3.009	1	.083	1.022	.997	1.048
	常量	.446	3.415	.017	1	.896	1.562		
步骤 3[a]	X射线检查	2.062	.778	7.029	1	.008	7.860	1.712	36.091
	肿瘤大小与位置	1.756	.739	5.643	1	.018	5.787	1.359	24.633
	酸性磷酸酶	.021	.013	2.660	1	.103	1.021	.996	1.046
	常量	-3.576	1.181	9.164	1	.002	.028		
步骤 4[a]	X射线检查	2.119	.747	8.054	1	.005	8.326	1.926	35.989
	肿瘤大小与位置	1.588	.700	5.148	1	.023	4.895	1.241	19.304
	常量	-2.045	.610	11.236	1	.001	.129		

a. 在步骤 1 输入的变量：X射线检查, 病理分级, 肿瘤大小与位置, 年龄, 酸性磷酸酶。

霍斯默-莱梅肖检验

步骤	卡方	自由度	显著性
1	5.954	8	.652
2	10.673	8	.221
3	6.677	8	.572
4	.798	2	.671

图7-19 使用SPSS进行二元logistic回归分析的步骤及过程

SPSS结果如图7-19所示，最终模型入选了X线检查（x_1）和肿瘤大小与位置（x_3）这两个变量，其P值均小于0.05，说明变量的系数具有统计学意义。Hosmer-Lemeshow拟合优度检验结果显示χ^2=0.798，P=0.671，模型拟合效果较好。

前列腺癌细胞是否有淋巴结转移，与X线检查结果及直肠指检肿瘤大小和位置的结果有关。在其他条件相同的情况下，有过X线检查史的患者与没有过X线检查史的患者相比，前列腺癌细胞淋巴结转移 $OR=e^{2.119}=8.326$；病理分级较高的与较低的相比，$OR=e^{1.588}=4.895$。

前列腺癌细胞淋巴结转移的预报模型如下：

$$\hat{y}=\frac{1}{1+e^{-(-2.054+2.119x_1+1.588x)}}$$

（六）多元logistic回归模型概述

生活和工作中，经常会遇到因变量是有序多分类数据。例如，肿瘤恶性程度划分为低、中、高；手机端医学科普推送的打开频率可粗略划分为天天看、经常看、偶尔看和从来不看；疾病的治疗效果分为痊愈、有效、好转、无效等。如果希望将这些定序型数据作为因变量进行逻辑回归分析，我们称为有序多元 logistic 回归分析。

有序多元 logistic 回归分析的原理是从二元 logistic 回归分析上衍生出来的，它最终的拟合结果是因变量水平数减 1 个 Logit 回归模型，因此也称为累积 Logit 模型。例如，因变量是 4 个水平的定序数据，4 个水平的取值分别定为 1、2、3、4，它们发生的概率定为 P_1、P_2、P_3 和 P_4，那么该有序多元逻辑回归模型可以写成下面的形式：

$$P_1=\frac{\exp(a_1x_1+\cdots+a_kx_k+b_1)}{1+\exp(a_1x_1+\cdots+a_kx_k+b_1)} \quad （式7-49）$$

$$P_2=\frac{\exp(a_1x_1+\cdots+a_kx_k+b_2)}{1+\exp(a_1x_1+\cdots+a_kx_k+b_2)}-P_1 \quad （式7-50）$$

$$P_3=\frac{\exp(a_1x_1+\cdots+a_kx_k+b_3)}{1+\exp(a_1x_1+\cdots+a_kx_k+b_3)}-P_1-P_2 \quad （式7-51）$$

$$P_4=1-P_1-P_2-P_3 \quad （式7-52）$$

SPSS 中，选择"分析"—"回归"—"有序 logistic"，在对话框中将反应变量放入"因变量"框中，把定序和定类变量选为"因子"，定距变量选为"协变量"。选入因子框内的自变量将会自动产生哑变量进入模型，协变量则直接进入模型。应注意，有序多元 logistic 回归中不涉及自变量的筛选，这是因为有序回归产生的多个模型需要满足平行假设，即自变量的个数和回归系数相等，所以没有设置自变量进入模型方法的选择下拉框（图7-20）。

（七）logistic回归模型的应用及注意事项

1. logistic回归模型的应用

（1）影响因素分析：通过回归系数与优势比，logistic 回归模型可以对影响事件结局的因素进行多因素分析，从多个影响因素中筛选出危险或保护因素。在观察性研究中，某一事件结局往往受社会环境、生态环境、个体的生理和心理因素等多方面因素的影响，因素间亦可能存在交互作用。因此，在设计阶段就需要根据研究目的、专业背景等拟定研究假设和关注的主要问题，收集和整理可能有影响的解释变量，按照 logistic 回归分析的基本步骤、采用不同的方法筛选解释变量，剔除无统计学意义的变量，保证模型相对较优，通过回归系数和优势比情况筛选相应的危险因素。

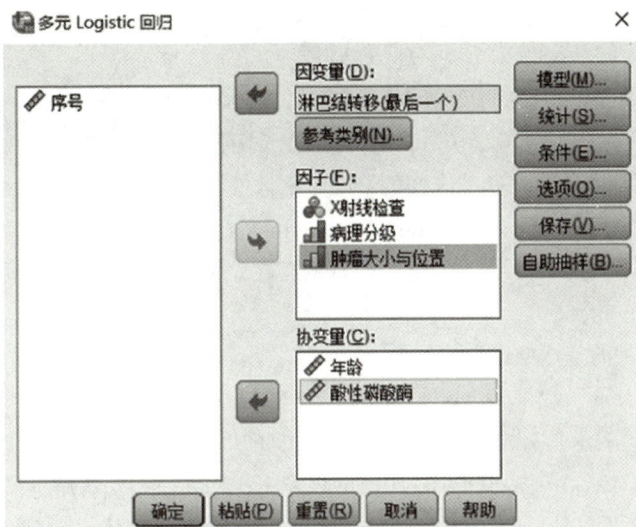

图7-20　使用SPSS进行多元logistic回归分析的操作步骤

（2）预测：logistic回归模型是一个概率模型，其重要应用就是预测与判别。实际应用是通过假设检验，确定回归模型中解释变量间的关系，并且回归模型具有较好的拟合优度，当给出解释变量数值后，可通过建立的logistic回归模型计算某事件发生的概率，对结局做出概率性的预测和判断。

2. 应用logistic回归模型的注意事项

（1）logistic回归分析的应用条件：建立logistic回归模型时，要求研究对象间彼此独立，即个体间具有独立性。logistic回归模型的反应变量可为二分类、无序多分类或有序分类变量；解释变量可以是任意类型，如定量变量、二分类变量、无序多分类变量或有序分类变量等。当反应变量为多分类时，可采用多分类logistic回归分析。当反应变量为有序分类变量时，可采用有序logistic回归分析。

（2）模型的拟合效果评价：logistic回归模型的假设检验只回答模型及回归系数是否具有统计学意义，不能说明模型的拟合效果。评价建立的logistic回归模型的拟合效果，即评价模型预测值与观测值的一致性，需要进行拟合优度检验。拟合优度检验是logistic回归分析中不可缺少的一部分，拟合效果好，结论才能更可靠。常用评价模型拟合优度的指标主要有Pearson χ^2、偏差统计量（deviance）等。对于含有连续型解释变量的logistic回归模型，应进行H-L拟合优度检验。具体评价方法可参阅有关专著和文献。

五、Cox回归分析

（一）Cox回归分析模型概述

风险函数是 t 时刻的瞬时死亡风险，记为 $h(t)$，其描述了某个体的瞬时死亡风险随时间变化的情况。不同特征的人群在不同时刻的风险率函数不同，通常将风险率函数表达为基准风险率函数与相应协变量函数的乘积，即：

$$h(t, x) = h_0(t) \cdot f(x) \qquad （式7-53）$$

其中，$h(t, x)$表示t时刻的风险率函数；$h_0(t)$表示t时刻的基准风险率函数，即所有协变量取值为0时t时刻的风险率函数；$f(x)$为协变量函数。1972年英国生物统计学家 D. R Cox首先提出在基准风险率函数未知的情况下估计模型参数的方法，该估计方法被称为Cox比例风险回归模型（Cox proportional hazard model），简称Cox回归模型，可以分析多个因素对生存时间的影响，允许有删失数据的存在，是生存分析中最重要的多因素分析方法。

Cox回归模型的基本形式为：

$$h(t, x) = h_0(t)\exp(\beta_1 x_1 + \beta_2 x_2 + \cdots + \beta_p x_p) \qquad （式7-54）$$

其中，$h(t, x)$表示具有协变量x的个体在t时刻的风险率，称为瞬时死亡率；$h_0(t)$表示基准风险率，即x_1, x_2, $\cdots$, x_p取值均为0时的风险率；β_1, β_2, $\cdots$, β_p为解释变量的偏回归系数。式7-50分为两部分：$h_0(t)$分布无明确假定，一般也无法估计，这是该式中的非参数部分；另一部分为参数部分，可以通过样本的实际观察值来估计。因此Cox回归模型又称为半参数模型，其协变量对生存时间的影响是通过风险函数和基准函数的比值反应的，其中的风险函数和基准风险函数是未知的。在完成参数估计的情况下，可对基准风险函数和风险函数做出估计，并可计算每一个时刻的生存率，式7-50可以转换为：

$$\ln\left[\frac{h(t,x)}{h_0(t)}\right] = \beta_1 x_1 + \beta_2 x_2 + \cdots + \beta_p x_p \qquad （式7-55）$$

（二）参数估计

Cox回归模型中，回归系数β_1, β_2, $\cdots$, β_p的估计需借助偏似然（partial likelihood）理论，用极大似然估计方法得到估计值b_1, b_2, $\cdots$, b_p。该估计不需要确定基准风险函数$h_0(t)$的形式就能估计回归系数，且估计结果仅与生存时间的排序有关，而不是生存时间的数值大小。

（三）假设检验

回归系数β_1, β_2, $\cdots$, β_p的假设检验方法类似logistic回归，有似然比检验、Wald检验和score检验，这三种假设检验方法均可用于对总模型的检验；而对单个回归系数的检验常采用Wald检验。

（四）Cox回归参数的流行病学意义

Cox回归模型中$\beta_j(j = 1, 2, \cdots, p)$的实际意义为，在其他解释变量不变的情况下，变量$x_j$每增加一个单位所引起的风险比的自然对数，即：

$$lnRR_j = \beta_j \qquad （式7-56）$$

或

$$RR_j = \exp(\beta_j) \qquad （式7-57）$$

当$\beta_j > 0$时，$RR_j > 1$，说明x_j增加时，风险函数增加，即x_j为危险因素；当$\beta_j < 0$时，$RR_j < 1$，说明x_j增加时，风险函数下降，即x_j为保护因素；当$\beta_j = 0$时，$RR_j = 1$，说明x_j增加时风险函数不变，即x_j为无关因素。

（五）实例分析

【案例7-28】

某医生对16名鼻咽癌患者进行为期13年的随访，随访结果如表7-13所示，试分析影响鼻咽癌患者生存时间的因素有哪些。

表7-13　16例鼻咽癌患者基本情况及生存情况

序号	性别（1为男性；0为女性）	年龄/岁	分期	鼻血情况	放疗（1为接受放疗）	化疗（1为接受化疗）	死亡（1为死亡）	生存时间/天
1	1	45	2	2	0	1	1	578
2	0	36	2	2	0	1	1	1 549
3	1	57	2	2	1	0	1	938
4	0	45	2	0	1	0	0	4 717
5	0	42	2	0	1	1	1	4 111
6	0	39	2	0	1	1	1	1 245
7	1	38	2	1	1	1	1	4 435
8	1	45	2	2	1	0	1	3 750
9	1	30	2	1	1	0	1	3 958
10	0	45	2	1	0	1	1	2 581
11	0	45	3	1	0	1	1	3 572
12	1	57	2	1	0	1	1	2 938
13	0	57	2	1	0	1	1	1 932
14	1	49	2	2	1	1	1	3 205
15	1	33	2	1	0	1	1	3 451
16	0	51	2	2	1	0	1	2 363

在SPSS中，选择"分析"—"生存分析"—"Cox回归"，把变量放入相应对话框中，变量筛选可以选择逐步、向前、后退，这里选择后退法。注意，鼻血严重程度为有序分类变量，应在"分类"对话框中将其放入"分类协变量"，这里选择以"第一个"作为对照，即以鼻血程度为"0"的作为对照。如图7-21所示。

SPSS结果显示，模型系数的综合测试结果 P 均小于0.05，拒绝 H_0 假设（即所有影响因素的偏回归系数均为0），认为有偏回归系数不为0的因素，值得进一步分析。回归结果显示，最终入选模型的影响鼻咽癌患者生存时间的因素为流鼻血的程度和是否经过放疗。其中轻度流鼻血与不流鼻血的死亡风险差异无统计学意义（ $P=0.458$ ），中度流鼻血与不流鼻血的患者死亡风险差异有统计学意义（$P=0.015$），中度流鼻血的患者死亡风险高于不流鼻血的患者，$RR=12.667$。经过放疗的患者与未接受放疗的患者死亡风险差异有统计学意义（$P=0.019$），风险降低$RR=0.151$。但本数据的结果显示中度流鼻血相较于鼻流鼻血、接受放疗相较于未接受放疗，鼻咽癌患者死亡的RR 95%可信区间均很大，因而本结果的医学意义较为有限，可能是由于样本量过小导致，需要入选更多患者进行更深入的研究。

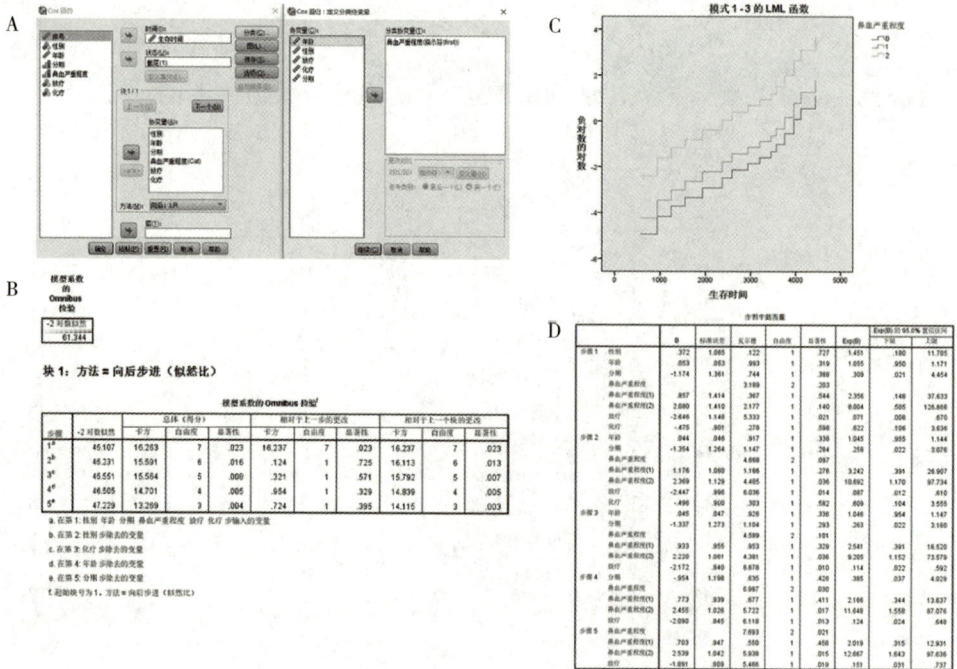

图7-21　使用SPSS进行Cox回归分析的步骤及结果

（六）Cox回归模型的应用及注意事项

1. Cox回归模型的应用

（1）影响因素分析：Cox回归随着解释变量的增加会变得比较复杂，确定与生存状况相关的变量即变量的筛选方法同多重线性回归及logistic回归一样，既可以筛选有统计学意义的变量，也可以分析变量间的交互作用。Cox回归中影响结局的有些变量值是固定的，如人群性别，但大多变量的值是随时间变化而变化，Cox模型可采取其他方式灵活处理这类依赖于时间的解释变量。

（2）预测：Cox回归模型在评估变量（因素）和结局之间的关系，以及这些关系的统计学意义时，RR及RR的95%可信区间是这些关系效应大小的估计。当给出解释变量数值后，可通过建立的Cox回归模型计算生存曲线，预测个体疾病发生风险。

2. Cox回归模型应用的注意事项

使用Cox回归模型时，应满足以下假设条件。

（1）比例风险：假定各危险因素的作用不随时间变化而变化，即 $\dfrac{h(t,x)}{h_0(t)}$ 不随时间变化而变化。因此应注意Cox回归模型要求风险函数与基准风险函数呈比例。如果这一假定不成立，则不能用Cox回归模型进行分析。

（2）对数线性：假定模型中的协变量应与对数风险比例呈线性关系。

第五节　统计图表的编制

统计表（statistical table）和统计图（statistical graph）是描述数据特征、呈现统计分析结果的重要工具，恰当地使用统计表能简明扼要地表达资料的特点，代替冗长的文字描述；科学地绘制统计图有助于准确、直观地反映事物间的数量关系，给读者留下深刻的印象。

一、统计表

统计表常见于研究报告和科研论文中，将统计分析的指标及其结果以表格的形式列出，可使数据表达简单明了、层次清晰，以便进一步分析和比较。

（一）统计表的结构和要求

编制统计表的总原则是结构简单、层次分明；内容安排合理、重点突出；数据准确可靠。统计表的结构通常包括标题、标目、线条、数字和备注五部分（表7–14）。

表7–14　某地2011年不同性别居民肺结核患病率

性别	调查人数	患者数	患病率（1/10 万）
男	84 572	455	538.00
女	83 906	539	642.39
合计	168 478	994	589.99

1. **标题（title）** 标题统计表的总名称，位于表格上方正中，应高度概括统计表的中心内容，还应简要描述资料收集的时间、地点、对象；文字应确切、简明扼要；还应根据统计表在文中的先后顺序予以编号。

2. **标目（heading）** 标目用于说明表格内的项目，根据其位置和作用一般可分为横标目和纵标目。横标目位于表格左侧，表示研究对象或被说明的事物，在内容上属于统计表的主辞；纵标目位于表格上方，用于说明研究对象的各统计指标，在内容上属于统计表的宾辞。这样从左往右读统计表，可以构成一个通顺的句子。此外，标目在使用时还应注意文字简明，有单位的要注明单位。

3. 线条（line） 线条力求简洁，常使用三线格形式（除顶线、底线及隔开纵标目与数字的横线外，其他线条均省去），此外，可用短横线隔开合计行，或用短横线分割多重纵标目；应特别注意禁用斜线和竖线。

4. 数字（data） 表内数字必须准确，使用阿拉伯数字；同栏数值的小数位数一致，位置上下对齐；表内不留空格，如缺失可用"—"表示，暂缺或未记录用"…"来表示，若数值为"0"，则填写"0"。

5. 备注（remark） 备注统计表表格内的数字区只能写阿拉伯数字，不能出现其他汉字，特别情况需说明时可用备注，用"*"或数字序号在需说明处的数字右上方引出，写在表格外下方。

（二）统计表的种类

根据主辞的复杂程度，统计表可分为简单表（主辞仅有一个分组标志，如表7-15）和复合表（主辞有两个或以上分组标志，如表7-16）。

表7-15 某地2009—2012年高血压患者管理情况

年份	建卡人数	管理率 /%	规范管理率 /%	控制率 /%
2009	31 481	91.59	88.16	48.61
2010	34 482	96.59	85.03	58.58
2011	37 418	97.24	89.97	64.30
2012	56 754	96.51	82.44	62.48

表7-16 某地2012年不同年龄居民高血压、糖尿病患病率

年龄别	调查人数	高血压		糖尿病	
		患者数	患病率 /%	患者数	患病率 /%
40~	363	34	9.37	6	1.65
45~	613	123	20.07	28	4.57
50~	576	154	26.74	32	5.56
55~	460	167	36.30	44	9.57
60~	429	195	45.45	58	13.52
65~	425	205	48.24	64	15.06
70~	368	204	55.43	52	14.13

年龄别	调查人数	高血压		糖尿病	
		患者数	患病率 /%	患者数	患病率 /%
75~	797	453	56.84	72	9.03
80~	496	256	51.61	41	8.27
85~	323	177	54.80	19	5.88
合计	4 850	1 968	40.58	416	21.14

（三）编制统计表过程中存在的常见错误

①标题：内容不确切；过于省略或累赘等。②标目：横纵标目位置颠倒；表达意义不明确；纵标目未标注单位；标目过多和重复；专业层次不清；组段划分不确切或有重叠等。③线条：线条太多；有竖线和斜线。④数字：罗列原始数据，缺乏专业意义；数值计算不精确；同一指标数字未对齐或小数保留位数不一致，不足者以"0"补足；各百分比相加不为100%；无数字未用"—"表示，缺失值未用"…"表示，数值0者未记为"0"，不要留空项。⑤缩略语和单位：指标名称随意改动，应使用固定的缩略语；单位应遵循国际标准命名原则；在数字和单位之间应有一个单一空格。⑥备注：说明过繁，应简明扼要。

二、统计图

统计图是用点的位置、线段的升降、直条的长短、面积的大小等各种几何图形来表达统计资料的数量或变化动态，可直观地反映出事物间的数量关系。统计图种类较多，常用的包括直条图（bar graph）、圆图（pie graph）、百分条图（percent bar chart）、普通线图（common line graph）、直方图（histogram）、散点图（scatter plot）和箱式图（box plot）等。在医学论文中，应根据资料的类型及表达目的绘制统计图。

（一）统计图的结构和要求

统计图的结构通常包括标题、图域、图例、标目和刻度五部分（图7-22）。

1. **标题（legend）** 标题是统计图的总名称，位于图的下方正中，应简明扼要地说明资料的时间、地点、对象和内容，如文中有多个图可根据统计图在文中的先后顺序予以编号。

2. **图域（chart field）** 图域是绘制的统计图形部分，对于有纵、横轴的统计图一般用直角坐标系第一象限表示；图形应准确、美观；需表达不同事物时应使用不同形状或颜色的线条或图形以便于区分。宽高比为3∶2，双栏图的宽≤7.5cm，通栏图的宽≤15cm。统计图的显著性差异结果以*P<0.05，**P<0.01两档表示，P分别以*、#和△标注。

3. **图例（symbol）** 当使用不同形状或颜色的线条或图形时，需用图例予以解释，图例一般放在图的下方或右上方的位置。

4. 标目（axis label） 纵标目（Y axis）和横标目（X axis）分别表示纵轴和横轴刻度的意义，有度量衡单位时应标出，纵、横轴长度比例一般为5:7。

5. 刻度（scale） 刻度即纵轴和横轴上的刻度，与直角坐标系的排列一致，尺度一般按自左而右、自下而上的方向从小到大排列，坐标轴刻度统一向图内侧标注。直条图和直方图纵轴的刻度必须从0开始，而散点图、半对数线图的横轴和纵轴的刻度可根据需要不从0开始。

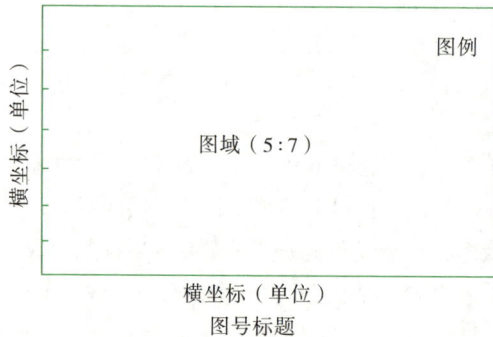

图 7-22 统计图的结构

（二）统计图的选择和绘制

应根据资料的性质和分析目的来选择恰当的统计图，若主辞是非连续性资料，可考虑选择的有直条图、圆图、百分条图等；若主辞是连续性资料，可在普通线图、直方图、散点图、箱式图、双轴图等中选择（表7-17）。

1. 直条图（bar graph） 直条图简称条图，用于表示相互独立的各指标数值大小，用等宽直条的长短反映数值的大小，如某年某地恶性肿瘤发病率或死亡率的比较。包括单式条图（主辞只有一个分组因素，比较一项指标）、复式条图（主辞有两个分组因素，比较一项指标）和分段条图（主辞只有一个分组因素，但指标中有分段因素，各分段长短代表各组成部分在整体中所占比例）。

绘制直条图时应注意：标题位于图下方。标题包括处理方法、统计学检验及显著水平的解释等。Y轴的刻度须从0开始，表示测量值标注单位（mm）；X轴为不同的处理组。各直条的排列应按自然顺序或长短顺序排列，以便比较。各直条的宽度应相等，直条间隙应与直条宽度相等或为其一半（图7-23）。各直条图标记误差范围，并在标题中做出解释。在误差条上用横线表示处理组间的统计学差异，并在标题中给予说明。复式条图组内的直条间无间隙，组内各直条图排列次序要前后一致。同一类型中两个亚组用不同颜色表示，并有图例说明（图7-24）。

2. 百分构成图 百分构成图用于反映事物内部各组成部分所占的比重或分布，可绘制圆图（pie chart）和百分条图（percent bar chart）。圆图以圆的总面积100%代表事物的全部，各扇形面积表示全体中各部分所占的比重。绘制圆图的方法是将各部分的构成比

表7-17　统计图的适用数据类型及分析目的

图形	资料性质	分析目的	说明
直条图	相互独立的计量资料和计数资料	比较各类别数值的大小	横轴为种类类别，纵轴为统计指标
圆图、百分条图	计数资料	分析事物内部各组成部分所占比重	没有坐标轴；必须使用图例来区分各个部分
线图	连续性资料	描述事物随时间变化趋势或描述两现象相互变化趋势	两个变量的观察值必须一一对应；横轴为自变量，纵轴为因变量
半对数线图	连续性资料	描述事物随时间变化趋势和速度或描述两现象相互变化趋势和速度	因变量的变异较大时使用；其他同上
直方图	数值变量的频数表	连续性变量的频数分布	以不同直方形面积代表数量，各组频数与各直方形面积呈正比关系
散点图	双变量资料	描述双变量资料的相互关系、方向及密切程度	两个变量的观察值不一一严格对应；横轴为自变量，纵轴为因变量
箱式图	相互独立的计量资料	描述连续性定量变量平均水平和分布特征	横轴为组别或类别，纵轴为计量资料均数和分位数的取值范围
双纵轴图	连续性资料	描述两种事物随时间或同或另一指标的变化趋势	两个纵轴为不同因变量，横轴为自变量

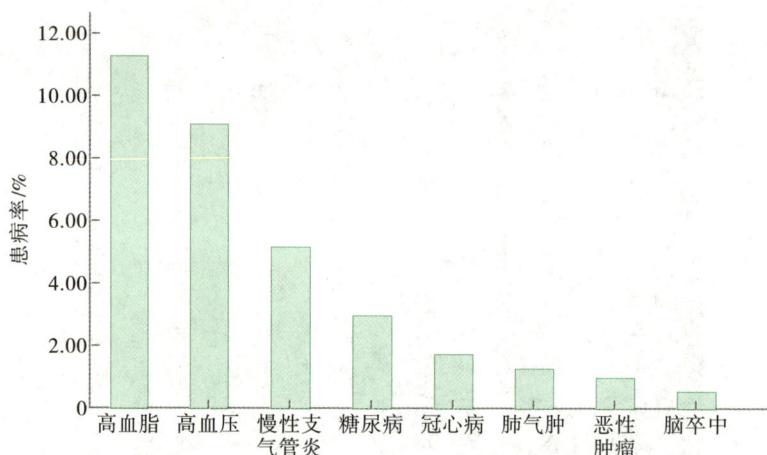

图 7-23　某地 2015 年某单位职工体检主要慢性病患病率（%）条图

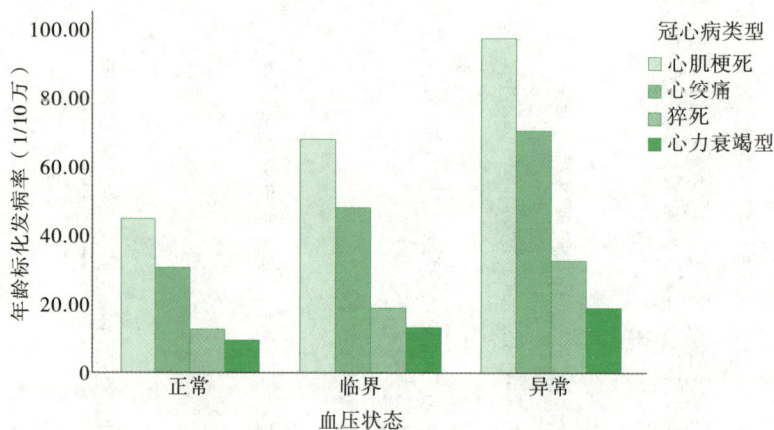

图 7-24　某地 2011 年不同血压状态冠心病各临床型年龄标化发病率（1/10 万）复式条图

乘以 3.60，获得各扇形的圆心角度数，从"时钟 12 点或 9 点"的位置开始，各部分按习惯顺序或构成比大小顺时针排列；圆中各部分用线分开，注明简要文字及百分比，或用图例区分；若有 2 种或 2 种以上性质类似的资料相比较，应绘直径相同的圆，并使各圆中各部分的排列次序一致，以利于比较（图 7-25）。

百分条图是以直条全长的面积为 100%，各部分按习惯顺序或构成比大小顺时针排列把直条分成若干段，直条各部分用线分开并注明简要文字及百分比或以图例表示；若有 2 种或 2 种以上性质类似的资料相比较，应绘宽度相同的直条，并使各直条中各部分的排列次序一致，以利比较（表 7-18 和图 7-26）。

3. 线图　线图分为普通线图（common line graph）和半对数线图（semi-logarithmic line graph）两种。两者均通过线段的上升或下降来描述连续性统计指标（如某地居民平均收入、某地某种疾病的发病率或死亡率等）随另一指标（常为时间、年龄）变化而变

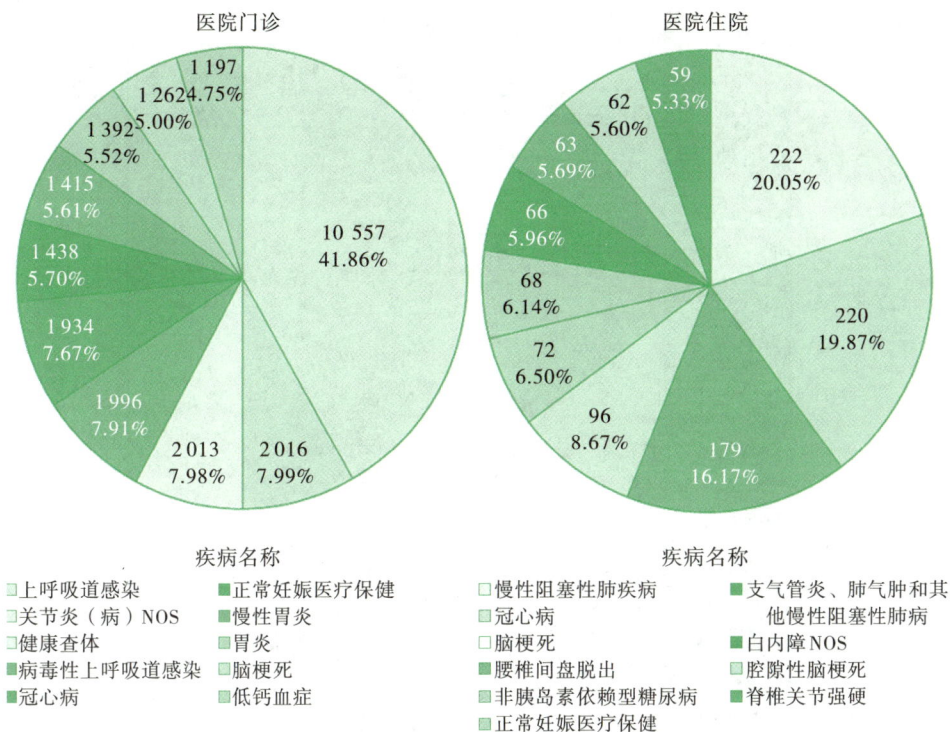

图7-25　某地某医院2016年6月前十位疾病谱分析圆图

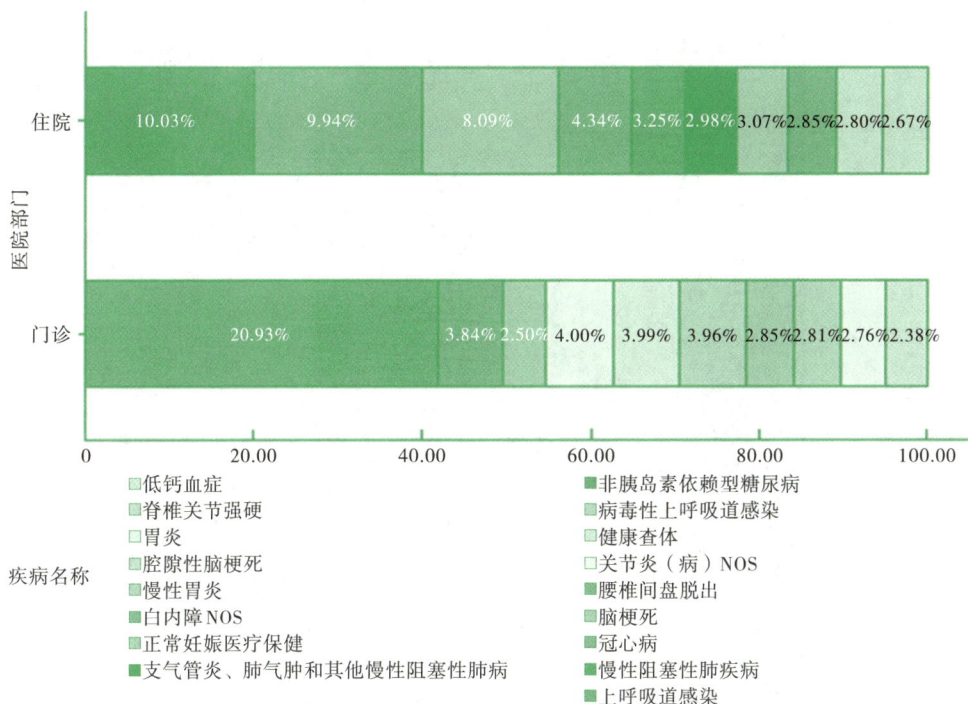

图7-26　某地某医院2016年6月前十位疾病谱分析百分条图

表7-18 某地某医院2016年06月前十位疾病谱分析

疾病顺位	门诊			疾病顺位	住院		
	疾病名称	发病人次	构成比/%		疾病名称	发病人次	构成比/%
1	上呼吸道感染	10 557	41.86	1	慢性阻塞性肺疾病	222	20.05
2	关节炎（病）NOS	2 016	7.99	2	冠心病	220	19.87
3	健康查体	2 013	7.98	3	脑梗死	179	16.17
4	病毒性上呼吸道感染	1 996	7.91	4	腰椎间盘脱出	96	8.67
5	冠心病	1 934	7.67	5	非胰岛素依赖型糖尿病	72	6.50
6	正常妊娠医疗保健	1 438	5.70	6	正常妊娠医疗保健	68	6.14
7	慢性胃炎	1 415	5.61	7	支气管炎、肺气肿和其他慢性阻塞性肺病	66	5.96
8	胃炎	1 392	5.52	8	白内障 NOS	63	5.69
9	脑梗死	1 262	5.00	9	腔隙性脑梗死	62	5.60
10	低钙血症	1 197	4.75	10	脊椎关节强硬	59	5.33
	合计	25 220	100.00		合计	1 107	100.00

注：NOS，无其他症状。

化的趋势。纵轴表示发生变化的连续性统计指标，横轴表示时间或另一伴随变量。区别在于普通线图的纵坐标为算术尺度，用来比较研究指标的变化趋势；半对数线纵坐标为对数尺度，用来比较研究指标的相对变化速度。故两种图形从不同的角度反映被观察指标的变化情况，但两者的意义和适用场合区别甚大，使用时要根据具体情况正确选用。如果研究者一概应用普通线图来反映动态数据的变化情况，则可能导致无法正确呈现资料所蕴含的信息。

绘制时应注意：线图的横、纵轴尺度均为算术尺度，且间距应各自相等；半对数线图的横轴仍为算术尺度，纵轴则将观察指标进行对数转换。同一图内不应包含太多的曲线，以免影响视图美观。绘制时相邻两点用线段相连，切勿任意修饰成光滑曲线（表7-19和图7-27、图7-28）。

表7-19　某地2000—2015年卫生技术人员及万人口医疗机构病床数基本情况

年份	卫生技术人员/万人		万人口医生数/人	万人口医疗机构病床数/张
	总数	医生		
2000	10.71	4.99	38	55
2001	10.51	4.85	37	58
2002	10.16	4.38	33	61
2003	10.22	4.41	33	60
2004	10.17	4.38	32	63
2005	10.35	4.40	32	66
2006	10.9	4.55	33	68
2007	12.24	4.88	35	69
2008	12.77	5.12	37	70
2009	13.09	5.11	36	71
2010	13.54	5.13	36	74
2011	13.91	5.21	37	76
2012	14.61	5.42	38	77
2013	15.64	5.81	41	80
2014	16.4	6.13	43	82
2015	17.02	6.31	44	85

注：1. 本表中万人口医生数和万人口医疗机构病床数均按户籍人口统计。

2. 2002年开始，卫生指标按照新的《中国卫生统计调查制度》统计。其中，医生为执业医师和执业助理医师。

3. 从2013年起，按国家卫生计生委统计要求，卫生机构中包含村卫生室（如剔除村卫生室，卫生机构为3 587所）。

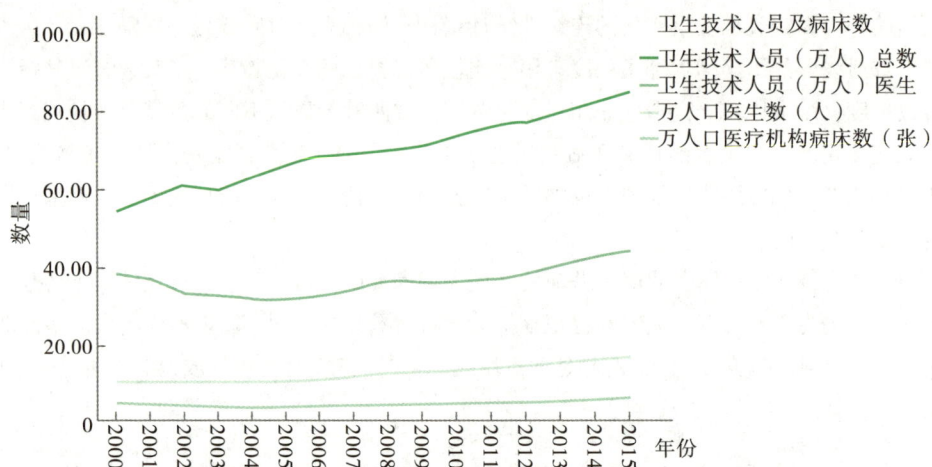

图7-27　某地2000—2015年卫生技术人员及万人口医疗机构病床数普通线图

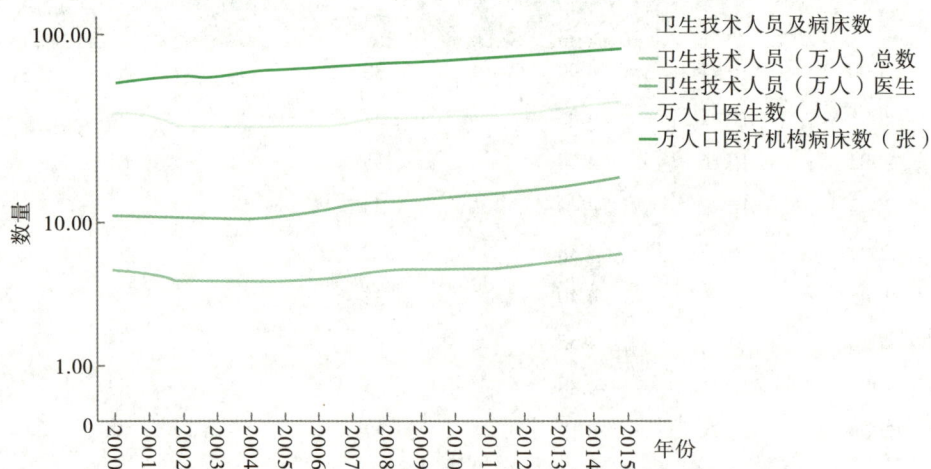

图7-28　某地2000—2015年卫生技术人员及万人口医疗机构病床数半对数线图

4. 直方图（histogram） 直方图适用于描述连续性定量变量（如身高、血红蛋白含量）的频数分布特征，以连续排列的等宽直条的高低或面积大小反映频数或频率的多少，横轴表示被观察对象的连续性统计指标，纵轴表示频数或频率（图7-29）。

绘制直方图时应注意：纵轴的刻度必须从"0"开始，横轴的刻度可不从"0"开始。各组段的组距必须相等，若数据资料组距不等时，应先换算成相等组距后再绘直方图。各等宽直条间不留空隙，可由直线隔开，也可不隔开形成一个多边形图。

5. 散点图（scatter plot） 散点图适用于两个均为连续性定量变量的资料，用直角坐标上点的密集程度和趋势来反映两变量间的相关关系或回归关系，横轴和纵轴各代表一个连续性变量，在反映回归关系时一般用纵轴表示因变量（y），用横轴表示自变量（x）。每个观察对象的两个变量值由一个点表示。

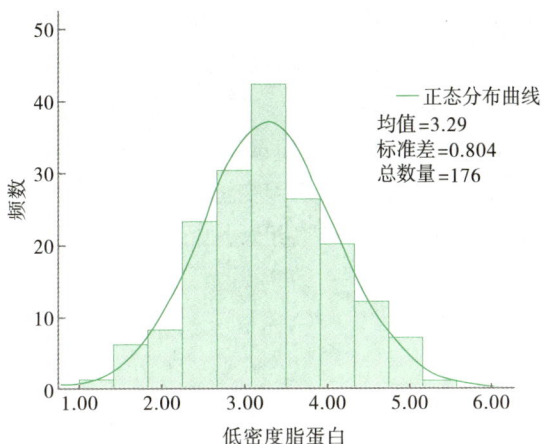

图 7-29　某地 2016 年 176 例成年女性的低密度脂蛋白直方图

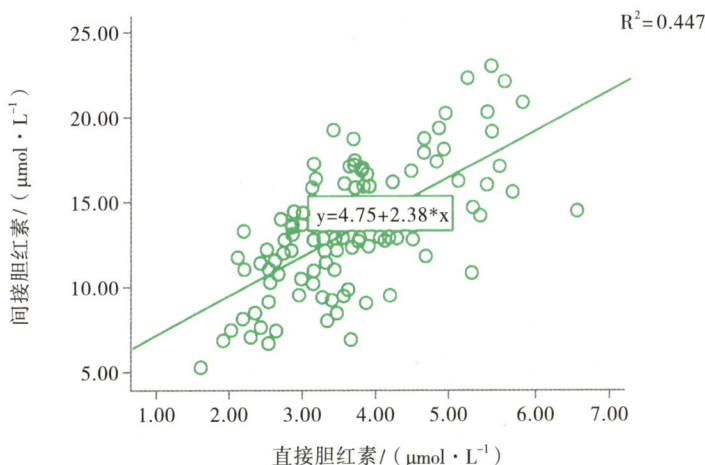

图 7-30　某地 112 例 60 岁以上老年人直接胆红素和间接胆红素相关关系散点图

　　绘制散点图时应注意：横轴和纵轴的起点均可以不从 0 开始；与线图不同，对于横轴上的每个值，纵轴可以有多个点与其对应，且点与点之间不能用线段连接（图 7-30）。

　　6. 箱式图（box plot）　箱式图用于描述连续性定量变量平均水平和分布特征。它展示五个特征值，即除异常值（outlier）或极端异常值外的最小值（minimum）、最大值（maximum）、中位数（median）、两个四分位数（上四分位数 Q_1 和下四分位数 Q_3），形似箱子纵断面的形状。箱子的上缘是 P_{75}，下缘是 P_{25}，方框的高度代表四分位数间距（Q_3-Q_1），箱子里的粗横线代表中位数（P_{50}），箱子上下两端的顶线和底线分别代表除异常值外的最小值和最大值，这两条细线之间的距离代表了资料的全距（range）。若资料中有大于 1.5 倍四分位数间距的异常值，常用圆圈 "o" 表示；若资料中有大于 3 倍四分位数间距的极端值（extreme），常用星号"*"表示。因此，箱式图可观察数据是否呈正态分布、偏态分布或是其他分布类型，以及判定数据资料是否存在异常值。

箱式图中的箱体越长，表明数据的变异度越大。箱子中的粗横线越接近中点，说明数据分布越趋向于对称。箱式图分为简单箱式图（simple box-plot）和复式箱式图（clustered box-plot）两种，前者只有一个分组变量，反映定量资料在各组间的分布特征，后者有两个分组变量，反映该定量资料在各组及各亚组间的分布特征（图7-31）。

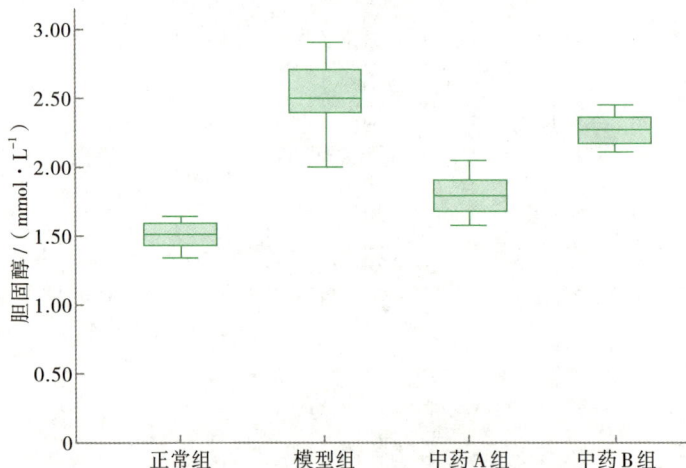

图7-31　正常组、模型组及中药A、B组胆固醇分布特征的箱式图

7. 双纵轴图　有时为了美观和方便观看，需要制作出2个Y轴的双纵轴图，每个Y轴有不同的刻度，且双纵轴图同时会有拆线图、柱形图等样式（图7-32）。

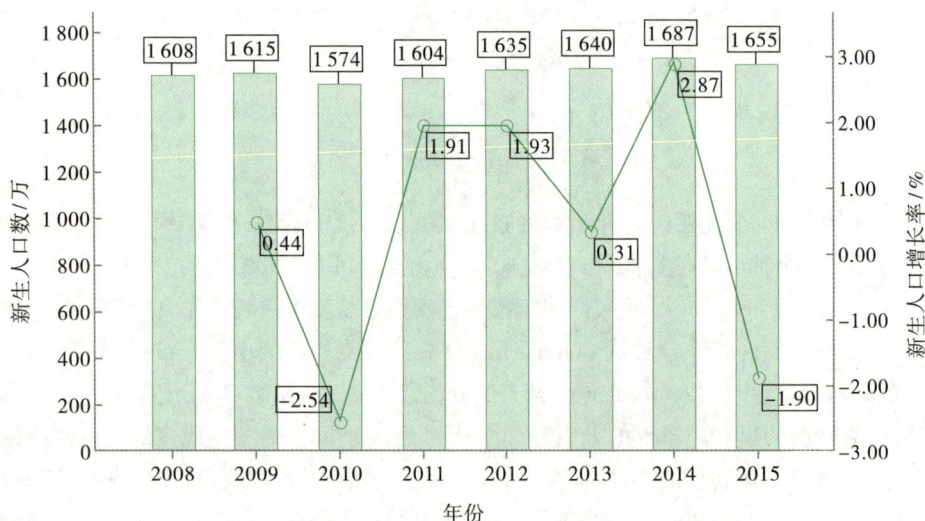

图7-32　2008—2015年我国新生人口数及其新生儿人口增长率双轴图

（三）选择和绘制统计图的常见错误

应用合适的统计图来表示数据资料特征，可以使数量大小、百分比结构、指标的变化趋势等，形象直观、一目了然，而不规范的统计图容易使读者引起错觉，甚至误导。

1. 选择统计图的常见错误

（1）图、表格内容与文字重复：在研究报告、统计报告和论文中，相同内容不宜用文字、表格和统计图重复表达，应根据内容的需要选择一种表达形式即可，如能用简要文字表达清楚的就不用图和表格来表达；能用表格一目了然表示的就不用图。因此，在选择和绘制统计图时一定要理解统计图的应用条件和专业意义。

（2）统计图的混用：如直方图和直条图混用；普通线图与半对数线图混用等。

（3）统计图缺乏专业意义。

（4）回避多变量统计图。

2. 绘制统计图常见的错误

（1）统计图没有标题或标题不确切。

（2）图中的术语、符号、单位不规范，与文中叙述不一致。

（3）线图修饰成光滑的曲线。

（4）直方图和直条图的纵轴刻度未从"0"开始，给读者带来错觉。

（5）直方图组距不等或划分不合理。

（6）标目未注明单位等。

（刘　珏）

第八章　社区健康管理研究

> 　　在"健康中国2030"建设背景下，基层医疗卫生机构在满足社区居民就医需求的同时，全科医生及其团队也需要在社区居民中开展健康管理，使居民达到身体、心理和社会适应能力的完美状态。长期以来，人们习惯于错误地认为疾病管理等同于健康管理。前者的目标人群是患有特定疾病的个体，重点在于对诊疗疾病等相关服务提出针对性的建议、策略来改善病情或预防病情加重；而后者更强调对个人或人群的健康危险因素进行监测、分析、评估和干预的全面管理。在我国大力发展社区卫生服务的背景下，健康管理以全科医生为核心，包括公共卫生医生、社区护士、心理咨询师、营养师等，为社区居民提供建立个人健康档案和家庭健康档案等服务，跟踪居民健康状况，更强调疾病预防和早期干预。
>
> 　　健康管理的核心技术是健康风险评估，在对一定时间内发生某种特定疾病或因某疾病导致死亡的可能性进行预测的基础上，根据相应的健康需求，提供有针对性的控制与干预，从而以最小的成本实现最大的健康效果。本章为全科医生介绍健康管理的科研方法与思路，并以健康风险评估作为重点内容。

第一节　健康管理概述

　　健康管理是指运用预防医学、临床医学、社会医学等各种技术和知识，对社区内的居民提供个性化的健康监测、健康评估及健康风险预测。健康管理并不只针对疾病，而是将人视为一个整体，以全科医学理念为基础，以健康为中心，提供长期连续的服务。健康管理摈弃传统的"生病就医"模式，以预防为主，注重包括不良生活方式在内的各类危险因素干预，达到提高和改善社区居民的生活质量和生命质量，预防疾病和促进健康的目的。

一、概念与发展

　　在20世纪20年代的美国，随着科学技术的迅猛发展和生活质量的提高，人口老化、慢性病与残疾、缺乏统一协调的医疗服务成为了健康三大难题。人们对健康的需求日益增加，个人医疗开支不断增长。1929年美国蓝十字和蓝盾保险公司对面向工人和教师提供的基本医疗服务进行了探索性的健康管理实践，其目的是更好地管理卫生资源，完善医疗服务质量，确保每个参保家庭都能够获得高质量的医疗服务，这是早期健康管理的雏形。20世纪60年代，美国保险业研究发现，大部分健康人仅用很少的医疗费用，而小部分人却不合比例地用掉了大部分医疗费用。对于保险业来说，找到那些可能导致高费用的群体并采取措施来减少他们的医疗费用尤为重要，即通过对医疗保险客户（包括患者及高风险人群）开展系统的健康管理来控制疾病的发生或发展，实现降低实际医疗支出，减少医疗保险赔付损失的目的。自20世纪90年代起，疾病预测模型开始成为健康管理研究的重要内容，并被越来越多地应用于健康管理服务中。

我国中医强调"上医治未病，中医治欲病，下医治已病"思想，中华人民共和国成立后建立疾病三级防治网、开展爱国卫生运动，医疗卫生体制改革中推进的基本医疗保障制度建设、促进基本公共卫生服务均等化，以及"健康中国2030战略"，均不同程度体现着健康管理的理念。我国人口老龄化虽然起步较晚，但速度快、基数大，加之人口老龄化超过经济发展承受力，患有慢性病人数急剧上升，慢病相关危险因素日益严重，给社会和个人均造成了沉重的医疗负担和经济负担。2011年《国务院关于建立全科医生制度的指导意见》（国发〔2011〕23号）明确提出，健康管理是全科医生的基本工作内容之一。《中国防治慢性病中长期规划（2017—2025年）》（国办发〔2017〕12号）进一步提出，至2025年，慢性病危险因素得到有效控制，实现全人群全生命周期健康管理；30~70岁人群因心脑血管疾病、癌症、慢性呼吸系统疾病和糖尿病导致的过早死亡率与2015年相比，力争降低20%。随着社区卫生服务的大力发展及家庭医生签约服务的推广，全科医生在社区健康管理基地和平台的建设中起着重要作用，担负着开展社区健康管理研究的重要使命。

二、健康管理的实施与特点

健康管理是以预防和控制疾病发生与发展，降低医疗费用，提高生命质量为目的，对社区居民进行健康教育，提高自我管理意识和水平，并对其生活方式相关的健康危险因素，通过健康信息采集、健康检测、健康风险评估、个性化监护管理方案、健康干预等手段持续加以改善的过程和方法。

（一）健康管理的基本流程

健康管理首先是进行社区居民个人健康信息的收集（即发现健康问题），其次是进行健康风险评估（即分析和认识健康问题），最后是进行健康干预（即解决健康问题）。

1. 健康体检　是健康管理的常见形式，体检项目及内容通常根据年龄、性别、职业、健康需求等进行调整设计，体现"早发现、早诊断、早干预、早治疗"的原则。

2. 健康风险评估　通过分析社区居民个人健康史、家族史、生活方式、精神心理压力等资料，采用风险评估手段，对健康状态和健康风险进行综合分析。

3. 健康咨询　为社区居民解释健康信息、健康评估结果及危险因素对健康的影响。

4. 健康指导　根据社区居民对象的需求，提供个性化的健康改善、健康提示等服务，制订健康管理计划和跟踪随访计划等。

5. 专项管理　根据健康状态，为社区已患病人群提供针对特定疾病的服务，如糖尿病管理、心脑血管疾病及其危险因素管理等防止病情进展；为健康人群提供个人健康教育、生活方式改善、疾病高风险人群教育及维护等服务，达到控制疾病危险因素、促进健康的目的。

（二）健康管理的特点

1. **群体化** 与传统的疾病管理不同，健康管理体现预防为主的思想，着眼于健康而不仅仅是疾病。健康管理通过在社区人群中开展一级预防，有效降低健康和亚健康人群的发病率，减轻患病群体的疾病负担和健康损害，缓解有限的医疗卫生资源与居民日益增长的健康需求之间的矛盾。

2. **全程化** 健康向疾病的演变是一种连续性的过程，因此健康管理包括对社区人群健康进行监测、分析、评估、咨询指导及对健康危险因素进行干预等一系列活动，在连续的全过程中做到预防为主，防治结合。

3. **标准化** 在健康管理过程中，需要收集标准化的健康信息，建立标准化的健康档案，通过标准化的分析方法进行健康风险评估，并借助循证医学证据、科学方法等标准规范开展健康指导和干预。

4. **个性化** 根据社区居民不同个体，针对其疾病和健康状态、所暴露的健康危险因素、遗传背景等情况，提供有针对性的健康指导方案和干预措施。

（三）健康管理的策略

1. **生活方式管理** 主要关注社区居民的生活方式可能带来什么健康风险，以及这些行为和风险将如何影响他们对社区医疗保健的需求。对于我国居民来说，膳食、体力活动、吸烟、饮酒、心理与精神压力是社区生活方式管理的重点。

2. **服务需求管理** 包括自我保健服务和社区人群分流就诊服务，以帮助社区居民更好地使用医疗服务和管理自身的小疾患。如通过小病自助决策支持和行为支持系统，社区居民可以更恰当地利用医疗保健服务，在正确的时间和地点，利用正确的服务类型，在控制卫生成本和健康消费的支出的同时，改善人群的健康状况。

3. **疾患管理** 着眼于社区常见的某种特定疾病，为患者提供相关的医疗保健服务。疾患管理并不以单个病例或单次就诊事件为中心，而是关注个体或群体连续性的健康状况与生活质量，其目标是建立一个协调医疗保健干预和与患者沟通的系统，强调患者自我保健的重要性，如慢性病管理（高血压、2型糖尿病、慢性阻塞性肺病等）、传染病管理、伤害及精神疾患管理等。

4. **灾难性病伤管理** 为社区罹患癌症等灾难性病伤的患者及家庭提供各种高度专业化的医疗服务，解决对健康危害十分严重的问题，或相对少见但造成的医疗卫生花费巨大的健康问题，如肿瘤、肾衰竭、严重外伤等情形，并最大程度帮助患者自我管理。

5. **康复管理** 减少社区工作场所发生残疾事故的频率和费用代价，综合协调运用医学、社会、教育、职业等方面的措施，对残疾者进行训练和再训练，尽量减少因残疾造成的劳动力和生活能力下降，消除或减轻身心和社会功能障碍，得到整体恢复，从而重返社会。

6. 综合人群健康管理　通过协调运用上述多种健康管理策略，以人的健康需要为中心，为社区居民提供更为全面的健康管理。

第二节　健康风险评估

健康风险因素（health risk factor）又称健康危险因素，是指存在于人体内外的导致患病率或死亡率增加，或导致健康不良后果的概率增加的因素。一切不利于人体健康和生存的生物、心理及社会因素都属于健康危险因素，通常包括社会人口学特征、家庭遗传、既往病史、现患疾病和症状、异常生理参数、有害环境、不良行为与生活方式等。这些因素既可能是导致疾病和死亡的直接因素，也可能是间接性促进因素，或在统计学上相关联的预测因素。

健康风险评估（health risk appraisal，HRA）是建立在健康风险识别、健康风险聚类和健康风险量化的基础上，对社区居民个体或群体的健康状况及未来患病和/或死亡的危险性做出量化评估的方法，是健康管理过程中最为关键的专业技术部分。全科医生开展健康风险评估研究，可以更好地帮助社区居民中的被评估对象了解自己的真实健康风险，并指导其改变或修正不健康的行为。

一、健康风险的识别

对社区个体或群体的健康危险因素进行识别。在由健康向疾病的逐步演变过程中，正确判断哪些因素是引起疾病的主要因素和辅助因素。根据不同分类性质，健康风险因素可以归为不同的类别。

（一）按可控性划分

1. 不可控因素　包括年龄、性别、遗传因素等。

2. 可控因素　包括行为与生活方式（如吸烟、酗酒、不合理膳食、缺乏体力活动等）、医疗卫生服务、社会经济与文化环境等。社会经济与文化因素亦可影响行为生活方式的选择。

（二）按疾病风险划分

1. 慢性非传染性疾病风险因素　包括血压、烟草、乙醇、胆固醇、超重、水果蔬菜摄入不足、缺乏体力活动等。

2. 传染性疾病风险因素　主要指水源性及食源性疾病、虫媒及自然疫源性传播病、呼吸道和密切接触传播疾病等传染性疾病的传染源及其传播途径。

（三）按来源划分

1. 遗传危险因素　慢性非传染性疾病的发生与遗传因素有一定的关系。如高血压具有一定的遗传倾向，如果父母双方或单方患有高血压，则子女患有高血压的概率将会明显增加，因此有高血压家族史的居民通常被认为是高血压的高风险人群。

2. **环境危险因素** 包括自然环境危险因素及社会环境危险因素。前者既包括如细菌、病毒、寄生虫、生物毒物等生物性危险因素，也包括电离辐射、电磁辐射、生产性毒物、粉尘、废气、农药、交通工具尾气等物理化学性危险因素。

3. **生活方式及行为危险因素** 居民自身选择的行为生活方式而产生的健康危险因素。随着社会经济的发展和生产生活方式的转变，由不良行为生活方式导致的疾病对健康的危害程度日益加重。

4. **健康服务中的危险因素** 在医疗卫生服务系统中存在的各种不利于健康的因素，比如过度医疗、药物滥用、误诊漏诊、交叉感染等。健康服务资源配置不合理、城乡卫生人力资源配置悬殊、重治疗轻预防的倾向及初级卫生保健制度不完善等，都可能危害社区人群的健康。

世界卫生组织提出的全球人口主要健康风险因素包括：①体重不足；②高血压；③吸烟；④酗酒；⑤饮用水污染；⑥缺少公共卫生条件；⑦缺铁；⑧室内污染；⑨高胆固醇；⑩肥胖。我国学者提出的中国居民健康主要危险因素包括：①高血压；②高血脂；③超重；④糖尿病；⑤疲劳状态；⑥缺乏锻炼；⑦吸烟；⑧哮喘；⑨忧郁症；⑩精神压力。在日常工作中，全科医生可以参考上述危险因素，开展健康风险评估的研究。

二、健康风险评估原理

健康风险评估通过收集到的大量社区居民个人健康信息，分析并建立生活方式、环境、遗传等危险因素与健康状态之间的量化关系，预测居民个体在一定时间内发生某种特定疾病或因为某种特定疾病导致死亡的可能性，并据此按人群的需求提供有针对性的控制与干预，用最少的成本达到最大的健康效果。健康风险评估需要根据社区居民不同性别、不同年龄段的健康危险因素、易患疾病和高死亡原因等差异，阶段性连续进行社区居民健康基础信息的积累。

（一）健康信息收集

社区居民的健康信息收集是健康风险评估的基础。随着医学模式的转变和现代科技的发展，健康状况的内涵也扩展为躯体健康、心理健康及社会适应能力良好三个方面。健康状况不只包括患病、残疾、死亡等健康结果，还包括健康功能如完成日常生活活动能力等。数据的收集要求准确、翔实，以便评估个体存在危险因素的数量和危险因素严重程度，发现主要问题及可能发生的主要疾病，进而对危险因素进行分层管理，如高血压危险度分层管理，血脂异常危险度分层管理等。健康信息收集的方法主要包括问卷调查、体格检查、实验室检查等。问卷的主要组成通常包括以下几个部分。

1. **一般情况数据** 年龄、性别、文化程度、职业、经济收入、婚姻状况等。
2. **健康状况数据** 个人既往病史、疾病家族史等。

3. **生活习惯数据** 主要包括吸烟状况、身体活动状况、膳食习惯及营养调查、饮酒情况等。

4. **环境危险因素数据** 如居住条件、精神压力、工作紧张程度、心理刺激、家庭关系等。

5. **体格及生理生化危险因素数据** 包括身高、体重、腰围、血压、血脂、血糖等。

6. **健康态度和健康知识数据** 对健康本身及生活方式等的认知水平。

（二）健康风险量化

健康风险量化的基本思路是将健康危险度的计算结果，通过一定的统计方法转化为数值型的评分，实现风险的量化及对比。依据流行病学、循证医学、生物统计学等的原理和技术，在概率论的基础上，预测未来一定时期内具有一定特征人群的患病率或死亡率，是健康风险评估的核心。这类对未来患病和/或死亡危险的测算，通常借助健康风险评估工具或量表，将人群按照健康危险水平进行分层及评分，以量化的形式表示。常用的指标包括患病危险性、健康年龄、健康分值等。

1. **患病危险性** 采用患病的概率值作为结果。概率值为0至1之间的数字，0表示无患病因素，1表示已经诊断处于患病状态。患病危险性也可用某一个体在其所在的人群中根据危险性的高低排序得到的序位来表示，如某居民在人群中的患病危险性是20%，表示该个体的患病风险位于该人群的第20百分位。

2. **健康年龄** 指具有相同评估总分值的男性或女性人群的平均年龄。将受评估者的评估危险度与其同年龄、同性别人群的平均危险度进行比较，如果其危险度与人群平均危险度相等，则该个体的健康年龄就是其自然年龄。如果受评估者的评估危险度高于人群平均危险度，则该个体的健康年龄大于其自然年龄；反之，则该个体的健康年龄小于其自然年龄（更健康）。

（三）风险评估策略

健康风险评估通过健康信息收集、危险度计算、评估报告三个基本模块，对具有一定健康特征的社区居民进行评估，了解其在一定时间内发生某种疾病或不良健康结果甚至死亡的可能性。传统的健康风险评估基于健康危险因素评价，一般以死亡为结果，多用来估计死亡概率或死亡率。随着流行病学、循证医学和生物统计学的发展，基于大数据的积累，健康风险评估研究主要转向对发病或患病可能性的预测。以疾病为基础的患病危险性评估逐渐成为主流，因为患病风险比死亡风险更有助于理解健康危险因素的作用，并有助于有效地实施控制措施。

三、健康危险因素评价

健康危险因素评价是研究致病危险因素与疾病发病率及死亡率之间的数量依存关系及其规律的一种技术方法。

（一）评估思路

健康危险因素评价的基本思路是根据流行病学资料、人口发病率或死亡率资料及运用数理统计学方法，对人们在生活、生产环境及医疗卫生服务中存在的与健康相关的危险因素进行测评，估计个体患病或死亡的危险性，预测个体降低危险因素的潜在可能性及可能延长寿命的程度，并向个体反馈评价结果。比如，冠心病危险因素与死亡率之间的联系密切程度，可以通过危险分数进行量化描述。危险分数的设定基于病因学与流行病学研究结果，通常参照各种危险因素的相对危险度（relative risk）及其在人群中的暴露水平（prevalence）等数据，结合专家经验评估法，将不同水平的疾病存在的危险因素转换成各个危险分数的指标。

（二）死亡危险评估

以冠心病为例，20世纪70年代中期，生物统计学家 H. Geller 和健康保险学家 N. Gesner 采用多元回归分析等多种方法制成 Geller–Gesner 表，分性别及年龄段（以5岁为一个年龄组），将冠心病健康危险因素转换成危险分数，通过定量方法来分析定性资料。

1. 将危险因素转换成危险分数　分析危险因素与死亡率之间的数量依存关系，可以通过危险分数转换这个环节实现，危险分数越高，死亡率越大。计分原则如下：

危险分数 =1，评价对象所具有的危险因素相当于当地人群平均水平；

危险分数 >1，评价对象发生某病死亡的概率高于当地人群平均水平；

危险分数 <1，评价对象发生某病死亡的概率低于当地人群平均水平。

- -

【案例8-1】

某地社区居民，男，48岁，胆固醇水平270mg/dl，根据表8-1冠心病危险因素转换表（Geller–Gesner表），计算其冠心病危险分数。

表8-1　冠心病危险因素转换举例（男性45~49岁）

危险指标	危险分数
收缩压/mmHg	
200	3.9
180	2.5
160	1.6
140	1.0
120	0.7
舒张压/mmHg	
105	1.7
100	1.4
95	1.2
90	1.0

危险指标	危险分数
85	0.9
80	0.8
胆固醇/（mg·dl^{-1}）	
280	1.5
220	0.8
180	0.5
糖尿病史	
有糖尿病	5.4
已控制	2.7
无糖尿病	1.0
运动情况	
久坐，缺乏运动	1.3
较少运动	1.1
运动适中	0.9
有较强度运动	0.8
吸烟情况	
每天40支香烟或以上	2.0
每天20~39支香烟	1.5
每天10~19支香烟	1.1
每天1~9支香烟	0.7
不吸烟者	0.4
曾经吸烟	
已戒烟不到1年	0.9
已戒烟有4年	0.9
已戒烟10年以上	0.7
已戒烟20年以上	0.4

　　该患者胆固醇为270mg/dl，采用内插法计算危险分数，设危险分数为X，通过公式：(270–220)÷(280–220)=(X–0.8)÷(1.5–0.8)，得到危险分数为1.38。

　　2. 计算组合危险分数　将每一项危险因素对某病死亡率的影响进行综合（表8-2）。

由于某一疾病的发生发展通常是多种危险因素协同作用的结果，因此在计算时需要分两种情况。

表8-2　冠心病组合危险分数计算举例（男性45~49岁）

危险指标	危险分数	× 相乘项	+ 相加项
基线			
收缩压 160 mmHg	1.6	1.0	0.6
舒张压 100 mmHg	1.4	1.0	0.4
胆固醇 270 mg/dl	1.38	1.0	0.38
无糖尿病	1.0	1.0	–
久坐，缺乏运动	1.3	1.0	0.3
每天40支香烟或以上	2.0	1.0	1.0
平均或标准体重	0.8	0.8	–
健康管理后			
收缩压 140 mmHg	1.0	1.0	–
舒张压 95 mmHg	1.2	1.0	0.2
胆固醇 250 mg/dl	1.15	1.0	0.15
无糖尿病	1.0	1.0	–
运动适中	0.9	0.9	–
已戒烟不到1年	0.9	0.9	–
平均或标准体重	0.8	0.8	–

（1）危险因素为一项时，组合危险分数等于该项危险分数。

在本案例中，如该48岁男性居民每天吸烟40支为唯一危险因素，则其冠心病危险分数和组合危险分数均为2.0。

（2）危险因素为多项时，组合危险分数计算方法如下。

1）在相乘项（×列）：对于危险分数≤1.0的各项，记录其实际危险分数；对于危险分数＞1.0的各项分数，均记录为1.0。

2）在相加项（＋列）：记录所有＞1.0的各项减去1.0后的剩余值。例如表8-2中，若某项危险分数为1.6，则记录0.6（1.6–1.0）。

3）将×列中的各项分数相乘，得到相乘项之积。

4）将＋列中的各项分数相加，得到相加项之和。

5）将相乘项之积与相加项之和合并，相加结果即为组合危险分数。

【案例8-2】

某地社区居民，男，48岁，血压160/100mmHg，胆固醇270mg/dl，无糖尿病史，平时常久坐且缺乏运动，每天吸烟40支，体重正常，计算其冠心病组合危险分数。

1）在表8-2的×列（基线）：危险分数≤1.0共有2项（无糖尿病、体重为平均或标准水平），记录其实际危险分数（1.0、0.8）；危险分数>1.0共有5项（收缩压160 mmHg、舒张压100 mmHg、胆固醇270 mg/dl、平时常久坐且缺乏运动、每天吸食40支香烟或以上），均记录为1.0。

2）在表8-2的+列（基线）：记录>1.0的5项的危险分数减去1.0后的剩余值，分别为0.6、0.4、0.38、0.3、1.0。

3）将×列（基线）中的各项分数相乘，得到相乘项之积，即1.0×1.0×1.0×1.0×1.0×1.0×0.8=0.8。

4）将+列（基线）中的各项分数相加，得到相加项之和，即0.6+0.4+0.38+0.3+1.0=2.68。

5）相乘项之积与相加项之和合并，即0.8+2.68=3.48，则该社区居民患有冠心病的组合危险分数为3.48。

3. 计算存在死亡危险　存在死亡危险指在危险分数单独或联合作用下，未来10年因某种疾病死亡的可能危险程度。计算方法为某种疾病的平均死亡率乘以组合危险分数。平均死亡情况可通过死因登记报告、疾病监测、统计年鉴等途径获取。在本例中，某地平均每10万名45至49岁男性10年冠心病死亡人数约为1 355，该地某社区男性居民的冠心病组合危险分数为3.48，则该群体未来10年冠心病存在死亡危险值为1 355×3.48=4 715.4（/10万）（表8-3）。

表8-3　总存在死亡危险举例（男性45~49岁）

疾病或伤残	存在死亡危险（/10万）
冠心病	4 715.4
肺癌	686
肝硬化	398
自杀	252
脑血管病	398
肠癌	181
肺炎	401
意外	694
其他原因	1 982
合计	9 707.4

4. **计算评价年龄** 依据年龄和死亡率之间的函数关系，从死亡率推算得出的年龄值称为评价年龄。在计算评价年龄时，先将各种存在死亡危险相加，得到总存在死亡危险（表8-3）；再根据总存在死亡危险值查健康评价年龄表（表8-4），可得到相应的评价年龄值。在健康评价年龄表中，左边一列是男性合计的存在死亡危险值，右边一列是女性合计的存在死亡危险值，根据存在死亡危险值及被评价者实际年龄最末一位数，可查相应的评价年龄。本例中某地社区男性居民的总存在死亡危险值为9 707.4（/10万），在健康评价年龄表中，该值介于9 260与10 190之间，根据该男性实际年龄（48岁）最末一位数8得知，危险值为9 260时对应的健康评价年龄为48岁，而危险值为10 190时对应的健康评价年龄为49岁，则该男性的评价年龄约为48.5岁。

5. **计算增长年龄** 社区全科医生基于评价对象已存在的危险因素性质和程度，提出可能降低危险因素的措施，并实施干预；根据降低或改变了的危险因素的指标值得到的新危险分数、组合危险分数和存在死亡危险值，查询健康评价年龄表即可得到增长年龄。在本例中，社区全科医生为该48岁男性制订了健康管理计划，包括增加定期体育锻炼、戒烟、坚持服用降压药等。实施半年后，其重新计算的总存在死亡危险值为5 461.3（/10万），查表8-4得知评价年龄由开展健康管理前的48.5岁降至42.5岁。

6. **计算危险因素降低程度** 反映评价对象改变其现有危险因素的程度，用存在死亡危险降低的百分比表示。在本例中以冠心病为例，开展健康管理后的冠心病组合危险分数为$(1.0 \times 1.0 \times 1.0 \times 1.0 \times 0.9 \times 0.9 \times 0.8)+(0.2+0.15)=0.998$，即未来10年冠心病存在死亡危险值为$1 355 \times 0.998=1 352.3$（/10万），则冠心病存在死亡危险降低量为4 715.4–1 352.3＝3 363.1（/10万），危险因素降低程度为3 363.1÷9 707.4×100%＝34.6%。

表8-4 健康评价年龄表

男性存在死亡危险	实际年龄最末一位数					女性存在死亡危险	男性存在死亡危险	实际年龄最末一位数					女性存在死亡危险
	0 / 5	1 / 6	2 / 7	3 / 8	4 / 9			0 / 5	1 / 6	2 / 7	3 / 8	4 / 9	
530	5	6	7	8	9	350	4 510	38	39	40	41	42	2 550
570	6	7	8	9	10	350	5 010	39	40	41	42	43	2 780
630	7	8	9	10	11	350	5 560	40	41	42	43	44	3 020
710	8	9	10	11	12	360	6 160	41	42	43	44	45	3 280
790	9	10	11	12	13	380	6 830	42	43	44	45	46	3 560
880	10	11	12	13	14	410	7 570	43	44	45	46	47	3 870
990	11	12	13	14	15	430	8 380	44	45	46	47	48	4 220
1 110	12	13	14	15	16	460	9 260	45	46	47	48	49	4 600

男性存在死亡危险	实际年龄最末一位数					女性存在死亡危险	男性存在死亡危险	实际年龄最末一位数					女性存在死亡危险
	0	1	2	3	4			0	1	2	3	4	
	5	6	7	8	9			5	6	7	8	9	
1 230	13	14	15	16	17	490	10 190	46	47	48	49	50	5 000
1 350	14	15	16	17	18	520	11 160	47	48	49	50	51	5 420
1 440	15	16	17	18	19	550	12 170	48	49	50	51	52	5 860
1 500	16	17	18	19	20	570	13 230	49	50	51	52	53	6 330
1 540	17	18	19	20	21	600	14 340	50	51	52	53	54	6 850
1 560	18	19	20	21	22	620	15 530	51	52	53	54	55	7 440
1 570	19	20	21	22	23	640	16 830	52	53	54	55	56	8 110
1 580	20	21	22	23	24	660	18 260	53	54	55	56	57	8 870
1 590	21	22	23	24	25	690	19 820	54	55	56	57	58	9 730
1 590	22	23	24	25	26	720	21 490	55	56	57	58	59	10 680
1 590	23	24	25	26	27	750	23 260	56	57	58	59	60	11 720
1 600	24	25	26	27	28	790	25 140	57	58	59	60	61	12 860
1 620	25	26	27	28	29	840	27 120	58	59	60	61	62	14 100
1 660	26	27	28	29	30	900	29 210	59	60	61	62	63	15 450
1 730	27	28	29	30	31	970	31 420	60	61	62	63	64	16 930
1 830	28	29	30	31	32	1 040	33 760	61	62	63	64	65	18 560
1 960	29	30	31	32	33	1 130	36 220	62	63	64	65	66	20 360
2 120	30	31	32	33	34	1 220	38 810	63	64	65	66	67	22 340
2 310	31	32	33	34	35	1 330	41 540	64	65	66	67	68	24 520
2 520	32	33	34	35	36	1 460	44 410	65	66	67	68	69	26 920
2 760	33	34	35	36	37	1 600	47 440	66	67	68	69	70	29 560
3 030	34	35	36	37	38	1 760	50 650	67	68	69	70	71	32 470
3 330	35	36	37	38	39	1 930	54 070	68	69	70	71	72	35 690
3 670	36	37	38	39	40	2 120	57 720	69	70	71	72	73	39 250
4 060	37	38	39	40	41	2 330	61 640	70	71	72	73	74	43 200

四、疾病风险预测

疾病风险预测主要是以疾病为基础开展的对特定疾病患病危险性的评估，其方法直接来源于前瞻性队列研究、对过往研究成果的综合分析及循证医学等流行病学研究成果。疾病风险预测的主要目的包括：①筛查出患有某种疾病的居民个体，开展服务需求管理或疾患管理；②评价管理方案的依从性和有效性；③评价特定干预措施达到的健康结果。

（一）评估思路

评估时主要包括4个步骤：①选择要预测的疾病病种；②不断发现并确定与该疾病发生有关的危险因素；③应用适当的预测方法建立疾病风险预测模型；④验证评估模型的正确性和准确性。

1. 疾病病种的选择 在疾病风险预测研究中，选择的疾病病种一般为人群高发、危害严重，并且现代医学对其已有较好的干预或控制效果的疾病。

2. 流行病学的运用 流行病学的研究成果对于发现和确定与该疾病发生发展相关的危险因素起着至关重要的作用，随着医学研究的进展和新发现，在疾病预测模型的建立和运用中，需要根据流行病学的最新研究成果，考虑危险因素的组成及其相互关联。

3. 预测模型的优化 疾病风险预测模型应具有较好的正确性和准确性，预测的结果与实际观察结果应具有一致的方向和较好的相关性。

4. 评估结果的表示 在运用不同的评估工具对患病危险性进行评估时，通常将未来若干年内患某种疾病的可能性与同年龄、同性别人群的平均水平进行比较，或体现为患病危险性的高低。

（二）评估方法

对疾病风险的预测主要通过单因素加权法和多因素模型法两种方法进行。

1. 单因素加权法 单因素加权法建立在单一危险因素与发病率基础上，即将这些单一因素与发病率的关系以相对危险性表示其强度，得出的各相关因素的加权分数即表示患病的危险性，是健康管理发展早期阶段的主要危险性评价方法。在美国国家癌症研究所癌症监测、流行病学和最终结果（surveillance，epidemiology，and end results，SEER）项目研究成果基础上形成的哈佛癌症风险指数（Harvard cancer risk index，HCRI）是此类评价方法的典型代表。以该风险指数为基础的评估过程包括以下4个步骤。

（1）风险分数转换：首先根据癌症危险因素相对危险度的大小，转换成风险分数（risk point）。

（2）人群平均风险计分：以某一危险因素在人群中的暴露水平（prevalence）来估计该危险因素的人群平均风险点数（population average risk point）。

（3）个体累计风险计分：计算个体累计的风险分数，并将个体风险分数和人群平均风险点数进行比较，即将个体风险分数除以人群平均风险分数所得的结果分为7个等级。

（4）风险等级计分：将上一步得到的计分结果，乘以相应风险等级对应的SEER系数（multiplier），即可得到个体10年某癌症发病概率。

【案例8-3】

某地社区居民，女，50岁，身高156cm，有大肠癌家族史。未做过结肠镜或粪潜血试验筛查，体重指数为30kg/m²，每日进食蔬菜水果约300g，每日进食红肉类约100g，平均每周白酒2两，每周前往居住小区附近的公园散步1次约1小时左右，无吸烟习惯。该地基层医疗卫生机构的全科医生对该女性居民进行健康管理，采用单因素加权法计算大肠癌发病风险（表8-5）。

表8-5 大肠癌发病风险预测举例（50岁女性）

风险因素	个体危险因素的相对危险度	风险分数	相对危险因素的人群暴露	人群平均风险点数
直系亲属患有大肠癌	1.8	10	0.05	0.5
体重指数≥27kg/m²	1.5	10	0.40	4.0
未做过大肠癌筛查	2.0	10	0.76	7.6
过量饮酒	1.4	5	0.02	0.1
红肉类摄入≥90g/d	1.5	10	0.25	2.5
蔬果摄入≥270g/d	0.7	−5	0.25	−1.25
身高≥170cm	1.3	5	0.10	0.5
每周≥3小时锻炼	0.6	−10	0.19	−1.9
使用避孕药≥5年	0.7	−5	0.20	−1.0
绝经后激素治疗≥5年	0.8	−5	0.07	−0.35
阿司匹林服用≥15年	0.7	−5	0.13	−0.65
叶酸摄入不足	0.5	10	0.60	6.0
炎症性肠病史≥10年	1.5	10	0.001	0.01

参照表8-5大肠癌发病风险预测举例中的风险分数列，可计算得到该居民的个体累计风险分数为10+10+10+5−5=35，人群平均风险点数之和为0.5+4.0+7.6+0.1+2.5−1.25+0.5−1.9−1.0−0.35−0.65+6.0+0.01=16，两者相除约等于2.2，亦即该女性居民未来10年患有大肠癌的风险为2.2%。该居民个体累计风险分数除以人群平均风险点数所得结果为2.2。参照哈佛癌症风险指数标准，该风险等级水平对应的SEER系数为3.0。通过计算2.2%×3.0得到6.6%，即在未来的10年每100个与该女性居民有相同风险因素者中，将有约7人为大肠癌患者。

2. 多因素模型法 多因素模型法建立在多因素数理分析基础上，采用生物统计学概率理论的方法，如Logistic回归、Cox比例风险回归、模糊数学神经网络方法等，得出患病危险性与危险因素之间的关系模型，进行疾病风险预测。目前已较为成熟的预测模型包括Framingham冠心病风险评估模型、缺血性心血管病10年发病危险预测模型、未来10年动脉粥样硬化性心血管疾病事件评估的汇集队列方程模型（Pooled Cohort Equations）、心房颤动患者缺血性卒中发生风险与抗凝出血风险评估量表等。本节主要对前两种模型进行简要介绍。

（1）Framingham冠心病风险评估模型：根据Framingham心脏研究发展而来，在前瞻性队列研究的基础上建立的可预测年龄30至74岁个体未来10年冠心病（包括心绞痛、冠心病死亡和心肌梗死）发病概率的模型。该评估工具的原始研究人群为欧洲裔美国人，入选的危险因素包括年龄、性别、血压、吸烟史、糖尿病史、总胆固醇、低密度脂蛋白胆固醇、高密度脂蛋白胆固醇8大类。根据Framingham冠心病模型，将每类危险因素按水平划分为不同等级并赋予不同分数列成危险分数表，依照该分数表查出危险因素对应的分值，将分值相加即获得个体的发病概率大小。Framingham冠心病模型是多因素模型法的典型代表，至今仍不断发展，目前的发展趋势是为模型加入可信区间及营养状况、运动、家族史等新的危险因素，进一步提高疾病风险预测的精准度。

（2）缺血性心血管病（ischemic cardiovascular diseases，ICVD）10年发病危险预测模型：以中美心肺血管疾病流行病学合作研究为基线资料，以缺血性心血管病为预测变量，采用Cox比例风险模型筛选出年龄、性别、收缩压、总胆固醇、体重指数、吸烟和糖尿病7种独立风险因素，并分性别建立了ICVD事件（心肌梗死、卒中和心血管病死亡）10年发病危险预测模型。

【案例8-4】

某社区居民，男，45岁，身高172cm，体重74kg，血压156/95mmHg，总胆固醇235mg/dl，吸烟，无糖尿病史。根据缺血性心血管病10年发病危险预测模型，计算该居民未来10年缺血性心血管病事件的发病风险。

1）对评价个体的独立风险因素水平进行评分：参照表8-6可得，年龄45岁（2分）、收缩压156mmHg（2分）、总胆固醇235mg/dl（1分）、体重指数25.0kg/m^2（1分）、吸烟（2分）、无糖尿病史（0分）。

2）将独立风险因素的评分相加求和得到总分，即2+2+1+1+2+0=8分。

3）参照表8-7，根据总分查对应的10年缺血性心血管病发病绝对危险，可得8分对应的10年发生缺血性心血管病事件的绝对危险为5.4%。

4）查询《中国心血管病预防指南》缺血性心血管病事件10年发病危险参考值可得，该男性居民的绝对危险值高于同性别同年龄组人群的平均危险值（1.9%）及最低危险值（0.5%）。即该男性居民未来10年发生缺血性心血管病事件的危险，与同性别同年龄组人群相比，分别是平均水平的2.8倍（5.4%÷1.9%=2.84）及理想水平的10.8倍（5.4%÷0.5%=10.8）。

表8-6　缺血性心血管病事件的独立风险因素

独立风险因素	男性得分	女性得分
年龄/岁		
35~39	0	0
40~44	1	1
45~49	2	2
50~54	3	3
55~59	4	4
60岁及以上者每增加5岁	加1分	加1分
收缩压/mmHg		
<120	−2	−2
120~129	0	0
130~139	1	1
140~159	2	2
160~179	5	3
≥180	8	4
总胆固醇/（mg·dl⁻¹）		
<200	0	0
≥200	1	1
体重指数/（kg·m⁻²）		
<24	0	0
24~27.9	1	1
≥28	2	2
吸烟（否=0）		
是	2	1
糖尿病（否=0）		
是	1	2

表8-7　10年缺血性心血管病事件绝对危险预测

总分（男性）	百分比（男性）	总分（女性）	百分比（女性）
≤−1	0.3	−2	0.1
0	0.5	−1	0.2

总分（男性）	百分比（男性）	总分（女性）	百分比（女性）
1	0.6	0	0.2
2	0.8	1	0.2
3	1.1	2	0.3
4	1.5	3	0.5
5	2.1	4	1.5
6	2.9	5	2.1
7	3.9	6	2.9
8	5.4	7	3.9
9	7.3	8	5.4
10	9.7	9	7.3
11	12.8	10	9.7
12	16.8	11	12.8
13	21.7	12	16.8
14	27.7	≥ 13	21.7
15	35.3		
16	44.3		
≥ 17	≥ 52.6		

第三节　社区健康管理研究设计与实施

　　社区是我国居民初级卫生保健的堡垒，也是全科医生在提供社区卫生服务过程中开展健康管理的天然平台。长期以来，我国的医疗卫生资源主要集中在医院，而占人口绝大多数的非患病群体拥有的医疗卫生资源却十分有限。全科医生主导开展的社区健康管理，针对不同人群和不同危险因素，有助于降低疾病风险、延缓疾病进展及减少医疗费用。对于慢性非传染性疾病、生活方式相关疾病及代谢性疾病，一级预防能带来更为满意的效果。例如，心脑血管疾病是社区常见的一种慢性病，国内外研究证实其发生和发展与遗传背景、个体敏感性、性别、年龄、高血压、脂代谢异常、糖尿病、生活方式、神经行为等诸多因素有关。除年龄、性别、家族史之外，绝大多数危险因素均可通过健康管理进行干预。例如，对心脑血管疾病开展健康管理，可以有效推迟心脑血管疾病的发病时间并降低发病率。国外研究报道表明，通过有效改善生活方式，80%的心脏病与糖尿病、70%的卒中和50%的癌症都是可以避免的。

一、概述

我国目前健康管理的研究工作较多集中在慢性疾病定向人群（如卒中、高血压、糖尿病等）的认知、态度和行为调查，以及社区干预的效果评价等方面。全科医生可以充分利用社区内外各种资源，采取健康教育、膳食指导和运动锻炼等各种干预措施，为社区居民提供健康管理服务。健康管理不仅体现了一种理念，也体现了一种与社区日常工作相结合的科研实施过程，让健康的居民更好地保持健康和预防疾病，让患病的居民尽快恢复健康，节约医疗开支和有效合理利用医疗资源。

（一）健康管理研究类型

1. 药物干预下的健康管理　借助药物手段开展健康管理，达到防止病情进一步发展、降低不良事件发生风险的目的。药物干预下的健康管理既可以是针对疾病人群的治疗管理，也可以是针对特殊群体的预防管理，例如采用小剂量他汀类药物对社区心脑血管高风险人群进行健康管理，可以降低心血管疾病危险。

2. 非药物健康管理　借助行为及心理手段开展健康管理，主要针对社区居民不良生活方式的健康危险因素（如吸烟、酗酒、不合理膳食结构等），或针对可能影响社区居民个体或群体健康状况并引发身心疾病的健康危险因素。

（二）健康管理常用评价工具

1. 生命质量评价量表　生命质量又称生存质量或生活质量，通常包括5个基本内容，通过主观评价指标反映生命质量，描述居民个体目前所处的状态。

（1）躯体健康：即生理健康，指人体结构的完整和生理功能的正常。躯体健康的研究指标包括活动受限情况、体力活动适度性、卧床时间、自感体力状况等。

（2）心理健康：指一种更高效且满意的、持续的心理状态。心理健康的研究指标包括个体对环境的适应性；认知、情绪反应、意志行为的积极性及调控能力；认识自我、自觉控制自我、对待外界影响、协调心理平衡的能力等。

（3）社会功能：包括社会交往及社会支持两个概念，反映人的社会适应能力。

（4）疾病状况：主要侧重自诉症状、感觉、疼痛等健康问题及自报疾病。

（5）健康总体感受：指个体对自身健康状况的评价，包括对自身目前综合健康状态的自我评价、主观满意度和幸福感。

目前使用较为广泛的量表包括简明健康测量量表（SF-36）、健康质量量表（quality of well-being scale，QWB）、欧洲生存质量测定量表（EQ-5D）及在社区老年人群健康管理研究中使用较多的日常生活能力量表（activity of daily living scale，ADL）、虚弱性综合评估量表（comprehensive frailty assessment instrument，CFAI）等。

2. 体力活动评价　主要目的是评估机体适应外界环境的能力及能量消耗情况。通常从强度、持续时间、频率三个侧面评价体力活动。体力活动评价常用的工具包括体力活动日记、体力活动回顾等自报工具，以及运动心率表、计步器等工具，结合基于体力活动数据库的软件对体力活动情况进行分析评价。

3. **膳食摄入评价** 主要目的是评价居民个人及人群的营养状况。膳食回顾常用的工具包括24小时膳食回顾、膳食日记、食物频率调查表（food frequency questionnaire, FFQ）及基于营养数据库的膳食评估软件等。

4. **精神压力评价** 精神压力的评估通常基于自报，评价工具包括社会再适应评定量表（social readjustment rating scale, SRRS）、贝克抑郁量表（Beck depression inventory, BDI）、明尼苏达多相人格量表（Minnesota multiphasic personality inventory, MMPI）等。

二、普通社区与功能社区

结合我国国情，以社区卫生服务为平台，将具有慢病相关危险因素的群体作为管理对象是很好的切入点。全科医生可遵循健康管理的基本流程，根据社区居民群体的不同健康状况及特点，如健康危险因素的多少、疾病风险的高低、医疗卫生服务利用水平等标准，进行分层和分类，以不同人群为研究对象，开展有针对性的健康状况调查、全面健康评估、个体和群体干预、效果评价等健康管理研究。

（一）普通社区

我国目前的社区卫生服务体系建立在行政地域，如街道、居委会、乡镇、村等基础上，这类社区多为生活社区，社区卫生服务的对象多以老年、退休人员、儿童、慢性病人群为主。

（二）功能社区

功能社区多由学校、企业、机关团体单位等相同处所的人群构成，是青少年和劳动力人群聚集的场所。与普通社区相比，功能社区具有更为鲜明的人群特征，其主要特点包括：收入较为稳定、具有较高的健康同质性（如相似的文化程度、生活作息、医疗保险类型）、受工作时间限制程度高（如工作和学习有相对固定的时间表，常难以及时寻求医疗卫生服务）、人口流动性大等。功能社区人群常见的健康危险因素主要体现在工作压力带来的心理危机和不良生活方式、慢性躯体疾病（如颈椎病、腰椎病、视力疾病等）带来的"新型"职业病问题等。

常见的功能社区类型可包括如下三类。一是企业或工厂功能社区，主要人群多为岗位中坚力量，工作任务重，精神心理较为紧张；因主要精力多集中在工作和家庭，较少关注自身健康、自我保健意识较弱、无良好的饮食和运动习惯。二是商圈及科技园功能社区，主要人群多为白领和职业人群，文化程度和经济水平较高，虽具有较高的健康保健意识和较多的卫生资源获取需求，但因工作原因对自身健康缺乏必要关注，长期处于亚健康状态，且一直属于健康管理的盲区。三是高校功能社区，主要人群多为高校教职工，日常教学和科研工作忙碌，慢性病危险因素常年积累；而另一方面，这类人群流动性较低，有利于长期跟踪随访。

对于不同功能社区，需立足社区独特的人群特征，综合考虑时间、地理、技术等多种要素，提升服务的可及性；基于人群的就医遵医行为及生活习惯，研究制订个性化的健康管理和健康教育等干预手段。在探索创新服务模式以提高功能社区人群的健康需求的过程中，通过开展健康管理研究，可更好地了解和完善功能社区背景下的全科医学服务内容，精准分析功能社区人群的健康需求，提升服务的针对性。随着科技的发展创新，健康类APP软件在功能社区人群的实时健康管理研究方面，将扮演更为重要的角色。

三、研究内容与实施步骤

健康管理针对个体或群体的健康状况实行全程化和综合管理，通过健康管理可以监测个体及群体的健康状况，识别和控制健康危险因素，进行个性化的健康教育、健康指导和干预，有效衔接社区医疗卫生服务的各个环节。健康管理包括三个主要部分，即健康监测、健康风险评估及健康干预。

（一）健康管理研究组成

1. 健康监测　为社区居民建立标准化的健康档案，通过定期的健康体检、健康咨询、健康调查和跟踪随访等方式，对社区居民群体及个体的健康状态进行动态监测，从而收集与健康和疾病相关的信息。

2. 健康风险评估　是健康管理的核心，对健康监测收集到的健康和疾病相关信息进行整理，综合分析健康危险因素，利用风险评价模型等数理统计学方法，分析和判断社区居民的健康状态、患病危险程度及其危险因素，为健康干预提供科学依据。

3. 健康干预　在健康监测和健康风险评估的基础上，针对社区居民的健康和疾病风险状态，以及主要健康危险因素，制订个性化的健康指导方案。采取预防性干预和临床干预等手段，防止或延缓疾病的发生与发展，达到疾病控制和健康促进的目的。

（二）健康管理研究步骤

1. 需求评估　首先应根据研究目的，确定社区的靶人群，并考虑靶人群目前需要优先解决的健康问题是什么，其中哪些问题可以通过健康管理得到解决。通常可通过调研访谈、文献资料分析、流行病学调查等方法进行需求评估，为健康管理研究的开展提供必要的资料数据与研究依据。

2. 指标制订　指标即具体的目标，目标要达到的程度。通常从依从性、危险因素控制、经济效益等角度制订明确的、具体的、可测量的指标。

（1）教育指标：研究健康管理的近期效果，即实现研究对象的行为改变，应具备的知识、态度、信念和技巧水平等指标。例如，某地社区全科医生开展糖尿病管理3个月后，在知识方面，预计有98%的管理对象能说出糖尿病的危害；在信念方面，预计有95%的管理对象相信通过调整行为生活方式能够控制糖尿病；在技能方面，预计有90%的管理对象能够掌握调整行为方式的技巧。

（2）行为指标：研究健康管理的依从性及中期效果，即在健康管理实施后，管理对象的生活方式、行为和膳食变化的指标。例如，某地社区全科医生开展糖尿病管理6个月后，预计有90%的管理对象调整了生活行为方式。

（3）健康指标：研究健康管理的中远期效果，即在健康管理实施后，管理对象的疾病状态、疾病进展、疾病预后等健康状况的变化。例如，某地社区全科医生开展糖尿病管理12个月后，社区内45岁以上居民的糖尿病患病率预计由健康管理实施前的10%下降到8%。

（4）效益指标：一级预防和早期管理是疾病控制最为有效和性价比最高的手段，通过科学的健康管理，可以减轻疾病负担，降低医疗费用，减少劳动生产力损失和健康损失。

3. **方案设计及实施**　包括物资材料的准备、社区靶人群的抽取、管理对象的入选及排除标准的设定、评价工具的确定、测量方法及资料收集方式的选择、组织与培训、预实验及质量控制。

4. **资料收集与整理**　采用统一标准和规范方法，对社会人口学、健康状况、发病或死亡、生理生化检测结果、危险因素调查、健康管理干预等数据，进行系统、持续地长期收集并及时核对，完善基线资料及随访数据的真实性与准确性。

5. **数据分析与成果发表**　在对信息进行整理汇总的基础上，将各类数据资料转变为可供统计分析的指标，并利用流行病学与卫生统计学的理论与技术方法对资料进行分析、解释与评价，形成研究成果并及时交流传播。

第四节　社区特殊人群的健康管理应用

本节简要介绍在老年人群、妇女儿童、残疾人群、严重精神障碍患者等四类特殊人群中的社区日常健康管理工作，以及基层医疗卫生机构全科医生在这四大类人群中开展的健康管理研究案例。

一、老年人群的健康管理

为辖区内常住的65岁及以上常住居民建立健康档案、进行健康体检，并给予健康指导与管理，是预防和控制老年疾病，提高老年人生活质量，减轻社会与家庭负担的主要措施。

（一）社区日常工作背景简述

对辖区内常住65岁及以上老年人健康管理的服务内容，主要包括每年提供1次健康管理，包括生活方式和健康状况评估、体格检查、辅助检查和健康指导。对明确诊断的高血压或糖尿病等患者入选慢性病患者健康管理；对患有其他疾病的老年人及时治疗或转诊；对发现有异常检查结果的老年人定期复查或转诊。

（二）老年人群健康管理研究应用举例

高血压是心脏病和脑卒中最重要的危险因素，其发病率随年龄增大而增高。老年人群高血压患病率高，且有血压波动大、脉压大、并发症多等特点，是老年人群健康管理的重要内容。通过对社区健康档案等资料的数据分析，有助于发现日常老年人群健康管理中存在的问题，并进一步探究可能存在的影响因素。某基层医疗卫生机构全科医生，基于社区日常开展的老年人健康管理工作收集的 7 000 余份居民健康档案，包括性别、年龄、民族、婚姻状况、文化教育程度、收入水平、生活方式、体格检查结果等，结合年度体检时的面对面问卷调查资料，探讨了该地区老年人群高血压流行现状及影响因素。该全科医生采用统一的标准，对收集的数据进行了整理分析。首先对相关指标标准的进行界定：①收缩压≥140mmHg 和/或舒张压≥90mmHg，或血压虽低于上述标准但既往有高血压史，目前正在服抗高血压药者定义为高血压病患者；②体质指数（BMI）<18.5kg/m^2 为体重过低，18.5kg/m^2≤BMI<24kg/m^2 为体重正常，24kg/m^2≤BMI<28kg/m^2 为超重，BMI≥28kg/m^2 为肥胖；③在应用 BMI 评价的同时，测量腰围以进一步评价脂肪在腹部的堆积情况，男性腰围≥85cm 或女性腰围≥80cm 为中心型肥胖；④每日吸烟≥1 支且持续 6 个月以上为经常吸烟者，平均每周饮酒 2 次或以上为经常饮酒者，每天开展以锻炼身体为目的的规律性有氧运动且每次超过 20 分钟者为规律锻炼者。

其后，进行统计分析，样本平均年龄为 70.5（±8.4）岁，其中男性 3 262 人，女性 3 794 人。该地区社区老年居民高血压患病率为 41.5%（经全国 60 岁以上人口构成标化率为 41.3%），高血压知晓率为 69.9%。男性与女性患病率的差异无统计学意义（$P=0.065$）。以是否患高血压为因变量进行多因素 Logistic 回归分析结果表明，年龄（校正后 $OR=1.279$，$P=0.001$）、吸烟（校正后 $OR=1.176$，$P=0.004$）、BMI（校正后 $OR=1.724$，$P<0.001$）、中心性肥胖（校正后 $OR=1.438$，$P<0.001$）、规律参加体育锻炼（校正后 $OR=1.195$，$P=0.010$）是高血压患病的影响因素。上述结果表明，该地区社区老年人仍存在大量可改变的心血管危险因素，在老年人群健康管理工作中，应进一步加强社区健康教育，倡导健康生活方式，改善老年人健康状况。

二、妇女儿童的健康管理

社区妇女儿童的健康管理主要包括 0~6 岁儿童健康管理服务和孕产妇健康管理服务。对辖区内 0~6 岁儿童提供健康管理服务，主要包括监测儿童生长发育，发现有健康问题并进行早期干预，有助于保障儿童身心健康，促进儿童健康成长，预防儿童疾病、减少儿童溺水与死亡的发生，减轻家庭与社会负担。社区孕产妇健康管理主要是对孕产妇全程追踪随访与管理，对提高自然分娩率，降低孕产妇与围产儿死亡率，保障妇女儿童身心健康、提高人口素质具有重要意义。

（一）社区日常工作背景简述

对辖区内常住的 0~6 岁儿童健康管理服务，主要包括新生儿家庭访视、新生儿满月健康管理、婴幼儿健康管理、学龄前儿童健康管理及相应健康问题处理。对健康管理中发现的有营养不良、贫血、单纯性肥胖等情况的儿童应当分析其原因，给出指导或转诊的建议。对心理行为发育偏异、口腔发育异常（唇腭裂、诞生牙）、龋齿、视力低常或听力异常儿童等情况应及时转诊并追踪随访转诊后结果。

对辖区内常住的孕产妇规范开展健康管理服务，主要包括孕早期健康管理、孕中期健康管理、孕晚期健康管理、产后访视、产后42天健康检查服务。具有助产技术服务资质基层医疗卫生机构在孕中期和孕晚期对孕产妇各进行2次随访，没有助产技术服务资质的基层医疗卫生机构督促孕产妇前往有资质的机构进行相关随访。对具有妊娠危险因素和可能有妊娠禁忌证或严重并发症的孕妇，对出现危急征象的孕妇，及时转诊到上级医疗卫生机构，并在2周内追踪随访转诊结果。发现有产褥感染、产后出血、子宫复旧不佳、妊娠合并症未恢复者及产后抑郁等问题的产妇，应及时转至上级医疗卫生机构进一步检查、诊断和治疗。

（二）妇女儿童健康管理研究应用举例

孕产妇健康管理是国家基本公共卫生服务项目中的一项重点工作，对已确诊怀孕的妇女，在整个孕产期直到产后42天时间里对母婴健康状况进行评估管理，包括个人卫生、心理和营养指导等。某基层医疗卫生机构全科医生结合社区日常工作，以所在镇街的产妇为研究对象，对孕期系统管理资料进行了回顾性统计分析。共收集近600名产妇资料，其中年龄最大者44岁，年龄最小者18岁，分娩孕周平均为38.46周，其中第1孕占30.4%，第1产占58.2%；分娩方式以顺产为主，占总人数67.2%。在研究对象中，70.1%的产妇在孕期参加了基层医疗卫生机构的早孕检查；在具有高危情况的产妇中，接受高危管理的仅占高危孕妇总数的66.4%。在孕期参加了基层医疗卫生机构以孕妇学校形式开展的健康教育课程的产妇仅占总人数的42.1%，参加次数最多者为12次，平均每名孕妇参加次数仅有1.14次。卡方检验表明，与非农户籍孕产妇管理情况相比，农村户籍孕产妇在早孕建卡率（$P=0.006$）、接受高危管理率（$P=0.002$）、产前筛查率（$P=0.001$）、产前诊断（$P<0.001$）、参加孕妇学校次数（$P<0.001$）等指标方面欠佳。该全科医生进一步运用Logistic回归分析，探讨了不良孕期结局的危险因素分析。在控制了年龄、户籍性质、孕产次、分娩孕周等混杂因素后，回归模型结果表明，未参加高危管理者，其不良孕期结局的发生风险较高（校正后$OR=3.102$，$P=0.002$），而孕妇学校参加次数较多者，其不良孕期结局的发生风险较低（校正后$OR=0.544$，$P=0.012$），表明孕产妇健康管理对降低不良孕期结局、保障母婴健康具有重要意义。

三、残疾人群的健康管理

残疾情况通常包括视力残疾、听力残疾、言语残疾、肢体残疾、智力残疾、精神残疾等。《"健康中国2030"规划纲要》指出，应着力维护残疾人健康，将残疾人康复纳入基本公共服务，实施精准康复，为城乡贫困残疾人、重度残疾人提供基本康复服务；推动基层医疗卫生机构优先为残疾人提供基本医疗、公共卫生和健康管理等签约服务。加强对致残疾病及其他致残因素的防控，开展全人群、全生命周期残疾预防，有效控制残疾的发生和发展。

（一）社区日常工作背景简述

对辖区内残疾人群的健康管理主要包括残疾康复指导、康复训练、康复医疗服务及健康教育等。掌握辖区内残疾人的数量和康复对象的服务需求动态，为辖区内90%以上残疾人建立康复服务档案；每年为社区残疾人及其亲属举办康复知识与技能讲座，开展康复咨询活动，发放康复科普读物，开展康复器具应用等知识传授及心理疏导；提供无障碍信息，能为康复对象提供日间照料、转介等康复服务。

（二）残疾人群健康管理研究应用举例

某基层医疗卫生机构全科医生在社区日常开展的残疾人群健康管理工作中，发现该社区的残疾人以卒中后遗症肢体残疾患者为主。该全科医生利用每季度举办的卒中相关专题健康知识讲座，采取前后对比研究设计，探讨健康教育对残疾患者健康行为改变的实施效果。在每名研究对象首次参加讲座和完成4次讲座后，分别进行问卷填写，问卷评价条目包括戒烟、限酒、遵医服药情况、血压监测、定期复查情况、肢体功能康复训练、生活能力训练等条目。每个条目由研究对象进行自我评估，采用5点计分方法，1分代表"从不进行"，5分代表"每日均进行"，得分越高表明具有更健康的生活行为方式。遵医服药情况指严格按照医嘱，按时按量服用降压、降脂等药物；定期复查情况指严格按照医嘱定期进行临床复查；肢体功能康复训练指日常坚持关节活动训练、体位平衡及翻身动作训练等；生活能力训练指自主完成进餐、刷牙等日常生活内容。以EpiData 3.1软件进行数据录入，以Stata 15.1软件进行数据分析，健康知识讲座前后脑卒中后遗症肢体残疾患者健康行为比较采用配对t检验。

研究入选标准为符合缺血性卒中的诊断标准且为首次发病，年龄不超过80岁，意识清晰无认知障碍，且患者及家属均表示知情同意。研究共纳入62名卒中后遗症肢体残疾患者，平均年龄66.4（±11.6）岁，其中男性34例，女性28例。与基线相比，全部研究对象在坚持完成6次健康知识讲座后，在戒烟（$P=0.033$）、戒酒（$P=0.047$）、血压监测（$P=0.003$）、遵医服药情况（$P=0.038$）、定期复查情况（$P=0.023$）、肢体康复训练（$P=0.004$）及生活能力训练（$P=0.031$）等方面的健康行为评分，均优于基线时的健康行为水平，且前后对比结果均具有统计学意义。上述研究结果表明，社区健康知识讲座的举办，有助于改善卒中后遗症肢体残疾患者的生活习惯，并提高患者的服药依从性。

四、严重精神障碍患者的健康管理

严重精神障碍主要包括精神分裂症、分裂情感性障碍、偏执性精神病、双相情感障碍、癫痫所致精神障碍、精神发育迟滞伴发精神障碍。严重精神障碍患者通常表现为自我管理能力欠缺，且复发性和致残性均高，对辖区内常住居民中诊断明确、在家居住的严重精神障碍患者开展管理服务，有助于患者病情稳定，控制患者病情发展，提高患者生活质量，实现有效预防和减少精神患者严重肇事肇祸事件的发生，促进患者更好地回归家庭和社会。

（一）社区日常工作背景简述

严重精神障碍患者的健康管理，应实行连续的、相对固定的责任制管理。服务内容主要包括：信息管理、随访评估、分类干预和健康体检。每次随访根据患者病情的控制情况，对患者及其家属进行有针对性的健康教育和生活技能训练等方面的康复指导，对家属提供心理支持和帮助。与上级医疗卫生机构（精神卫生专业机构）建立点对点技术指导制度、培训督导制度、转诊会诊制度；上级医疗卫生机构（精神卫生专业机构）定期对社区卫生服务中心开展技术指导和培训。

（二）严重精神障碍患者健康管理研究应用举例

某基层医疗卫生机构全科医生在社区日常开展的严重精神障碍患者健康管理工作基础上，开展了一项回顾性分析与评价研究。研究纳入了登记在册的52位严重精神障碍患者，其中女性22人，占比42.3%；平均年龄55.4岁，年龄最大者76岁，年龄最小者20岁；初中及以下文化程度者占73.1%，大专及以上学历者占5.8%。精神分裂症患者最多，共38人，占73.1%；分裂情感性障碍患者最少，仅有1人，占1.9%。

研究收集了过去2年社区精神卫生服务质量监测和患者卫生服务使用资料，包括随访率、年度体检率、心理疏导率、服药率、稳定率及对家庭社会的影响和患者社会功能情况等。通过统计分析，该全科医生发现，通过2年严重精神障碍患者规范化管理服务的实施，提升了这些患者对社区卫生服务内容、业务水平和服务态度等方面的满意度，且差异均有统计学意义（$P<0.05$）。患者随访率由34.6%增加至92.3%（$P<0.001$），患者年度体检率由30.8%增加至67.3%（$P<0.001$）；患者的规范服药率和稳定率均有所提升，分别由55.8%增加至96.2%（$P<0.001$）及由25.0%增加至67.3%（$P<0.001$）。患者发生轻度滋事、自杀和肇事肇祸等危险性行为由5.8%降至1.9%（$P<0.001$）；患者社会功能量表评估为"良好"者由原来的15.4%增至59.6%（$P<0.001$）、"较差"者由原来的44.2%降至11.5%（$P<0.001$）。上述数据表明，基层医疗卫生服务机构严重精神障碍患者的规范化管理，减少了患者的危险性行为，促进了患者社会功能的好转，有助于保护患者自身安全和维护社会稳定。

（王皓翔）

第九章 社区中医药服务评价研究

> 　　中医药学是中华民族的伟大创造，是中国古代科学的瑰宝，也是打开中华文明宝库的钥匙，为中华民族繁衍生息作出了巨大贡献，对世界文明进步产生了积极影响。社区中医药服务的合理评价有助于中医药事业的普及推广和理性发展，社区中医药评价主要着力于中医药应用的疗效评价和安全性评价两个方面。现代中医药在临床评价方法上兼容并蓄、开放创新，将临床流行病学、循证医学、生物信息学、大数据处理等技术逐步引入到中医药临床评价中来，其研究设计类型也包括经典的病例报告/系列、横断面研究、病例对照研究、队列研究、随机对照试验、非随机对照试验和定性研究等类型。同时，社区中医药服务评价中可开展高质量的真实世界研究、疗效探索研究、病因学研究、上市后再评价研究、预后研究和卫生经济学评价等相关研究工作。

第一节　概　　述

　　近年来，国家对中医药科研的投入力度逐渐加大、科研产出日益受到关注。2019年《中共中央国务院关于促进中医药传承创新发展的意见》指出，到2022年，基本实现县办中医医疗机构全覆盖，力争实现全部社区卫生服务中心和乡镇卫生院设置中医馆、配备中医医师。社区中医药服务要充分发挥中医药特色优势，推进中医药特色优势在慢性病综合防治、居民健康自我管理等工作中得到充分发挥。

　　中医药临床评价是中医药临床研究中亟待解决的难题之一，社区中医药临床评价也不例外。由于缺乏较为贴切的方法学支持，中医药临床评价研究尚处于发展阶段。以往中医药疗效评价中，临床观察和回顾性医案研究对中医药的学术发展发挥了积极的作用，但现代中医药疗效评价中尚缺乏更为客观和数据化的疗效评价证据。

　　近年来，随着临床流行病学和循证医学的发展与普及，临床研究方法学得到了进一步的发展，并且已被逐步引入中医药疗效评价工作中。这些方法学的借鉴与使用，在一定程度上推进了中医药疗效评价工作的进步与发展，规范了中医药临床研究设计，提高了中医药临床研究质量，也对中医药临床研究结果的普及推广起到了促进作用。中医药以古籍研究和经验研究为主的局面逐步得到了改善，中医药疗效评价的研究过程变得更为严谨客观，数据化和逻辑性也更为突出。

　　但中医药的治疗方法和手段有着特殊性，存在整体观念、辨证论治、相似观念、同病异治和异病同治等特点，这些独有的中医基础理论特征给现代临床研究方法学带了新的挑战，在研究设计、组织实施、结局评价指标及研究过程质量控制等方面都提出了新的问题。同时这也为临床研究方法学本身的发展提供了契机。

现代中医药在临床评价方法上兼容并蓄、开放创新，将临床流行病学、循证医学、生物统计学、生物信息学、大数据处理技术和人工智能等相关内容逐步引入到中医药临床评价中。中医药临床评价研究同时在基础研究、应用基础研究和应用研究三个不同层面分别开展了充分的研究与探索工作。

社区中医药临床评价主要着力于中医药应用研究的疗效评价，在该方面选择适宜的科学研究方法，围绕社区中医药服务的临床效果和安全性开展评价工作。现阶段社区中医药临床评价方法的应用主要集中在以下方面。

一、临床流行病学方法的应用

临床流行病学（clinical epidemiology）是一门科学地观察和解释临床问题的方法学科。它是在临床医学研究中，以患者群体为研究对象，应用流行病学原理和方法，观察分析和解释临床医学中的诊断、筛检、治疗、预后及病因等医学研究中遇到的问题，为临床决策提供科学依据的一门方法学学科。

临床流行病学的核心内容是临床科研的设计、测量和评价，采用宏观的群体观点和相关的定量化指标，将科学严谨的设计、定量化的测量和严格客观的评价贯穿于临床研究，探索疾病的病因、诊断、治疗和预后的系统性规律，力求避免各种偏倚因素的干扰，确保研究结果的真实性，促进临床医学水平的提高。

在中医药的临床研究领域，临床流行病的方法也提供了有力的方法学指导和支持，保证了研究的科学性和可靠性。从严格的研究设计开始，简化中医药措施的干预类型，在临床研究过程中注重各个阶段的质量控制，在临床结局评价上充分应用盲法等相关措施控制安慰剂效应，在研究数据管理上积极采用规范化的电子数据采集系统进行数据管理和质控，在研究数据分析上运用现代医学统计学相关技术与方法在控制混杂的同时探索真实疗效。同时对于中医药疗效的结局评价，也积极采用规范的方法和技术使得结局指标更加客观化和数据化。

临床流行病学相关方法在中医药领域的应用，也结合了中医药诊疗措施的特色，并针对中医药进行了特定的修订和适应。在中药、针灸、手法等传统医学领域的有效性和安全性评价上，都力争体现中医药的特色与优势。

二、循证医学方法的应用

循证医学（evidence-based medicine, EBM），意为"遵循证据的医学"，是一种医学诊疗发展的新思路，强调将现有的研究证据、医生个人的检验和患者的意愿三者结合，将临床决策最佳化、证据化。循证医学的核心思想是医疗决策应尽量以客观研究结果为依据。医生开具处方，制订治疗方案或医疗指南，政府机构做出医疗卫生政策等，都应参考现有的、最好的研究结果来进行。

循证医学的方法可广泛应用于中医药临床研究的各个领域，进行循证临床实践时，往往从相关研究的文献检索和系统评价开始，同时结合医生检验和患者意愿开展最佳干预措施。中医药与循证医学有着诸多结合点，中医药的疗效也需要循证医学的积极参与。经过近20年的碰撞融合，符合中医药理论和实践特点的循证评价技术方法不断发展，循证中医药学逐步形成，成为循证医学学科和研究领域的重要分支。

循证中医药学的主要任务包括中医药文献的系统评价研究、临床疗效评价研究、安全性评价研究、证据转化研究、方法学研究、数据库建设、人才培养等。循证医学的引进和普及，推动了中医药临床评价研究的进步，符合中医药理论和实践特点的循证评价技术方法不断发展。循证中医药学发展不仅推动了中医药高质量证据的生产和转化应用，还推动了中医药临床研究和决策模式的转变，同时也丰富了循证医学的内涵。

三、大数据与人工智能技术的应用

近年来，随着大数据、人工智能和互联网技术的发展，健康医疗大数据的探索与应用在医学研究领域获得了不少成果。人工智能技术在医疗领域已初步用于影像识别、病理诊断、手术导航、智能康复、组学分析、健康大数据等各个方面，在提高疾病确诊率和治疗精准化、改善诊疗体验及判断患者预后等方面发挥了充分作用。同时，大数据和人工智能技术作为医疗科学研究的热门交叉点，在医学的各个分科领域正在开展积极的科学探索和推广应用评价。

大数据和人工智能技术不仅是目前西医临床研究和应用的热点，其在中医药领域也逐渐展示出了独特优势。人工智能技术与中医药的有机结合，为中医药的研究与发展提供了新的思路。在中医药领域，人工智能目前主要在中医诊疗、中药方剂和腧穴配伍三大方面开展相关应用。通过智能辨证系统，可根据患者的症状、体征进行分析并诊断，也可根据患者提供的病历资料等信息进行智能分析，判断病机和证型，进而提供对应的治则和方药。另外，人工智能技术也运用于方剂中药和针灸腧穴配伍方面，为临证选择具体治疗方案提供了参考依据。

四、混合方法研究的应用

混合方法研究（mixed method research，MMR）是一种将定性研究与定量研究有机地结合在一起的研究范式，适用于解决一些单用定性或定量方法无法充分解决的问题。混合方法研究整合了定性研究和定量研究的优点，减少了独立使用定性研究或定量研究的局限性，使得研究者能更深入全面地回答研究问题。目前国外对于混合方法研究的运用已较为成熟，在国内混合方法研究已运用于教育、护理、情报学、社会科学、卫生保健等多个领域。

中医学具有自然科学和社会科学的双重属性，是古代多领域知识融合的产物。多领域知识融合使得中医药研究内容复杂化，涉及多个方面和维度。在这种情况下，单一的定性研究或定量研究方法难以全面地阐释中医药的相关内容，导致一些复杂的研究问题难以解决或不能被深入分析。因此，将混合方法研究引入社区中医药研究领域有助于优化中医药研究模式，进而通告中医药研究的方法学质量。其次，在中医药结局指标的评价上，充分利用定量和定性研究的方法可扬长避短，优化中医药研究评价工具，丰富中医药临床疗效评价内容。

第二节　社区中医药服务评价研究方法

中医药理论体系在整体观的指导下，以辨证论治为诊疗特点。目前，中医药临床研究在很大程度上采用现代科学知识和技术对中医药诊疗过程临床实践做出科学的阐释，同时兼顾中医药体系的特点，探索在共性规律基础上的个体化医疗效果。中医药临床研究设计需要尊重中医药传统理论的思维和原则，体现其临床应用的特点；针灸类研究需要探索循经辨证治疗、不同针法及不同灸法治疗等的临床效果；其他涉及非药物治疗如太极拳、八段锦、推拿等的临床研究也要充分考虑中医药理论特点，开展合理的评价研究方法学设计。

社区中医药服务研究常见的研究设计类型与常规研究设计类型相似，也包括经典的病例报告/系列、横断面研究、病例对照研究、队列研究、随机对照试验、非随机对照试验和定性研究等类型。

一、病例报告/系列

病例报告（case report）是医学研究设计的一种常见形式，是一种常通过对单个或几个病例的临床表现、实验室检查、临床治疗过程、治疗反映与临床结局等方面的详细记录和描述，试图在疾病的临床表现、机理、诊断和治疗等方面提供感性资料的医学报告。病例系列研究（case series）与病例报告相似，但描述的病例数量更多，多在10例以上。病例系列研究入选的病例可以是连续性病例，也可以是多年积累的病例，此类研究往往对疾病的临床表现、诊断、治疗和疾病进展与预后等方面做客观的总结。

在中医药临床研究中，专家临证验案与经验总结都属于病例系列研究的范畴。病例系列不要求像病例报告那样详细地描述每个病例的资料，而是把这些病例作为一个总体，针对其总体特征和治疗效果进行描述。病例报告/系列类研究论文的写作建议按照《学术研究实施与报告和医学期刊编辑与发表的推荐规范》进行报告。该规范目前已成为全球医学期刊编辑界颇具影响力的推荐规范，该规范中的CARE清单（case report checklist）就是针对病例报告的报告指南。CARE清单包括14个主题项：文题、关键词、摘要、引言、时间表、患者信息、体格检查、诊断评估、干预、随访和结局、讨论、患者观点、知情同意书和其他信息项。部分主题项目之下，还设立了若干分项。

CARE清单可为临床医护人员撰写和发表病例报告提供必要的指导，全面而详细地列出一篇病例报告中应具备的各项要素及相对应的具体写作要求，旨在提高作者对患者诊疗过程描述的透明度和准确度，同时也为病例报告的发表提供规范性指导。

病例报告/系列类研究是发现和研究新发病例、罕见病例及药物不良反应等的一种重要研究方式。病例报告可为临床研究提供具有重要意义的线索，在疾病的诊疗研究中具有里程碑式意义。但病例报告/系列类研究由于缺乏对照，所获得的研究结论往往具有局限性。

二、横断面研究

横断面研究（cross-section study）是按照事先设计的要求在某一人群中应用普查或者抽样调查的方法采集相关资料，描述疾病或健康状况在不同特征人群中的分布，观察这些因素与疾病之间关联的研究。由于横断面研究是在某一特定的时点或者时间段内完成的，又称现况研究，该种试验类型可将疾病或健康状况以地区间、时间、人群间的横断面分布情况展现出来，为病因不明的疾病研究提供线索。

横断面研究的用途包括：①描述疾病或者健康状态在人群中的分布及其特征；②描述、分析某些因素与疾病或健康状态之间的联系，从而为进一步研究疾病病因、危险因素提供线索；③为评价疾病控制或促进健康的对策与措施的效果提供信息。

在中医药领域采用横断面研究方法可充分运用该试验设计的时效性和灵活性，最大限度地保证研究对象信息采集的完整性和疾病分布描述的全面性，也可从不同时间点衡量人群健康水平变动的趋势。中医药横断面研究也需要考虑调查问卷的合理性、测量量表/工具的科学性、样本人群的代表性、研究对象的依从性、质量控制的严格性等因素。

调查问卷应信息全面、措辞准确、易于回答，具有严格的层次性、逻辑性和关联性，同时还需要将主观测量指标和客观测量指标相结合。测量量表和工具需要客观、准确、科学。测量量表需要具有良好的信度和效度，且测量过程需要满足不同量表的测量环境和过程要求。研究中所使用到的测量工具应具有统一性，不仅需要与国内外同类研究使用的工具一致，也需要在整个研究过程中和不同测量地点间保持一致，且该工具应是学术界认可的对该指标测量最为准确的工具。横断面研究往往要求所研究的样本人群具有代表性，其对样本人群的选择常采用随机抽样和非随机抽样两种形式。随机抽样所得样本人群对总人群的代表性最好，非随机抽样的样本人群代表性略差，但当样本量达到一定数量时其代表性往往也较好。提高研究对象的依从性，确保被选中的研究对象都能按时完成研究的数据采集也可减少选择偏倚。横断面研究也需要严格的质量控制，包括问卷调查的质量控制、生物样本采集和保存的质量控制、试剂盒及测试过程的质量控制、研究数据管理的质量控制等方面。

三、病例对照研究

病例对照研究（case control study）是最常见的分析流行病学方法之一，是病因学研究的重要手段。它的基本原理是选择一组病例和一组与病例具有可比性的对照，通过调查、查阅现存记录、体格检查或实验室检查，收集既往各种可能的危险因素的暴露史，测量并比较病例组与对照组中各因素的暴露比例。经统计学检验，若两组暴露比例差别有统计学意义，则可认为暴露因素与疾病之间存在统计学关联。在此基础之上，若能排除各种偏倚对研究结果的影响，则可推断出某个或某些暴露因素与疾病的关系，从而达到探索和检验疾病病因假说的目的。

病例对照研究往往是回顾性研究，它不仅可以将研究对象分为病例组和对照组，也可以将研究对象按照某一治疗结局分为治愈组和未治愈组，然后分析治愈组和未治愈组中某治疗措施所占的比例。总而言之，病例对照研究就是从结局的"果"出发，去探索不同组间"因"存在的比例是否相同。它可以是一果一因的探索，也可以是一果多因的探索。另外在开展病例对照研究时，还可以采用适当的匹配方法将研究对象进行配对，从而在研究之初消除匹配因素的影响。值得注意的是，需要研究的因素肯定不能作为匹配因素在"病例组"和"对照组"间进行匹配，否则无法对其开展研究。常用的匹配方法有经典的病例对照匹配（case control matching）和倾向性得分匹配（propensity score matching）等；匹配比例可以是 1:1 匹配，也可以是 1:n 匹配。

由于中医药治疗特色是多通路相互协作作用的，而病例对照研究能同时对多个可疑因素进行研究，可以用于探讨中医药各个组成要素与结局之间的交互关系，对复杂的病因及复杂的干预研究尤为适用。特别是将病例对照研究用于对中医药不良反应暴露因素的探讨，更是具有较高的临床研究价值。研究中可以将发生不良反应的作为病例组，将未发生不良反应的作为对照组，通过病例对照研究形式探索不良反应的发生与哪些中医药的应用有关。但病例对照研究仅仅是对病因和危险因素之间关系的探索，具体确证的因果关系尚需要通过更高级的研究设计形式进行探索。病例对照研究的数据分析，往往需要采用多因素分析来排除其他混杂因素的存在。

四、队列研究

队列研究（cohort study）是将一个范围明确的人群，按是否暴露于某可疑因素或其暴露程度不同分为不同的组，追踪观察各自的结局，比较不同亚组之间结局的差异，从而判定暴露因素与结局之间有无因果关联及关联大小的一种观察性研究方法。通过队列研究，获得暴露组和对照组的发病率或病死率，计算相对危险度（RR）、归因危险度（attributive risk，AR）等指标。由于病因在前疾病在后，故该研究方法检验假设的能力较强，一般用于证实病因联系。另外，它可以揭示疾病发展的自然过程，甚至可以收获预期以外多种疾病的结局资料，适用于一因多果的分析。

队列研究根据研究对象进入队列及终止观察时间的不同，分为前瞻性队列研究（prospective cohort study）、回顾性队列研究（retrospective cohort study）和双向队列研究（ambispective cohort study）。前瞻性队列研究是指暴露因素的测量在前，结局指标的随访在后；回顾性队列研究是指首先获得了研究对象的结局，再往前采集研究对象的暴露情况；双向队列研究是指在回顾性队列的基础上，再前瞻性随访一段时间采集研究对象的结局指标。队列研究属于观察性研究，在研究过程中往往设立对照组，以比对不同组间结局指标的差异。该研究设计类型为由因及果的研究，能确证暴露与结局的因果联系，即暴露在前结局在后，因而能判断其因果关系。

队列研究对中医药领域具有普适性，可用于探讨中医优势病种，评价中医药疗效，筛选较优的治疗方案，对临床治疗具有重要的指导意义。然而，由于中医临床研究本身的局限性，队列研究在中医药领域仍处于起步阶段，要达到提高队列研究在中医药领域的研究质量，达到指导临床的目的，还需要科研工作者的不断努力。

五、随机对照试验

随机对照试验（RCT）是采用随机分配的方法，将入选的研究对象分别分配到试验组和对照组，然后接受相应的试验干预措施，在一致的条件下或环境中，同步地进行研究和观测试验效应，对试验结果进行科学的测量和评价。随机对照试验属于试验性研究，研究对象的随机分组是其核心，通过随机分组可以避免已知和未知的混杂因素在组间分布的不均衡，达到组间基线一致的目的，从而有效观察干预措施的效果。它常用于治疗性研究，根据参数设置的不同，可将其分为非劣效性研究、等效性研究和优效性研究。随机对照试验是循证医学质量较高及推荐强度最高的证据，被认为是评价医学干预措施有效性和安全性的"金标准"。

近年来，也有人根据其研究对象对总体代表性的不同，将其分为解释性随机对照试验（exploratory randomized controlled trial，ERCT）和实效性随机对照试验（pragmatic randomized controlled trial，PRCT）。解释性随机对照试验往往是指在高度选定的研究度和高度受控的条件下测试干预措施的有效性，研究的内部真实性很好，外部真实性略显不足。相对而言，实用性随机对照试验是指在相对宽松的条件下选择研究的参与者，在日常的临床实践中检验干预措施的有效性，可为临床实践决策提供更为贴近现实的信息，即研究的外部真实性更好。

中医药临床研究中RCT研究设计类型的应用也较为广泛，但在RCT中需要重视正确选择随机化方法、盲法的实施、样本量估算、分析数据集和统计方法等方面，重视不良反应的报道及临床研究注册等问题。中医药RCT研究有其特点，如对中药汤剂或针灸操作的模拟剂设置，结局指标的评价需要注重中医证候疗效指标的客观准确评价，针灸和推拿等疗法常需要辨病与辨证相结合，对中医药古籍经典的引用要恰当得体。因此在中医药RCT研究的设计与实施过程中既要注重中医药RCT研究的标准化，也需要注重中医药自身的传统特色。

六、类试验

类试验（quasi-experimental study）是指研究对象分组不是随机的，或研究没有对照组，或没有设置即时的平行对照等，不能满足随机对照试验基本特征的干预性研究。它包括非随机对照试验、单臂研究、自身前后对照试验研究、历史对照研究等设计类型。其中非随机对照试验是指非随机分组的干预性研究，它与RCT研究的唯一区别仅是研究对象的分组不是按照随机化进行的，而是遵循"医患共同决策"的形式。

类试验研究在中医药疗效评价研究中应用较为广泛，因为其研究设计形式灵活，在临床研究实施过程中可行性更强。但类试验研究由于缺乏随机分组或者同期的对照等问题，其在干预措施的效果评价上证据力度略显不足，且在数据的统计分析过程中需要加强对混杂因素的控制。

七、定性研究

定性研究（qualitative research）指通过发掘问题、理解事件现象、分析人类的行为与观点及回答提问来获取研究结论，适用于研究主观性强且难以量化的现象、行为和主观感受，是社会学常用的研究模式。它是与定量研究（quantitative research）相对的概念，也称质化研究，是社会科学领域的一种基本研究范式，也是科学研究的重要步骤和方法之一。定性研究遵循自然性、开放性、整体性、归纳性的原则，基于研究现况的特点，解释某些现象发生的原因，尽可能整体、全面、系统地解释研究的问题或描述的现象，认为现象发生的原因是多维度和多层面的。

随着医学研究的不断深入，研究者发现单纯的定量研究已不能全面解释医学问题的全部因素，因此定性研究方法在医学研究中的应用越来越多。定性研究和定量研究在研究目的、内容、设计、工具、方法、表达手段、抽样方式、资料分析、衡量标准、信效度等方面均有所差别。定性研究是一种通过访谈法、观察法、问卷调查法等方式，以文字、声音、图片等为载体进行阐释和描述，以局部反映整体的研究，研究的重点在于其可信性、证实性和可转移性。定性访谈法是定性研究中最常用的方法，已成为最适合于中医药领域研究的方法。访谈法的类型包括结构化、半结构化和深度访谈三种形式，访谈的形式包括个体访谈和焦点访谈两种。定性访谈类研究的报告也需要遵照相应报告规范，包括《定性研究统一报告标准：个体访谈和焦点组访谈的32项清单》和《定性研究的报告标准：基于推荐的综合》，其中前者是针对定性访谈类研究的报告清单，后者是针对定性访谈类研究报告的框架建议。

定性研究在中医药领域应用较为广泛，应用定性研究的方法有助于获得全面、整体、系统的中医药相关信息。定性研究在中医药领域的应用主要集中在以下方面：①对名老中医学术经验的传承和总结，名老中医在长期临床实践中形成的独特的诊疗方案多可靠有效，但由于学术经验的复杂性，现代数据挖掘的方法存在技术上的局限性，定性研究则可在此复杂情境下获取信息，总结归纳相关规律；②优化中医药疗效评价指标体系，中医药疗效评价是目前中医药临床研究的重点和难点，既往的病证结合评价模式和定量评价模式均不能全面反映中医药的治疗效果，定性研究可从多方面获取资料，从多角度论证治疗效果，整体描述以患者为主体的效果，弥补上述评价方法的缺陷；③规范中医证候标准，证候是对一段时间内病性和病位的整体概括，是机体复杂生理活动的整合，同一证候存在多种不同的外在表现形式，定性研究的加入可平衡定量研究对证候评价不全面不特异的缺陷，完善证候标准规范的方法学；④了解患者治疗效果、内心活动及对疾病的认识，定性访谈类研究可从定性的层面了解患者的主观治疗效果，对治疗的内心活动如焦虑程度等，同时可了解患者对自己所患疾病的总体认知程度。

八、混合方法研究

混合方法研究（mixed method research，MMR）是指研究者在单个研究或者某个研究方案中同时使用定性和定量研究方法来收集、分析数据资料，整合研究发现及做出研究结果的推断。混合方法研究区别于定性研究及定量研究，混合方法研究试图综合使用定性和定量两种研究路径，讲求实用主义，最大化地实现研究目的。

混合方法研究通过实现定性和定量两种研究方法的强强联合来帮助研究，它存在以下优势：①获取两种不同的视角，定量研究视角取自封闭的数据，而定性研究视角取自开放的个人数据；②获取一个更具有综合性的视角，比单一采用定量研究或者定性研究得到更多的数据；③赋予工具性数据（定量信息）更多关于背景、场域和个人经验（定性信息）的细节；④针对个人的初步探索（定性研究）可以确证所采用的研究工具、测量变量和干预（定量研究）是否真正适合研究对象和研究场域；⑤把定性数据加入试验预测的数据（定量研究），例如确定需要招募的参与者和需要采纳的干预方案，评估研究中的个体经验，以及开展后续随访研究来进一步解释研究结果。

混合方法研究并非简单地将定性和定量研究叠加，而是规范有序地在一个研究或项目中使用定性研究和定量研究的方法收集和分析数据，并对其结果进行有机地整合，其有四个核心特征：①同时收集和分析定量数据和定性数据来解决研究问题；②使用严格的定性研究方法和定量研究方法；③使用一种明确说明的混合研究方法设计方案来整合定量数据和定性数据，并基于这种整合进行诠释；④如果有必要，采用某种哲学或者理论设计混合研究方法方案。

混合研究方法设计方案主要包括两大类：①三种基础设计方案，聚敛式设计方案、解释性序列设计方案和探索性序列设计方案；②由三种基础设计方案发展而来的高阶设计方案，其中较常见的有干预设计方案、多阶段评估设计方案和社会正义设计方案。

聚敛式设计方案同时收集和分析定量及定性数据，并对定量研究结果和定性研究结果进行比较或补充。解释性序列设计方案为先应用定量研究收集和分析数据，继而通过定性研究解释定量研究所得结果。探索性序列设计方案为首先通过收集和分析定性数据来探索或者剖析问题，继而采用定性研究结果来指导设计定量研究部分。

从三种基础设计方案衍生而来的混合研究方法高阶设计方案较多，在医学领域常用的主要包括：干预设计，是研究者在一个大型的试验研究框架内采用聚敛式设计、解释性设计或者探索性设计；多阶段评估设计，是研究者采用聚敛式设计、解释性设计或探索性设计来进行多种的混合方法研究，这种项目评估研究涉及多个研究阶段；社会正义设计，是研究者在社会正义的理论框架下采用聚敛式设计、解释性设计或者探索性设计，研究自始至终均关注于提升社会群体的生活质量。

混合方法研究在中医药研究中的应用有助于优化中医药研究模式，进而提高中医药研究的方法学质量。同时，混合方法研究中充分运用定量研究方法和定性研究方法的结合，可以扬长避短，优化中医药研究评价工具和评价方法，有助于更全面地开展中医药措施的疗效评价工作，丰富中医药疗效评价内容。

第三节　社区中医药服务评价研究内容

社区卫生服务是一种被全球认可的最佳医疗模式，完善各个社区的卫生服务体系是创建和谐卫生城市社区的关键。我国的社区卫生服务中独有的社区中医药服务更是社区卫生服务的特色和亮点。但是，要保证社区中医药服务的开展质量和服务满意度，需要开展社区中医药服务类研究，了解社区人群的中医药服务需求，寻找影响社区中医药服务的影响因素，进一步完善社区中医药服务体系和提高服务满意度。

同时，社区中医药服务为中医药临床评价研究提供了广阔的研究人群和研究现场，可用于开展高质量的真实世界研究，如不同中医药干预措施的疗效探索，社区人群中医药相关疾病的病因学研究，中药上市后的再评价研究，中医药干预措施的预后研究，中医药的临床经济学评价等相关研究工作。

一、调查类研究

调查类研究往往采用横断面研究的设计形式，横断面研究是通过对特定时点和特定范围内人群中的疾病或健康状况和有关因素的分布状况的资料收集、描述，旨在为进一步的研究提供病因线索。它是描述流行病学中应用最为广泛的方法。调查类研究可以明确疾病人群的中医症状、体征、证候等的分布特征，是疾病诊断和治疗的前提。

调查类研究的设计与实施包括：问卷的设计、预调查与实施、质量控制、数据录入及数据的整理与分析。

（一）问卷的设计

问卷设计是调查研究的关键，在临床研究中又称为病例报告表的设计。问卷设计需要基于研究目的，确定研究人群以后，通过问卷设计小组成员的集体努力设计问卷的初稿。问卷设计小组的成员往往需要由中医临床专家、流行病学家专家和统计专家共同组成，问卷的设计虽然没有量表的研制那么考究，但是问卷的题干和选项也都有相应严格的要求，不能出现逻辑错误。同时中医药研究的问卷设计还需要在中医理论的指导下进行设计，问卷中需要对疾病的概念界定清楚，对中医证候要素界定清楚，并采用恰当的证候积分等结局指标来评价疗效。

（二）预调查与实施

问卷设计完成后，需要选择恰当例数的患者，用问卷初稿进行小范围的测试，一般预调查例数应不少于问卷的条目数。如果问卷是患者自己填写式的问卷，则需要在问卷的题干、选项和跳转上做很多提示，便于研究对象认真地完成问卷。如果调查问卷是医务人员填写的问卷，则需要在研究开展之前对问卷的填写人进行严格的培训，确保调查过程中调查员的提问不带有引导性，能够客观采集研究对象的相关情况。在问卷调查的实施过程中，如果问卷涉及研究对象的个人隐私，研究者也应该严格按照伦理学相关要求对其进行保护。

（三）质量控制与数据录入

为了保证调查所得研究资料的准确性、真实性、可靠性和完整性，在调查前、调查中和调查后，都应该有相应的质量控制措施，并对调查人员开展严格的调研培训。可以采用电子数据采集系统或Epidata数据库对调查数据进行录入和管理，一般要求是双录入双核对，以确保数据录入的质量。

（四）数据的整理与分析

对于调查类研究数据的整理与分析，首先应集中在描述性分析的层面，主要是将调查结果进行统计描述，包括结局指标的点估计和区间估计等，统计结局指标的分布情况和频数情况；其次应集中在相关性分析，分析指标与指标之间的相关性，并尝试从数值上的相关探索两变量之间的逻辑关系；再次如果调查内容涉及量表相关内容时，可开展量表的信度和效度分析，其中信度分析包括重测信度、折半信度和克朗巴赫α系数；效度分析包括表面效度和结构效度。

二、病因学和危险因素研究

中医的病因学说，从《内径》的病生于阴阳，至陈言的三因说，发展到今天，一直是在朴素的唯物论、自发的辩证法思想指导下，在反复的临床观察，医疗实践的基础上形成的，主要有六淫（包括疫疬）、七情、饮食、劳倦、外伤、先天及病理因素等。随着现代科学技术的发展，现代病理、生理和生物学基础研究在中医病因病机的研究中也得到了相应的应用。在社区中医药服务中，病因学研究可提供相关疾病的病因或危险因素确凿证据，为社区疾病防控提供有力的证据支持。

社区中医药服务的病因学研究可包括如下方面：①中医体质理论研究，对研究对象采用《中医体质分类与判定表》进行判定，通过调查分析探索患者的体质分布与对照组体质分布之间的差异，获得该疾病的常见体质分布情况；②中医证型分布研究，通过对研究对象中医辨证分型的总结和归纳，分析不同疾病亚型患者证型分布的不同，探索证型与疾病分型之间的关系；③数据挖掘技术的应用，传统的中医病因学研究多为理论探讨，来源于文献、临床观察和专家意见等，常常表现为单一因素的作用；现代统计分析中数据挖掘技术的应用，可在大数据的基础上探索更深层次数据之间的量效关系，为病因和危险因素的探索提供线索；④中医病因病机与临床生化指标的相关性研究，中医病因病机对疾病的起因、发生、发展和转归规律进行了恰当的总结，这些内容与现代临床生化指标间可能存在某种联系，因此也可从此方面探索中医病因病机的生物学基础。

三、疗效比较研究

疗效的判定是医学赖以生存的基础，现阶段中医药临床研究的核心内容便是精确化的疗效和安全性判断工作。疗效比较研究属于治疗性研究的范畴，往往通过科学、严谨的设计和精确的测量对所研究的治疗措施的效果进行客观的评价，以达到提高治愈率，降低病残率和病死率，改善人体健康的目的。

疗效比较研究存在以下特点：①以患者为研究对象，由于不同患者个体间差异较大，同时必须在保证安全性的前提下开展研究，因此此研究要求更高、难度更大；②设置对照组，有比较才有鉴别，对照组的设置可更好鉴别疗效，对照组与治疗组间疗效的差异可以排除疾病的自然缓解、自愈、安慰剂效应等带来的影响，对照组的设定也需要符合伦理学的要求，往往要求设置阳性对照，如研究确有困难，可考虑设计为自身前后对照；③有特定的干预措施，治疗性研究往往有主动给予治疗措施的过程，疗效评价就是评价干预措施的效果，同时在研究过程中也需要观察干预措施的安全性，干预措施可以采用随机抽签的方式分组给予，也可以采用非随机医患共同决策的形式分组给予。

疗效比较研究通常可分为实验性研究和非实验性研究。实验性研究就是干预性研究，明显区别于观察性的特征是干预措施是按照研究方案的要求主动给予的，即如果不开展这个研究，可能在临床实践中就不会给予研究对象此干预措施。实验性研究按照是否随机可分为随机对照试验和非随机对照试验，其中对照组的选择可采用同时期平行对照设计，也可以采用交叉对照设计。对照组的干预措施可以是标准的阳性治疗对照，也可以是安慰剂对照、空白对照等，但在空白对照的使用上一定要符合相关伦理学要求。近年来，研究者们又将随机对照试验分为"更为理想"环境下的解释性随机对照试验（ERCT）和"更为真实"条件下的实用性随机对照试验（PRCT）。

四、预后研究

预后是指在疾病发生之后，对某种疾病的可能结局或后果的预测，估计这些后果发生的可能性大小。预后研究是关于疾病各种结局发生概率及其影响因素的研究。疾病的预后因素与危险因素有相似之处，即都可认为是结局的影响因素，但也有本质的区别：预后因素是在已经患病的患者中与疾病过程和结局有关的因素，而危险因素是作用于健康人，能增加患病危险性的因素；预后因素描述的是相对频繁的事件，而危险因素预计的是低概率事件。有些因素可以既是预后因素又是危险因素，有些因素只是预后因素而与疾病的发生无关，有些因素只是危险因素而与疾病的预后无关。

社区中医药服务类研究可广泛开展预后研究，研究对象的康复和预后工作往往在社区医院开展，因此为社区开展疾病的预后研究提供研究机会。疾病预后研究的设计形式常包括队列研究、病例对照研究和横断面研究三种形式，其中队列研究是预后研究的最佳设计方案，"因在前果在后"的关系可明确显示因果的时间顺序，同时队列研究往往纳入了全部符合入选和排除标准的研究对象，提高了样本的代表性，队列研究的前瞻性随访也为预后因素的判定提供了坚实的数据基础。

五、中药上市后再评价

在中药上市前的临床研究中，由于受到诸多因素的限制，部分药物的安全性和有效性证据存在不充分性。因此在中药上市后的广泛应用中，可开展中药上市后的再评价研究。中成药上市后再评价的范畴与化学药品相似，是运用最新中医药技术成果，从临床、中医理论、现代医学、中药药理学、药剂学、药物流行病学、药物经济学、药物政策、质量等方面对已批准上市的中成药在临床应用中的疗效、不良反应、用药方案、稳定性及费用效益等是否符合安全、有效、经济的原则做出科学的评价和估计，以促进临床合理用药。

中药上市后再评价研究可分为单独的再评价研究、证据综合研究和全面系统研究。单独的再评价研究是指单个研究设计，如Ⅳ期药物临床试验、药物的临床应用观察研究、随机对照试验等研究形式，与药物上市前的研究思路基本一致。证据综合研究往往采用系统综述或Meta分析的研究形式，将既往的单篇研究证据进行综合，从而形成更为全面的证据体，可为相关临床实践指南的制订提供综合研究的证据。全面系统研究是指药物上市后，从临床广泛应用的角度开展的系统研究，包括药物不良反应监测、真实世界研究等，评估其在不同使用条件下的安全性、有效性和经济性，重点发现药物的最佳使用策略，同时也要阐释其最佳使用策略的机理，从而更深入地理解药品。

社区中医药的上市后再评价研究需要进一步明确证候，提高临床疗效。总体上中医学是以"辨证论治"理论来指导临床诊疗活动的，因此同一种中药可被用于多种系统疾病的治疗，即"异病同治"。这种多适应证的应用给中药上市后再评价带来了困难，中药上市后再评价需要明确选择一两个适应证作为重点研究领域，同时选择能够充分反映中药作用特色的评价指标，做深入、细化、客观的研究，以明确该适应证下中药的疗效和安全性。

六、中医药临床经济学评价

临床经济学评价是指应用经济学的原理和方法评价临床诊断、治疗、康复相关措施与技术的经济学效果，找出经济学规律，指导医生在临床实践中做出决策。临床经济学分析的主要评价方法有成本最小化分析（cost-minimization analysis）、成本–效果分析（cost-effectiveness analysis）、成本–效益分析（cost-benefit analysis，CBA）和成本–效用分析（cost-utility analysis，CUA）。

成本是指实施诊断和治疗等项目的过程中所消耗的资源，包括人力、财力、物力、时间等付出的代价；对成本的计算和分析，包括成本的确定、成本的测量、贴现分析及不确定分析。效果就是产出，指相关卫生政策或卫生活动实施后所取得的结果，可能是好的结果，也可能是坏的结果，如治愈患者数量、发病率的下降或死亡人数等。效益测量即产出测量，是指相关卫生政策或卫生活动实施后所取得的结果以货币形式的表达，比如诊疗费、住院费、市内交通费、额外营养费等，所有这些减少的费用和增加的收入都可以是效益指标。效用指人们所获得的满足感，只有达到这个目标，卫生活动才有最终意义。目前常采用质量调整寿命年和伤残调整寿命年的指标来反映生命的挽救、延长和生命质量的改善带给人们的满足感。

成本最小化分析是指利用成本核算资料及其他有关资料，全面分析成本水平及其构成的变动情况，研究影响成本大小的因素和原因，寻找降低成本的手段和潜力，探索降低成本的措施、途径和方法，努力降低医疗成本。当两种备选治疗方案的结果相同时，根据成本大小来比较这两种治疗方案，对其进行药物经济学评价。

成本-效果分析将成本和效果结合在一起考虑，不仅研究医疗干预措施的成本，同时研究医疗干预措施的结果，它测定等成本的效果大小或者等效果的成本大小，如降压每毫米汞柱所需成本或同样成本降压的毫米汞柱数量。成本-效果分析是目前在医疗保健领域的完整经济评价方法中最常用的一种。

成本-效益分析将成本和结果均转换为货币单位，对两个或多个可选择的医疗干预措施进行经济学评价，用相同的单位来分析所花的成本与所得到的利益的关系。常用效益成本比或净效益（效益-成本）来表示，效益评价的方法主要有人力资本方法、显示偏好法和意愿支付法，将健康结果赋予货币值。但该方法由于效益难以精确测定而较少使用。

成本-效用分析将不同卫生服务的效果都化为质量调整生命年后进行比较，生命质量是个体在不同的文化背景和价值体系下，与个体目标、期望、标准及所关心的事物有关的生存状况体验。质量调整生命年是用生命质量来调整期望寿命或生存年数而得到的一个新指标，同时考虑了生命质量和数量的变化，由于指标统一因此适用于各种不同治疗药物之间的比较。

七、真实世界研究

真实世界研究（real world study，RWS）指在真实的临床、社区或家庭环境下获取多种数据，从而评价某种治疗措施对患者健康真实影响的研究。真实世界研究的概念最早于20世纪60年代被提出，其提出的思想源于对解释性随机临床试验和实用性随机临床试验的区别。我国药监局对真实世界研究的定义为，真实世界研究是指针对预设的临床问题，在真实世界环境下收集与研究对象健康有关的数据（真实世界数据）或基于这些数据衍生的汇总数据。通过分析，获得药物的使用情况及潜在获益-风险的临床证据（真实世界证据）的研究过程。其中真实世界数据和真实世界证据的定义分别为：真实世界数据（real-world data，RWD）指来源于日常所收集的各种与患者健康状况和/或诊疗及保健有关的数据。并非所有的真实世界数据经分析后都能成为真实世界证据，只有满足适用性的真实世界数据才有可能产生真实世界证据。真实世界证据（real-world evidence，

RWE）指通过对适用的真实世界数据进行恰当和充分的分析所获得的关于药物的使用情况和潜在获益–风险的临床证据。

从本质上讲，真实世界研究并不是一种全新的研究设计思路，而仅仅是一种研究设计的理念。真实世界研究从其提出至今已逐渐被业界接受，并广泛应用于药物或器械的临床评价工作。随着国际上药物研发相关法规的出台，我国行政管理部门也出台了相应的法规，包括《真实世界证据支持药物研发与审评的指导原则（试行）》《真实世界研究支持儿童药物研发与审评的技术指导原则》《真实世界数据用于医疗器械临床评价技术指导原则（草稿）》《中医药真实世界临床研究技术规范》《中医真实世界数据采集操作规范》《中国中成药真实世界研究技术指导原则》等。

尽管真实世界研究应用广泛，但其组织实施的过程也存在相应的问题，主要集中在：①数据质量问题，由于部分真实世界研究属于观察性研究，甚至是回顾性研究，难免存在数据准确性、可靠性和完整性不高的问题，因此在真实世界研究开展之前需要进行良好的研究顶层设计；②数据分析时混杂因素控制问题，真实世界研究数据来源广泛，在非随机对照研究中往往存在较多的混杂因素，混杂因素控制是真实世界研究的难点之一；③研究注册与透明化问题，真实世界研究在组织实施之前最好也在公共的研究平台进行注册，如此数据的完整性和可靠性可得到较好的保障；④研究对象隐私保护和数据安全问题，真实世界研究的数据涉及伦理学相关问题，在研究开展过程中需注重数据安全和研究对象的隐私保护问题。

（陶立元）

第十章　社区卫生服务综合评价研究

　　基层医疗卫生机构通过开展社区卫生服务，普及适宜有效且社会和个人能够负担的技术，确保全体居民公平地享有基本医疗和基本公共卫生服务，实现人群初级卫生保健（primary care）。作为卫生服务体系中的第一道防线，人们往往错误地认为初级卫生保健代表低水平、低成本的服务，忽略了初级卫生保健在公平合理地分配和利用卫生资源、提高成本投入的效率和效果等方面的巨大作用。近年来，世界卫生组织（WHO）和世界家庭医生组织（WONCA）不断强调初级卫生保健的重要性。国际经验表明，良好的初级卫生保健体系是科学高效的卫生系统最显著的特点之一，对人群健康结局的改善有重要的促进作用。

　　基层医疗卫生机构全科医生及其团队是社区卫生服务的主要提供者，负责在社区提供预防保健、常见病多发病诊疗和转诊、患者康复和慢性病管理、健康管理等初级卫生保健服务。大力发展初级卫生保健是国际趋势，在英国、加拿大、澳大利亚等初级卫生保健体系发达的国家，全科医生不仅是居民健康的"守门人"，在初级卫生保健研究中也同样扮演重要角色。我国医疗卫生体系改革的重点方向之一，是通过大力发展社区卫生服务，逐步建立和完善初级卫生保健体系。开展社区卫生服务综合评价研究，有助于了解医疗改革工作取得的成绩和经验教训，为进一步促进初级卫生保健质量的提升提供决策支撑。本章将基于目前国内外运用较为广泛的卫生服务评价研究框架模型，根据研究的对象，从结构（投入）、过程（活动）、结果（产出）三部分，为全科医生开展社区卫生服务综合评价研究提供科研思路。

第一节　结构评价研究

　　结构评价主要指对投入的分析研究。投入是基层医疗卫生机构开展社区卫生服务的第一个环节，决定着初级卫生保健的利用与产出。在全科医生日常工作中，可以围绕政策背景、人力、物力和财力等卫生资源投入进行分析，开展结构评价研究。

一、政策背景分析

　　政策背景主要指社区卫生服务相关的发展政策、改革方向、社会环境等。社区卫生服务政策是指政府用以规范、引导基层医疗卫生机构、个人及社会与健康有关的行动准则和指南。社区卫生服务的发展，是党和国家在推进"健康中国"建设，落实预防为主、防治并重、完善卫生健康服务体系，提高基本公共卫生和基本医疗服务质量和水平的重要任务；同时也是落实《中共中央国务院关于深化医药卫生体制改革的意见》《国务院关于加快发展养老服务业的若干意见》《国务院办公厅关于推进分级诊疗制度建设的指导意见》等重要文件精神的关键。

社区卫生服务政策分析，是指为实现既定的社区卫生服务发展政策目标，以系统分析和卫生管理理论为基础，对社区卫生服务发展政策进行理论分析和实施评价，从而为政策的制订、调整、修改和完善提供科学依据。

全科医生可以对政府颁布的与社区卫生服务发展有关的法规和政策，比如加强农村和城市社区医疗卫生服务网络建设、分级诊疗制度和家庭医生签约服务、加强乡村医疗卫生人员队伍建设等，结合"保基本、强基层、促健康"等理念，进行综合分析。

（一）政策特点

1. 部门性与社会性　我国大量社区卫生服务发展政策主要是由政府授权委托卫生行政部门研究制订，卫生行政部门与基层医疗卫生机构组织贯彻，财政部、发改委、人社部、民政部等给予协调配合。因此，社区卫生服务发展政策具有特定的部门性。随着现代医学模式的转变，医学发展同时呈现社会化趋势，即从个人分散的医疗活动转变为社会分工协作进行的系统医学活动。因此，社区卫生服务发展政策也具有较强的社会性。

2. 强制性与教育性　社区卫生服务发展政策具有相应的强制性，比如对城市社区卫生服务机构的设置原则、城市社区卫生服务中心的设置指导标准、规范全科医生执业注册、加强社区卫生人才队伍建设、加强医疗质量安全保障等，具有严格的强制性。另一方面，大量的社区卫生服务发展政策需要加强教育宣传及引导，让社区居民理解和接受后才可能实现预期效果。

3. 时效性与稳定性　社区卫生服务发展政策需要以一定的现实条件作为实施前提，并受时间和空间的双重制约，因此需要以开放的态度和观点，根据环境的新变化，不断研究和修订政策内容，以适应社会和发展需要。与此同时，由于大多数初级卫生保健工作无法在短期内完成，往往需要多年甚至多代人的努力，因此需要保证相关的社区卫生服务发展政策具有持续性和稳定性。

（二）政策类型

1. 指导型政策　指导型政策是政府的领导决策系统制订的社区卫生服务发展政策。它规定了一定时期内社区卫生服务工作的发展方向和指导原则。例如国发〔2006〕10号文《国务院关于发展城市社区卫生服务的指导意见》、中央编办发〔2006〕96号文《关于印发〈城市社区卫生服务机构设置和编制标准指导意见〉的通知》、国卫基层发〔2015〕93号文《关于进一步规范社区卫生服务管理和提升服务质量的指导意见》、国卫基层发〔2018〕35号文《关于规范家庭医生签约服务管理的指导意见》等文件，对我国发展社区卫生服务工作有重要的指导意义。

2. 法制型政策　法制型政策是人民代表大会权力决策系统制订的社区卫生服务发展

政策，通过法律的形式在一个相对稳定的时期内固定下来。例如2019年12月第十三届全国人民代表大会常务委员会第十五次会议通过的《中华人民共和国基本医疗卫生与健康促进法》，确立了国家加强县级医院、乡镇卫生院、村卫生室、社区卫生服务中心（站）和专业公共卫生机构等的建设，建立健全农村医疗卫生服务网络和城市社区卫生服务网络的制度。

3. **实施型政策** 实施型政策是政府授权的卫生行政部门的行政决策系统制订的社区卫生服务发展政策。这种类型的社区卫生服务政策数量大，操作性强，具有较大的选择性、灵活性和时效性。多数社区卫生服务发展政策都属于这种类型，它为医疗卫生单位、全科医生，以及社区居民提供了具体可行的行动措施的指引。

（三）政策周期构成

1. **制订** 制订阶段是整个社区卫生服务发展政策的核心部分，包括确定政策的指导思想，明确政策的基本目标。

2. **执行** 执行阶段是一个完整的行动过程，包括执行的准备阶段、实际执行阶段和执行的结束阶段。它是政策周期中最活跃、最关键的阶段。

3. **反馈** 反馈阶段是指及时地把社区卫生服务发展政策的实际执行与原定的政策目标相背离情况的信息反馈到政策制订的主体部门，从而对社区卫生服务发展政策做出必要的修改或补充的过程。

4. **终止** 政策在一定的时间和空间内发挥作用后，即完成该周期。

二、卫生资源分析

我国的基层医疗卫生机构，包括社区卫生服务中心（站）、村卫生室、医务室、门诊部和诊所等，为居民提供包括基本医疗和公共卫生服务在内的基本医疗卫生服务。服务的提供离不开国家、社会或个人在人力、财力及设备设施（包括房屋）等方面的卫生资源投入。一方面，基层医疗卫生机构只有借助可支配的卫生资源，才能有效地开展初级卫生保健；另一方面，由于资源的紧缺性，基层医疗卫生机构必须减少浪费，提高资源的利用效率。全科医生可以根据政府统计年鉴、季度报表等资料，全面分析卫生人员、卫生设施、卫生经费等资源投入情况，为社区卫生服务改革与发展决策提供科学依据。

（一）卫生人员分析

基层医疗卫生机构的卫生人员包括卫生技术人员、乡村医生和卫生员、其他技术人员、管理人员和工勤技能人员等。其中卫生技术人员包括执业医师、执业助理医师、注册护士、药师（士）、检验技师（士）、影像技师（士）、卫生监督员和见习医（药、护、技）师（士）、乡村医生和卫生员等卫生专业人员。卫生人员分析的目的，是评价卫生人力资源要素内部搭配是否合理，是否能满足社区居民的健康保健需求。

1. **结构分析** 分析基层医疗卫生机构的卫生人员结构配备是否合理，常用的指标如下。

（1）性别。

（2）年龄：如按照25岁以下、25~34岁、35~44岁、45~54岁、55~59岁、60岁及

以上等进行年龄段划分。

（3）工作年限：如按照5年以下、5~9年、10~19年、20~29年、30年及以上等进行工作年限划分。

（4）学历水平：如研究生、大学本科、大专、中专、高中及以下。

（5）专业技术资格：如正高、副高、中级、师级/助理、士级。

（6）培训：如全科医师岗位培训或全科医学培训比例、社区卫生服务中心主任培训比例等。

2. 数量分析　分析基层医疗卫生机构的卫生人员数（如医生数、护士数、农村人口村级卫生人员数）与社区人口数比例是否合适，常用的指标如下。

（1）每千人口卫生技术人员数：卫生技术人员数÷年末常住人口数×1 000。

（2）每千人口执业（助理）医师数：（执业医师数＋执业助理医师数）÷年末常住人口数×1 000。

（3）每万人口全科医生数：（注册为全科医学专业的执业或执业助理医师数+取得全科医生培训合格证的执业或执业助理医师数）÷年末常住人口数×1 000。

3. 效率分析

（1）诊疗量与卫生人员比：本年度到基层医疗卫生机构就诊人次÷本年度基层医疗卫生机构卫生人员总数。诊疗量与卫生人员比反映了社区卫生人力资源利用情况的整体水平。该比例越高，说明社区卫生服务人力资源利用效率越高。

（2）诊疗量与卫生技术人员比：本年度到基层医疗卫生机构就诊人次÷本年度基层医疗卫生机构卫生技术人员总数。由于卫生技术人员在整个社区卫生服务过程中处于核心地位，卫生技术人员占全体卫生人员比重越高，在一定程度上说明人力资源在社区卫生服务系统中的利用效率越高；反之，如果管理人员、工勤人员比重高，则表明基层医疗卫生机构可能存在臃肿、人浮于事的情况。

（二）卫生设施分析

1. 业务用房　基层医疗卫生机构在医疗、预防保健、行政后勤保障等方面投入的用房，包括临床科室用房、预防保健科室用房、医技科室用房，以及管理保障用房等。社区卫生服务中心按服务人口数量计算的业务用房面积参考标准：①服务人口小于5万人（含5万人），建筑面积为1 400m²；②服务人口5万~7万人（含7万人），建筑面积为1 700m²；③服务人口7万~10万人（含10万人），建筑面积为2 000m²。社区卫生服务站按服务人口0.8万~1万人计算的建筑面积参考标准为150~220m²。

2. 科室设置　科室设置主要包括临床科室、预防保健科室、医技及其他科室三种类型。以社区卫生服务中心用房为例，临床科室每间使用面积不宜低于：全科诊室10m²、中医诊室10m²、康复治疗室40m²、抢救室14m²；预防保健科室每间使用面积不宜低于：预防接种室50m²、儿童保健室10m²、妇女保健室18m²、计划生育指导室10m²、健康教育室40m²；医技及其他科室每间使用面积不宜低于：检验室18m²、B超室12m²、心电图室12m²、西药房16m²、中药房16m²、消毒间10m²、治疗室8m²、处置室8m²、观察室60m²、健康信息管理室12m²。

3. 仪器设备配置 ①诊疗设备：如配置诊断床、听诊器、血压计、体温计、观片灯、体重身高计、出诊箱、治疗推车、供氧设备、电动吸引器、简易手术设备、可调式输液椅、手推式抢救车及抢救设备、脉枕、针灸器具、火罐的情况；②辅助检查设备：如配置心电图机、B超、显微镜、离心机、血球计数仪、尿常规分析仪、生化分析仪、血糖仪、电冰箱、恒温箱、药品柜、中药饮片调剂设备、高压蒸汽消毒器等必要的消毒灭菌设施情况；③预防保健设备：如配置妇科检查床、妇科常规检查设备、身长（高）和体重测查设备、听（视）力测查工具、电冰箱、疫苗标牌、紫外线灯、冷藏包、运动治疗和功能测评类等基本康复训练和理疗设备的情况；④健康教育及其他设备：如配置健康教育影像设备、计算机及打印设备、电话等通信设备，健康档案、医疗保险信息管理与费用结算有关设备等的情况。

4. 护理康复床位数 社区卫生服务中心可设置一定数量以护理康复为主要功能的床位，考虑服务人口数量、当地经济发展水平、服务半径、交通条件等因素合理确定，每千服务人口（指常住人口）的床位数量参考值为0.3~0.6张。

（三）卫生经费分析

卫生经费包括国家、社会及个人用于社区卫生服务所消耗的总费用。在政策层面，指医疗卫生服务、医疗保障补助、卫生和医疗保障行政管理、人口与计划生育事务性支出等各项事业的经费。在社会层面，指除政府支出外的社会各界对卫生事业的资金投入，包括社会医疗保障支出、商业健康保险费、社会办医支出、社会捐赠援助、行政事业性收费收入等。个人现金卫生支出，指城乡居民在接受各类医疗卫生服务时的现金支付，包括享受各种医疗保险制度的居民就医时自付的费用，反映了城乡居民医疗卫生费用的负担程度。

基层医疗卫生机构卫生经费投入分析既可包括社区卫生服务资金投入的总体情况、与历年社区卫生服务投入的比较、与政府财政支出增长的比较等，也可包括对社区公共卫生投入、基本医疗投入、医疗救助投入等经费流向的比较，比如：①社区卫生服务的专项经费；②人均社区卫生服务经费；③社区卫生服务纳入职工基本医疗保险和居民基本医疗保险的比例等。

三、研究实例

某基层医疗卫生机构全科医生在一项对我国城市社区卫生服务发展的研究中，通过系统文献回顾（systematic literature review），分析和归纳了我国过去十年间发展城市社区卫生服务的政策演变过程，并在新医改背景下，对我国社区卫生服务体系发展进行了展望。

（1）查阅国务院、原卫生计生委等相关政府部门网站，对我国在2002至2013年间颁布的与社区卫生服务发展相关的政策法规和文件进行汇总，回顾我国社区卫生服务体系与政策框架的发展过程，并结合社会医疗保险体系的改革，对社区卫生服务政策支持的背景环境进行客观描述。

（2）查阅中国学术文献网络出版总库、万方数据知识服务平台及国际NCBI PubMed平台，以"初级卫生保健""社区卫生服务"等词作为关键词，进行国内外研究文献的系统检索，获取2002至2013年内发表的相关研究文献，并对发表年份、文献类别进行分析。总结在这十年期间，我国城市社区卫生服务发展的体系构建、发展模式、遇到的挑战、存在的问题及影响因素等，并提炼了近五年我国在初级卫生保健领域的社区卫生服务前沿研究成果。

（3）查阅我国历年卫生统计年鉴，对2002至2013年间我国各类医疗卫生机构的数量，以及在基层医疗卫生机构工作的卫生人员、执业（助理）医师、注册护士、药师（士）、检验技师（士）人数及其教育水平进行统计及对比分析。在研究中，重点对比了这段时期基层医疗卫生机构与医院数量的增长趋势，以及基层医疗卫生机构与其他医疗卫生机构的诊疗人次差异趋势，并基于统计数据展现的基层医疗卫生机构服务利用效率不高的现状，对我国初级卫生保健体系的未来发展提出了具有针对性的政策建议。

该研究实例简要介绍了基于相关政府部门网站、学术文献资源库及卫生统计年鉴获取的数据，对社区卫生服务政策及资源进行的分析研究。

第二节　过程评价研究

过程评价主要指对基层医疗卫生机构提供的基本医疗卫生服务内容和模式的分析研究，既直接反映初级卫生保健提供状况，也同时从侧面反映社区居民对初级卫生保健的利用情况。通过过程评价，可以了解基层医疗卫生服务体系的运转是否完善，及社区卫生服务是否健康有序发展。

一、服务内容分析

基层医疗卫生机构主要提供预防、保健、健康教育、疾病管理，为居民建立健康档案，常见病、多发病的诊疗及部分疾病的康复、护理，接收医院转诊患者，向医院转诊超出自身服务能力的患者等基本医疗卫生服务。

（一）医疗

社区医疗服务主要负责常见病、多发病、慢性病的诊治；开展急诊急救等服务，能对常见的急危重症患者作出初步诊断和急救处理；术后、失能、残疾人康复医疗；衰老和肿瘤晚期患者的社区临终关怀；社区家庭病床、为行动不便者提供上门出诊等工作。

（二）预防

1. 一级预防（病因预防）　针对致病因子（或危险因素），通过加强防护措施如免疫接种、健康宣教等消除危险因素，增进人群健康，达到预防发病的目的。

2. 二级预防（发病预防）　通过开展定期健康体检、对疾病高风险人群开展定期随访等，早期发现、明确诊断及在发病期早期治疗，达到防止或减缓疾病发展的目的。

3. 三级预防（病残预防）　对症治疗防止病情恶化，减少疾病的不良作用，通过预防疾病并发症与后遗症，如开展慢病监护、康复治疗、终末期照顾等，达到最大限度改善患者生活质量的目的。

（三）保健

1. 儿童保健　遵循"促进健康、预防为主、防治结合"的原则，对儿童群体或个体采取有效的干预措施，保护和促进儿童身心健康，降低发病率和死亡率。

2. 妇女保健　以维护和促进妇女健康为目的，开展以生殖健康为核心的妇女保健，如孕期访视、产后访视、母乳喂养指导等。

3. 老年保健　掌握辖区内65岁及以上常住居民的主要健康问题，并对社区老年人群进行定期健康检查。

4. 中医药养生保健　开展中医体质辨识；运用中医"治未病"理论和方法，指导开展具有中医药特色的个体化的饮食起居、情志调摄、食疗药膳、运动锻炼等养生保健活动。

（四）康复

以社区为范围，为老年人、慢病居民和残疾人提供就近、便捷的康复服务，对其服务内容的评价可包括以下三类。

1. 躯体功能康复　如日常生活活动训练、协调与平衡功能训练等。

2. 精神功能康复　如心理疏导、认知功能训练等。

3. 社会功能康复　如社会适应能力训练、生活质量评定等。

（五）健康教育

通过有目的、有计划、有系统地传播卫生保健知识和技术，帮助社区居民树立正确的健康观念，自觉采纳健康的行为和生活方式，减轻或消除影响健康的危险因素，提高生命质量。

1. 健康教育活动种类　通常包括提供健康教育资料、健康教育宣传栏更新、公众健康咨询活动、举办健康知识讲座、中医药特色健康教育等。

2. 健康教育活动内容　通常包括宣传普及《中国公民健康素养——基本知识与技能（2015年版）》、配合开展公民健康素养促进行动；开展健康生活方式和可干预危险因素的健康教育、重点慢性非传染性疾病和重点传染性疾病的健康教育、公共卫生问题的健康教育等，并有一定比例的中医药健康教育内容；开展突发公共卫生事件应急与处理等。

二、服务提供与利用指标分析

对基层医疗卫生机构面向社区居民提供的基本医疗及基本公共卫生服务的数量及覆盖程度，以及社区居民对初级卫生保健的实际利用及客观体验开展分析，是社区卫生服务综合评价研究的重要内容。

服务利用是根据社区居民的卫生服务需要，由卫生机构使用卫生资源，为社区居民提供各种卫生服务的数量和质量的统称。在选取服务提供与利用的研究指标时，应把握代表性、可操作性、导向性、动态性、定量与定性相结合的原则。第一，应尽量避免将若干个指标进行简单堆砌，选择能够全面说明初级卫生保健工作活动的具有代表性的指标。第二，根据数据资料获得的难易程度，确保选择的指标在科研中具有实际操作性、可检验性和可比性。第三，在选取指标时应尽量促使基层医疗卫生机构的工作规范化，从而对基层医疗卫生机构的工作起到引导和监督作用。

（一）基本医疗服务

1. 总诊疗人次数　指所有诊疗工作的总人次数，包括按挂号数统计的门诊、急诊、出诊、预约诊疗、单项健康检查、健康咨询指导（不含健康讲座）人次。患者一次就诊多次挂号，按实际诊疗次数统计，不包括根据医嘱进行的各项检查、治疗、处置工作量及免疫接种、健康管理服务人次。未挂号就诊等未收取挂号费的，按实际诊疗人次统计。

2. 居民平均就诊次数　总诊疗人次数÷常住人口数。

3. 医生人均每日担负诊疗人次　（诊疗人次数÷平均医师人数）÷251。

4. 医疗服务利用　主要通过居民两周就诊率及未就诊率表示。①居民两周就诊率指调查前两周内居民因病或身体不适到基层医疗卫生机构就诊的人次数与调查人口数之比；②居民两周未就诊率指调查前两周内居民患病而未就诊的人次数与调查人口数之比。分析医疗服务利用的正性指标可以了解社区卫生服务的利用程度；而分析医疗服务利用的负性指标可以了解社区卫生服务不能满足的程度，通过进一步分析其原因，对改进服务的普及性具有重要意义。

5. 合理用药　根据疾病种类、患者状况和药理学理论选择最佳的药物及其制剂，制订或调整给药方案，从而有效、安全、经济地防治和治愈疾病。相应的研究指标包括药品通用名使用比例、处方平均用药数、基本药物处方比例、抗生素处方比例、激素处方使用比例、静脉点滴处方比例等。

6. 服务费用　常见的研究指标包括药费占总费用的百分比、患者次均诊疗费用、平均单次处方费用等。

（二）保健服务

1. 孕产妇建卡率　年内孕产妇中由保健人员建立的保健卡（册）人数与活产数之比（%）。

2. 孕产妇系统管理率　年内孕产妇系统管理人数与活产数之比。孕产妇系统管理人数指按系统管理程序要求，妊娠至产后28天内接受过早孕检查、至少5次产前检查、新法接生和产后访视的产妇人数。

3. 产前检查率　年内产前接受过1次及以上产前检查的产妇人数与活产数之比（%）。

4. 产后访视率　年内产后接受过1次及以上产后访视的产妇人数与活产数之比（%）。

5. 新生儿访视率　接受1次及以上访视的新生儿人数与活产数之比（%）。

6. 三岁以下儿童系统管理率　年内三岁以下儿童系统管理人数与当地三岁儿童数之

比（％）。三岁以下儿童系统管理是指三岁以下儿童按年龄接受生长监测或4:2:1（城市）或3:2:1（农村）体检检查（身高和体重）的人数，不包括新生儿访视时的体检次数。

7. 七岁以下儿童保健管理率　七岁以下儿童保健覆盖人数与七岁以下儿童数之比（％）。七岁以下儿童保健覆盖人数指七岁以下儿童中当年实际接受1次及以上体格检查（身高和体重）的人数。

（三）基本公共卫生服务

1. 居民健康档案管理　包括健康档案建档率、电子健康档案建档率、健康档案合格率、健康档案使用率等。居民健康档案内容包括个人基本信息、健康体检、重点人群健康管理记录和其他医疗卫生服务记录。有动态记录的档案是指1年内与患者的医疗记录相关联和/或有符合对应服务规范要求的相关服务记录的健康档案。

2. 健康教育　包括健康教育印刷材料发放种类与数量、健康教育音像材料播放类型与次数、健康教育讲座举办次数和参加人数、健康教育咨询活动举办次数和参加人数等。

3. 预防接种　主要指预防接种证建证率、某种疫苗接种率。

4. 儿童健康管理　见"（二）保健服务"。

5. 孕产妇健康管理　见"（二）保健服务"。

6. 老年人健康管理　包括65岁及以上老年常住居民健康管理率、体检率等。接受健康管理是指建立了健康档案、接受了健康体检、健康指导、健康体检表填写完整。

7. 慢性病健康管理　包括高血压患者（规范）管理率和2型糖尿病患者（规范）管理率。

（1）高血压病健康管理：对高血压患者进行登记管理，每年对原发性高血压患者进行面对面随访至少4次，每次随访应测量血压并评估是否存在危急情况、症状询问、测量心率、计算体质指数、询问疾病情况和生活方式、了解服药情况，同时进行分类干预。

高血压规范管理：每年至少进行1次较全面的健康检查，包括体温、脉搏、呼吸、血压、身高、体重、腰围、皮肤、浅表淋巴结、心脏、肺部、腹部等常规体格检查，并对口腔、视力、听力和运动功能等进行判断。

（2）糖尿病健康管理：对2型糖尿病患者进行登记管理，每年对确诊的2型糖尿病患者进行面对面随访至少4次，每次随访应测量空腹血糖和血压并评估是否存在危急情况、症状询问、计算体质指数、检查足背动脉搏动、询问疾病情况和生活方式、了解服药情况，同时进行分类干预。

糖尿病规范管理：每年至少进行1次较全面的健康检查，包括体温、脉搏、呼吸、血压、空腹血糖、身高、体重、腰围、皮肤、浅表淋巴结、心脏、肺部、腹部等常规体格检查，并对口腔、视力、听力和运动功能等进行判断。

8. 严重精神障碍健康管理　指严重精神障碍患者（规范）管理率。

（1）严重精神障碍管理：在专业机构指导下对在家居住的恢复期严重精神障碍患者进行治疗随访和康复指导，每年随访不少于4次，在随访评估基础上进行分类干预。

（2）严重精神障碍规范管理：严重精神障碍患者每年至少进行1次健康检查，包括一般体格检查、血压、体重、血常规（含白细胞分类）、转氨酶、血糖、心电图。

9. **肺结核患者健康管理** 包括肺结核患者管理率、肺结核患者规律服药率。规律服药指在整个疗程中，管理对象在规定的服药时间实际服药次数占应服药次数的90%以上。

10. **中医药健康管理** 包括老年人中医药健康管理率、0~36个月儿童中医药健康管理服务率。

11. **传染病及突发公共卫生事件报告和处理** 包括传染病疫情报告率、传染病疫情报告及时率、突发公共卫生事件相关信息报告率。

12. **卫生计生监督协管** 包括卫生计生监督协管信息报告率，协助开展的食源性疾病、饮用水卫生安全、学校卫生、非法行医和非法采供血实地巡查次数等。

（四）家庭医生签约服务

签约医生团队与居民或家庭签订服务协议，建立契约式服务关系。签约医生团队应当掌握辖区居民主要健康问题，开展健康教育和健康促进、危险因素干预和疾病防治，实现综合、连续、有效的健康管理服务。到2035年，签约服务覆盖率达到75%以上基本实现家庭全覆盖。

1. **签约数量**

（1）重点人群签约率：签约重点人群数量占该区域重点人群总人数的比重。

（2）全人群签约率：签约人数占该区域总人数的比重。

2. **有效签约**

（1）签约协议完整率：协议书填写完整，数据真实可信，无缺项漏项，且有签约居民和家庭医生团队成员的签名（非代签）。

（2）签约居民服务知晓率：签约居民对是否签约、对签约医生和服务内容的知晓情况。如询问社区居民是否与社区卫生服务中心（或村卫生站）的家庭医生团队签约；是否知晓签约医生的姓名等信息；是否知晓签约服务的至少2个项目内容等。

3. **有效履约** 在签约数量评价的基础上，有效履约评价指标进一步反映了社区人群对家庭医生签约服务的实际利用情况，在签约服务的绩效评价方面尤为重要。

（1）签约居民定点机构就诊率：签约患者在签约机构就诊的人次数 ÷ 签约患者在不同医疗机构就诊的总人次数 ×100%。

（2）签约居民预约门诊率：签约居民预约门诊人次数 ÷ 签约居民就诊人次数 ×100%。

（3）签约居民预约履约率：签约居民预约门诊到诊人次数 ÷ 预约门诊总人次数 ×100%。

（4）签约医生就诊率：签约居民至签约医生就诊人次数 ÷ 同时期签约居民总就诊次数（或签约居民总人数）×100%。

（5）签约居民复诊率：签约人群复诊2次及以上的人数 ÷ 签约居民总数 ×100%。

（6）签约居民回访率：转诊后回访的签约居民数 ÷ 经医院或专科医疗服务转诊回到社区的签约居民总数 ×100%。

（7）签约居民追踪率：签约居民转诊至医院（专科）的追踪例数 ÷ 签约居民转诊至医院或专科医疗服务的总例数 ×100%。

（五）初级卫生保健特征

初级卫生保健特征（attributes of primary care）反映了基层医疗卫生机构作为社区居民的首个医护接触点，以方便获得形式提供的初级卫生保健的过程质量特点。这主要包括社区卫生服务的首诊性、持续性、统筹协调、综合性四大主要方面，以及以患者及家庭为中心、以社区健康需要为导向、与文化相匹配服务三大衍生方面。以美国约翰霍普金斯大学研究者近年来开发的初级卫生保健评价工具（primary care assessment tool, PCAT）为典型代表，通过问卷条目询问，可对初级卫生保健服务在首诊性、持续性、协调性、全面性、以患者及家庭为中心等核心方面的实现程度进行量化分析。结合我国医疗卫生体系特点，全科医生可以参考以下初级卫生保健核心特征，对基层医疗卫生机构服务的提供与利用进行研究。

1. **社区卫生服务的首诊利用与可及性**　当居民患病需要就诊或有健康需求时（除急诊外），是否首先前往社区卫生服务机构接受全科医生诊疗；居民个人及家庭是否拥有自己的首诊家庭医生，并能通过家庭医生方便转诊。社区卫生服务机构是否可根据居民需求适当延长服务时间，开展错时服务；是否提供节假日门诊服务、非工作时间电话咨询服务等。

2. **社区卫生服务的持续性**　居民是否能在社区卫生服务机构获得持续提供的医疗卫生服务资源，并与社区医务人员建立长期关系以更好地满足双方的期望和需要。

3. **社区卫生服务的协作性**　主要围绕统筹和协调各类医疗卫生服务开展的能力进行评价，如社区卫生服务机构是否与区域内医院通过签订协议等方式建立双向转诊关系，可为居民与上级医院联系预约专家；是否主动接收上级医院下转的患者；居民能否通过双向转诊绿色通道的开通，预约在上级医院的检查；居民是否能得到远程视频会诊服务等。

4. **社区卫生服务的综合性**　卫生服务提供种类的多样性与全面性，包括且不限于疾病防治、健康咨询、急性及慢性病治疗、常见多发病、常见心理健康问题等。

5. **以患者及家庭为中心**　居民在社区就诊过程中，其个人及其家庭成员的健康状况和疾病史是否得到充分重视，家庭成员是否参与医疗方案的制订。

6. **以社区健康需要为导向**　关注社区内医疗卫生服务需求未得到满足的居民群体，并努力优化社区卫生资源配置以促进社区内居民的卫生服务需要得到满足，如符合相关条件的人群是否能获得家庭病床或出诊上门等服务。

7. **文化能力**　评价主要关注居民的健康信仰、态度、行为，以及人际风格的差异化是否得到了充分尊重。

三、研究实例

【案例10-1】

某基层医疗卫生机构全科医生在一项对某省开展家庭医生签约服务的现况分析中，在该省抽取10个代表性地区，采用多阶段分层整群随机抽样，在每个地区分别选取2个基层医疗卫生机构，对基层医疗卫生机构组建的家庭医生式服务团队，从服务提供者角度出发，多维度了解机构的签约服务提供情况。同时，以社区常住居民为目标人群，以个人为基本调查单位，采用流行病学现场调查的随机抽样方法，对抽中的居民针对家庭医生式签约服务的使用进行不记名问卷调查。

在服务提供的研究分析中，调研对象包括基层医疗卫生机构的行政管理人员及家庭医生式服务团队中的全科医生、公卫医生骨干等。采用问卷调查及小组访谈相结合的方式，了解家庭医生式服务团队运行情况，以及团队所在的基层医疗卫生机构在推进家庭医生签约服务过程中存在的问题等现状。从服务提供者角度了解机构签约服务的提供情况，包括健康档案建立、家庭病床管理、服务模式及内容、重点目标人群管理、常见慢病管理等多个方面。

研究发现，大部分开展家庭医生签约服务的团队通过提供健康指导及功能评估等服务，为签约居民建立了较为规范和详细的健康档案，建档率基本在90%以上，人群涵盖65岁以上老年人，高血压、糖尿病、严重精神障碍患者等。此外，根据签约者实际健康情况，大部分团队所在的基层医疗卫生机构均可提供上门出诊和转诊服务，部分机构以家庭病床服务作为签约服务的特色。

在服务使用的研究分析中，选取与家庭医生式服务团队签约的服务人群作为研究对象，以了解其对服务的知晓与利用情况。

研究发现，近四成（38.8%）被调查者以步行方式前往附近社区卫生服务中心（站）花费的时间通常不超过15分钟，对签约服务的了解主要来自基层医护人员（58.4%）、电视（33.1%）及网络（8.6%）。在过去一年有接受家庭医生式团队服务的被调查者占14.3%；有接受社区医护人员至少一次上门服务（随访、家庭病床等）者占37.7%；在社区医疗机构做过至少一次健康体检的占39.3%；超过三成（34.1%）居民知道自己在社区医疗机构有健康档案，超过六成（65.4%）居民认为健康档案起到一定效果。研究还显示，76.2%的居民表示签约后会到家庭医生首诊，并能接受一定价格范围内的个性化服务包。

该研究实例简要介绍了从社区卫生服务的提供状况、社区居民对服务的利用情况两个角度，对基层医疗卫生机构的服务内容、服务模式、工作活动等进行的分析研究。

【案例10-2】

某基层医疗卫生机构全科医生在日常工作中发现该省的社区卫生服务机构包括"政府办政府管""医院办医院管""民营社会资本举办"等多种模式。为了解不同举办及管理模式下，社区卫生服务提供的过程质量是否有所不同，该全科医生开展了横断面研究。

研究选取了该省三个具有代表性的地级市作为调查点，通过分阶段抽样，在每个地级市各抽取4家社区卫生服务中心，在每个机构现场各邀请120名18岁及以上社区卫生服务使用者。研究从患者对社区卫生服务提供过程的客观体验角度出发，围绕初级卫生保健特征，对不同社区卫生服务中心模式（models of community health centers）下的服务提供过程，从社区卫生服务的首诊性及可及性、持续性、统筹协调、综合性、以患者及家庭为中心、以社区健康需要为导向、与文化相匹配共七个方面，进行了基于"患者体验（patients' experiences）"的量化比较分析。

该项研究为期六个月，共计调查了一千余名社区卫生服务使用者，各中心现场调查对象的问卷应答率平均为86%。利用PASW/SPSS 18.0统计分析软件对初级卫生保健特征评价总分调整混杂因素后，进行组间的协方差分析。结果表明，不同举办模式与初级卫生保健特征的实现程度存在关联，且其显著性水平具有统计学意义。在"政府办政府管"模式下，社区卫生服务在首诊利用及服务协调统筹维度达到更高的水平，在"民营社会资本举办"模式下则具有更好的服务可及性及持续性，而在"医院办医院管"模式下，患者在服务的综合性方面有较好的体验。多元线性回归分析表明，患有慢性病者在社区卫生服务的持续性、综合性、以患者及家庭为中心等三个方面，具有更好的患者体验。与此同时，在社区首诊及服务可及性、服务的统筹协调、面向社区等方面，需要进一步提高社区卫生服务的过程质量，以更好地满足慢病管理的服务需求。

该研究实例简要介绍了基于初级卫生保健核心特征，从首诊性、持续性、协调性、全面性、以患者及家庭为中心等方面，开展的社区卫生服务过程评价分析研究。

第三节　结果评价研究

结果评价主要运用流行病学的研究方法，分析基层医疗卫生机构开展社区卫生服务的结果、影响，以及引起的社会卫生状况变化，包括认知与态度、对社区人群健康状况的改善情况等，常见于评价基本公共卫生服务慢性病健康管理质量。全科医生开展结果评价时，可在横断面研究获取基线资料的基础上，采用前瞻性或实验性研究获取随访及结局资料。在横断面研究中，对研究对象不施加任何的条件限制与干预措施，客观地收集特定时间与范围内社区人群的某种疾病或健康状况及相关因素信息。在实验性研究中，通过控制一定的实验条件或对研究对象施加某种干预，并前瞻性追踪观察一定期限。开展认知与态度评价，健康质量评价也是较为常见的结果评价研究。

一、认知与态度评价

态度认知评价是一种主观评价，主要研究人们对基层医疗卫生机构工作的态度认知及其影响因素，其中关于社区卫生服务认知度和满意度的研究较为常见。

（一）认知度评价

认知度是指提供服务的基层医疗卫生机构（如社区卫生服务中心或社区卫生服务站）

在服务对象（如社区居民）的主观意识上被认知的广度与深度。

1. **机构名称**　包括基层医疗卫生机构的全称及规范化简称等。

2. **所处位置**　包括具体的市区、街道乃至门牌号码等。

3. **结构规模**　大约有多少工作人员、多少科室、多少业务用房面积等。

4. **家庭医生**　社区居民能够准确地掌握家庭医生的一些简单情况，如毕业院校、专业特长、服务特点等。

（二）满意度评价

满意度（satisfaction）反映了评价者对社区卫生服务的情感体验，是体现以人为中心的初级卫生保健服务的社会效益的重要质量指标之一。医务人员和居民对社区卫生服务的满意度，可受政治、经济、文化、行为、心理因素、卫生教育等多种因素影响。研究人们对基层医疗卫生机构服务满意度的有关影响因素，从卫生服务提供者和接受者两个方面了解对待社区卫生服务的态度和支持程度，是改善服务质量的一个方面。通常采用询问随访和追踪观察两类方法进行评估。

1. **医务人员满意度**　包括医务人员对工作环境、绩效分配方案、工作量、社会地位等的满意度。

2. **服务对象满意度**　社区居民对社区卫生服务的满意度，是服务对象按照自己对健康概念的理解和对医疗保健的要求，对机构环境、费用、服务质量、服务态度、服务项目、服务时间、医护人员技术水平、医患关系等进行的主观综合评价。服务对象满意度的评价可参考以下指标，通常可用 −5 到 5 共 11 个级别来进行量化，其中 −5 表示对服务最不满意，5 表示最满意。

（1）服务内容。

（2）全科服务团队的医生服务态度。

（3）护士服务态度。

（4）医疗设备。

（5）候诊环境。

（6）候诊时间。

（7）与医生的沟通交流。

（8）医疗费用合理性。

（9）全科医生的技能。

（10）疾病治疗效果。

二、健康质量评价

健康质量评价基于及时、准确、可靠的资料信息，研究社区人群健康状况及其效益，通常包括疾病谱构成、主要慢性疾病的发病率、患病率、死亡率，以及某项服务或干预措施后的疾病结局或预后评定指标等。数据资料的收集可借助两种方法。一是根据国家规定的登记报告制度、基层医疗卫生机构的工作报表、日常工作记录等现有资料，获取评价资料。二是通过开展专题调查，对所研究的问题进行深入细致的调查研究，取得常规登记和报告等现有资料中未包含的信息，这是开展结果评价研究不可缺少的手段。

（一）研究对象及常用调查方法

1. 研究对象

（1）健康人群：社区卫生服务以健康为中心，其服务人群不仅仅是患者，更包括在开展健康促进和疾病预防服务下的健康人群。

（2）高风险人群：高风险人群是存在明显对健康有危害因素的人群，这类人群发生疾病的概率明显高于其他人群，包括高风险家庭的成员和具有明显的危险因素的人群。凡具有以下一个或多个特征的家庭即为高风险家庭。①单亲家庭；②吸毒或酗酒者家庭；③精神病患者、残疾者、长期重病者家庭；④功能失调濒于崩溃的家庭；⑤受社会歧视的家庭。具有明显的危险因素的人群通常在机体内外环境中存在一个或多个与疾病发生发展有关的诱发因素，如肥胖、吸烟、酗酒、吸毒、运动不足、睡眠缺乏规律性等。

（3）重点保健人群：由于各种原因需要在社区得到系统保健的人群，如儿童、妇女、老年人、疾病康复期人群、残疾人等需要特殊保健的人群。

（4）病患人群：患有各类疾病的人群，包括社区常见病患者、慢性病患者、严重精神障碍患者，这类人群通常需要家庭照顾、急救或临终关怀等服务。

2. 常用调查方法

（1）询问调查：根据研究目的拟定结构化或半结构化调查表，由经过训练的调查员面对面直接向被调查的居民及其亲属询问，进行资料收集。询问调查一般采用抽样的方法，选取有代表性的样本。通过询问调查既可以收集常规登记报告不能得到的资料，又能核对资料的正确性和完整性，是初级卫生保健服务评价研究中最常用的方法。

（2）座谈调查：通常采用的方式是一小组人聚在一起，在一个主持人的引导下围绕某一主题进行讨论，通常适用于深入了解目标群体的态度、行为及产生这种行为或态度的原因。

（3）信件调查：调查表可采用邮寄通信的方式发给被调查者，根据调查表的填写说明进行填写。这种方法的应答率通常较低，如能取得70%的应答率已是非常理想的结果；如条件允许，也可考虑采取网上填写的方式。

（4）健康检查法：采用健康检查或实验室辅助检查，获取生物医学指标信息。体格检查通常包括体温、脉搏、呼吸、血压、身高、体重、腰围、心脏、肺部、腹部等常规体格检查指标。辅助检查通常包括血常规、尿常规、肝功能、肾功能、空腹血糖、血脂和心电图监测等结果指标。

（二）慢性病健康管理

1. 慢性病流行情况的核心评价指标

（1）患病率：如高血压患病率、糖尿病患病率等。按人数计算时，慢性病患病率指调查前半年内慢性病患者数与调查人数之比；按例数计算时，慢性病患病率指调查前半年内慢性病病例数（含一人多次得病）与调查人数之比。慢性病患病包括下列两种情况。

①调查前半年内经过医生诊断明确有慢性病；②半年以前经医生诊断有慢性病，在调查前半年内时有发作，并采取了治疗措施如服药、理疗等。

（2）发病率：如恶性肿瘤发病率、脑卒中发病率、急性心肌梗死发生率等。

（3）死亡率：如慢性病总死亡率及占居民总死亡的构成比、恶性肿瘤死亡率、心血管病死亡率、脑血管病死亡率、慢性呼吸系统疾病死亡率等。

（4）功能丧失率：发生肢体或器官功能丧失的患者数÷接受观察的患者总数×100%。

（5）生存率：从病程某时点诊疗开始，随访n年后尚存活的病例数÷随访n年的病例总数×100%。

2. 危险因素流行情况的核心评价指标

（1）健康知识与行为：如预防和控制慢性病的核心知识知晓率、健康行为形成率等。

（2）生活方式：包括烟草使用（如吸烟率、青少年尝试吸烟率、医务人员吸烟率、女性吸烟率）、膳食摄入（如人均每日钠盐摄入量、食用油摄入量、新鲜蔬菜水果摄入量）、体育活动（如城乡居民经常参加体育锻炼的人数比例）等。

（3）高风险人群：如成人超重和肥胖现患率、高血压前期现患率、糖尿病前期现患率、血脂异常现患率等。

3. 高血压健康管理

（1）血压控制率：年内最近一次随访血压达标人数÷年内已管理的高血压病患人数×100%。最近一次随访血压指的是按照规范要求最近一次随访的血压，若失访则判断为未达标，血压控制是指收缩压<140mmHg和舒张压<90mmHg（65岁及以上患者收缩压<150mmHg和舒张压<90mmHg），即收缩压和舒张压同时达标。

（2）高血压生活方式干预目标：①体重指数<24kg/m^2；腰围<90cm（男性）或小于85cm（女性）；②每周5~7次中等强度运动，且每次持续30分钟；③每日食盐摄入量≤6g；④科学戒烟，避免被动吸烟；⑤白酒<50ml（男性）或<25ml（女性）；葡萄酒<100ml（男性）或<50ml（女性）；啤酒<250ml（男性）或<125ml（女性）。

4. 糖尿病健康管理

（1）管理人群血糖控制率：年内最近一次随访空腹血糖达标人数÷年内已管理的2型糖尿病患者人数×100%。最近一次随访血糖指的是按照规范要求最近一次随访的血糖，若失访则判断为未达标，空腹血糖达标是指空腹血糖<7mmol/L。

（2）2型糖尿病综合控制目标：①空腹血糖4.4~7.0mmol/L、非空腹血糖<10.0mmol/L；②糖化血红蛋白<7.0%；③血压<130/80mmHg；④总胆固醇<4.5mmol/L；⑤高密度脂蛋白胆固醇>1.0mmol/L（男性）或>1.3mmol/L（女性）；⑥甘油三酯<1.7mmol/L；⑦低密度脂蛋白胆固醇<2.6mmol/L（未合并动脉粥样硬化性心血管疾病）或<1.8mmol/L（合并动脉粥样硬化性心血管病）；⑧体重指数<24.0kg/m^2。

（三）社会效益与负担指标

1. 健康促进与健康行为

包括健康教育普及率、居民健康知识知晓率等；健康行为指标通常包括居民基本健康行为形成率，包括吸烟、过量饮酒、滥用药物、盐摄入量、健康信念模式、参加体育锻炼人口比例等。

2. 质量调整生命年（quality-adjusted life year，QALY） 指由于实施某项初级卫生保健服务或干预，延长了人的寿命。在计算时，根据不同的健康状况赋予不同的效用值权重。如果健康生活了一年则记为1，如果死亡则记为0，如果伤残则根据适当的标准记为0~1之间的数字。例如，某患者经诊断，可以以现在伴有疾病的状态生存15年，假设该患者选择完全健康的生活，则其生存时间将会相应减少为10年，即今后的15年相当于10个质量调整生命年。

3. 失能调整寿命年（disability-adjusted life year，DALY） 指从发病到死亡所损失的全部健康寿命年，包括因早逝所致的寿命损失年和疾病所致伤残（失能）引起的健康寿命损失年两部分，即将伤残所致的生命年损失转换成相当于死亡所致的生命年损失，再与真实死亡所致的生命年损失相加，计算出某一疾病所造成的综合生命年损失。

4. 伤残调整期望寿命（disability-adjusted life expectancy，DALE） 以寿命表为基础，将在非完全健康状态下生活的年数，经过伤残严重性权重转化成相当于在完全健康（或等价完全健康）状态下生活的年数，从而进行人群健康状况的量化评价。

5. 健康相关生存质量（health-related quality of life，HRQOL） 反映个体对其身体（生理）功能、心理功能、社会适应能力等与健康相关的自我感受的综合，在研究中通常分为生理功能、生理问题对功能的限制、心理问题对功能的限制、心理健康、精力疲惫或乏力、疼痛、社会功能、健康总体评价等八个维度，采用SF-36健康调查简表等工具进行研究。

三、研究实例

某基层医疗卫生机构全科医生依托慢性病健康管理，开展了一项对社区高血压患者膳食咨询指导干预的服务质量评价。该研究对日常管理的社区1级高血压患者（收缩压140~159mmHg/舒张压90~99mmHg），结合专科营养师干预指导，开展了为期12个月的高血压膳食咨询指导（dietary counselling）干预工作，并以心血管危险因素（cardiovascular risk factors）为切入点，对服务质量进行了评价研究。

该全科医生采用平行分组的随机对照试验设计，按照国际最新高血压诊疗规范标准，在基层医疗卫生机构共纳入近六百例年龄40~70岁，且首次被诊断为1级高血压的社区居民，1:1随机分为常规对照组与干预组。对照组入选者给予标准化的全科医生常规宣教管理；干预组在标准化的全科医生常规宣教管理基础上，再经转介由专科营养师提供一对一的膳食咨询指导。

入组的高血压患者在第6个月及第12个月随访时，由护士安排前往基层医疗卫生机构进行血压、血脂和体重指数的测量。与基线相比，干预组在第6和12个月随访时的收缩压分别下降8.9mmHg和9.0mmHg，舒张压分别下降2.7mmHg和2.9mmHg；收缩压和舒张压的降幅均与同期对照组的降幅相近，且无统计学差异。在第12个月随访时，两组研究对象中收缩压（$P=0.632$）和舒张压（$P=0.318$）未有改善者所占比例的组间差异无统计学意义。此外，干预组与常规对照组中均观察到血脂和体重指数存在具有统计学意义的显著改善。

该评价结果表明，在社区全科医生开展的常规健康管理基础上，再进行专科营养师的高血压膳食咨询指导，尚不足以进一步显著提升高血压防治效果；通过加强社区全科医生的慢病管理，有望减少不必要的专科转诊，从而提高医疗卫生系统效率。

该研究实例简要介绍了采用前瞻实验性研究设计，以社区慢性病高风险人群为研究对象，对初级卫生保健干预后的人群健康质量的变化情况进行的分析研究。

（王皓翔）

第十一章　卫生经济学评价研究

　　卫生经济学是多种经济学科在卫生领域中的应用，与医学、卫生学、人口学、社会学都有着密切的联系。

　　卫生经济学作为一门学科，在20世纪50~60年代形成和发展至今，其历史背景主要有以下两个方面。

　　第一，经济发达国家卫生费用急剧增长。由于医学科研技术水平的迅速提高，诊疗手段和卫生设施、设备的现代化，人口老龄化，慢性病患病率增加和人们对医疗保健需求水平的提高等原因，造成医疗卫生费用大量增加。高额医疗卫生费用对政府、企业雇主、个人和家庭都是沉重的经济负担，客观上要求分析卫生费用迅速增长的原因，寻求抑制卫生费用增长的途径。

　　第二，卫生事业社会化。随着卫生事业规模扩大，技术装备先进，分工和专业化水平高，医疗卫生事业已成为占用相当数量资金和劳动力的"产业"部门，在社会经济生活中占有重要地位。因此，对卫生经济问题的研究成为经济学研究领域的重要课题。

　　从我国现阶段来看，随着我国经济社会发展、医疗技术水平提升，大量创新药品、耗材问世，人口老龄化及人民对医疗需求增长，尤其是全民医疗保险体系有效释放医疗需求，医疗费用呈现上涨趋势。面对不断上涨的医疗费用，作为医疗市场最大购买方，有限的医保基金不得不考虑疾病治疗的经济性，因此卫生经济学，尤其是药物经济学，在当前显得尤为重要。卫生经济学评价结果逐渐成为卫生领域政策制订部门决策的重要参考内容。

　　评价比较各类备选方案经济性，是卫生经济学评价的核心内容。卫生经济学的评价方法和评价指标是否合理，直接关乎结论的科学性。本章结合研究实例，介绍卫生经济学主要的评价方法及相应的评价指标概念、计算方法、判别准则和适用范围。

第一节　卫生经济学相关概念

一、资金的时间价值

　　疾病的预防或诊治需要持续一定的时间，尤其是伴随终生的慢性病治疗。在不同的时间支付不同的成本、获得相应收益。在进行评价时，我们关注所投入成本和最终的收益大小，但还必须同时关注成本或收益发生的时间，也就是需要研究成本、收益与时间的关系。因为在不同时间所付出或得到的相同数额资金在价值上不相等。具体表现如下。

首先，资金伴随生产与交换进行而不断变化，生产与交换活动给投资者带来利润，表现为资金增值，资金的增值特性使资金具有时间价值；其次，资金一旦用于投资，就不能用于现期消费，资金的时间价值体现为对放弃现期消费的损失所作的补偿。资金时间价值受投资收益率、通货膨胀因素、风险因素等多种因素的共同影响。资金时间价值的客观存在，决定不同时点发生的资金不能直接加和或比较。

二、资金等值计算与贴现

资金的时间价值表明，不同时间发生的数额相等的资金具有不同价值。从另一方面说，也就是不同时间发生的数额不相等的资金可能具有相等价值，可以把在某个时点发生的资金金额换算成另一个时点的等值金额，这一过程叫资金等值计算。把将来某一时点的资金金额换算成现在时点或相对于该未来时点的任何较早时点的等值金额，这一过程叫折现或贴现。将来时点上的资金折现后的资金金额称为现值。与现值等价的将来某一时点的资金金额称为终值或将来值。进行资金等值计算中使用的反映资金时间价值的参数叫折现率，也叫贴现率。将未来时点的资金进行折现的公式如式11-1所示：

$$P = F / (1+i)^n = F(1+i)^{-n} \qquad （式11-1）$$

在公式中：P 现值；F 将来值；i 贴现率；n 方案的时间周期数，时间单位与贴现率的相同，通常为年。

三、基准折现率

基准折现率的大小直接关系到方案的成本和收益现值大小，关系到备选方案的经济性优劣排序，关系到最终方案的选择。因此，采用某一特定的观点对不同类型或种类的备选方案进行卫生经济学评价时，应采用相同的基准折现率。通常情况下基准折现率一经确定，则在一定时期内应是相对稳定、不变的。

截至目前，不同国家对卫生经济学评价中基准折现率的确定方法及有关规定不尽相同。美国卫生研究领域普遍建议在卫生经济学研究中选用3%的贴现率，同时报告5%贴现率下的研究结果以便与其他研究进行比较，敏感性分析则可选择0~7%的贴现率；英国国立健康机构推荐选用6%的贴现率；世界银行建议选用3%~5%的贴现率。我国卫生经济学业界普遍选用3%~5%的贴现率。

四、机会成本

机会成本又称机会损失，是指将一种具有多种用途的有限资源置于某特定用途时所放弃的置于其他用途时可能获得的最大收益。考虑机会成本的意义，在于把稀缺的资源用于最有利的地方，也就是在使用资源时，应从各种机会中选择最优的。掌握机会成本概念，有利于帮助我们深入理解卫生经济学评价中的成本的内涵及其识别与计量方法。

第二节　成本–效果分析

一、基本概念

成本–效果分析（cost-effectiveness analysis，CEA）是将备选方案的成本以货币形态计量，收益则以临床效果指标来表示，进而对各备选方案的成本和效果进行分析和比较的一种评价方法。在成本–效果分析中，成本即实施方案所消耗的全部资源的价值；收益直接采用治疗或干预方案实施后所产生的健康效果或临床结果指标（如血压降低的千帕数，血糖、血脂等指标的变化值，有效率等）予以描述和计量。

成本–效果分析一般适用于具有相同临床产出指标的备选方案之间的比较，其测量单位一般为物理或者自然单位（如生理参数、功能状态、治愈率、生命年、无症状天数等）。当比较的备选方案选择不同的健康产出指标时或者备选方案有多个重要健康产出指标时，成本–效果分析难以较全面地进行比较。此外，成本–效果分析得到的结果显示为更高的费用得到更好的效果时，目前暂无公认的阈值（threshold value）判断其经济性。

二、分析方法

成本–效果分析评价指标

《中国药物经济学评价指南2020》中建议同时提供平均成本–效果比（average cost-effectiveness ratio，CER）数据和增量成本–效果比（incremental cost-effectiveness ration，ICER）数据，以全面反映评价结果。

1. 平均成本–效果比　平均成本–效果比表示产生单位健康产出所需的平均成本，即每产生1个效果所需的成本（如每延续生命一年所花费的资源量）；通常用于评估单个治疗方案的效率高低。平均成本–效果比直接将卫生成本除以健康产出，得到单位产出的平均成本；其体现的是单个卫生干预方案的资源使用效率，但单位效率最优的方案并不一定是经济性最优的方案，因为需要考虑到不同方案的成本和产出的数量值。

假设两种治疗方案A和B，其中A为新治疗方案，B为旧治疗方案或标准治疗方案，采用两种治疗方案产生的成本分别为C_A和C_B，获得的健康产出分别为E_A和E_B，则A方案的成本–效果比即$CER_A = C_A/E_A$，B方案的成本–效果比即$CER_B = C_B/E_B$。

用平均成本–效果比指标对多个备选方案进行两两方案评价比较时，可能面临的比较结果通常为如下六种之一：

（1）成本相同，效果不同。

（2）成本不同，效果相同。

（3）成本较低，效果较好。

（4）成本较低，效果较差。

（5）成本较高，效果较好。

（6）成本较高，效果较差。

如果出现第（1）（2）（3）（6）种情况，则无需做进一步的评价、比较即可判断方案的经济性；如果出现第4、5种情况，则需要进一步比较。一般而言，新治疗方案相对于旧治疗方案在改善健康结果的同时往往也增加了成本，即 $E_A > E_B$，$C_A > C_B$。假如 $CER_A < CER_B$，即新方案的效率小于旧方案，若仅以效率高低作为评价指标则旧方案为最优方案。但是新方案获得的健康改善优于旧方案，决策者必须考虑健康改善会导致社会整体福利水平的提高，此时新方案有可能成为最优方案。此时，决策者关注的焦点是获得特定的健康结果改善，采用新方案比旧方案多支付的成本是否值得，需要引入增量成本–效果比（ICER）辅助决策制订。

成本–效果比指标是效率型指标，指标值为相对值，简单地按照成本–效果比的大小来排序选优常常会导致错误的结论，也即由直接比较成本–效果比指标值所得的结论不可靠，因此必须采用增量分析法进行评价。增量分析法用于成本–效果比：先将备选方案按成本额由小到大排序；求算成本额较小方案的成本–效果比，判断其经济性，再求算与之相邻的成本额较大的方案与该方案之间的增量成本–效果比，若增量成本–效果比大于或等于基准成本–效果比，则表明用增量成本所换取的增量效果是经济的，所以剔除次优的较小成本额方案；保留成本额较高的方案。用保留下来的较优方案与剩余方案依次类似比较，最终保留下来的方案就是最经济的方案。由此比选过程可知，成本–效果比指标用于增量分析法的关键是有基准的成本–效果比作为判别增量成本–效果经济性的依据，而通常情况下，这一基准是很难确定的。需要特别注意的是，成本–效果分析中的成本与效果值必须是完备的备选方案的全部成本和全部效果，而不是其中的一部分。

2. 增量成本–效果比　增量成本–效果比是成本–效果分析中评价结果最常用的方法，特别是基于质量调整寿命年（quality-adjusted life years，QALYs）这一综合指标构建的增量成本–效果比在卫生政策制订过程中得到了非常广泛的应用。增量成本–效果比指增量成本除以增量健康产出，表示增加一单位的健康产出所消耗的增量成本，可用于评价两个及以上替代治疗方案之间的相对经济性。A方案相对于B方案的增量成本–效果比即 $ICER = \triangle C / \triangle E = (C_A - C_B) / (E_A - E_B)$。ICER是一个比值，其分子是成本差值，通常以货币单位表示，比较统一；其分母是健康产出差值，采用不同的健康产出指标，就会有不同的含义。如采用有效率，就意味着增加一个有效率百分点所需支付的成本增量；如采用QALYs，就意味着增加一个QALYs所需支付的成本增量。增量成本–效果比指标用于决策支持还必须指定一个判断阈值，以评判增加的健康产出和增加的成本孰优孰劣。《中国药物经济学评价指南2020》明确指出，如果增量成本–效果比小于等于阈值，则干预方案相对于对照方案更加经济；如果ICER大于阈值，则对照方案相对于干预方案更加经济；对于QALYs阈值，建议采用全国人均国内生产总值（GDP）的1~3倍。

基于增量成本–效果比指标的计算方式，可以理解其反映的是两种卫生干预方案的边际变化情况，即研究组相比对照组在成本和产出两方面的边际变化。在决策中，事实上考虑的是如下情境：如果引进新的不同研究方案，则边际上成本投入和产出会发生如何变化，所判断的是成本差值和产出差值孰优孰劣的问题。

这样的理解方式是基于增量成本–效果比的直接计算式而得，如果将增量成本–效果比的计算过程加以适当变换，还可以得到该指标另一个视角的决策含义。经济学评价中，需要判断A和B的增量成本效果比是否低于阈值λ（即A经济性是否优于B）。计算式的推理变换过程如下：

$$(C_A-C_B)/(E_A-E_B)<\lambda$$
$$\rightarrow (C_A-C_B)<\lambda \times (E_A-E_B)$$
$$\rightarrow C_A-\lambda \times E_A<C_B-\lambda \times E_B$$
$$\rightarrow \lambda \times E_A-C_A>\lambda \times E_B-C_B$$

在上述计算式变换中，初始计算式$(C_A-C_B)/(E_A-E_B)<\lambda$即为增量成本–效果比的计算和决策基本含义，表示研究组A相比对照组B的增量成本–效果比低于阈值，提示A经济性优于B。经过全等变换，得到最终的计算式$\lambda \times E_A-C_A>\lambda \times E_B-C_B$。此处，$\lambda \times E_A$或$\lambda \times E_B$意味着采用阈值将健康产出货币化（例如，设定QALYs阈值为2019年人均GDP约7万元，如果获得了3个QALYs，就可以计为21万元），而（$\lambda \times E_A-C_A$）或（E_B-C_B）即意味着货币化健康产出减去成本所得的货币化净收益。由此，最终计算式$\lambda \times E_A-C_A>\lambda \times E_B-C_B$即意味着研究组A的净收益高于对照组B的净收益。所以，在经济学评价中得到研究组相比对照组的增量成本效果比低于阈值，就等同于研究组货币化净收益高于对照组净收益。决策中选择净收益最高的方案，就具有较优的经济性，而被放弃的方案的净收益，就体现为决策的机会成本。也就是说，通过计算增量成本–效果比来优选卫生干预方案，本质上就是在备选项中选择净收益最高者，也即选择机会成本最小者，相比增量成本–效果比和阈值的比较，这是更为直白易解的决策方式。

三、研究实例

某疾病为一种威胁患者生命的严重疾病（如心肌梗死等），临床中采用挽救生命数作为其主要效果指标，现有五种治疗方案甲、乙、丙、丁、戊，分别治疗5组患者，每组有5 000例患者。每个患者只能采用其中一种治疗方案，并且每组患者之间治疗的疗效不受其他组的影响。对该疾病的五种治疗方案进行增量成本–效果分析。

首先，将备选方案按成本由小到大排序，求算成本较小方案的成本–效果比，判断其经济性；然后，求算次小成本的方案与成本最小的方案之间的增量成本–效果比（ICER），若ICER小于或等于外部判断标准S，则表明用增量成本所换取的增量效果是经济的，所以剔除次优的较小成本方案，保留成本较高的方案；若ICER大于S，则表明用增量成本所换取的增量效果不经济，剔除成本较大的方案，保留成本较小的方案。用保留下来的较优方案与剩余方案依次类似比较，最终保留下来的方案就是最经济的方案。这五种治疗方案中没有绝对劣势方案，即任意两个治疗方案相比，成本较高的方案挽救的生命数也较多。

外部判断标准S的一般来源于决策者的价值判断、卫生领域外的健康价值标准、消费者自身的价值评估或药物经济学评价准则。当外部判断标准S＝5万元/每挽救1个生命时，对五种方案进行比较，具体参数见表11-1，备选方案成本按照由小到大排序分别为甲、乙、丙、丁、戊，根据其效果指标挽救患者数和成本计算出成本效果比C/E分别为1.0、1.1、0.9、1.2、1.1，其中甲方案成本最小，成本效果比小于外部判断标准S，具有经济性；接着比较乙和甲方案，求出增量成本效果比（ICER）为2.00，小于外部判断标准S，表明用增量成本所换取的增量效果是经济的，所以剔出甲方案，保留乙方案；比较丙和乙方案，ICER为0.50，剔出乙方案，保留丙方案；比较丁和丙方案，ICER为3.45，剔出丙方案，保留丁方案；最后比较戊和丁方案，ICER为0.63，剔出丁方案，最终保留下来的戊方案即为最经济的方案。

表11-1　各方案治疗某病挽救患者数及总成本

方案	E（挽救患者数/人）	C（总成本/万元）	C/E	△C/△E
甲	450	450	1.0	
乙	500	550	1.1	2.00（乙和甲）
丙	750	675	0.9	0.50（丙和乙）
丁	850	1 020	1.2	3.45（丁和丙）
戊	1 000	1 115	1.1	0.63（戊和丁）

当外部判断标准S=3万元/每挽救1个生命时，同样对五种方案进行比较，具体参数见表11-2及图11-1，备选方案成本按照由小到大排序分别为甲、乙、丙、丁、戊，根据其效果指标挽救患者数和成本计算出成本效果比C/E，比较乙和甲方案，求出ICER为2.00，小于外部判断标准S，表明用增量成本所换取的增量效果是经济的，所以剔出甲方案，保留乙方案；比较丙和乙方案，ICER为0.50，剔出乙方案，保留丙方案；比较丁和丙方案，ICER为3.45，大于外部判断标准S，用增量成本所换取的增量效果不经济，此时剔出丁方案，保留丙方案；最后比较戊和丙方案，ICER为1.76，剔出丙方案，最终保留下来的戊方案就是最经济的方案。在此案例中戊方案在增量分析中符合经济性判断标准S，即增量成本效果比小于的基准成本效果比S，但并非成本/效果比值最小的方案。

表11-2　各方案治疗某病挽救患者数及总成本

方案	E（挽救患者数/人）	C（总成本/万元）	C/E	△C/△E
甲	450	450	1.0	
乙	500	550	1.1	2.00（乙和甲）
丙	750	675	0.9	0.50（丙和乙）
丁	850	1 020	1.2	3.45（丁和丙）
戊	1 000	1 115	1.1	1.76（戊和丙）

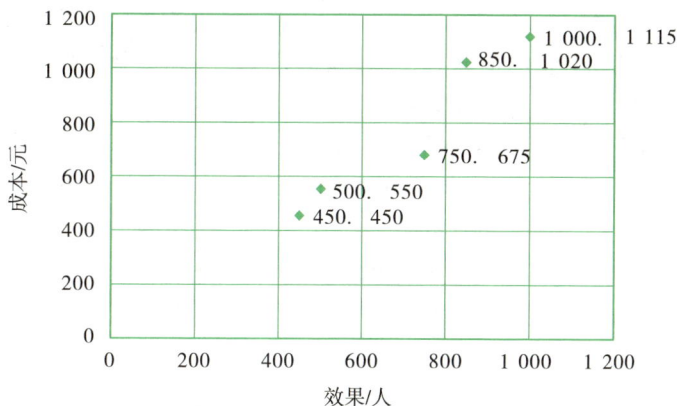

图11-1　各治疗方案成本效果比

第三节　成本-效益分析

一、基本概念

成本-效益分析（cost-benefit analysis，CBA）是对备选方案的成本和收益均以货币形态予以计量和描述，通过比较两种或更多方案的全部预计成本和全部预期效益的现值来评价备选方案，作为进行适宜技术选择的参考和依据。其适用条件是备选方案具有可比性，且备选方案的成本和收益能够并适合于用货币予以计量和描述。通常情况下，只有效益不低于成本的方案才是可行方案。在成本-效益分析中，健康产出的货币化测量方法主要是人力资本法（human capital approach，HCA）或意愿支付法（willingness to pay，WTP），成本-效益分析的结果，建议以净效益（net benefit）方式报告；在分析和报告中需要解释健康产出转换成货币值时所采用的所有步骤和方法，并使用敏感性分析来验证其主要假设。在实际应用中成本-效益分析也存在一定的局限性，因为卫生干预项目难以用货币单位估计挽救的生命价值或健康改善的价值。

成本-效益分析是广泛应用于各行各业的经济分析方法，也是卫生经济学研究与评价最为基本的方法，是其他评价方法的基础。在广义的卫生经济学研究范畴内，成本-效益分析法的常用指标包括一般领域常用的三大类指标——时间型指标、价值型指标和效率型指标，其中最为常用的指标是净现值、费用年值、成本-效益比等指标。而在狭义的卫生经济学研究范畴内，成本-效益分析的常用指标则主要是成本-效益比指标，其反映备选方案的成本总额与效益总额之比，是评价有限的资源获得最大效益的一种评价决策方法。

二、分析方法

（一）成本－效益分析的步骤

一般地说，成本－效益分析的过程由如下5个步所构成。

第一步：识别阶段，判断某一项目可以达到机构所希望的目标。

第二步：调查阶段，主要是了解能实现该目标的各项可能的投资方案。

第三步：收集信息阶段，主要是获取有关各备选投资方案效果的资料。

第四步：选择阶段，采用不同的分析方法，由于定性指标未包括在正式分析之中，管理人员必须用自己的判断决定在最终决策时定性因素占多大比重；以确定各个项目或方案的优劣次序。

第五步：决策阶段，要以上述次序为依据，并要看限制条件情况而定。

（二）成本－效益分析的方法

成本－效益分析有许多种具体方法，可以分为如下情况来加以讨论。

1. 净现值及净现值率法

（1）净现值（net present value，NPV）：是对项目进行动态经济评价最重要的指标之一。净现值是把不同时点所发生的净现金流量，通过给定的基准折现率折现而得的现值代数和。也就是按一定的折现率将方案在整个实施期内各年的效益及成本均折现，所得的效益（正现金流量）现值与成本（负现金流量）现值的代数和就是净现值。净现值的表达式为式11-2：

$$NPV = B - C = \sum_{t=0}^{n} b_t(1+i)^{-t} - \sum_{t=0}^{n} c_t(1+i)^{-t} = \sum_{t=0}^{n} F_t(1+i)^{-t} \qquad （式11-2）$$

NPV净现值，B各年收益的现值之和，C各年成本的现值之和，F_t第t年末的净现金流量，b_t第t年末发生的收益，c_t第t年末发生的成本，n方案运行的年限，i基准折现率。

判别准则：

对单一方案而言，若$NPV \geq 0$，则表明方案的效益现值大于成本现值，方案经济。即从经济性角度而言，方案应予以接受；若$NPV<0$，则表明方案的效益现值小于成本现值，方案不经济。即从经济性角度而言，方案应予以拒绝。

对多方案比较选优情况，净现值越大的方案其经济性越好。净现值指标的优点是既可以判定单一方案的经济性，也可以采用直接比较法对多个备选方案的经济性按NPV值的大小直接进行排序选优。

净现值指标是反映方案净收益绝对量大小的指标，因此只适用于评价、比较作用或影响期（即方案的实施期限）相同的方案。对实施期限不同的方案的评价与比较，可采用净年值指标。

（2）净现值率法：净现值率和净现值的不同，在于它不是简单地计算投资方案未来的现金流入的现值同原投资额之间的差额，而是计算前者对后者之比：

$$NPVR = B / C$$

若指数大于1，说明其收益超过成本，即报酬率大于预定贴现率。它可以看成是1元原始投资可望获得的现值净收益，它是一个相对数指标，反映投资的效率；而净现值是绝对数指标，反映投资的效益。净现值和净现值率这两个指标之间有着如下关系：

净现值 > 0　净现值率 > 1

净现值 = 0　净现值率 = 1

净现值 < 0　净现值率 < 1

2. 净年值（net annual value，NAV）　是通过资金等值换算将方案的净现值分摊到方案整个实施期内各年（从第一年到第 n 年）的等额年值。其表达式为：

$$NAV = NPV(A/P, i, n) \qquad （式11-3）$$

$(A/P, i, n)$ 表示资本回收系数，该系数的具体表达式为

$$(A/P, i, n) = \frac{i(1+i)^n}{(1+i)^n - 1}$$

其余符号意义同式11-2

判别准则：

若 $NAV \geq 0$，则方案从经济性角度而言可以接受；

若 $NAV < 0$，则方案从经济性角度而言不可接受。

净年值与净现值在方案的经济性评价结论上是一致的。因此，尽管净年值与净现值所给出的信息的含义不同，但就经济性评价结论而言净年值与净现值是等效评价指标。净年值指标的特点是既适于作用或影响期相同的备选方案比选，也适于作用或影响期不同的备选方案的比选。

三、研究实例

【案例11-1】

某种疾病临床治疗有 M、N 两种互斥方案，具体的成本和收益数据如表11-3所示。试用成本-效益分析法对方案的经济性进行评价与选择。

表11-3　方案 M、N 的成本和收益

方案	成本/元	收益/元
M	1 100	2 000
N	1 500	3 000

从数据可以计算，方案 M、N 的成本-效益比分别为

$$C(M)/B(M) = 1\ 100/2\ 000 = 0.55$$

$$C(N)/B(N) = 1\ 500/3\ 000 = 0.5$$

成本-效益比指标对多个互斥方案的经济性进行比较与选择时，不能直接按指标值

的大小排序选优，而必须用增量分析法，因此首先需要判定成本较低的方案M的经济性：

$$C(M)/B(M)=1\,100/2\,000=0.55$$

因为方案M的成本-效益比小于1，表明实施方案M是经济的。方案N的实施需要比方案M多投入成本400元，并因而多获得1 000元收益，其增量成本-效益比为：

$$\triangle C/\triangle B=400/1\,000=0.4$$

因为$\triangle C/\triangle B<1$，表明方案N比方案M多投入的成本是经济的，因此，应选择方案N。

上述成本-效益比指标的计算，不仅需同时考虑备选方案的收益与成本，而且需要同时以货币形式计量成本和收益。这些要求对一般领域内的投资项目来说都是非常容易做到的，但是对于医药领域内的一些项目和方案而言，因为涉及较多非经济因素的影响与制约，而通常只有宏观层面的选择问题才能够避开非经济因素的直接作用与影响，因此，这类指标通常适用于宏观层面上的医疗、预防或保健方案之间的比较及其与非医药领域方案之间的比较。而且，宏观层面上的医疗、预防、保健等方案的选择采用上述指标不仅是适宜的，也是必要的，因为只有这类指标才具有广泛的可比性，进而才可能在宏观层面上为与医药相关的政策、决策提供科学的参考与依据。但是，对临床具体病例而言，采用这类指标进行诊治方案的选择通常是非常困难的，因为大多数情况下难以避开所受到的较多的非经济因素的影响，因此将收益货币化计量通常较难实现，甚至是行不通的，这种情况下，需要探寻其他的适宜评价方法。

第四节　成本-效用分析

一、基本概念

成本-效用分析（cost-utility analysis，CUA）是成本-效果分析的一种发展，是将成本以货币形态计量，收益则以效用指标来描述，把生命数量和质量的结果加以综合研究并对成本和收益进行比较的经济学评价方法，其本质是对投入成本量和经质量调整的健康效益产出量进行比较评价。

药物经济学研究与评价中，所谓效用是指所实施的预防、诊治或干预项目满足人的欲望的能力，或者说效用是指人们对所接受的预防或诊治项目给自身健康状态带来的结果和影响的满足程度。效用这一概念是与人的欲望联系在一起的，它是人们对商品或服务满足自己欲望的能力的一种主观心理评价。由于不同的人对同一事物的满足标准和满足程度不同，所以不同患者对完全相同的预防或诊治项目会给出不同的效用值。效用虽是主观评估值，但这种主观评估是建立在客观指标基础之上的。因此，效用主要取决于两类因素——客观指标和主观感受。

关于效用的度量问题，西方经济学家先后提出了基数效用和序数效用的概念；基数和序数这两个术语来自数学。基数是可以加总求和的，而序数只表示顺序或等级，且序数本身的数量具体是多少是没有意义的，序数不能加总求和。基数效用论者认为，效用如同长度、重量等概念一样，可以具体衡量并加总求和，具体的效用量之间的比较是有意义的。表示效用大小的计量单位被称作效用单位。序数效用论者认为，效用是一个有些类似于香、臭、美、丑那样的概念，效用的大小是无法具体衡量的，效用之间的比较只能通过顺序或等级来表示。现代经济学中通常使用的是序数效用的概念；在药物经济学研究与评价中使用的是基数效用概念，成本−效用分析的健康产出评价指标体现了生命数量增减和生命质量改变的综合体，通常是质量调整寿命年（QALYs），该指标是一个标准化的通用健康产出指标，既考虑了治疗方案对患者生存时间的影响，也考虑了对患者生命质量的影响，因此对健康产出的测量相对于其他产出指标更加完整。无论临床产出指标是否相同，成本−效用分析均可对不同治疗方案进行比较分析。

二、分析方法

（一）成本−效用分析的评价指标

运用成本−效用分析评价药物治疗方案之间的优劣时通过成本−效用比（cost-utility ratio，CUR）或增量成本−效用比（incremental cost-utility ratio，ICUR）来判定。

成本−效用比表示方案每获得一个单位的QALY所消耗或增加的成本量，其公式为CUR＝C/U（单位：元/QALY），CUR值越高，表示方案效率越低；反之，CUR值越低，表示方案效率越高。增量成本−效用比反映的是两种备选方案之间单位效用差异下的成本差异，用于考察增加的成本是否值得。增量−效用比不超过某一特定值（阈值），就会选择此方案；使用QALYs表达的增量成本−效用公式为ICUR＝$\triangle$C/$\triangle$QALYs=(C_A−C_B)/(QALY_A−QALY_B)（单位：元/QALY）。

由于在单纯比较两个方案的CUR时易得出误导性结果，在决策分析中往往需要应用增量成本−效用比指标。例如A、B两种方案，A方案在花费1 500元后得到10个QALY，B方案在花费3 000元后得到15个QALY，则CUR_A＝150元/QALY、CUR_B＝200元/QALY，如果简单地用CUR值判断，可认为A优于B；但是，如果进一步比较可发现，B药物相对于A药物获得的额外的5个QALY仅需1 500元，即300元/QALY。如果患者或社会能够负担追加的投资，采用B方案比A方案更合理。

成本−效用阈值法使用"临界比（λ）"来反映边际资源的机会成本，弹性预算背景下，阈值确定的方法主要是社会意愿支付法、人均GDP法、回顾分析法、移植借鉴法、经验确定法等。世界卫生组织建议使用人均GDP法作为判断经济性的阈值。ICUR小于1倍人均GDP表示十分具有经济性；处在1~3倍人均GDP之间表示具有经济性；超过3倍人均GDP则为不具有经济性。社会意愿法用1个QALY的社会平均支付值作为成本−效用阈值，回顾分析为历史数据分析，借助数学模阈值称为移植借鉴法，经验确定法为根据实践经验确定阈值的方法，无明确的理论依据。

固定预算背景下，阈值的确定方法主要为影子价格法、机会成本法、阈值寻找者模式。

将固定预算的影子价格作为成本–效用阈值的方法称为影子价格法，是确定阈值最直接、最具理论正确性的方法。将单位资源（每单位固定预算）用于医疗领域所带来的机会成本作为阈值的方法称为机会成本法，机会成本的确定有一定的限制。阈值寻找者模式的核心思想是，用未得到报销药物中的高效率药物替换原来已确定报销药物中的低效率药物，此时仍得以报销的最后一个药物，其单位成本边际健康收益的倒数即为成本–效用阈值。

（二）效用值测量的方法研究

健康效用值反映人们对某一健康状态的偏好程度，取值一般在0（死亡）到1（完全健康）之间，可理解为任何疾病状态与完全健康状态间的转换系数，疾病状态越糟糕，效用值越低，当某一状态比死亡还差时，效用值为负。健康效用值可以作为生命质量权重（quality）与在该状态下生存的年数（quantity）相乘得到成本–效用分析最常用的结局指标质量调整生命年QALY，因此，这一指标的方便有效测量是医药卫生干预项目成本–效用分析的重要内容，其方法主要包括直接测量和间接测量两种。直接测量法是指通过直观的方法使用测量工具获得受试者的效用值。直接测量法主要包括：标准博弈法（standard gamble，SG）、时间权衡法（time trade-off，TTO）和模拟视觉标尺法（visual analogue scale，VAS）等。间接测量法是指通过量表中的条目及效用值转换表来间接获得受试者的效用值的方法。间接测量法主要有普适性效用值测量量表、疾病特异性效用值测量量表和映射法（mapping）等。常用的普适性效用值测量量表包括EQ-5D、SF-6D、HUI和QWB等。

三、研究实例

目前治疗肥胖型2型糖尿病（T2DM）有传统药物治疗和胃减容术两种方式，以卫生经济学理论研究方法，对比两种方式治疗肥胖型2型糖尿病的成本效用值。

本研究实例通过回顾性队列研究，对比3年内胃减容术、传统药物组治疗2型糖尿病患者的直接医疗成本、临床治疗效果及效用，并应用马尔科夫模型外推40年后，对比两种治疗方法所产生的成本效用。通过真实世界的研究数据支撑，对胃减容术和传统药物方法治疗肥胖型2型糖尿病患者的医疗负担、临床效果深入剖析，为卫生经济学方法引入医保新技术准入提供借鉴，为医院费用管理提供新思路。

（一）研究设计

1. 基线患者入选标准及排除标准 肥胖型2型糖尿病患者的纳入标准：①根据WHO的标准，2年内确诊为2型糖尿病；②年龄18~65周岁；③体重指数（BMI）>28kg/m²；④空腹血清C肽 > 正常值下限的1/2；⑤愿意和能够遵守方案规定的研究流程。

排除标准为：①T2DM病史持续时间超过15年；②筛选随访前2年内有乙醇和/或药物滥用史；③可能会影响临床研究依从性的精神疾病，包括痴呆症、活动性精神病、重度抑郁，或企图自杀；④既往治疗用药依从性差的患者。

2. 患者样本获取方法

（1）根据纳入排除标准随机在江苏省人民医院的医院信息系统（HIS）中抽取近5年

内实施胃减容术的肥胖型2型糖尿病患者41名，构成胃减容术外科组队列。

（2）根据纳入排除标准从江苏省人民医院的HIS系统中获取就诊的300名传统药物治疗患者的信息。运用倾向评分匹配（propensity score matching，PSM）的方法，按1∶1比例对外科手术组患者和传统药物治疗组患者配对，最终形成由41名患者组成的外科治疗组和由39名患者组成的传统药物治疗组两个队列。

3. 模型构建　使用TreeAge Pro 2011软件构建Markov决策树模型，如图11-2所示，模型代表胃减容术治疗或传统药物治疗后，肥胖型2型糖尿病患者的疾病进展过程。

（1）Markov模型状态设定：根据文献资料，本研究设定三个Markov状态。①缓解状态（well），即治疗一年后血糖及糖化血红蛋白控制最佳者（血糖≤5.4mmol/L作为2型糖尿病缓解指标，同时糖化血红蛋白≤6.0%）的状态为缓解状态；②糖尿病维持状态（T2DM），不能满足上述血糖和糖化血红蛋白的指标值者为糖尿病维持状态；③死亡状态（death）。健康状态的转移仅限于目前健康状态的维持或者恶化。

运用回顾性研究方法搜集两组患者的治疗成本和效果数据，模型共运行40个周期，对40年后胃减容术组与传统药物治疗组的治疗结果进行成本–效用分析，比较两种治疗方法的卫生经济学价值。

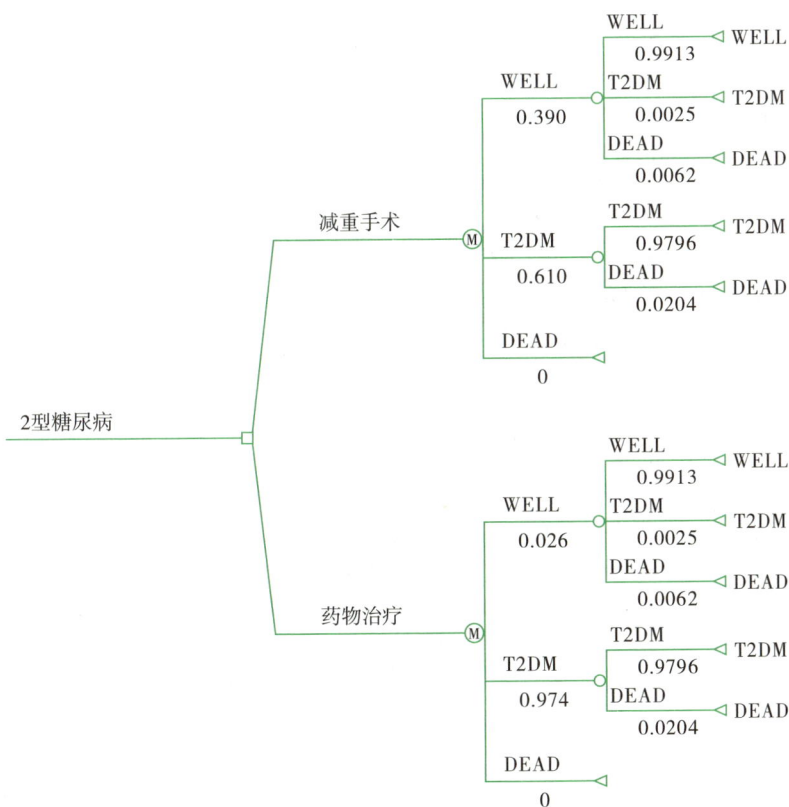

图11-2　Markov模型示意图

（2）成本数据来源：治疗成本主要指直接医疗成本，即研究期间治疗糖尿病的所有医疗费用。传统药物治疗组费用来源于某市职工基本医疗保险数据库，药物组成本主要包含门诊和住院费用，包括了在所有医院进行的糖尿病检查检验、治疗、药品费用等；手术组成本数据来源于医院HIS系统和术后随访数据，胃减容术组成本主要包括手术住院期间费用及门诊复诊相关费用。

所获得的质量调整生命年（QALYs）表示患者的生命质量，药物组、手术组治疗效果数据均来源于医院临床数据中心（CDR）和随访信息。成本贴现率为每年5%。

（3）健康效用值来源：健康效用值的取值，糖尿病缓解状态的健康效用值等同于健康人，该效用值的取值来源于谢琨的研究，根据EQ–5D量表得出糖尿病缓解状态健康效用平均值为0.95。2型糖尿病患者的效用值均来自于陈家应、王萱萱等学者在江苏省开展的对于糖尿病患者生命质量调查研究，2型糖尿病患者的健康效用值均值为0.77。

（4）转移概率来源：2型糖尿病的现患病例数和新发病例数来自于2017年一项全球疾病负担研究（global burden of disease study，GBD）研究成果中的中国地区数据。从2型糖尿病的缓解状态到死亡状态的转移概率看作是非糖尿病人群的全因死亡率。2008年Magliano等提出一个计算非糖尿病人群全因死亡率的计算公式.

$$\mu = [\mu ND \times (1-p)] + [\mu ND \times RR \times p]$$

μ表示总人口全因死亡率，μND表示非糖尿病人群全因死亡率，p表示糖尿病的患病率，RR表示糖尿病人群相对于非糖尿病人群全因死亡率的相对风险。

本研究代入中国地区的数据：其中，2017年总人口全因死亡率和全国总人口数来自于中国国家统计局数据；RR值来自于Xiaoxue Liu等对中国糖尿病发病率和死亡率趋势的研究，考虑到本研究队列的平均年龄和性别比例，取40~84岁年龄别RR值的均值，再根据男女性别比例，取加权平均值，最终代入的RR值为3.29。

根据计算出的非糖尿病人群全因死亡率、糖尿病患病人数、全国总人口数和总人口全因死亡率，计算得出糖尿病人群的全因死亡率。

（二）研究结果

1. 两组患者基线人口学信息　应用PSM（倾向评分）方法，匹配后2组患者基本信息如表11–4。

表11–4　胃减容术组和传统药物治疗组患者人口学信息

人口学信息	胃减容术组	传统药物治疗组	P值
性别（女）	24	22	0.66
年龄/岁	41.54 ± 11.85	42.90 ± 11.18	0.60
BMI/（kg·m^{-2}）	32.73 ± 4.52	34.34 ± 3.26	0.07

传统药物治疗组的基线人口学信息进行两样本均数比较的t检验。从表11–4可知，无论是性别、年龄还是BMI，P值均大于0.05，表明差别无统计学意义。由此可得出结论，

即胃减容术组与传统药物治疗组基线人口学信息无差异。

2. Markov模型参数及结果　　胃减容术组患者在实施手术1年后，2型糖尿病缓解人数16人，占比39%，2型糖尿病患者数25人，占比61%，死亡人数为0；传统药物治疗组患者在服药治疗1年后，2型糖尿病缓解人数1人，占比2.6%，2型糖尿病患者数40人，占比97.4%，死亡人数为0。具体模型中各输入参数及其分布及来源如表11–5所示。

表11–5　Markov模型中各参数及其来源

		干预组			
	总值	胃减容术组	传统药物治疗组	分布	来源
人口学信息					
干预组人数		41	39		回顾性队列研究
平均年龄/岁		41.54	42.9		回顾性队列研究
女性人数		24	22		回顾性队列研究
糖尿病状态					
2型糖尿病缓解人数		16	1		回顾性队列研究
2型糖尿病患者数		25	40		回顾性队列研究
死亡人数		0	0		回顾性队列研究
BMI均值/（kg·m⁻²）		32.73	34.34		回顾性队列研究
每周期费用/元					
初始成本		50 559.17	12 581.46	Gamma	胃减容术组为随访数据；传统药物治疗组来自于某市职工基本医疗保险数据库
循环成本		1 853.42	7 674.24	Gamma	胃减容术组为随访数据；传统药物治疗组来自某市职工基本医疗保险数据库
健康效用值					
2型糖尿病状态	0.77			Beta	参考文献
2型糖尿病缓解状态	0.95			Beta	参考文献
转移概率					
2型糖尿病缓解状态到2型糖尿病复发状态	0.0025[a]			Beta	国家统计局

续表

	干预组				
	总值	胃减容术组	传统药物治疗组	分布	来源
2型糖尿病维持状态到死亡状态	0.0204[b]			Beta	参考文献
2型糖尿病缓解状态到死亡状态	0.0062[c]			Beta	参考文献
意愿支付阈值/元	177 603[d]				

注：a. 由于缺乏2型糖尿病的复发率数据，2型糖尿病缓解状态到2型糖尿病复发状态的转移概率视为2017年2型糖尿病的发病率。

b. 2型糖尿病维持状态到死亡状态的转移概率视为2型糖尿病患者的全因死亡率。

c. 2型糖尿病缓解状态到死亡状态的转移概率视为非2型糖尿病患者的全因死亡率。

d. 意愿支付阈值为中国2017年人均GDP的三倍。

胃减容术组初始成本为每位患者平均住院费用及第一年的平均门诊费用之和，为50 559.17元，之后每年的循环成本为患者在第二年、第三年平均门诊检查费用，为1 853.42元。传统药物治疗组初始成本为每位患者平均第一年的门诊费用，为12 581.46元，之后每年的循环成本为患者在第二年、第三年平均门诊花费，为7 674.24元。模拟其中一位患者的治疗决策，建立Markov模型，并进行运算，结果如表11-6所示。

表11-6　模型运行结果（40个周期）

	干预措施		
	胃减容手术治疗	传统药物治疗	差异
未贴现			
总费用	106 365.35	264 733.80	−158 368.44
QALYs	26.38	21.86	4.53
成本和效用均以5%贴现率贴现			
总费用	76 627.41	134 287.73	−57 660.32
QALYs	12.74	10.95	1.79
成本效用比			
每多获得一个QALY的成本	占优势地位*		

注：*优势地位指带来医疗开支的节约和健康福利。

如表11-6所示，相比于传统药物治疗患者，胃减容术治疗患者额外获得了1.79个已贴现的质量调整生命年。每位患者贴现后费用如下：胃减容术治疗组为76 627.41元，传统药物治疗组为134 287.73元。对于肥胖型2型糖尿病患者，胃减容术相对于传统药物治疗是一种更经济、效果更好的替代疗法。总体来说，胃减容术治疗可以节约57 660.32元的医疗费，并使每位患者增加1.79个已贴现的质量调整生命年。

3. **成本-效用分析** 为了对胃减容术和传统药物治疗这两种干预方案进行经济性比较、选优，本研究采取了增量成本-效用分析法。在经历了40个周期后，胃减容术组相比较传统药物治疗组处于绝对的优势地位。由图11-3所示，在实验过程中，我们发现在运行到第6个周期的时候，胃减容术治疗组的累计成本为59 509.8元，效用值为4.90个QALYs，传统药物治疗组的累计成本为56 613.7元，效用为4.45个QALYs。运用成本-效用分析，CUR手术组 = 12 133.0元/QALY，CUR药物组 = 12 717.7元/QALY，$\frac{CUR_{手术组}}{CUR_{药物组}} = 0.95 < 1$，得出此时胃减容手术组每多获得一个QALY付出的成本低于传统药物治疗组，胃减容手术组经济性优于药物治疗组。

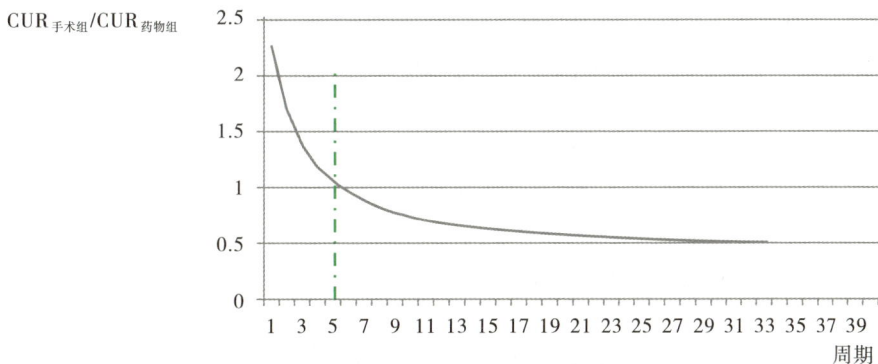

图11-3 手术组与药物组在40个周期内成本效用比变化趋势

对第1至第5周期进行分析，结果均为传统药物治疗组更经济。而从第7个周期开始，手术组的优势地位开始体现。由图11-4所示，第7个周期时，胃减容术治疗组的成本为60 696.82元，效用为5.44个QALYs，药物治疗组的成本为62 337.9元，效用为4.93个QALYs，相对于传统药物组，胃减容手术组的成本更低，效用更高，因此手术组是更加经济的选择，且周期越长，手术组的优势越明显。因此对于肥胖2型糖尿病患者，虽然短期内选择传统药物治疗花费更少，但是从远期获益角度来看，胃减容手术却是更加经济的选择。

4. **不确定性分析** 为了适应模型输入的不确定性并测试模型输出的稳健性，进行了单因素敏感性分析。通过在合理范围内改变每个输入参数来进行单因素敏感性分析，主要在假设基数的20%上下浮动。

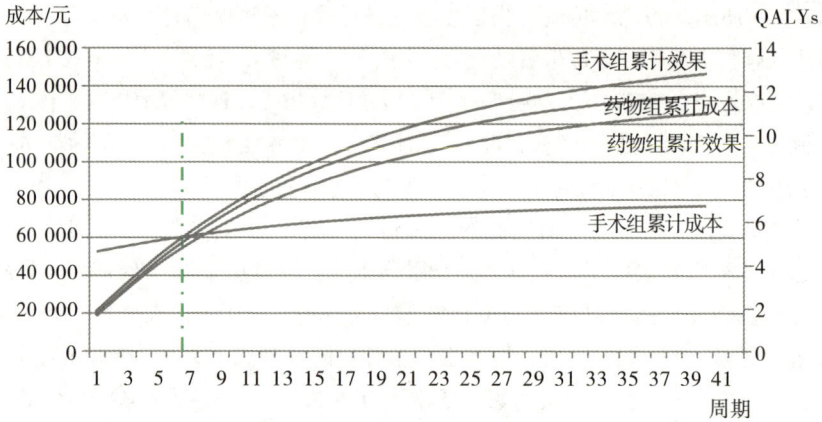

图11-4　手术组与药物组在40个周期内累计成本与累计效果变化趋势

　　单因素敏感性分析的结果用龙卷风图表示（图11-5）。在胃减容手术治疗与传统药物治疗的比较中，模型结果对贴现率最为敏感。其他变量，例如效用值，外科手术的相关成本，对经济结果具有中度或轻度影响。如图11-5所示，模型中不确定性因素按照其不确定性从大到小依次为贴现率，2型糖尿病维持状态下的效用值及2型糖尿病好转状态下的效用值。可见贴现率大小和胃减容手术治疗和药物治疗的效果的好坏程度对模型结果的影响程度较大。

　　对这三个不确定性因素进行单因素敏感性分析，如表11-7所示，可见在2型糖尿病维持状态下和贴现率保持不变的情况下，即使2型糖尿病缓解状态下的效用值在±20%的幅度内变动，胃减容术组依然对传统药物治疗组具有经济优势；在2型糖尿病维持状态下和缓解状态下的效用值均保持不变的情况下，即使贴现率在±20%的幅度内变动，胃减容术组依然对传统药物治疗组具有经济优势；在2型糖尿病缓解状态和效用值和贴现率保持不变的情况下，即使2型糖尿病维持状态下效用值在±20%的幅度内变动，胃减容术组依然对传统药物治疗组具有经济优势。模型参数的假设和敏感性分析都维护了胃减容术治疗的优势地位。

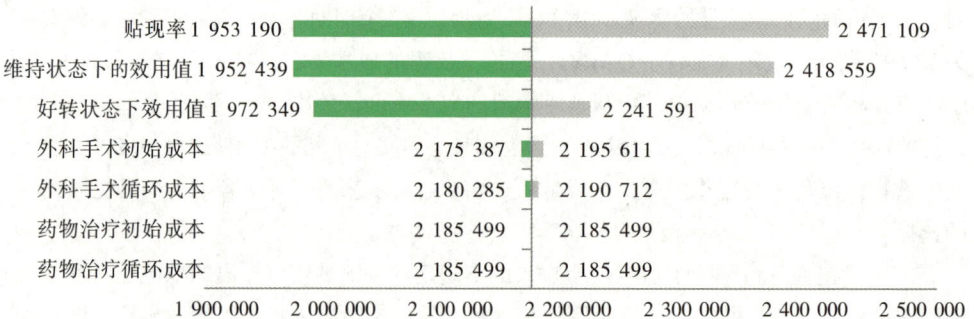

图11-5　龙卷风图

表11-7 三个不确定性因素的单因素敏感性分析

指标浮动	值	干预方案	花费/元	效用/QALYs	分析
贴现率					
−20%	0.04	胃减容术	80 179.77	14.37	优势*
		药物治疗	150 102.94	12.27	
20%	0.06	胃减容术	73 736.49	11.41	优势*
		药物治疗	121 341.39	9.86	
维持状态下的效用值					
−20%	0.62	胃减容术	76 627.41	11.42	优势*
		药物治疗	134 287.73	8.89	
20%	0.92	胃减容术	76 627.41	14.05	优势*
		药物治疗	134 287.73	12.99	
缓解状态下的效用值					
−20%	0.76	胃减容术	76 627.41	11.54	优势*
		药物治疗	134 287.73	10.86	
20%	1	胃减容术	76 627.41	13.05	优势*
		药物治疗	134 287.73	10.97	

注：*优势地位指带来医疗开支的节约和健康福利。

　　上述基于临床真实世界数据并经过贴现后的研究结果显示，胃减容术治疗糖尿病新方式在健康获得及远期治疗成本投入减少方面优势明显，很有可能替代传统药物治疗符合手术指征的肥胖型2型糖尿病。严格从模型周期看，由于手术住院费用较高，在前期，医疗成本高于传统药物组，但从第7个周期开始，手术组的优势地位开始体现，且周期越长，手术组的优势越明显。因此对于肥胖2型糖尿病患者，虽然短期内选择传统药物治疗花费更少，但从远期获益角度来看，胃减容手术却是更加经济的选择。

　　当然，本研究结果不能全面地反映出手术治疗所带来的更多的、潜在的益处。首先，本研究仅围绕糖尿病指标（血糖、糖化蛋白）数值控制作为临床效果。其实，手术的减重效果更加明显，在对手术后患者随访中发现，术后BMI值均已经在正常值范畴。因此，减重能够有效减少肥胖引起的一系列并发症，不仅可以提高患者的生活质量，更加可以节约更多的卫生经济资源。其次，研究对2型糖尿病缓解状态定义较为严格，定义为血糖≤5.4mmol/L同时糖化血红蛋白≤6.0%，作为2型糖尿病缓解指标，在临床实际中，手术组患者术后血糖下降幅度比较明显，几乎达到缓解，但达到完全缓解状态的为39%，因此，外科手术治疗糖尿病的临床效果可能没有得到充分展现。第三，对于经过传统药物组治疗缓解的少部分2型糖尿病患者，本研究没有持续跟踪患者BMI是否降低并维持较好的状态，以降低糖尿病复发的可能。

　　研究结果显示，胃减容术对于治疗肥胖型2型糖尿病患者相比于传统药物治疗有明显的优势，这种优势可能在不仅体现在从经济角度长远的医疗成本方面，也体现在患者获得更多的健康收益。将本研究与国内外相关研究各做比较，发现最终结果具有一致性。证明了从远期获益角度来看，胃减容术治疗2型糖尿病经济性更佳的结论的正确性，也增加了结果的广泛性、真实性与可信性。

（占伊扬）

第十二章　循证医学及其应用

循证医学及
其应用

　　循证医学（evidence-based medicine，EBM）是基于目前最佳证据，兼顾现有资源的多寡及人们的需要和价值取向进行医学实践的科学，是临床和管理决策者需要依赖和遵循的重要学问，体现了现代医学的进步。全科医学临床实践需要循证医学思想的支撑，以防止无效甚至有害的诊疗行为在临床中的引进或使用，敦促以人为中心的照顾原则在患者管理中得以实现，最终让医学真正进入为患者利益服务的良性循环。本章在为全科医生介绍循证医学基本概念、原则等背景知识的基础上，重点阐述了循证医学在全科医学临床实践中的实施方法和步骤。

第一节　循证医学的基础知识

一、循证医学的概念和原则

（一）循证医学的概念

　　1992年，加拿大McMaster大学的临床流行病学专家以循证医学工作组的名义，在*JAMA*发表了一篇题名为《循证医学：医学实践教学新模式》的文章。这是循证医学的概念第一次出现在重要医学文献中。虽然在此之前，循证医学的思想早已存在，也经历过现代循证医学意识之下的尝试，但只因这些尝试是自发、无组织、非系统性的个人行为，往往被忽略。1992年循证医学概念的提出，在于呼吁和促使其由思想变为有组织、有系统、有意识、旗帜鲜明的行为。

　　1996年，牛津大学循证医学首任主任大卫·萨基特（David Sackett）教授和牛津大学卫生科学研究院院长缪尔·格雷（Muir Gray）爵士在《英国医学杂志》发表文章，对循证医学做出了新的定义，该定义是目前为止流传最广、影响最大的对循证医学的定义，简意如下："循证医学是有意识地、明确地、审慎地利用现有最好的证据制订关于个体患者的诊治方案。实施循证医学意味着医生需综合参考研究证据、临床经验和患者意见进行实践。"

　　该定义承认医学有史以来都是基于证据进行实践的，只是循证医学对证据的含义和重视程度不同。获取证据最可靠的方法是科学研究，在临床经验和科学研究证据都存在时，决策应基于研究证据。

（二）循证医学的原则

循证医学的原则包括三点内容。首先，应获取现有最佳证据，临床决策必须建立在现有最佳证据的基础上。第二，需评价证据的可信度。第三，临床决策不可单靠证据，还需考虑现有资源的多寡及对资源分配的价值取向。

1. 获取现有最佳证据　循证医学的定义在重申临床经验重要性的同时，更加明确了证据在决策中的重要性及必要性。"现有"和"最佳"是理解各种证据意义和用途的关键。当可信度高的研究证据不存在时，仍需对患者开展医疗服务，决策依旧要进行。此时，医生的临床实践经验就可能是现有最佳的证据，也是医疗决策唯一可循的证据。

然而，医学专家的临床经验或教科书的推荐往往明显滞后于研究证据，导致无效甚至有害的临床干预没有及时被淘汰或终止使用，而有效且成本效益划算的干预措施没有及早被引入临床实践。例如，由于基础研究对利多卡因预防急性心肌梗死后室性心律失常机理的清晰阐述，教科书曾推荐预防性利多卡因的方案。然而，随机对照试验证明，虽然利多卡因可改善心率，但很可能会增加患者死亡的危险。同时，虽然早期便有基于随机对照试验的临床研究证明溶栓治疗可降低心肌梗死患者死亡的风险，但该治疗方案却没有及时在临床上得到广泛的推荐使用。如果临床专家们可以尽早看到随机对照试验展示的临床研究证据，或许就能提早摒弃预防性利多卡因，及早推荐溶栓治疗。

2. 评价证据的可信度　并非所有证据都同样可信，为获取现有最佳证据以给予患者最优个体化诊疗方案，需要评价证据的可信度（confidence）。可依据的评价理论包括循证医学传统的证据等级（hierarchy of evidence）理论，以及更为复杂的证据质量和推荐等级系统，即证据推荐评估、开发与评价分级标准（grading of recommendations assessment, development and evaluation，GRADE）。

（1）证据等级：传统的循证医学中，曾经通过证据等级来解决"最佳证据"获取的问题。临床过程通常可分为诊断、治疗、病因与预后四大类，相对应的研究可概括为三大类，分别为诊断试验类研究、治疗干预类研究，以及病因与预后类的观察性研究。

高证据等级的诊断试验类临床研究，应满足以下条件：①纳入诊断未明、有足够代表性的患者；②诊断试验可以与恰当且独立的金标准试验相比较；③诊断试验和金标准试验结果都采用了盲法；④无论最终诊断是什么，所有患者都应接受同样的金标准试验。

对于治疗干预类研究，就干预措施的效果而言，最可靠的证据来自多个随机对照试验的系统综述（关于系统综述的概念和实施，参见本章第二节），其次是单个随机对照试验，而非个人意见、临床经验、依据病理生理知识的推理，或是动物实验和离体实验室研究。虽然这些也可以作为决策参考，但它们不属于流行病学研究证据（关于流行病学研究证据相应的科研方法，参见本书第四章内容），与临床决策无直接的相关性。

需要强调的是，在治疗干预类研究中过于强调只有随机对照试验才可证明干预的有效性的观点是片面的。首先，在治疗极其有效或干预效果非常强时，与历史经验比较，治疗几个患者就可以判断效果的存在，这时随机对照试验的证据往往是不必要的。另外，现有高质量临床试验主要集中在西医药物，过于强调随机对照试验证据易造成对外科措施、中医药的重视不足。由于这些领域的临床试验相对较少，相应最佳证据可能来自观察性研究或临床经验。

对于病因与预后类研究，前瞻性的观察研究最能够准确反映特定时间段内暴露与预后之间的关系，多数情况下，在病因与预后类研究中处于证据等级的最高层。

（2）证据推荐评估、开发与评价分级标准（GRADE）：GRADE为相对更复杂的评价证据可信度或证据质量的评价系统。该系统将证据可信度分为高、中、低或极低四个级别。在GRADE评价系统中，随机对照试验比观察性研究有更高的可信度。但如果随机对照试验在设计或实施过程中存在问题，例如研究结果不精确（imprecise）、不一致（inconsistent）、间接性（indirect），或怀疑存在发表偏倚（publication bias），研究的可信度将会降级。

此外，对于干预效果很强的措施（例如胰岛素治疗糖尿病酮症酸中毒），即便是未采取随机对照试验的设计，仅在单臂设计的情况下，GRADE评价体系也会给出中等甚至高可信度的评价。

3. 临床决策不可单靠证据　全科医疗强调以人为中心的照顾，意味着要将患者看作整体并给予充分的尊重，在掌握其病情并做出处理的同时，对就诊背后的原因、期望、担心、情感状态、文化价值观等做出回应，给予患者个体化的干预措施。

医疗实践也是这样一项具备独特性的科学，通过研究得到相应问题的推论之后，再应用回具体的个体患者，同时必须兼顾和平衡证据（evidence）、资源（resources）和价值取向（values）三个方面，依据实际情况，做出合理的决定。

二、证据不等于决策

（一）证据的含义

哲学概念中对"证据"一词的定义并不一致。多数哲学家将"证据"定义为"相信的理由"，即支持某观点或信念的依据。无论是客观事件还是主观经验，都可作为依据，用来支持或反对某观点或信念，因此，两者均可作为"证据"的来源，在广泛意义上作为解决问题和做出决策的理性基础。

由此推断，循证医学中对"证据"的定义同样既可包括由主观经验性的观察（例如对患者躯体症状或精神状态的观察）构成的临床经验，同时还包括客观的科学研究（例如基层研究和临床研究）产生的结果。

来自于科学研究的证据种类很多，产生的证据的质量和可靠性也各不相同。明确区分和对待不同来源的证据是循证医学的重要特征之一，这包括两个层面，一是证据的相关性，二是证据的质量（quality of evidence）。

对证据质量的高低进行判断有三个重要意义。首先，科学研究质量的高低是其结果可信性的前提，证据质量越高，其结果的可信性就越高，正确决策的把握就越大。第二，循证实践时，文献检索必须从可获得的最高质量证据开始。例如，疗效证据的检索应从随机对照试验的系统综述开始，当最高质量的证据无法获得或不存在时，再依次向下寻找低一级质量的证据，直到检索到证据为止，就此检索到的证据就是"现有最佳的证据"。第三，当面对各种质量的证据时，实践和决策应基于最佳的证据。

科学研究的结果来自于对群体的观察，代表一个平均趋势，因此这些研究结果应用到个体时应慎重。决策者必须审慎考虑具体患者的特殊性，并根据自己的临床经验，综合研究证据、医疗条件和患者的意见，做出最合适的决定。如何综合各种决策因素，制订出合理的诊治方案，将主要依赖于医生的经验和水平，就此意义上讲，经验在循证医学时代仍有其不可取代的作用。

（二）证据是临床决策的必要而非充分条件

循证医学实践与传统医学实践的核心区别在于对证据的界定和重视。循证医学虽重视寻找最佳证据作为决策的依据，但同时还强调证据本身不是决策，任何医学决策必须同时兼顾现有资源和对资源分配的价值取向，并结合临床经验综合制订（图12-1）。

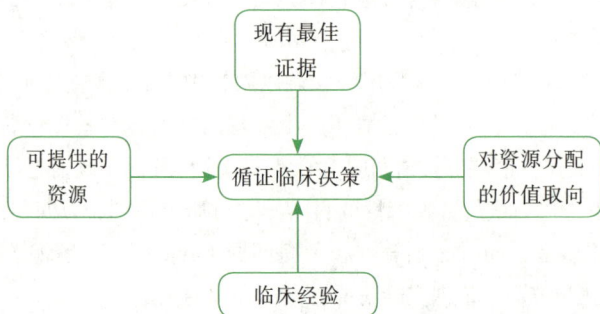

图 12-1　循证临床决策的要素

面对研究充分证明无效的干预措施时，证据可能是决策的决定因素，阻止或取缔该类措施的使用可能是最好的决定。然而，人们会拒绝采纳一项科学研究充分证明有效的昂贵的治疗，可能是因为经济上负担不起，这是决策中的经济因素。人们也可能会拒绝采纳一项充分证明有效并非昂贵的治疗，可能觉得干预的效果并不可取，更愿意把有限的资源用到更需要的地方，这是资源分配中价值取向的问题。

医疗实践作为一项具备独特性的科学，在获取最佳证据之后，还需应用回到具体的个体患者。但很多时候，最终的决策与获取的最佳证据的结论经常无法真正对应。正因如此，医学虽然是一门科学，但真正做好医学实践却是一门艺术，要求每一名医生依据经验、沟通交流，厘清和判断患者的价值观、个人倾向、情感的好恶等等因素，协助并指导他们在不同选择间权衡，同时让患者真正参与到诊疗决策中，而不是让共同参与流于形式。在基于循证临床决策构架之下产生的医患之间真正的对话，才是对患者最有意义和价值的沟通方式。

在做出医疗决策时，如果把最佳的证据当作"理"，那么，在证据以外影响决策的因素可称之为"情"。"理"是科学发现的客观事实，但患者不是理性的逻辑机器，每个患者都有他们的想法、考虑和担忧的事情，有他们的主观情感和偏见好恶。因此，面对获得的客观事实证据，不同患者会有着不同的选择。例如，随机对照试验证明了某种药物针对某适应证的有效性，这是客观事实，是获得的证据。但实际临床中，如何根据患者适应证的情况进行治疗，还受到其他因素影响。

全科医疗临床决策，"情"与"理"缺一不可。理性的证据无疑应渗透到每一项医疗卫生决策中，当证据存在时，无视或忽视其存在是不可取的无知且不负责任的行为。但强调证据的重要，并不代表证据就等同于最终决策。循证医学强调要主动寻找最佳的证据，目的是让证据作为"相信的理由"，呈现事实真相。当真相被清晰地呈现出来时，证据在整个决策中起到的全部作用就已经完成了。获得的最佳证据本身并不能告诉全科医生是否需要实施某项临床实践，或是怎么来实施。最终的选择和决策，取决于全科医生和患者自身。

三、临床问题的含义

（一）背景问题与前景问题

学会如何正确构建科学问题是循证医学实践非常关键的要素。医学问题可概述为背景问题（background questions）和前景问题（foreground questions）两大类。

刚接触医学的学生在遇到高血压患者时，会问以下一些问题："什么是高血压？""为什么患者血压会升高？""为什么患者会出现头晕？""高血压有哪些治疗方法？"，这些问题通常与生理过程和病理生理机制有关，经典的医学教科书也会做详细阐述，是回答这些背景问题的很好资源。

多数情况下，只有在全面充分理解背景问题的前提下，才可继而提出前景问题，例如"高血压有哪些临床特征或测量结果预示并发症风险增高？""高血压患者药物治疗时，在控制血压和预防并发症方面，血管紧张素转化酶抑制剂类药物是否优于其他类药物？"有经验的医生经常会问诸如上述的前景问题，而这些问题，通常需要查找最新的文献资源来解决。

当然，当遇到新的疾病时，有经验的医生同样需要提出背景问题，例如新的诊断试验或是新的治疗方法等。

（二）临床问题的阐明

1. 临床问题的结构　由于医生提出的临床问题，尤其是前景问题，很难直接在文献研究中找到答案，因此应将这些前景问题通过一定的技巧，转化成科学的临床问题，与文献研究证据中的答案相对应。

实际操作中，可遵循PICO的技巧，将临床问题进行分解。

P（population or patients or participants）：人群、患者、研究对象是谁，他们有什么样的特征、所患何种疾病；

I（intervention or exposure）：干预措施或暴露因素，例如拟比较的治疗策略、对人体有害的暴露因素或危险因素；

C（control or comparison）：对照措施或比较因素，例如采用其他治疗策略、安慰剂、常规治疗、未采用治疗策略的空白对照、无特定危险因素的暴露；

O（outcome）：结局，即与关注的干预措施或暴露因素相关的结局，这样的结局不仅包括患者临床上结局转归的状况（例如是否死亡、是否发生卒中等），也可包括花费和资源的利用，同时，对于结局观察的特定时段（通常称作"随访时间"）也非常重要。

例如在全科医疗门诊经常会遇到腹泻的儿童，在干预治疗方案上多采用静脉滴注，而国际上推荐的治疗方案是口服电解补液，对比这两种治疗方案，其中有一个临床结局是需要全科医生关注的，即需要留院或护理的时间。为解决这一临床问题，可以将问题分解为以下四个方面。

P：腹泻儿童；

I：口服电解补液；

C：静脉滴注；

O：需留院/护理时间。

2. 前景临床问题的类型　有五种基本的前景临床问题类型，包括：①诊断类研究，即评估某项筛检措施是否可以很好地将有可能患病的人群，从健康人群中区分开来或某项诊断试验，是否可以区分真正患病的人群；②治疗类干预性研究，即评估某种药物或治疗措施对患者结局的影响，包括患者－重要结局（patient-important outcomes）和替代结局（substitute or surrogate outcomes）；③伤害或危险因素类研究，即确定危险因素的暴露与患者结局之间的关系，对重要临床结局的影响，这样的暴露既可以是非干预类的，例如吸烟、饮酒等，也可以是干预类的，例如研究某种药物的不良反应（即包括上述②治疗类的干预性措施）；④鉴别诊断类研究，即在有特定临床表现的患者中，确定各种不同疾病的频率；⑤预后类研究，即评估患者未来的疾病过程。

3. 根据临床问题类型寻找合理的研究设计　为了回答临床问题，需要找到合理的研究设计。不同的研究类型通常拥有不同的最佳研究设计，不是所有的医学研究都适合通过随机对照试验的形式来开展。因此，简单地把随机对照试验的结果视为所有临床研究的最高级别证据的观念是不恰当的。

（1）诊断类研究：诊断试验类的研究通常围绕目标疾病开展（例如肺结核、乳腺癌、前列腺癌等），被怀疑有目标疾病的患者被纳入诊断试验研究，这些患者接受诊断试验后，会得到可能患有该目标疾病和未患有目标疾病的结果。患者同时还接受金标准（gold standard）的检验，得到是否患有目标疾病的结论。研究者随后将诊断试验结果与金标准的结论做比较，以评价诊断试验的诊断能力。

（2）治疗类干预性研究：根据研究者是否对干预措施进行了主动的分配，治疗类干预性研究可分为观察性研究和实验性研究两类。对于治疗类干预性研究而言，随机、对照的设计为最理想的设计模式。在治疗类干预性研究中，也可以是观察性研究的设计，只是这样的研究设计，在证据级别上，通常低于实验性研究设计。

治疗类的观察性研究，可以是对某种用药措施的观察，例如观察有规律用药和没有规律用药的两组2型糖尿病患者，在一定随访时间之下，比较其并发症结局的差异；也可以是对某种管理模式的观察，例如比较不同社区医疗机构之间，不同慢性病管理模式之下，在患者管理效果方面的差异，从而选出更优的管理模式进行推广。由此可见，观察性研究也是可以有用药或是管理模式等方面干预的，只是研究者没有参与到对干预措施的主动分配。

对于以治疗为主的实验性研究，通常情况下，最理想的设计为随机对照试验，即研究者将患者随机分配至实验组（experimental group）和对照组（control group），在一定随访时间之下，观察不同组别患者在目标结局之间的差异，进而研究干预措施与目标结局之间的关联性。

（3）伤害或危险因素类研究：由于研究的暴露因素是明确会给患者带来伤害的因素，这样的研究由于伦理等方面的限制而无法采用随机对照试验的设计。研究者通过随访有暴露因素和没有暴露因素的患者，在一定随访时间之下，观察其是否出现了目标结局，进而研究暴露因素和目标结局之间的关联性。例如，研究开始时纳入未患肺癌的人群为研究对象，对吸烟人群和非吸烟人群展开随访，观察这两部分人群数年之后肺癌发病率之间的差异。

（4）鉴别诊断类研究：对于一组有相似临床表现的患者，开展一系列物理检查、实验室和影像学等的检查，必要时可进一步随访一段时间，最终确定是何种疾病导致每例个体患者出现这些症状和体征，称为鉴别诊断类研究。

（5）预后类研究：预后类的研究在开展时，研究者会选择具备一定特征或可能出现目标结局的患者为研究对象，他们具有或不具有某些可能影响预后结局的暴露因素（例如高龄的暴露，有基础疾病的暴露等）。研究者随后对这一人群展开随访，观察在有暴露组和没有暴露组间，或是不同暴露剂量组间的患者出现目标结局率是否有差异，从而研究暴露的预后因素与目标结局之间的关联性。

（三）临床问题的确定

从临床实践中构建、凝练出科学的临床问题，判断出研究的设计类型，并开展检索寻找最佳证据加以回答，这个过程并非易事，需要提出问题的人对患者诊治相关的临床问题有深刻理解。针对临床现象，可以提出的临床问题多种多样，在诸多的问题中，找到真正想要得到回答的问题，并对应到相应的研究设计，这对临床中渴望从事科研的工作者是非常重要且值得认真思考的。

临床研究者在确定临床问题的过程中，需在脑海中有清晰的PICO问题结构，即明确需要研究的人群（或患者的特征）；采用的干预措施或研究的危险因素、暴露因素；最终的结局。对于治疗或伤害、危险因素、预后类的研究，还需明确对照组、无危险因素组、非暴露因素的设立。同时确定选取的研究类型，是诊断类、治疗干预类、伤害或危险因素类、鉴别诊断类或预后类。

在确定临床问题的过程中，明确研究目的非常关键。例如在回答是否需要给患者补充维生素D和钙剂问题时，如果仅将骨密度作为研究结局，将会使得整个研究变得很局限，因为补充维生素D和钙剂的最终目的是预防骨折，而不是提升骨密度的指标。骨密度在这里只是作为替代结局出现。患者-重要结局，也就是最终的终点事件，应以是否骨折为结局，才可提出更加有临床意义的问题。类似的例子还包括降压药、降脂药、降糖药等的干预类研究问题的提出。这类研究的结局，应更加关注终点事件指标，例如是否可以预防相应的并发症、延长生命、提高生活质量等，以此为目的，设计终点事件。如果过于关注血压、血脂、血糖数值这些替代结局，而忽略降压、降脂、降糖的初衷，将使得问题对患者本身的临床意义大打折扣。

第二节　系统综述和Meta分析的实施方法与步骤

系统综述（systematic review）是一种系统地定量总结和整合文献的研究方法。系统综述的本质仍是综述，目的是提炼和整合文献。"系统"特指收集原始文献的全面性、操作方法的可靠性和统一性，以及利用Meta分析定量地整合结果。系统综述作为一种系统总结与整合证据的方法被广泛应用于各个领域，包括医学、心理学、教育学、行为学等。Meta分析（Meta-analysis）是一种用于定量地合并多个有关研究的结果，以获得能够代表这些研究的平均结果的统计学方法。Meta分析是系统综述的重要部分，但不是必要成分。本节将以系统综述和Meta分析在全科医疗中的应用为主线，探讨其具体实施方法与步骤。

一、研究选题、计划书撰写与注册

（一）研究选题

临床研究中，提出研究问题是第一步也是最重要的一步。在临床问题中，如上一节所述，一般可概述为背景问题和前景问题。有经验的全科医生或医疗决策者在实践中可能涉及的，通常以前景问题为主。前景问题是与患者诊治直接相关的问题，是临床决策不可缺失的信息，通常需要通过科学研究才能可靠地回答。而且其回答也可能会随着时间发生变化。因此有时，相应的研究证据需要在恰当的时候进行更新。

在最终确定前景问题之前，应先进行全面、系统的检索，了解针对同一问题的系统综述或Meta分析是否已经存在或正在进行。如果有，其质量如何？是否已经过时？如果现有的系统综述或Meta分析已过时或质量差，可考虑更新或做一个新的系统综述。

系统综述在确立题目时，应围绕研究问题明确PICO，即下述四个要素。①研究对象的人群（P）：如所患疾病的类型及诊断标准、研究人群的特征和场所等；②研究的干预措施（I）；③研究的对照措施（C）；④研究的结局指标（O）：包括所有重要的结局（主要结局和次要结局）及不良反应、副作用等。

有时，也把PICO扩展至PICOS。S可理解为研究设计（study design）。但研究设计并不决定研究问题的实质，因此讨论研究问题时，应使用干预场景或干预环境（setting）。

上述PICOS的要素对于入选标准、检索策略的制订，文献质量的评价，数据的收集、分析及结果的解释等都十分重要，必须准确、清楚地定义。

（二）计划书的撰写与注册

系统综述的题目确立后，需要制订计划书，内容包括系统综述的题目、背景资料、目的和方法，其中方法学部分是计划书的重点，包括检索文献的方法及策略、文献纳入和排除的标准、评价文献质量的方法、收集和分析数据的方法等。

计划书制订完成后，应交送相应系统综述小组，接受编辑组内外的同行和方法学专家的评审，并提出修改意见和建议。根据评审意见修改后再送交系统综述小组评审，直到符合发表要求为止。

如需将研究发表在Cochrane协作网，需留意，Cochrane协作网要求所有评审合格的系统综述计划书都要公开发表在Cochrane图书馆，接受来自同行或有兴趣者等各方人员的评价，提出意见或建议，确保系统综述实施方法完善可靠。同时，公开发表的计划书还有助于提醒他人该题目已经在研，避免重复研究。

如不需将研究发表在Cochrane协作网，仅为一般注册，可进入网站https://www.crd.york.ac.uk/prospero/，申请用户名之后，按照其规定条目逐一填写，提交完成注册。在注册时间上需留意，该注册的时间点需在研究开展之前。如果研究已经开展（例如已经进入了筛选文献阶段或数据提取阶段），多数情况下其注册将不被认可。

二、文献检索与筛选

（一）文献检索

系统综述与传统文献综述的关键区别在于是否制订检索策略，进行系统、全面的检索。电子数据库如Medline是文献检索的主要工具，其主要语种为英语。因此，如果系统综述的检索仅限于Medline，不可避免会出现语言偏倚，为防止偏倚的影响，应采用多种来源的检索工具系统地检索文献。

除利用文献检索的期刊工具及电子光盘检索工具（Medline、Embase、Scisearch、Registers of clinical trials）外，系统综述还强调通过与同事、专家和药厂联系以获得未发表的文献资料如学术报告、会议论文集或毕业论文等；对已发表的文章，Cochrane协作网的工作人员采用计算机检索和手工检索联合的方法查寻所有的随机对照试验，建立了Cochrane对照试验中心注册库（Cochrane central register of controlled trials，CENTRAL）和各专业评价小组对照试验注册库，既可弥补检索工具如Medline等标识RCT不完全的问题，也有助于系统综述者快速、全面获得相关的原始文献资料。

（二）文献筛选

选择文献是指根据计划书中拟定的文献入选和排除标准，从收集到的文献中挑选能够回答研究问题的文献资料。文献的选择标准一般应根据确立的题目和构成研究问题的基本要素（PICOS）而制订。例如在一项乳腺癌术后患者功能康复训练效果的系统综述中，文献的纳入标准如下：①纳入对象类型（P），研究对象为年满18岁以上、病理诊断确诊为乳腺癌，并完成了乳腺癌手术（根治术、改良根治术、保乳术）的患者；②干预措施（I），参加有组织的、针对乳腺癌术后功能恢复的康复训练项目，包括肢体功能康复训练和全身康复运动；③对照措施（C），包括常规康复，如告知患者运动应循序渐进，引流管拔除后可进行肩关节爬墙运动；④结局指标（O），主要结局指标包括肩关节活动度（ROM）、肌力、心肺功能和身体耐力、患肢手臂水肿、症状自评、生活质量评价等；⑤研究设计（S），所有针对乳腺癌手术后患者功能康复训练的随机对照试验（RCT）。

在系统综述的研究过程中，文献的选择和纳入包括三个基本步骤。①初筛：通过阅读检出文献的引文信息如题目、摘要以剔除明显不合格的文献，对可能合格的文献进一步全文筛选；②全文筛选：对初筛可能合格的文献应仔细阅读和评估其全文的方法学部分，提取文献中的相关信息，以确定文献是否符合纳入标准，并决定该文献是否纳入；③获取更多信息：有时即使获得了文献的全文，仍有可能因提供的信息不全面而无法确定是否纳入，因此对有疑问或分歧的文献应先纳入，然后通过与作者联系等途径获取更多信息后再决定取舍或在以后的选择过程中进一步评价（图12-2）。

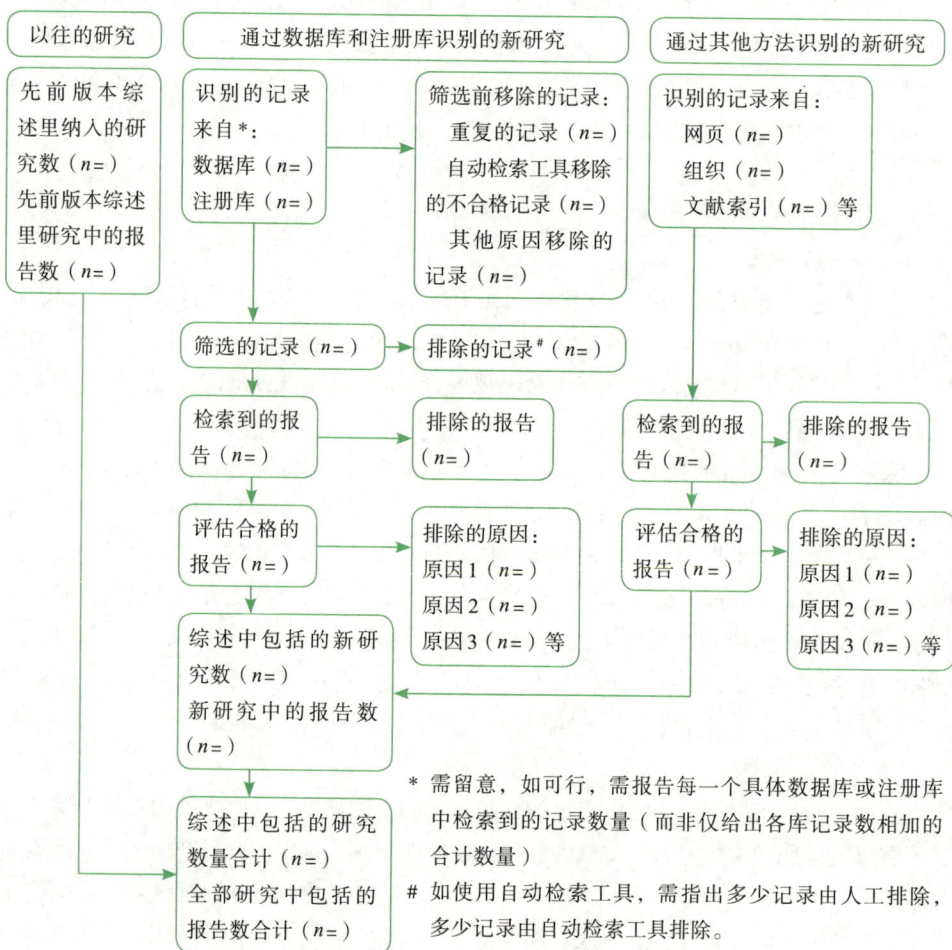

图12-2　基于PRISMA 2020的文献筛选流程图

三、纳入研究的偏倚风险评价

在对文献质量进行评价时，为了避免评价者的主观性，通常由两个人或多个人同时对一篇文献进行独立评价。出现意见分歧时，可通过共同讨论，或请第三人的解决。对不同设计类型的研究，应采用不同的标准进行评价。以下对几种类型研究证据的评价方法进行介绍。

（一）随机对照试验研究证据的评价方法

随机对照试验（randomized controlled trial，RCT）是一种常用的流行病学研究设计，是在人群中进行的、前瞻性的、对医学干预措施效果的评价。它首先把研究对象随机分配到不同的比较组，每组施加不同的干预措施，然后通过适当时间的随访观察，比较组间重要临床结局发生频率的差别，以定量估计不同措施的作用或效果的差别。除随机分组和对照外，RCT通常还会采用分组隐匿、安慰剂、盲法、提高依从性和随访率、使用维持原随机分组分析等控制偏倚的措施。RCT是目前在人群中最后验证医学干预措施效果存在与否最严谨、最可靠的科学方法。

然而，并非每一个随机对照试验都被高质量实施。因此，需对其设计方法和实施进行质量评价。

Cochrane协作网在2011年更新的"对干预性研究进行系统综述的Cochrane手册–5.1.0版"中，提出对随机对照试验可从7个方面进行质量评价（表12-1）。

表12-1　Cochrane协作网的偏倚风险评价工具

偏倚的种类	评价条目	评价内容描述	作者判断
选择偏倚	1. 随机数字的产生	详细描述产生随机分配序列的方法，以利于评估组间是否可比	随机分配序列的产生是否正确
	2. 分配方案的隐匿	详细描述隐藏随机分配序列的方法，以利于判断干预措施分配情况是否可预知	分配方案隐藏是否完善
实施偏倚	3. 参与者设盲	描述对受试者或试验人员实施盲法的方法，以防止他们知道受试者的干预措施，提供判断盲法是否成功的相关信息	盲法是否完善
检测偏倚	4. 分析者设盲	描述对受试者接受干预后的结果分析实施的盲法。提供判断盲法是否成功的相关信息	盲法是否完善
失访偏倚	5. 结果数据的完整性	报告每个主要结局指标的数据完整性，包括失访和退出的数据。明确是否报告失访/退出、每组人数（与随机入组的总人数相比）、失访/退出的原因，是否采用意向性分析（ITT）	结果数据是否完整

偏倚的种类	评价条目	评价内容描述	作者判断
报告偏倚	6. 选择性报告研究结果	描述选择性报告结果的可能性（由系统综述者判断）及情况	研究报告是否提示无选择性报告结果
其他偏倚	7. 其他偏倚来源	除以上5个方面，是否存在其他引起偏倚的因素？若事先在计划中提到某个问题或因素，应在全文中作答	研究是否存在引起高度偏倚风险的其他因素

对每种偏倚来源的评估均包括判断的依据和判断的结果两个部分。判断的依据根据文章具体情况，参考表12-1中"评价内容描述"做出。判断的结果可分为三个等级，分别为低偏倚风险（low risk of bias）、高偏倚风险（high risk of bias）、不清楚（unclear risk of bias）。

决定一项RCT是否纳入的主要标准通常是随机分组（random allocation）。随机化其实包含两个概念，一是随机抽样，另外一个是随机分组。随机抽样是为了保证研究样本能代表总体特征，常见于研究总体为具体、明确、有限人群的研究。例如估计一个地区疾病的发病人数、死亡人数、医务人员数、病床数、需接种疫苗的儿童数等方面的研究。而随机分组的主要目的是获得所有可能影响转归的因素在比较组间的可比性（comparability）。

随机分组完全独立于任何疾病转归因素，所有的受试者具有相同的（或一定的）概率被分配到试验组或对照组，分组不受研究者、治疗者和受试者好恶的影响。因此随机分组能够真正实现比较组的可比，从而减少任何其他选择性或随意分组可能引起的偏倚。随机分组可以用抽签、掷硬币、抛骰子等方法，更科学、更可靠的是使用随机数字（random number）进行分组。

尽管随机分组看上去非常简单，还是经常会有误解和误用。比如，按照出生日期、病案号码或受试者参与试验时间的单双数，交替将患者分配到不同研究组的方法经常被用作随机分组的方法，但是都无法使受试者有相同的机会进入不同的研究组。因此，这些方法不是严格意义上的随机分组，属于假随机分组（pseudo-randomization）或类随机分组（quasi-randomization）。

从表12-1可以看出，随机分两步，在生成随机数字之后，需对分配方案进行隐匿。为防止征募患者的研究人员和患者在分组前知道随机分组的方案，研究者将采取防止随机分组方案提前解密的方法，即随机分组治疗方案的隐匿，或简称分组隐匿（allocation concealment），采用分组隐匿的随机分组叫隐匿随机分组（concealed random allocation）。没有分组隐匿的随机分组，是有缺陷的，不能起到预防选择偏倚的作用。研究表明，与采用隐匿分组的随机临床试验比较，没有采用隐匿分组的随机对照试验会高估疗效达40%。

随机分组联合分组隐匿，才是真正意义上的随机分组，否则，随机分组将和随意分组没有任何区别。分组隐匿不同于盲法，前者在分组完成时结束，后者则在分组完成时开始，盲法不能用于所有的随机对照试验，如比较外科手术与药物治疗的临床试验，但是任何随机对照试验都必须使用分组隐匿。当然，在使用安慰剂对照的随机对照试验里，分组隐匿和盲法将成为不可分割的两个环节。

因此，进行随机分组时，必须特别注意以下四个原则：①随机数字的分配必需在确定纳入一个患者后才能进行；②随机分配方案必需隐匿；③一个患者随机数字的分配必须一次完成，一旦确定绝对不能更换；④一个患者的分组时间应尽可能接近其治疗开始的时间。

（二）分析性研究证据的评价方法

分析性研究主要包括病例对照研究和队列研究，目前对于分析性研究真实性评价的原则如下。

1. **是否采用了论证强度高的研究设计**　在病因和危险因素研究方法中，描述性研究的论证强度最弱，病例对照研究次之，队列研究论证强度较强，而随机对照研究最强，因为其结果来源于真正的人群试验。

2. **因果效应的先后顺序是否合理**　在评价某一病因或危险因素与疾病的关系时，如果能明确危险因素的暴露在前、疾病发生在后，则研究结果的真实性高。以"吸烟是否增加患肺癌的危险"为例，吸烟暴露应早于肺癌的发生。又如高血压患者往往同时有较高的血清胆固醇水平，糖尿病患者往往有心血管疾病，对孰先孰后不能草率下结论。

因果效应时序的确定主要有赖于研究设计类型和正确的研究设计。前瞻性研究如随机对照试验和队列研究能够明确因果的时序，论证强度高；而回顾性、横断面调查的因果效应时序难以确定，论证强度低。

3. **随访时间是否足够长，是否随访了所有纳入的研究对象**　研究某些疾病特别是慢性非传染性疾病危险因素的致病效应时，由于疾病的潜伏期长，往往需要足够长的时间才能观察到结果的发生，观察期过短易导致假阴性结果。因此，要根据疾病自然史来判断随访期是否足够。以"吸烟是否增加患肺癌的危险"为例，如果受试者仅被随访了几周或几个月，就无法判断阴性结果的真实性，是吸烟确实没有增加肺癌的危险？还是由于随访期过短而尚未表现出来？另外，失访率不应超过10%，一旦失访率超过20%，失访者可能在某些重要特征上比较集中，结果将变得不可靠。

4. **样本是否具有代表性**　分析性研究的样本量一定要足够，同时还要满足样本代表性。

5. **危险因素和疾病之间有否剂量效应关系**　若致病效应与危险因素的暴露剂量或暴露时间具有显著的相关性，即随着危险因素暴露程度的变化，疾病在人群的发病率也随之发生改变，将这种关系绘成曲线，称剂量效应曲线。例如：Doll 和 Hill 按每日吸烟支数将人群分组，进行队列研究，将肺癌死亡率与吸烟量的关系绘成图，发现随着吸烟量的增加，肺癌的死亡率在增高。在医疗实践中，治疗措施的疗效和不良反应在一定范围内往往也存在剂量效应关系。当病因和危险因素研究呈现剂量效应关系时，其因果关系结论的真实性较高。

6. 病因致病的因果关系是否在不同的研究中呈现出一致性　对某危险因素与某种疾病关系的研究，如果在不同地区和时间、不同研究者和不同设计方案的研究中都获得一致结论，则这种病因学的因果效应真实性高。例如吸烟与肺癌的病因学研究，世界上至少有7次以上的队列研究、30次以上的病例对照研究得出相似的结论，说明吸烟与肺癌的因果关系较为真实。倘若能全面收集性质相同的、高质量的研究结果，进行系统综述，则得出的结论真实性更高。

7. 病因致病效应的生物学依据是否充分　如果病因和危险因素研究揭示的因果关系可以用现代生物学和医学知识加以解释，则可增加因果联系的证据，结果的真实性高。但要注意，由于受医学发展水平的限制，有时生物学上的合理解释可能要等待若干年之后，因此，要否定因果关系时也要慎重。例如1747年Lind发现海员的坏血病与食用水果蔬菜有关，百年后才分离出维生素C，最终确定是维生素C缺乏所致。

8. 偏倚及其影响如何　分析性研究中选择偏倚、信息偏倚和混杂偏倚均可发生。有关选择偏倚，分析性研究与描述性研究类似。需要强调的是，病例对照研究中还应注意所研究的疾病为新发病例还是现患病例，如果是现患病例，尤其是患病时间长的病例，所得到的很多信息与发病时相比发生了改变，可能只与存活有关，但未必与发病有关，这种情况称为现患病例-新发病例偏倚。另外病例对照研究中回忆偏倚更为严重。失访偏倚是队列研究应注意的问题，如果暴露组和对照组的失访人数相等，而且各组中失访者和未失访者结局发生率相同，失访对研究结果没有影响，否则暴露与结局之间的关系可能因为失访而被歪曲。研究者或文献使用者应根据论文的描述，如失访率等对偏倚及其对结果的影响进行估计。混杂因素是观察性研究所共有的，在证据评价时，首先看研究或文献是否考虑到所涉及的混杂因素，设计阶段有无严格的纳入和排除标准、是否对重要的混杂因素进行配比或限制，分析时是否对已知的混杂因素进行分层分析、多因素分析等，进而来评价是否存在混杂偏倚及混杂因素影响的程度，从而正确认识研究结果。

在非随机对照试验文献的质量评估中，纽卡斯尔-渥太华量表（the Newcastle-Ottawa Scale，NOS）被广泛应用，量表满分为9分，5~9分为相对高质量的文章。现NOS量表主要用于评价病例对照研究。此评分是从对象选择、可比性、结局/暴露3个方面对文献进行评分，每个方面有下设的若干评价条目，当下设的条目符合要求时加分，其中可比性一项最高可获得2分（表12-2、表12-3）。

表12-2　病例对照研究的NOS评价标准

栏目	条目	评价标准
研究对象选择	1. 病例确定是否恰当?	①恰当，有独立的确定方法或人员*；②恰当，如基于档案记录（如ICD码）或自己报告；③未描述
	2. 病例的代表性	①连续或有代表性的系列病例*；②有潜在选择偏倚或未描述

栏目	条目	评价标准
	3. 对照的选择	①与病例同一人群的对照*；②与病例同一人群的住院人员为对照；③未描述
	4. 对照的确定	①无目标疾病史*；②未描述
组间可比性	设计和统计分析时考虑病例和对照的可比性	①研究控制了最重要的混杂因素*；②研究控制了任何其他的混杂因素*
暴露因素测量	1. 暴露因素的确定	①固定的档案记录（如外科手术记录）*；②采用结构式访谈且不知访谈者的情况（是病例或对照）*；③采用访谈但未实施盲法（即知道病例或对照情况）；④未描述
	2. 采用相同方法确定病例和对照组暴露因素	①是*；②否
	3. 无应答率	①病例和对照组无应答率相同*；②描述了无应答者情况；③病例和对照组无应答率不同且未描述

注：达到*标记标准，则该条目给1分。

表12-3 队列研究的NOS评价标准

栏目	条目	评价标准
研究对象选择	1. 暴露组的代表性	①真正代表人群中暴露组的特征*；②一定程度上代表了人群中暴露组的特征*；③选择某类人群如护士，志愿者；④未描述暴露组的来源情况
	2. 非暴露组的代表性	①与暴露组来自同一人群*；②来自不同的人群；③来描述非暴露组的来源情况
	3. 暴露因素确定	①固定的档案记录（如外科手术记录）*；②采用结构式访谈*；③研究对象自己写的报告*；④未描述
	4. 肯定研究起始时尚无观察的结局指标	①肯定*；②不肯定
组间可比性	设计和统计分析时考虑暴露组和未暴露组的可比性	①研究控制了最重要的混杂因素*；②研究控制了任何其他的混杂因素*

续表

栏目	条目	评价标准
结局测量	结局指标的评价	①盲法独立评价*；②有档案记录*；③自己报告；④未描述
	随访时间足够长	①是（评价前规定恰当的随访时间）*；②否
	暴露组和未暴露组随访的完整性	①随访完整*；②有少量研究对象失访但不至于引入偏倚（规定失访率或描述）*；③有失访（规定失访率），未描述；④未描述

注：达到*标记标准，则该条目给1分。

（三）诊断性试验证据的评价方法

循证医学对诊断性试验的要求，首先在于它的真实性，能够对患者做出正确的诊断。在众多的诊断试验中，筛选具有真实性的试验，必须要有严格的规定，目前国际上通用的评价标准如下：

1. 是否用盲法将诊断性试验与参考标准（金标准）进行独立的对比研究　诊断性试验的研究过程中，对每个患者需进行两项试验，然后将新的诊断性试验结果与金标准诊断结果比较，才能判断该试验是否可靠、是否具有真实性。进行这项新试验的技师（或医生），事先不应知晓金标准对患者检测的结果，应在盲法下进行检测，这样可避免人为的偏倚，使该试验更具有科学性。目前使用的自动化分析检测仪，基本符合盲法要求，如果操作得当其结果应也具有真实性。最后通过分析该结果，列出四格表计算各项指标，根据敏感度、特异度及阳性似然比来确定该项诊断性试验有无临床应用价值。

2. 该诊断比试验是否包括了适当的疾病谱　诊断性试验的受试患者是否包括各型病例（轻、重、治疗、未治疗）及个别易于混淆的病例，例如，测定血中T_3、T_4诊断甲亢，测定血糖诊断糖尿病，测定肝功能、肾功能判断肝脏和肾脏受损情况，这些都是较好的诊断性试验，当各型病例都包括在内时，这些指标可诊断疾病，又可判断病情，还可以进行鉴别诊断。

3. 诊断性试验的检测结果，是否会影响参考标准的应用　如果我们的标准诊断（或参考标准）是确切可靠的金标准，那就不管新开展的诊断性试验结果如何，诊断都不会有所改变。如果本来使用的诊断标准就不可靠，一旦发现新的诊断性试验结果与原来的诊断不同，有时就会难以取舍。必须继续观察以明确患者的诊断，然后进一步判断原来的标准诊断是否存在缺陷，以及新的诊断性试验是否真正可靠，特别是原有标准诊断的基础薄弱，多以临床症状体征为主，缺乏可信的试验指标，在这种情况下，有了新的诊断性试验，对改进原有诊断标准，提高临床诊断水平是有益的。因此，在评价过程中，一方面要考虑原有金标准是否恰当，另一方面要考虑新的诊断性试验是否真有新的发现。

4. 如将该试验应用于另一组病例，是否也具有真实性　一项可靠的诊断性试验，在判断其真实性时，应考虑到该试验的重复性，如多次测定同一标本的结果接近，说明测定数值稳定、结果可靠。因此只要疾病相同，不论在何处采用该项试验其结果都应是一致的，即使用于另一组病例，对特定的目标疾病诊断应具有同样的真实性。在新开展的病例组检测中，应该注意该组的患病率是否与以往的病例组不同。因为患病率不同的病例组，就不能使用阳性预测值和准确度作为评价指标。

目前国际上对于诊断性研究证据评价工具应用较多的是自2003年正式推出的诊断准确性研究的质量评价工具（quality assessment of diagnostic accuracy studies，QUADAS）。研发小组于2011年推出了QUADAS-2以进一步完善该工具。QUADAS-2工具主要由4个部分组成：病例的选择、待评价试验、金标准、病例流程和进展情况。所有组成部分在偏倚风险方面都会被评估，前3部分也会在临床适用性方面被评估。在偏倚风险判断上纳入了标志性的问题，这些研究设计方面的标识性问题与偏倚潜在性有关，旨在帮助评价者判断偏倚风险；但临床适用性的判断未纳入标志性问题。完整版的QUADAS-2工具资源在QUADAS官方网站（http://www.bristol.ac.uk/）中可以获得。QUADAS-2中文版条目见表12-4。

四、数据提取

数据提取（data extraction）是系统综述中的重要步骤，为保证系统综述的真实性和可靠性，对原始研究文献数据的收集应尽可能准确，避免偏倚或人为错误。

数据提取一般是通过填写数据提取表实现的，数据提取表的设计尚无统一标准，设计时通常包括以下信息：①纳入研究的基本信息，如纳入研究的编号、发表年份、引用题录、通讯作者和联系方式等；②研究方法和可能存在的偏倚，即文献质量评价的相关信息，如分组方法、是否采用盲法等；③研究对象的特征，如研究对象的年龄、性别等人口学特征及诊断标准、疾病严重程度等可导致临床异质性的因素；④干预措施的特征，如药物名称、给药途径、剂量、开始给药时间、疗程等；⑤结局指标，应事先确定是否需要提取纳入研究的所有结局指标；⑥研究结果，需收集样本量、分组情况、治疗时间、测量尺度、数据类型、统计学数据（分类资料应收集每组总人数及事件发生率、连续资料应收集每组研究人数、均数和标准差或标准误等）；⑦其他信息，如重要的引文、资助机构、潜在的利益冲突等。

五、数据分析和结果描述

（一）数据分析和结果描述

1. 数据的分析 系统综述对数据的分析有定性分析和定量分析两种方法。

（1）定性分析：是采用描述性分析方法，将纳入的每个临床研究的特征按研究对象、干预措施、研究结果、研究质量和设计方法等进行总结，并列成表格，以便浏览纳入研究的情况、研究方法的严格性和不同研究间的差异，计划定量合成和结果解释，因此，定性分析是定量分析前必不可少的步骤。

表12-4 QUADAS-2中文版条目

研究（作者/年份）	是否纳入了连续或随机的病例	是否避免了病例对照类研究设计	研究是否避免了不恰当的排除	待评价试验的结果判读是否在不知晓金标准试验的结果下进行	若使用了阈值，那么它是否是事先确定的	金标准是否可以正确地区分目标疾病状态	金标准判读是否使用了盲法	待评价试验和金标准之间是否有恰当的时间间隔	是否所有的患者接受了金标准	所有的患者是否只接受了一个相同的金标准	是否所有病例都纳入了分析
作者/年份	U	Y	U	U	U	Y	U	U	N	Y	N
作者/年份	Y	Y	U	U	U	Y	U	U	N	Y	N
作者/年份	Y	U	U	Y	Y	Y	U	Y	Y	Y	Y
作者/年份	U	Y	U	U	U	Y	U	U	N	Y	N
作者/年份	Y	Y	U	U	U	Y	U	U	Y	Y	Y
作者/年份	U	U	U	U	U	Y	U	U	Y	Y	N
作者/年份	U	Y	U	U	U	Y	U	U	N	Y	N
作者/年份	U	Y	U	U	U	Y	U	U	N	Y	N
作者/年份	U	U	U	U	U	Y	U	U	N	Y	N
作者/年份	U	U	U	U	U	Y	U	U	N	Y	N
作者/年份	U	U	U	U	U	U	U	U	U	U	U
作者/年份	U	U	U	U	U	U	U	U	U	U	U

注：Y，是；N，否；U，不清楚。

（2）定量分析：是应用适当的统计学方法将纳入的单项研究的资料根据其权重进行合并。系统综述的定量分析过程详见本章Meta分析的统计过程部分。

2. 数据的类型　Meta分析中常用的数据主要有以下5类。

（1）二分类变量资料：数据按照某种属性分为互不相容的两类，如描述临床结局的指标存活、死亡，复发或不复发、依从性高或低等。

（2）数值型变量或连续性变量资料：能够精确测量，有度量衡单位的数据，如临床常见的测量指标血压值、尿糖值、疼痛评分、焦虑评分等。

（3）等级资料或有序多分类变量资料：按照某种属性分为多类，各类之间有程度或等级差异。如临床疗效的判定用痊愈、显效、有效、无效等表示。

（4）计数数据（多分类变量资料）：按照某种属性分为互不相容的多类，如人群的血型，可分为A型、B型、AB型和O型4类。

（5）生存资料：同时观察两类数据，即是否发生不良事件及发生不良事件的时间。

3. 效应量的表达　效应量（effect size）是指临床上有意义或有实际价值的数值或观察指标的改变量。数据类型不同可使用的效应量表达方式也有所不同。

（1）二分类变量资料可采用的效应量有相对危险度（*RR*）、比值比（*OR*）、绝对危险降低率（absolute risk reduction，ARR）或需治疗人数（number needed to treat，*NNT*）等。

（2）数值变量资料/连续性变量资料的效应量可采用加权均数差值（weighted mean difference，WMD）或标准化均数差值（standardized mean difference，SMD）等。

（3）等级资料或多分类计数数据，可根据需要转化为二分类变量资料或当作连续性变量资料处理，选择相应的效应量。

（4）生存资料的效应量可用风险比（hazard ratio，HR）。

4. 数据的汇总　在确定了数据类型和效应量的基础上，可按照预先设计的表格，提取纳入研究的相关信息，如作者和发表年份、样本量、分析方法、主要结果变量、设计方案、具体实施时间及地点、质量控制措施等。

为进一步统计分析方便，可将数据整理成如下表格形式。

（1）二分类变量的数据汇总格式：若以k代表纳入研究的个数，a、b、c、d分别表示试验组和对照组发生和未发生结局事件的例数，则二分类变量的数据格式见表12-5。

表12-5　k个二分类变量的数据格式

纳入的研究（k）	试验组			对照组			N_i
	发生	未发生	n_{1i}	发生	未发生	n_{2i}	
i = 1	a_1	b_1	n_{11}	c_1	d_1	n_{21}	N_1
i = 2	a_2	b_2	n_{12}	c_2	d_2	n_{22}	N_2
i = 3	a_3	b_3	n_{13}	c_3	d_3	n_{23}	N_3
...	...	...	...	...	...	...	...

（2）数值变量/连续性变量的数据汇总格式：同样，以 k 代表纳入研究的个数，$\bar{x}$ 表示样本均数，s 表示样本标准差，则数值变量/连续性变量的数据格式见表12-6。

表12-6　k 个两均数比较的数据格式

纳入的研究（ k ）	试验组			对照组			N_i
	均数 $\bar{x}_{1i}$	标准差 s_{1i}	n_{1i}	均数 $\bar{x}_{2i}$	标准差 s_{2i}	n_{2i}	
i=1	$\bar{x}_{11}$	s_{11}	n_{11}	$\bar{x}_{21}$	s_{21}	n_{21}	N_1
i=2	$\bar{x}_{12}$	s_{12}	n_{12}	$\bar{x}_{22}$	s_{22}	n_{22}	N_2
i=3	$\bar{x}_{13}$	s_{13}	n_{13}	$\bar{x}_{23}$	s_{23}	n_{23}	N_3
…	…	…	…	…	…	…	…

整理好的数据录入Meta分析相关软件，准备下一步的统计分析。

（3）连续性变量数据的转化：连续性变量（包括等级变量）在进行Meta分析时往往以干预后的效应参数与基线参数的差值作为主要的效应量。但是有些研究的结果只报道了干预前和干预后的均数和标准差，没有报道差值的均数和标准差；另外，有些研究没有报道标准差，只报道了95%可信区间，这时则需要按照Cochrane系统综述评价员手册的要求对结果进行转化。

5. 异质性检验（heterogeneity test）

（1）异质性检验的原理：不可避免地，纳入同一个Meta分析的所有研究都存在差异，不同研究间的各种变异被称为异质性。Meta分析的统计学原理要求只有同质的资料才能进行统计量的合并，即假设各个不同研究都是来自同一个总体（ H_0 ），或各个不同样本来自不同总体，存在异质性（备择假设 H_1 ）。如果检验结果 $P > 0.10$，不拒绝 H_0，可认为多个同类研究具有同质性；当异质性检验结果 $P \leq 0.10$，拒绝 H_0，接受 H_1，可认为多个研究结果有异质性。

（2）异质性的分类：Cochrane系统评价员手册将Meta分析的异质性分为临床异质性（clinical heterogeneity）、方法学异质性（methodological heterogeneity）和统计学异质性（statistical heterogeneity）。

临床异质性指参与者不同、干预措施的差异及研究的终点指标不同导致的变异。例如，如果检索到数篇以"饮食干预对维持2型糖尿病患者血糖稳定性的效果"为标题的干预性研究，但如果每篇研究在"饮食干预"的内容上有较大差异，则这些研究存在临床异质性。在护理领域的干预性研究中，往往存在同类干预在具体内容和操作方法上差异较大的现象，因此判断纳入的研究之间是否存在临床异质性，是开展Meta分析前需要重点考虑的问题。

方法学异质性指由于试验设计和质量方面的差异引起的变异，如盲法的应用与否和分配隐藏的不同，或者由于试验过程中对结局的定义和测量方法的不一致而出现的变异。

统计学异质性指不同试验间被估计的治疗效应的变异，它是研究间临床和方法学上多样性的直接结果。

作Meta分析时首先应当保证临床和方法学同质性，如制订严格、统一的纳入和排除标准，包括研究目的、研究的设计类型、研究对象、干预措施等相同，否则就要进入亚组分析，或者只描述不合并。只有在临床和方法学同质性的基础上，方可进入研究间的统计学异质性检验和下一步的合并。

（3）统计学异质性的检验方法：统计学异质性检验简称异质性检验，是指对不同原始研究之间结果的变异程度进行检验。如果检验结果有统计学意义（$P \leq 0.10$），应解释其可能的原因，并考虑进行结果的合并是否恰当。I^2同样是可用来衡量异质性大小的指标，只要I^2不大于50%，其异质性可以接受。

6. 异质性的来源及处理　当异质性假设检验结果有统计学意义时，首先应分析导致异质性的原因，可根据异质性的来源选择以下几种方法处理。

（1）亚组分析：如果能从临床异质性和方法学异质性的角度探讨异质性的来源，可按不同设计方案、研究质量、参加人群特征、治疗时间的长短等分成亚组，进行亚组分析。

（2）随机效应模型：如果异质性的来源不能用临床异质性和方法学异质性来解释，可用随机效应模型合并效应量。

（3）Meta回归：在医学研究中，当导致异质性的因素如药物生产厂家、剂量、研究对象年龄、病情轻重、测量时间、随访时间等能够准确测量并能解释全部变异时，可以选用Meta回归分析，建立回归方程，筛选出导致异质性的重要影响因素。在控制这些变异因素的影响后，估计单纯的合并效应量。

（4）放弃Meta分析：当异质性过于明显，特别是具有明显的临床异质性、方法学异质性而无法通过上述几种方法解决时，可考虑放弃做Meta分析，只对结果进行一般的定性描述。

7. 合并效应量及检验

（1）合并效应量：在异质性检验的基础上，选择适当的方法进行分析，合并效应量，用合并效应量反映多个同类研究的综合效应。一般可分两步进行，首先逐一计算每个研究的效应量及其95%可信区间；然后根据资料类型与异质性检验的结果，选择合适的统计分析模型，估计合并效应量。

当异质性不明显时，可采用固定效应模型（fixed effect model）估计合并效应量；如果存在异质性，且假定理论效应量不固定，服从某种分布，如正态分布时，可选用随机效应模型（random effect model）；如果异质性过于明显，则应考虑亚组分析、Meta回归甚至放弃合并，只对结果进行统计描述。

固定效应模型有很多方法，根据资料类型的不同选用不同的方法，如二分类变量可用相对危险度（RR）、比值比（OR）或率差（risk difference，RD）等做合并效应量，模型可选用Peto法、Mantel–Haenszel法等。

数值型变量可选择均数差（mean difference，MD）、加权均数差值（WMD）或标准化均数差值（*SMD*）等做合并效应量，模型可选用倒方差法。*WMD*消除了绝对值大小对结果的影响，用原有的测量单位真实反映试验的效应，应用时易于理解。*SMD*不仅消除了多个研究间绝对值大小的影响，还消除了多个不同研究测量单位对结果的影响，尤其适用于单位不同或均数相差较大的资料汇总分析，但是*SMD*是一个没有单位的值，因此在解释结果时要慎重。例如在护理研究中对于疲乏的测量，有些研究用Piper疲乏量表测量疲乏评分，有些则采用10分值的方式测量疲乏评分，这些研究的结果可采用*SMD*法进行结局指标的分析。

随机效应模型目前多用D–L法（Der Simonian & Laird法）。随机效应模型估计合并效应量，实际上是计算多个原始研究效应量的加权平均值。以研究内方差与研究间方差之和的倒数作为权重，调整的结果是样本量较大的研究给予较小的权重，而样本量较小的研究给予较大的权重。因此，随机效应模型处理的结果可能削弱质量较好的大样本研究的信息，夸大质量可能较差的小样本研究的信息，故采用随机效应模型的Meta分析在下结论时应慎重。

（2）合并效应量的检验：Meta分析合并的效应量需要经过假设检验的方法以检验多个同类研究合并的效应量是否具有统计学意义。合并效应量的检验有两种方法：$z(u)$检验和可信区间法。

$z(u)$检验是根据$z(u)$值推断该效应量的概率（P）值，如果$P \leq 0.05$，则合并的效应量有统计学意义，如果$P > 0.05$，则合并的效应量没有统计学意义。

可信区间法，即当效应量指标为*OR*或*RR*时，其95%可信区间包含1，等价于$P > 0.05$，合并的效应量差异无统计学意义。如果其上下限均不包含1（均大于1或均小于1），则等价于$P \leq 0.05$，即合并的效应量差异有统计学意义。

（二）Meta分析的统计实例

为探讨被动吸烟和女性乳腺癌之间的关系，李晓枫等研究者做了一篇meta分析，根据纳入和排除标准，共纳入了8篇高质量文章。其数据汇总如表12–7所示。

分析：纳入的研究均为病例对照研究，包括4项1∶1匹配和4项成组设计研究，病例总数为4 542例，对照总数为5 114例。文献质量评分均大于6，均为高质量文献。

将提取的数据输入系统综述管理软件（review manager，RevMan），该数据在RevMan软件中的计算结果如图12–3、图12–4所示。

分析（以图12–3为例）：

1. 图12–3的上部为4个独立研究的描述，左侧为4个独立研究的数据，右侧为每个研究的单个效应量和95%可信区间，"weight"表示每个研究的权重。

2. 图12–3的中间部分为森林图，竖线为无效线，即*OR*=1，每条横线的长短表示可信区间的范围大小，横线中间的小方块为*OR*值的位置，方块大小表示该研究权重的大小。横线如果跨越无效线表示研究结果无统计学意义，由图可见第1个研究结果无统计学意义。横线落在无效线的左侧或右侧表示该研究结果有统计学意义，第2个、第3个和第4个研究横线落在无效线的左侧。

表12-7 数据的汇总及评分

纳入研究	发表年份	年龄		病例		对照		发病率 /%		质量评分
		病例	对照	被动吸烟暴露	总例数	被动吸烟暴露	总例数	病例	对照	
Li Jun	2007	50.26 ± 9.82	50.37 ± 9.68	104	175	88	175	59.42	50.29	8
Ren Xiao-nan	2008	50.22 ± 8.80	50.22 ± 8.80	145	200	115	200	72.50	57.5	8
Shi Ping	2010	53.29 ± 10.08	52.90 ± 10.87	128	223	73	223	57.40	32.74	8
Shrubrole M. J. (a)	2004	47.9 ± 8.00	47.2 ± 8.80	231	1459	289	1556	15.83	18.57	9
Shrubrole, M. J. (b)	2004	47.9 ± 8.00	47.2 ± 8.80	170	1459	158	1556	11.65	10.15	9
Wang Ying-qing. (a)	2006	59.67 ± 10.05	61.43 ± 11.10	48	84	117	269	57.14	43.49	8
Wang Ying-qing. (b)	2006	59.67 ± 10.05	61.43 ± 11.10	23	84	34	269	27.38	12.64	8
Zha Yuan-ping	2001	48.6 ± 3.40	50.2 ± 2.80	293	352	255	352	83.24	72.44	6
Zhang Jian-chen.	2003	47.2 ± 9.40	46.8 ± 9.40	175	300	118	300	58.33	39.33	8
Zhou Liang	2009	48.67 ± 8.92	49.09 ± 9.85	60	206	33	214	29.13	15.42	9

Study or Subgroup	Experimental Events	Total	Control Events	Total	Weight	Odds Ratio M-H,Fixed,95% CI	Odds Ratio M-H,Fixed,95% CI
Li Jun.2007[8]	104	175	88	175	25.3%	1.45[0.95,2.21]	
Ren Xiaonan.2009[9]	145	200	115	200	22.4%	1.95[1.28,2.96]	
Shi Ping.2010[10]	128	223	73	223	22.0%	2.77[1.88,4.07]	
Zha Yuanping.2001[13]	293	352	255	352	30.3%	1.89[1.31,2.72]	
Total(95% CI)		950		950	100.0%	1.98[1.63,2.42]	
Total events	670		531				

Heterogeneity：Chi^2=5.07,df=3(P=0.17);I^2=41%
Test for overall effect：Z=6.81(P < 0.000 01)

Exposure decreases risk   Exposure increases risk

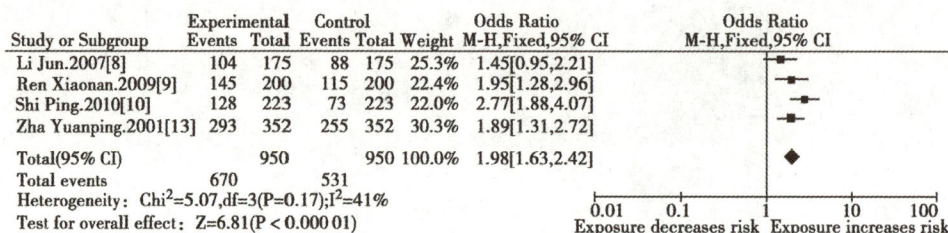

图12-3　中国烟草烟雾污染和女性乳腺癌的森林图（1:1匹配研究）

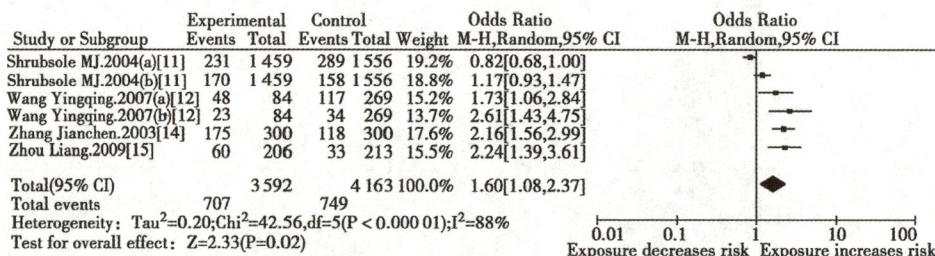

Study or Subgroup	Experimental Events	Total	Control Events	Total	Weight	Odds Ratio M-H,Random,95% CI	Odds Ratio M-H,Random,95% CI
Shrubsole MJ.2004(a)[11]	231	1 459	289	1 556	19.2%	0.82[0.68,1.00]	
Shrubsole MJ.2004(b)[11]	170	1 459	158	1 556	18.8%	1.17[0.93,1.47]	
Wang Yingqing.2007(a)[12]	48	84	117	269	15.2%	1.73[1.06,2.84]	
Wang Yingqing.2007(b)[12]	23	84	34	269	13.7%	2.61[1.43,4.75]	
Zhang Jianchen.2003[14]	175	300	118	300	17.6%	2.16[1.56,2.99]	
Zhou Liang.2009[15]	60	206	33	213	15.5%	2.24[1.39,3.61]	
Total(95% CI)		3 592		4 163	100.0%	1.60[1.08,2.37]	
Total events	707		749				

Heterogeneity：Tau^2=0.20;Chi^2=42.56,df=5(P < 0.000 01);I^2=88%
Test for overall effect：Z=2.33(P=0.02)

Exposure decreases risk   Exposure increases risk

图12-4　中国烟草烟雾污染和女性乳腺癌森林图（成组设计研究）

3. 图12-3的底部为Meta分析的结果.

（1）异质性检验χ^2和P值及I^2值：本例χ^2=5.07，P=0.17，I^2=41%，纳入的研究之间不存在异质性（P>0.10），因此选用了固定效应模型。

（2）用菱形表示合并效应量$OR_{合并}$（Total）：本例$OR_{合并}$=1.98。

（3）合并效应量$OR_{合并}$的95%可信区间：$RR_{合并}$95%CI=1.63~2.42，由图中可见菱形并没横跨无效线，表示合并效应量差异有统计学意义，即被动吸烟和女性乳腺癌之间有关系。

（4）合并效应量的假设检验：Z=6.81，P<0.000 01，同样表示合并效应量差异有统计学意义。

六、系统综述的常见偏倚

系统综述如同其他研究一样，在研究的各个阶段均可能产生偏倚，致使合并后的结果歪曲真实的情况。

（一）系统综述的偏倚种类

1. 发表偏倚（publication bias）　发表偏倚是指"统计学上有意义"的阳性研究结果较"统计学上没有意义"的阴性研究结果或无效的研究结果更容易被发表，由此而产生的偏倚。

发表性偏倚对Meta分析结果的真实性和可靠性有很大的影响，尤其是当入选的研究主要是以小样本研究为主时，发表性偏倚可能会使Meta分析的合并效应量被高估，甚至使结论逆转，产生误导，即本来没有统计学意义的结果变为有统计学意义的结果。

2. 文献库偏倚（database bias） 世界上几个主要的医学文献检索库如Medline，Embase，Science Citation Index（SCI）虽然收集的杂志种类多，但绝大部分来自发达国家，发展中国家所占比例很小，而且来自发展中国家具有阳性结果的研究可能更容易发表在这些文献检索库所收录的杂志中。因此，仅通过这些文献库收集研究报告就可能引入偏倚。

3. 纳入标准偏倚（inclusion criteria bias） 在制订文献纳入和排除标准时，未对研究对象、研究设计类型、暴露或干预措施、研究结局、样本大小及随访年限、语种、纳入年限等作出明确规定，导致入选标准不合理而引入的偏倚。

4. 语言偏倚（language bias） 非英语国家的研究者可能更多地将具有阳性结果的研究发表在国际性的英文杂志上，相反，阴性结果的研究更趋于发表在当地杂志。如果系统综述只是检索英文文献，即可能引入偏倚。

（二）漏斗图

漏斗图是用每个研究的效应量估计值为x轴，样本含量为y轴绘制的散点图。效应量有RR、OR、RD和死亡比等。其前提假设是效应量估计值的精度随样本量的增加而增加，小样本研究的效应量估计值分布于图的底部，范围较宽；大样本研究的效应量估计值分布在图的顶部，范围较窄。当偏倚影响较小时，其形状类似一个倒置的漏斗，故称漏斗图。如果资料存在偏倚，会出现不对称的漏斗图，不对称越明显，偏倚程度越大。在RevMan软件中，漏斗图采用OR或RR的对数值（lnOR或lnRR）作横坐标，OR或RR对数值标准误的倒数1/SE（lnRR）为纵坐标绘制，再以真实值标明横坐标的标尺，以SE（lnRR）标明纵坐标的标尺（图12-5）。

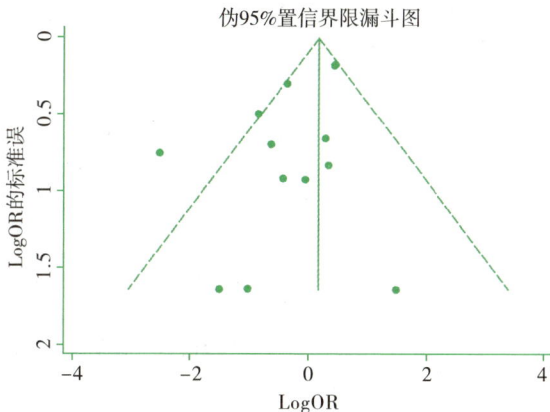

图12-5　漏斗图

七、报告系统综述摘要清单项目（PRISMA）

为保证系统综述研究报告的科学、规范，国际上制订并广泛采用了统一的系统综述撰写规范。最新的系统综述报告撰写规范于2020年由系统综述作者和方法学专家组成的国际小组制订，全称为《系统综述和Meta分析优先报告条目PRISMA 2020声明》。该声明在2009年声明的基础上进行了全面更新，以适应过去十几年来系统综述在方法学和术语上的发展。表12-8列出了系统综述和Meta分析的报告中，需要优先报告的具体项目和判断依据；表12-9列出了系统综述和Meta分析的摘要中，需要优先报告的具体项目和判断依据。

读者可从网站（www.prisma-statement.org）免费获取PRISMA声明和解读文件。此外，为保证系统综述证据的更新性，Cochrane协作网还要求其系统综述在发表后每两年左右，对其内容进行更新，纳入新的研究以修正之前可能的偏差。

表12-8　PRISMA声明–系统综述和Meta分析优先报告项目和判断依据

项目和主题	编号	判断依据
标题		
文章标题	1	明确指出本研究报告为系统综述
摘要		
摘要	2	详见表12-7摘要的报告项目和判断依据
前言		
理论基础	3	结合已有知识背景，描述本综述的理论基础
目的	4	清晰地提出本综述要解决的问题或目的
方法		
纳排标准	5	明确综述的纳入排除标准，明确原始研究内部是如何分组的，是否适合用来后续的数据合并
信息来源	6	明确所有在寻找研究时检索和访问的数据库、注册、网页、组织、参考文献和其他资源，明确每个资源最后检索和访问的日期
检索策略	7	列出所有检索的数据库、注册和网页的检索策略，包括有无设定限制范围
筛选流程	8	明确研究是否符合综述纳入排除标准的决定方法，包括多少研究者对每项记录进行了筛选、寻找了相应的原始报告，是否几名研究者独立完成上述任务（如适用），在筛选过程中使用自动筛选工具的细节
数据收集过程	9	明确从报告中收集数据的方法，包括对每项报告有多少研究者进行了数据采集，是否独立工作，以及任何向原始研究的主要研究者获取或核实数据的流程（如适用），在数据提取过程中使用自动提取工具的细节

项目和主题	编号	判断依据
提取的条目	10a	列出所有提取条目的结局变量并做出定义，明确每一项提取结果之间的相容性（例如测量单位，时间点，分析方法），如果不相容，要写明选择结果进行提取的具体方法
	10b	列出所有提取条目并做出定义（例如原始研究的人群特征、干预特征，基金来源），对于任何有缺失或是不清晰信息的，要做出假定并进行描述
研究偏倚风险评价	11	明确评价纳入研究的偏倚评价方法，包括使用评估工具的细节，有多少研究者参与评价了每项原始研究，他们直接是否独立工作（如适用），以及如果使用了自动化评价工具，需写明具体流程
效应指标	12	明确每一项用来合并数据或是呈现结果的测量效应量的结局变量（例如，相对危险度，均数差）
合并方法	13a	对选取合格的研究进行结果合并的流程进行描述（例如，将研究干预特征通过表格的形式来呈现，比较用来合并的各组别之间的特征信息）（参见编号5"纳排标准"中内容）
	13b	描述合并数据和呈现结果的前期准备过程和具体方法，例如如何处理原始文献中统计结果缺失的问题，如何进行的数据转换
	13c	描述用来列表或呈现个体研究和合并后数据的具体方法
	13d	描述合并数据的具体方法，提供该方法选择的合理性如果开展了Meta分析，需描述，使用的模型、方法，明确是否存在统计学上的异质性及异质性的程度，描述使用的软件分析包
	13e	探索研究间是否存在异质性，并找到异质性来源，描述处理的方法（例如亚组分析，Meta回归）
	13f	描述评估合并结果稳健性的敏感性分析
偏倚风险评价	14	对（由报告偏倚造成的）缺失合并数据结果产生的偏倚风险，描述其具体评估的方法
可信度评价	15	描述证据体系之下结局可信性（或置信性）评价的具体方法

第十二章 循证医学及其应用

项目和主题	编号	判断依据
结果		
研究选择	16a	描述检索和选择原始研究流程中每一步的具体结果，需写清检索过程中进行每一步筛选时的具体文献数，最终纳入综述的研究数，最好提供筛选流程图（参见本章节图12-2）
	16b	对于看似符合纳入标准但最终被排除了的原始研究，要进行引用，并解释排除其的原因
研究特征	17	要引用所有纳入的原始研究，并分别描述其特征
研究的偏倚风险	18	对每一项纳入的原始研究，需进行偏倚风险评价并呈现评价结果
单个的研究结果	19	对于每一项纳入原始研究所有需要评价的结局，都要有呈现：①描述原始研究内部每一个研究组的集合数据的统计方法；②效果评价的统计量大小和精确度（例如，可信区间/可靠区间），最好可以使用结构化的表格或统计图
合并的结果	20a	对每一项合并结果有贡献的研究，需简要概述其特征，概述其偏倚的风险
	20b	呈现所有统计合并出来的结果如果采用了Meta分析，要对所有合并结果的效应量大小和精确度（例如可信区间/可靠区间）进行呈现，要呈现统计结果异质性的大小，如果进行了组间比较，需要描述直接比较的结果
	20c	在入选的原始研究之间，需呈现所有尝试过的探索异质性来源的方法
	20d	对于合并后结果稳健性的评估，需呈现所有开展的敏感性分析结果
报告偏倚	21	对于由于缺失结果造成的报告偏倚，对每一项合并后的结果，均需呈现对偏倚风险的评估
证据的可信度	22	需呈现证据体系之下结局可信性（或置信性）评价的具体方法
讨论		
讨论	23a	在其他已有证据体系之下，描述本研究结果大致的发现并做出解释
	23b	讨论本次综述中包括证据的局限性

项目和主题	编号	判断依据
	23c	描述综述完成过程中存在的局限性
	23d	讨论研究结果对未来实践、政策和研究的应用
其他信息		
注册和研究计划书	24a	提供该综述的注册信息,包括注册名称,注册号,或直接阐述本综述尚未注册
	24b	写清本综述前期的研究计划书在哪里可以获取到,或可直接阐述未撰写研究计划书
	24c	对于在注册或研究计划书撰写之后做出调整和修订的,需进行描述和解释
资金支持	25	描述该综述的资金或非资金支持的来源,及资金赞助者或申办方在本综述中的角色地位
利益冲突	26	对本综述的所有作者是否有利益冲突,需进行描述
数据的可及性、代码和其他材料	27	报告下述可及的公共资源及获取途径:数据提取表;从纳入研究中提取的数据;用于所有分析的数据;统计分析代码;在综述完成过程中的其他所有材料

表12-9 PRISMA声明-系统综述和Meta分析摘要优先报告项目和判断依据

项目和主题	编号	判断依据
标题		
文章标题	1	明确指出本研究报告为系统综述
前言		
目的	2	清晰阐明本综述要解决的研究目的或研究问题
方法		
合格标准	3	明确本综述的纳入排除标准
信息来源	4	明确用来寻找原始研究信息的来源(例如数据库,注册),写清每个来源最终的检索日期
偏倚风险	5	明确纳入原始研究的风险评价方法
合并方法	6	明确合并和呈现结果的具体方法
结果		
纳入的研究	7	给出纳入原始研究的数量,纳入研究对象的总数,对相关研究特征进行概述

项目和主题	编号	判断依据
结果的合并	8	呈现主要结局的结果,最好指明纳入原始研究的数量和研究对象数量,如果开展了Meta分析,报告分析结果的效应量大小和可信区间/可靠区间,如果进行了组间比较,指明效果的方向(例如哪一组更佳)
讨论		
证据的局限性	9	对综述中包括证据的局限性进行简要的概述(例如研究的偏倚风险,不一致性和精确度)
解释	10	对研究结果和重要的应用进行大致的解释
其他		
基金	11	明确综述的主要基金来源
注册	12	提供注册名称和注册号

(黄亚芳)

第十三章 医学科研论文与文献综述的 撰写与发表

医学论文是将医学科学研究中新的理论、技术、经验和成果等内容，以严谨的科学态度、准确的语言、相对固定的格式加以表述和总结的客观记录。其主要包括论著、简报、综述、病例报告等。绝大多数的科研成果只有以文章或专著形式发表，才能被社会认可，发挥其社会功能。医学论文是医学科学工作者交流学术观点及实践经验的重要手段。它反映着医学发展的动向和水平，是进行医学研究的依据和基础，是推动医学事业发展的重要工具。因此，医学论文写作与发表是全科医生需要具备的基本能力之一。

本章主要从医学科研论文与文献综述的书写格式、书写要求、书写技巧及注意事项等方面逐一阐述医学论文撰写相关内容，同时介绍了全科医学相关的多种医学期刊及医学论文投稿方法，旨在帮助全科医生掌握医学论文书写及发表的能力。

第一节 文献综述的撰写

一、综述的定义与特点

综述是一种三次文献，是对大量相关文献进行综合分析后总结撰写而成的产物，其特点是信息量浓缩、信息具有针对性。一方面，通过阅读综述可以使读者快速了解某一专题、某一研究领域或某一分支学科的历史发展、研究现状及最新的科研动态；另一方面，综述的撰写过程也是作者了解前人工作、收集整理资料、开阔视野、深入思考并提出观点的过程。作者通过查阅文献、分析梳理知识脉络、展望未来，能够升华对相关问题的理解，深化对相关领域的掌握。因此，综述撰写是科研人员必须掌握的一项技能。

（一）综述的概述

综述是作者针对其感兴趣的某一主题、某一领域或某一分支学科，参考大量原始文献资料，特别是近年来公开发表的文章，加以归纳整理、分析总结该领域研究的现状，并提出未来发展方向的一种学术论文。在国外，综述通常都是由杂志编辑人员向某领域专家约稿，作者常为相应领域专业的领军人物，能够代表领域内最权威的声音，站在学术最前沿，为学科发展提出指导性或者建设性的观点；以往，国内大多数杂志发表的综述通常为自由撰稿，作者多以学习和练习写作为目的，同时提出自己的观点，由资深专家审校以确保文章的质量。随着我国各领域科研实力的不断提升，逐渐也有不同领域的专家将高质量的综述发表在国内期刊上。

综述性文章有很多分类方法，各家观点不一，可以根据综述内容分为三大类。①归纳回顾型综述：该类综述是作者将相应领域的已有研究成果进行一定顺序的归纳和总结，撰写有相关逻辑的文章，较少体现作者的见解，常见于低年资作者；②分析前瞻型综述：该类综述在归纳总结的基础上包含有大量作者对所涉及专业未来发展方向的指导性意见，通常作者在领域内有较高的学术造诣；③统计分析型综述：主要指荟萃分析（Meta分析）类文章，一部分学者将Meta分析这样本质为通过统计方法对具备特定条件课题的研究结果进行综合评价的文献列入综述范畴，该类文章通过对既往研究数据的搜集、质量评价、特征描述及统计分析得出最终结论，在循证医学里面是高级别证据的重要来源。本节所讨论的综述并不包括Meta分析。另外，根据综述的时序可分为横向综述和纵向综述，根据综述的主题可分为研究现状和进展综述、临床研究综述和专题学术会议综述等。不同的分类方式并不绝对，通常一篇综述可以从不同的角度综合撰写。

（二）综述的特点

综述一般具有以下特点。

1. 集中性　综述作者通常对研究主题进行回溯式回顾，综述应反映一段时间内一批文献的内容，信息高度集中。一般来说，综述的作者必须阅读引用大量的参考文献，少则20余篇，多至百余篇，涵盖中文及外文文献，资料全，信息量大。作者应浓缩信息以表达综述主题，这样才能使读者通过阅读综述全面地了解领域的发展进程。

2. 先进性　综述的主要任务之一就是跟踪领域前沿，体现学科最新进展，介绍新的诊疗技术和药物研发等。综述不是写学科发展史，而是要搜集最新资料，将最新的信息和科研动向及时传递给同行读者。通常对一篇综述的要求是70%以上的参考文献为近期文献，作者对最新文献的掌握情况也一定程度上反映了综述的质量。

3. 综合性　综述要纵横交错，既要以某一主题的时间发展为纵线，反映当前研究的历史和进展；又要从本单位到其他单位、从本省市到其他省市、从国内到国外，从地域、人种、民族等方面进行横向比较各研究差异。文章要收集大量原文，经过综合分析、归纳整理、消化鉴别，使材料更精练、更明确、更有层次和逻辑性，进而把握本主题发展规律、预测发展趋势。

4. 客观性　综述需要叙述总结各种理论、方法、实验结果，要求引用数据必须客观，应如实反映原始文献的内容，不应出现对原文的曲解。同时，综述需要作者适当的分析评价，因此要求作者必须客观地纳入文献，不能因为个人倾向选择性纳入。要纳入研究结果不同，甚至相互对立的研究。介绍他人的研究时要客观，避免主观臆测。做出预测时必须以原文为依据，以期提供给读者更加客观的资料，供科学工作者们参考。

二、综述写作的要求与格式

（一）综述写作的要求

编写综述的过程不是对资料的简单罗列，是对知识有逻辑的梳理。通过借鉴他人文献，批判地阅读、辩证地思考，以不同于原作者的思路来总结、归纳，做出评论，提出作者的观点及对未来的展望，可视为作者的研究成果。一篇优秀的综述，应当是既有观点，又有事实，逻辑清晰、内容充实的好文章。内容要求主要有以下几方面：

1. **选题要新** 选题角度要"新"，即所综述的选题一定要能反映出该学科领域下矛盾的焦点、新成果、新动向。一篇综述文章若与已发表的综述文章"撞车"，即选题及内容基本相似，同一种期刊是不能再刊载的。内容要"新"，有些主题看似老生常谈，但是由于科技的进步和医学研究的发展，从全新的角度提出全新的问题、观点，看似老旧的主题，也可以因为"新的内容"再次提出，也就是所谓的"旧瓶装新酒"。

2. **说理要明** 说理必须充分利用现有资料，以科学事实为依据，不能凭空臆造数据和论断，以推测作为结论。

3. **层次要清** 这就要求作者在编写过程中思路要清晰，如抽丝剥茧，一层一层逐步展开。通篇或局部要按照时间及逻辑主线来进行阐述，使读者更易于理解，消化分析。

4. **语言要精** 科技文章以科学性为生命，以语言严谨为特点。若词不达意、生涩拗口、连篇累牍或者专业性不强，必然会影响读者对文章的理解。因此，在实际写作中，应持续加强汉语修辞及语言表达方面的训练。

5. **文献要近** 由于现在的综述多为"现状综述"，一篇综述的质量如何，很大程度上取决于作者对本课题相关的最新文献的掌握程度，所以在引用文献时，70%的应为近期的文献，最好是5年内的文献，除非是经典的文献，一般不引用超过10年的文献。

6. **校者把关** 初学者所作的综述，应由相关领域的专家给予审校，以保证综述的质量。审校者应以自身的经验及对专业领域的深刻理解，对综述的格式和内容给予修改把关。

（二）综述写作的格式

1. **基本格式** 综述的组成部分包括题目、作者及单位、摘要、关键词、引言、主体部分、结束语、致谢、参考文献。

其中各部分的内容与本章第二节所述类似，但是综述有其特殊之处，下面我们就综述的特点对各部分内容简单介绍。

2. **作者及单位** 与其他的论文不同，综述只要求列出综述者和审校者，通常各为一人，尤其是国内的杂志，通常要求标出综述者和审校者。

3. **引言** 引言部分可以回顾研究的历史、阐明相关概念的定义、确定综述的范围、指出研究的焦点、提出存在的争议。该部分最后还要以简明扼要的文字阐明写作的目的和必要性。

4. **主体** 主体是综述具有自身特点的部分，也是综述的主要部分，没有固定的格式，写法多样。可按不同的问题进行综述，也可按文献发表的年代顺序综述，还可按不同的观点进行比较综述。不论使用哪一种格式综述，都要将所搜集到的文献资料归纳整理、分析比较，阐明引言部分所确立主题的历史背景、现状和发展方向，以及对这些问题的评述，尤其是代表性强、具有科学性和创造性的文献引用和述评。主体部分的内容主要包括论据和论证两部分，通过提出问题、分析问题和解决问题，比较不同学者对同一问题的看法及其理论依据，进一步阐明问题的前因后果和作者自己的观点见解。正文部分可根据内容分为若干小标题分别论述。注意要层次清晰，结构分明。

5. 结束语　该部分的功能主要是对全文作扼要总结，对各种观点进行综合评价，同时提出自己的看法，指出存在的问题，对未来的研究方向加以展望。

6. 参考文献　国内杂志通常要求综述的参考文献在30篇以内，而国际上的学术杂志没有明确要求，有时多达上百篇。参考文献依引用先后次序排列在综述文末，并将序号置入该论据（引文内容）的右上角或右侧。引用文献必须真实准确，以便读者查阅参考。

三、综述的写作方法与常见问题

在写作前首先要明确自己要总结本领域哪一方面的工作。要确定关键词，并在各个数据库中检索。常用的数据库有美国的PubMed及国内的CNKI、万方等。

（一）前言部分

该部分可以是研究背景的介绍，如果涉及疾病，也可以是流行病学现状分析。一般是用一段文字（常见300字左右）对文章涉及的概念及相关问题做必要的阐述，提出目前研究的焦点，尤其要指出不同的观点或者分歧点，从而引出文章的目的、意义，提出综述的主题。前言文字不可冗长，内容选择不必过于分散，措辞要精练，要吸引读者读下去。

（二）主体部分

此部分写法多样，没有固定格式。可以按时间顺序简要说明各历史阶段的发展状况，体现各阶段的研究水平，展现该问题的研究脉络。也可以对重要的、有创造性和有发展前途的理论或假说进行详细介绍，并引出论据。还可以对有争论的问题简要介绍各家观点或学说，进行比较，指出研究方法的不同和导致差异的原因，提出问题的焦点和可能的发展趋势。对陈旧的、过时的或已被否定的观点则可从简。对一般读者熟知的问题只需要提及即可。不管哪一种格式综述，该部分都是将大量文献资料再加工的过程，从浩瀚文海中选择有重要价值的相关文章，仔细阅读、分析、归纳、整理，才能写出一篇高质量、高水平的综述，这需要耗费的精力，不啻于写一篇原创的科研报告。综述提出的重要学术观点，要全面、客观，避免遗漏不同观点和见解。

例如，有关高压氧和肿瘤治疗的研究，有学者认为高压氧能够抑制肿瘤的增殖，也有学者认为高压氧可以促进肿瘤生长；有学者认为高压氧能够抑制肿瘤的转移，也有学者认为高压氧能够促进肿瘤的转移；有学者认为高压氧能够促进肿瘤耐药，也有学者认为能够增加肿瘤的药物敏感性。在上述的内容中，要引用作者的主要研究成果和观点，避免大段引用。并且对产生不同结果的原因进行必要的探讨。因此，在叙述各研究者的不同结果时，要列出主要的、有可能导致实验结果差异的实验条件，比如细胞的选择差异、高压氧的处理时间、压力，各实验所研究的瘤种、肿瘤模型、所研究的不同药物、不同治疗模式。给予读者足够的信息去分析和思考。

主体部分的写作方法有以下几种。

1. 纵式写法　"纵"是纵观历史发展，围绕某一专题，按时间先后顺序或专题本身发展层次，对其历史演变、目前状况、趋向预测做纵向描述，从而勾画出事情的来龙去脉和发展轨迹。纵式写法要脉络分明，层次清晰，即对某一专题在各个阶段的发展动态做扼要描述，已经解决了哪些问题，取得了什么成果，还存在哪些问题，今后发展趋向如何等，对这些内容要把发展层次交代清楚，文字描述要紧密衔接。撰写综述不要孤立地按时间顺序罗列事实，把它写成了大事记或编年体。纵式写法还要突出一个"创"字。有些专题时间跨度大，科研成果多，在描述时就要抓住具有创造性、突破性的成果做详细介绍，而对一般性、重复性的资料就从简从略。这样既突出了重点，又做到了详略得当。纵式写法适合于动态性综述。这种综述描述专题的发展动向明显，层次清楚。

2. **横式写法**　"横"是指国际国内横览，它就是对某一专题在国际和国内的各个方面，如各派观点、各家之言、各种方法、各自成就等加以描述和比较。通过横向对比，既可以分辨出各种观点、见解、方法、成果的优劣利弊，又可以看出国际水平、国内水平和本单位水平，从而找到差距。横式写法适用于成就性综述。这种综述专门介绍某个方面或某个项目的新成就，如新理论、新观点、新发明、新方法、新技术、新进展等。因为是"新"，所以时间跨度虽短，但却引起国际、国内同行关注，纷纷从事这方面研究，发表了许多论文，如能及时加以整理，写成综述向同行报道，就能起到借鉴、启示和指导的作用。

3. **纵横结合式写法**　此种方法比较多见，在同一篇综述中，同时采用纵式与横式写法。在纵横对比中，把握本领域的研究水平、存在问题和不同观点，提出展望性意见。要写得客观、准确，不但要提出未来研究方向，而且要提出研究问题、解决问题的方法，尽量为其他研究者提供方向和思路。

例如，写历史背景采用纵式写法，写目前状况采用横式写法。通过纵、横描述，才能广泛地综合文献资料，全面系统地认识某一专题及其发展方向，做出比较可靠的趋向预测，为新的研究工作选择突破口或提供参考依据。无论是纵式、横式或是纵横结合式写法，都要求做到：①全面系统地搜集资料，客观公正地如实反映；②分析透彻，综合恰当；③层次分明，条理清楚；④语言精练，详略得当。

（三）总结部分

总结是对综述正文部分做扼要的归纳，作者应对各种观点进行综合评价，提出自己的观点，指出存在的问题及今后发展的方向和展望。有助于发挥综述对科学研究的引导功能。内容单纯的综述也可不写总结。

（四）综述撰写的常见问题

1. **题目过大**　初学者写综述，常常把题目写得过大。题目过大，则不易把握文章的中心，不易深入透彻，写作的难度也会显著增加。建议在选择题目时，要选择有意义的题目，突出新意，在充分考虑题目必要性的同时，还要考虑题目完成的可行性，使资料容易搜集、整理，从而使写出来的综述重点突出，具有深度。例如：题目"糖尿病研究进展"显得空泛，不易写得全面；如果题目为"单基因糖尿病的研究进展"则写作目的更为明确，写作更容易一些。

2. **参考文献过旧、过少**　综述一定要反映最新的研究成果，如果所引述文献都是若干年前的陈旧文献，则不能代表最新的研究动态。参考文献少必然导致综述的内容局限，不够全面。建议设置好检索词，多查找有关资料，要有国外最新文献，这样写出的综述才比较客观并有一定的权威性。综述内容应来自第一手资料，即已发表的研究报告，而非别人的综述，以保证文献的新颖和论文可靠性。总之，收集文献是写好综述的基础，文献的数量和质量直接影响到综述的质量。

3. **切忌文献堆砌**　作者对纳入的文献数据一定要有自己的整理和归纳。有的综述只是将文献罗列，看上去像流水账，"有综无述"，没有归纳与分析，使人看后感到重复、费解。一篇好的综述文章不是简单的数据堆积，是对大量的文献进行归纳、整理，从中筛选出有价值的信息，然后逐层深入阐述，使这些信息条理化、系统化，从而成为一篇具有较强逻辑性的研究成果。

4. **推测臆断过多**　作者在文章中过多叙述自己的观点，无相应文献支持，"有述无综"。这样的文章可信度不高。

5. **两种观点混淆**　有些作者常把不成熟的（未被证实的或推测性的）观点和成熟的观点相混淆；有些常把原始文献的观点与综述作者自己的观点相混淆。

6. **文献质量差**　文献综述所用的文献，应该主要选自学术期刊或学术会议的文章，其次是教科书和其他书籍。而对于大众传播媒介如报纸、广播、通俗杂志中的文章，一些数据、事实可以引用，但其中的观点不能作为论据问题的依据。所引用的文献应该是亲自读过的原著全文，不可以只根据摘要即加以引用，更加不能引用由文献引用的内容而未见到被引用的原文。

第二节　医学论文的撰写

一、医学论文的意义与特点

医学论文属于科技论文的一个分支，它是对医学科学领域的某些问题进行创造性研究分析后，运用专业语言、逻辑思维方法，阐述研究成果并公开发表的论文，是某一时期、某医学领域发展的文献记载。它不仅是医学科研的重要组成部分，也是医学科技信息产生、存储、交流和推广的主要媒介形式。医学论文写作的目的在于将医学领域先进的科研成果及临床研究经验及时报道，供医学工作者交流借鉴，以期推动人类医学科学发展和进步。

（一）医学论文的意义

1. **贮存科研信息**　医学论文写作是将试验过程中得到的各种数据分类记录整理，选用恰当的统计学方法加以分析，并用相应的文字图表进行描述，条理清晰地表达出所要论述问题的过程。它的主要内容包括医学科学研究目的、方法、研究结果和结论，是科研过程的真实完整记录，也是科研结果的总结升华。

2. **交流科研成果**　医学论文作为医学科研信息贮存的载体，是学术理念传播的重要方法。临床和科研一线的工作人员在实践中得到的各种经验和成果，通过医学论文的形式发表，便于在同行之间交流讨论，促进临床和科研工作的提升。

3. **启迪学术思想**　科学研究在回答一些问题的同时往往也会提出一些问题。各种科研成果通过学术刊物发表、学术会议讨论等方式不断探索与交流，相互启迪，促进新理念、新发现、新成果的产生和推广，极大地推动医学的进步和发展。

（二）医学论文的特点

1. **科学性**　医学论文不同于一般论文，其目的是研究人类疾病的发生发展规律，并为疾病的防治提供理论依据，所以科学性是首要条件。科学性主要包括两方面：一方面是指论文内容真实可靠、实事求是，要求实验设计合理，技术路线明确，数据资料详实，统计方法正确，实验结论严谨，经得起科学的验证和实践的检验；另一方面是指论文表达形式的科学性，即立论客观明确，论据充分有力，论证严谨周密，行文结构规范，思维符合逻辑，观点表述准确，不主观臆断、不夸张、不失实。

2. **实践性**　医学是一门应用科学，医学研究应从实验观察及临床实践中提炼出理论结果，形成具体的科学见解，反过来指导实践，在疾病的预防、治疗、转归上解决临床实际问题，实际指导作用越好，实用性越强，价值越大。一篇有价值的论文可以推动科学的发展，促进临床工作水平的提升，既有经济和社会效益，又有推广价值。

3. **创新性**　科学在于创新，没有创新就没有发展。创新性是科学研究的灵魂，是评价医学科研论文价值的重要标准。所以医学论文应有别于前人已经发表过的文献，有所独创，有新观点、新发现、新见解才有刊出的价值，哪怕是应用新技术解决旧问题，或是用新的实验材料得到更好的研究结果，都是创新性的具体体现。

4. **规范性**　医学论文必须按照一定的格式和要求撰写，经过严格审查后才能公开发表，一般由题名、作者、摘要、关键词、正文、参考文献和附录等部分组成，每一部分有相应的规范写作标准，语言和技术细节上采用国际通用专业术语、符号、数字、计量单位等。在国家有关标准和科技期刊编排规范的大前提下，每一期刊也有自己不同的编排特色和要求。

5. **可读性**　医学论文的目的在于学术交流，可读性高的文章更容易推广。因此，医学论文写作要求文字表达简洁精练，文章结构清晰明了，材料方法简明扼要，观点论证循序渐进，逻辑性强，术语使用规范专业，争取用最少的文字说明阐述问题，减少阅读时间，便于读者用更短的时间获得更多的信息。切不可牵强附会，虎头蛇尾，空洞无物。

二、医学论文的基本格式与规范

（一）医学论文的基本格式

1. **题目（title）**　题目要求简明扼要，充分反映文章要研究的内容。通常中文题目不超过20个汉字，英文题目不超过10个词，或100个书写符号（包括间隔在内）。题目既可以抛砖引玉，提出要解决的问题，又可以将重要方法及初步结论简明列出。题目与内容必须充分吻合，避免文不对题或题不对文，同时切忌空泛、切忌拖沓冗长。题目应准确反映论文的内容，符合其深度和广度，论文内容包括引言、资料与方法、结果及讨论等部分，而题目仅一句话，不可能反映如此多的内容，一般仅反映主要研究对象、方法、目的或结果。医学论文题目还要注意字、句间修饰关系及排列位置，重要的名词尽可能放在前面，语序安排得当，题意表达明确，逻辑合理。文题中少用或不用研究2字，慎用观察2字，题目一般使用充分反映论文主题内容的短语，不使用具有主、谓、宾结构的完整语句，不使用标点。应避免使用非公知公认的缩略语、字符、代号等，也不宜将原型词和缩略语同时列出。例如：①肺癌细胞的凋亡机制研究，题目过于空泛，看不出初步结论；②肺腺癌A549细胞系通过细胞色素Caspase激活的线粒体通路途径介导肿瘤凋亡进而抑制肿瘤生长的机制研究，题目过于拖沓冗长，适宜的题目修改为"肺腺癌A549细胞通过线粒体通路介导肿瘤凋亡的机制"。另外，题目通常不以数字作为开头，例如《32例冠心病介入治疗疗效分析》通常应写为《冠心病介入治疗32例疗效分析》。

2. 署名　署名作者必须是真正参与该项研究的全部成员名单。通常通讯作者对论文内容负责，第一作者是论文的主要执行者，其余作者按贡献大小依次排列顺序。署名要遵循实事求是的原则，必须是参加全部、部分工作或文章撰写的人员，但并非所有参加工作的人都要署名，有些人仅协助完成研究的小部分工作，可在文末的致谢中声明表示感谢。所有署名均应告知并取得本人同意，并亲笔签名。论文作者工作单位也应详细注明（通常以通讯作者单位作为论文的第一单位，不同作者的单位，按贡献大小依次列出），并附作者的邮政编码、电子邮箱、电话号码，以便读者联系。有的期刊还刊出作者的职务（职称）和学位，对于约稿的综述文章还会给出作者的个人简历。工作单位应写全称，并核对中英文表达。作者在其他单位进修或学习（包括攻读硕士、博士学位、博士后研修）期间完成的研究，回到本单位或分配到另一单位后所投的稿件，除标注作者目前所在单位外，应同时注明其从事研究时所在的单位，以明确知识产权的从属关系，需注意先后顺序，不可按照晋级等需要把个人利益凌驾于知识产权之上。

3. 摘要（abstract）　中文论著需附中、英文摘要。摘要是文章内容的简短深刻概括，可以充分体现文章的全部精髓。通常为"四段式"或"一段式"，传统的"四段式"摘要包括："目的（objective）""方法（methods）""结果（results）""结论（conclusion）"4个部分。"一段式"摘要是将所有内容写在一个自然段，不必标明目的、方法、结果、结论，按照这个思路将全部内容逐一分层写出即可，"四段式"与"一段式"摘要的写作方法与思路基本一致，多采用第三人称撰写，语言精练、明确，内容具体、完整，避免使用过多修饰词语及模糊语言。一般杂志限制总字数在200~500字。目的常为一至两句话，概括文章要解决的问题及意义。方法与结果书写具体，写明关键数据及实验方法、统计方法。结论要客观准确，不可夸大其词及过度推演引申，可以表明作者今后的研究方向。对应的英文摘要应包括题名、作者姓名、单位名称、所在城市名、邮政编码及国家的英文准确表达。通常约为250个实词，与中文摘要内容对应。

　　下面的例子是摘要中目的部分的不恰当写法。"目的：结直肠癌是我国发病率较高的肿瘤，与饮食密切相关，随着社会发展、人民生活水平的提高，结直肠癌的发病率呈现逐年升高的趋势，肠镜对于结直肠癌的诊断非常重要，但是CT、MRI同样也可以对结直肠癌的诊断具有辅助价值，本文即增强CT与三维增强MRI在结直肠癌辅助检查中的价值。"目的部分显得过于拖沓，主题不明确，需注意的是这里不必提及背景知识，不需用大量篇幅介绍诸如结直肠癌发病率、预后、治疗方法的相关背景知识，也不必介绍CT、MRI及其各自的工作原理、优势局限性、临床应用等知识，这部分内容可在文章中介绍，摘要只需用1~2句话简明扼要、高度概括文章目的即可。

　　比较恰当的写法为"目的：比较增强CT与三维增强MRI在结直肠癌术前分期诊断中的价值。"开门见山，直接点出文章要研究的内容。

　　下面的例子是摘要中方法部分的不恰当写法。"方法：分析了50例患者，分别采用这两种方法进行术前检查。"显得过于简练，给人无话可说的感觉，没有写清楚需要说明的关键点，严重影响了文章的科学性。

　　比较恰当的写法为"方法：回顾性分析了X医院X科室2013年至2016年100例结直肠癌手术患者，患者术前均经肠镜取病理证实为结直肠癌，其中增强CT组X例，三维增强MRI组X例。（再进一步阐释患者相关特征的总结分析结果，最好还要说明两组数据最后选择了哪种统计方法进行统计分析）。"

　　下面的例子是摘要中结果部分的不恰当写法。"结果：增强CT在判断T分期中准确的为X例；在判断N分期中准确的为X例；在判断总分期中准确的为X例。三维增强MRI在判断T分期中准确的为X例；在判断N分期中准确的为X例；在判断总分期中准确的为X例。"注意每组的结果需选择准确率详细表述，算出百分数，不可仅仅列出阳性的例数，并需选择恰当的统计学方法，进行统计学分析。

　　比较恰当的写法为"结果：应用术后病理做参照，增强CT在判断T分期中准确率为X%（X/200）；在判断N分期中准确率为X%（X/200）；在判断总分期中准确率为X%（X/200）。三维增强MRI在判断T分期中准确率为X%（X/200）；在判断N分期中准确率为X%（X/200）；在判断总分期中准确率为X%（X/200）。（再描述两组比较是否具有统计学意义，P值是否 >0.05，是否具有统计学意义）"

　　下面的例子是摘要中结论部分的不恰当写法。"结论：增强CT及三维增强MRI在结直肠癌术前分期中均具有重要的价值，对于可手术患者是术前必须完成的检查，并且对于患者的五年生存率起到了最根本的决定作用，可以改写结直肠癌的治疗历史。"对于结果没有正确解读，并且对于辅助检查的意义过于夸大，不符合事实。

　　比较恰当的写法为"结论：增强CT及三维增强MRI在结直肠癌术前分期中均具有一定的意义，但三维增强MRI在判断局部T、N分期方面发挥了更加重要的作用，对于术前准确判断、术后实施、新辅助化疗人群的选择及预后具有重要的价值。"客观陈述结论，不夸大其词。

4. 关键词（key words） 关键词是论文中最重要、最能反映主旨、出现次数最多的词或词组，关键词有助于读者了解全篇主题。此外，医学情报文献检索系统通常将关键词作为主题词索引（MeSH）列入。关键词多为名词或名词词组，通常3至6个，最少2个。关键词通常可从文章题目和摘要中选出确定，列于摘要下方，须中英文对照。各关键词之间（依据不同杂志的要求）通常以分号、逗号或者空格隔开，最末一个关键词后不必用句号。举例：①上一自然段摘要中恰当的中文关键词为增强CT、三维磁共振、结直肠癌、术前分期；②一般不选择没有具体含义，或含义过大的名词词语，如辅助检查、意义、价值、诊断等语；③一般不选择动词词语，如判断、做手术等；④一般不使用自创的缩略语，缩略语需选择正规并被广泛认可的词语，如可以使用"非小细胞肺癌""腺鳞癌""冠心病""高心病""肺心病"，对于扩张型心肌病不能缩写成"扩心病"，容易引起歧义。关键词和标题在表达文献主题时既有一致性和互补性，又有其差异性，应避免孤立看待标题和关键词之间的关系。医学论文写作时需要把它们有机地联系起来，使它们揭示主题内容趋于协同，这样能使读者方便、快捷地查找相关信息。

5. 引言（introduction） 论文的引言应能提供足够的信息，准确反映论文的研究内容，使编辑充分了解论文的学术价值，判断是否需要阅读论文的全部内容。如果引言写作不当，未能反映医学论文的创新性和科学性，那么读者会对论文内容失去兴趣，不再阅读全文，进而影响医学科研成果的采纳推广。简练而精彩的文章引言对于一篇论文而言可谓是事半功倍。引言是论文的开场白，占全文总字数的5%~7%，主要内容包括研究的意义、国内外研究现状、如何发现此问题和前期研究基础及本研究目的。在引言部分，可对文章要解决问题的实际意义简明点出，从国内外研究的现状即可以充分了解论文的先进性、原创性，但尽量避免使用"国内外首创""文献未见报道""前人未研究过"之类的语句。另外，前言可将文章的前期研究基础或方法、材料方面的独创性有所说明，对于预期研究成果的成功取得也可窥见一斑。具体书写思路如下：首先对要研究的问题进行总体说明，介绍定义，研究意义、前景，目前国内外研究现状（是否还有未研究的空白点及进一步研究的价值）。其次介绍如何想到进行该项研究，可以是课题组一直的研究方向，或者是在文献中得到的启发，也可以是日常工作中要思考解决的问题。有时候这两部分的内容可以有所交叉。最后可以直接介绍前期研究结果或条件技术优势，可能的预期成果。

6. 材料和方法（materials and methods） 材料方法部分是对整个试验过程及全部数据、方法、统计的全景展示。材料与方法是医学论文中重要的组成部分，是判断该项研究是否具有科学性、先进性、创新性、可重复性的主要依据。需注意三点：①真实性，所列数据是经过科学实验得出的真实数据，不可随意篡改，并且具有可重复性，不是随机偶然事件。②细节性，要说清楚所研究的对象（人或实验动物）、所用的材料（研究药物等）、仪器（注明厂家）、实验的操作步骤（具体的温度条件等）。论文在对象部分除应说明研究对象的来源、收集时间、人数、性别、年龄、种族、研究对象纳入标准和排除标准等基本信息外，还应具体说明疾病的病因、病程、病种、疾病分型和诊断标准等，同时对于有特殊要求的，如职业病临床研究则要交代研究对象的工种、工龄、职业病危害因素接触情况和职业防护情况等；但在涉及研究对象的姓名、病历号和工作单位时要予以合理规避，以保护研究对象的隐私。引用他人试验方法时需标明文献出处，自己的实验方法在发表不同文章时也不可原文照搬，同样需标明引用，避免剽窃嫌疑。③科学性，实验的设计要符合科学原则。涉及人或动物的临床试验要符合伦理，在论文中要强调说明研究是否通过研究者所在机构的医学伦理委员会审核批准及获得研究对象的知情同意。分组时要符合随机分组原则。基础科学实验要设立合理的阴性对照和阳性对照组，选择的实验方法要准确和先进，可以应用不同的方法论证，这样才能保证结果的真实可信。例如，从事临床试验的过程中，有试验药物组、安慰剂对照组。如果不采取随机双盲的原则，医生有偏好性地将部分患者加入试验药物组，会导致试验结论严重偏倚，结果可信度受到极大影响。基础实验过程中，如没有合适的阴性对照和阳性对照，就无法区分实验系统带来的影响（例如，转染过程的影响或不同器官部位非特异性着色的影响），导致试验结论的准确性受到质疑。综上所述，严谨的科学性有助于文章发表在高水平的学术期刊，受到更多的关注，产生更广泛的影响力。

7. 结果（results）　结果部分是论文的核心部分，是将研究得出的所有数据整理、归纳并用恰当的统计学方法分析，然后把结论分层次清晰表达出来，即通过浓缩事实，归纳总结和分析结果，得出最后的科学结论。通常我们借助文字、图、表结合的方式表达，以文字为主，三者内容无重复。结果部分需注意的事项是：首先结果不是方法部分的简单重复和罗列，需对材料、数据进行详细、符合逻辑的归纳整理，列出图表，图表设计合理，表达层次清晰，标注正确，统计方法准确。不要只罗列出诸多结构的名词，一定要对这些结构进行详细的解剖学描述。不要在此栏目中对尚未见到的现象进行推测性表述。例如，"某神经进入某肌，支配该肌运动"，其中的"支配该肌运动"在本研究中并不能证实，不能写在研究结果中，但可以在讨论或小结栏目里进行表述。对阳性结果的解读要恰如其分，不可夸大其词；同时切记对阴性结果不能随意篡改，或者只报喜不报忧，或者对于不良反应、并发症等负面结果没有正确的评价，一味掩盖。不要将预案中设想或预测应当观察到而在研究中并没有出现的现象或结构作为研究结果写出。同样，所得到的研究现象和结果与预期的不符时，要尊重事实，不能随意修改，可以在讨论中对此状况进行探讨。因为论文是供同行学习参考的重要资料，必须保证其真实合理性和科学性。再者，统计过程中应严格选取国际公认的指标、方法，避免自行杜撰标准，造成数据无公认的可信性。

8. 讨论（discussion）　讨论部分是论文的总结升华，是论文的点睛之笔。可以说，一篇论文对读者的学术启发，与讨论部分的成功书写关系密切。这一部分文笔自由，可以包括的内容有深入阐述研究工作的原理和机制；材料和方法的特点及其得失；本研究方法、结果与他人发表文章的异同点，以及各自的优越性与局限性；详细阐述学术观点的价值和意义，未来前景，同时可以提出下一步的工作设想。需要注意的是，每篇论文并不是必须逐项列出上述全部内容，可根据自己的论文特点有所侧重，突出自身的优势，如方法上的先进优势或自建细胞系等独有知识产权优势，或是原研创新的优势，切忌夸大其谈，漫无边际。

需要注意的是，讨论和引言两部分侧重的内容有所不同，个别地方可以有小的交叉，但具体侧重点还是有区别的。引言起到的是抛砖引玉的作用：写出为什么要选择这个题目；这个题目涉及的到底是什么内容；国内外已经研究到什么程度；如何才能得出预期成果，有哪些有利条件和不利条件，如何克服；如果得出预期结果，将有哪些意义？而讨论部分是全文的总结升华：利用有利条件究竟取得了哪些成果；如何克服的不利条件；自身的成果与他人相比有哪些独到的优势；得到该成果究竟有什么价值；未来是否还可以继续延伸，取得更进一步的成果。

9. 致谢（acknowledgement） 致谢部分主要是对本文有过贡献，但又不能列入作者名单的人员表示感谢，包括协助本研究的仪器测试工作人员、资料及技术（绘图）协作者、经费、物资、实验场地、器材提供者等。作者也需事先征得被致谢者的同意。

10. 参考文献（references） 对于文中所引用的他人的学术思想、理论、成果和数据，按引用的先后顺序依次标注列出，在文章中相应位置用方括弧、单纯数字等方式注明，引用文献通常以5年内的参考文献最有价值。一方面可以体现科学继承和尊重他人劳动的态度，另外，还有助于读者查证有关资料。通常引用参考文献的数量，论著在10条以内，综述在25条左右（此为中文文章标准，国际期刊通常列出更多参考文献），而且只限读者亲自阅读过的资料。未发表的资料和个人通讯报道、新闻报道、会议报道通常不列入参考文献。参考文献应按各杂志稿约规定格式书写。参考文献类型可用专门的代码标注：专著［M］、会议论文集［C］、报纸文章［N］、期刊文章［J］、学位论文［D］、报告［R］、标准［S］、专利［P］、论文集中的析出文献［A］。

常见书写格式举例如下。

①著作：［序号］主要作者.书名［文献类型标识］.出版地：出版社，出版年，起止页码。

例：［1］王家良.循证医学（第二版）.北京：人民卫生出版社，2010，45-68。

②期刊文章：［序号］作者.文献题名［J］.刊名，年，卷（期）：起止页码。

例：［1］张三.心肌酶在冠心病诊断中的采血时间分析［J］.中国心血管病杂志，2002，（1）：5-7.

［2］McClelland，David C. Testing for competence rather than for "intelligence"[J]. American Psychologist，1973，28（1）：1-14.

对于作者的写法，按不同期刊的要求，有的要求列出全部作者，有的要求列出前三位作者；另外期刊名字的书写位置不同期刊也有不同要求，请投稿前认真阅读投稿指南。

（二）医学论文的规范

医学论文的书写通常具有一定的规范，下面分几个方面详细介绍论文的书写中需要注意的规范。

1. **汉字使用及语法修辞** 医学论文为正式的书面文体，在书写过程中要使用规范汉字，避免使用繁体字、生僻字，汉字使用通常以商务印书馆出版的《现代汉语词典》为准。另外，语法修辞也要符合规范，通常是以张志公主编的人民教育出版社的《现代汉语语法》作为语法修辞的标准规范。

2. **专业术语** 医学论文中经常使用专业术语，应用最多、也是最为重要的是名词词语。对于经全国自然科学名词审定委员会审定的科学出版社出版的近40种名词可以直接使用，对于尚未审定的名词，可使用现时通用的名词。使用名词术语时需注意如为人名构成的术语，如人名为单汉字，构成名词术语时加"氏"字，如布氏杆菌、骨科手术用的克氏针；如人名为多个汉字，直接用人名表示，例如革兰氏染色、巴宾斯基征。涉及药物名称的名词均以《药典》为准，使用通用名，避免使用商品名。

3. **数字和计量单位的使用规范**

（1）数字用法

①阿拉伯数字：常用于公元世纪、年代、年、月、日、时刻表示，物理量量值表示，计数数字（小数、分数、百分数等），元件及仪器的编号。例如，公元21世纪、80年代、2007年8月5日，重量280kg，61.47%，国际标准号ISBN-098-6741。

②不使用阿拉伯数字而使用汉字的场合：某些定型的词组、缩略语，表示概数的数字，表示事件的词语，例如，四氧化三铁，十二指肠，第十个五年计划，几十万分之一，正月初七，"九一八事变"等。

③数字书写规范：表示数值范围（包括百分数范围）的符号应用"~"连接，如4.7kg-9.6kg应为4.7~9.6kg，79%-83%应为79%~83%；带计量单位的应分别标注单位或统一标注一个单位，例如，5cm×7cm×2cm或5×7×2（cm）；分数式应排成单行，中间用斜线划开，如1/10。

④有效数字的确定：一个有效数字中只有最末位数字是估计数字，其他数字均为准确数字。有效数字与测量仪器的灵敏度有关，如天平的敏感度为0.1mg，那么称重结果15.34mg中，15.3mg为准确数字。

（2）计量单位：以《中华人民共和国法定计量单位使用方法》为准。论文中计量单位的使用需注意法定单位与非法定单位不能混用，已废除的旧单位不要继续使用，例如，尺、寸、斤、两、公分等计量单位不要应用。表达组合单位时，通常只能有一条斜线，若分母中有两个以上单位时，整个分母应加圆括号。如mg/（kg·d）。避免中文符号与国际符号混用，如：米和m混用，小时和hr混用。

4. **医学统计方法的合理正确选择** 统计分析时应根据数据的分布特点，选用合理的统计方法。一个周密与良好的科研设计方案，必须是全科知识和医学统计学的有机结合，而不是等科研数据完成后寻求统计学帮助处理。因此，全科医生论文中合理正确地选择统计学处理方法，不仅可以提高医学论文的质量，保证科研成果的真实性和可靠性，还可以使全科医生掌握科学研究思维及分析解决实际医学科研问题的能力。

一般正态分布的计量资料的统计描述可用均数±标准差表示，统计推断采用 t 检验和单因素方差分析；非正态分布的计量资料统计推断多采用秩和检验。详见第四章和第七章。

在论文中研究设计内容必须表述完整，明确研究对象的入选标准、对照组的设置及随机化方法。在对数据进行统计学分析时，一定要交代统计学分析方法，例如，多数情况下选择方差分析，因为 t 检验取代方差分析会破坏原来实验设计的整体性，降低检验效能；在计数资料率或比的假设检验中要用到 χ^2 检验，其中四格表卡方检验最常用，当 $N<40$，且有 $1<T<5$ 时，要用校正的 χ^2 检验；当 $N<40$ 或 $T<1$ 时，则用确切概率法。只有进行假设检验、计算统计量，再利用随机变量的概率分布规律，排除抽样误差的干扰才能做出合理的推断。

5. 图表设计　通常一篇文章的图表大多为 4~6 个，图表可进行适当组合。

（1）图：包括线条图或照片图，线条图一般是按照实验数据及统计结果绘制而成。线条图的制作要注意以下的要点。①高度与宽度之比在 5∶7 左右；②一般纵、横坐标中应标明标目的量和单位符号，最大坐标范围及坐标刻度根据数值特点选取；③记录图（如心电图、脑电图等）应用原图，图面整洁，图像清晰，如可充分说明问题，也可以截取部分阳性片段。照片图的制作要点为 CT 等图片只需显示必要的部位；颜面或全身照片应用线条遮盖保护隐私；病理、免疫荧光、电镜、共聚焦显微镜等显微照片应标明染色方法及放大倍数。另外，还需注意每张图要有单独的序号和简明的标题，居中排在图的下方。图中如有需说明的事项（如 P 值），可在图内用箭头等标注，在图下以简练文字注释，列出图注。

标准线条图举例见图 13-1。影像图片举例见图 13-2，在图中将病变区域重点标明，便于读者更好地认知，不涉及隐私的信息，无需特殊处理。免疫组化图片举例见图 13-3：需在图片中注明放大倍数，如为多个图片可在图中标明 a、b、c、d。

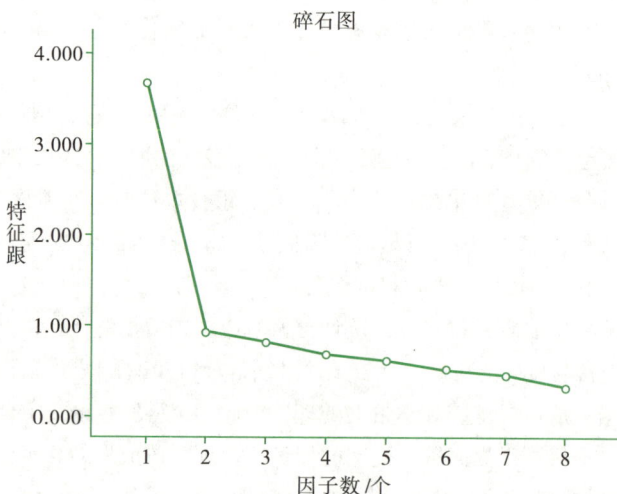

图 13-1　SF-12 量表探索性因子分析碎石

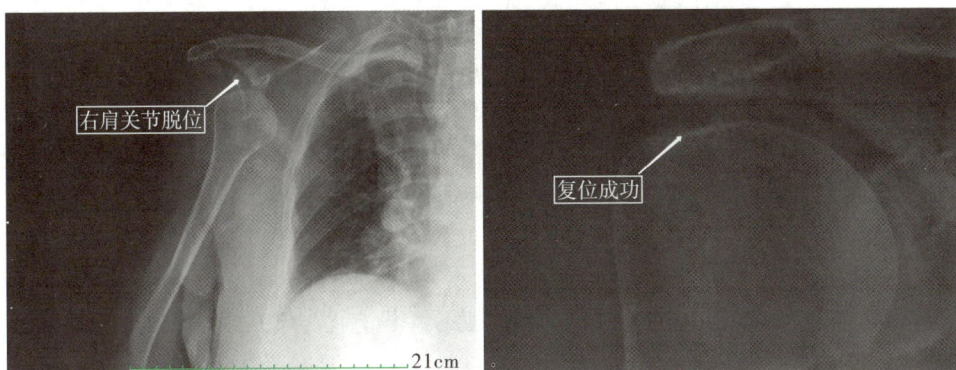

图 13-2　影像学图片举例

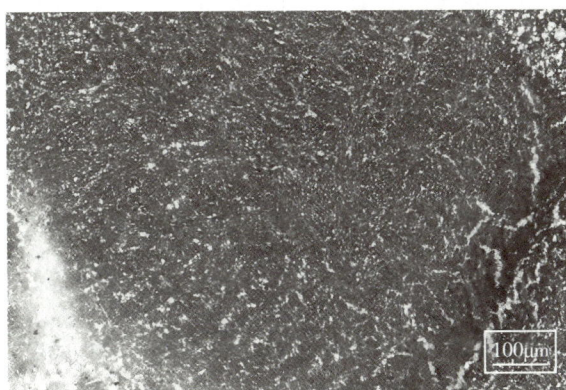

图 13-3　免疫组化图举例（见文末彩插）

（2）表格：表格的设计同样遵循统计学制表原则。国内外医学界普遍推荐使用三线表。每张表格均应有单独的序号和简明的表题，居中排在表的上方。表中如有需说明的事项，可在表内有关内容的右上角标注"*""#"等符号注释，列出表注（表13-1）。

表13-1　咨询专家对两轮咨询中问题熟悉程度的自评情况

咨询轮次	很不熟悉	较不熟悉	一般熟悉	较熟悉	熟悉	很熟悉	合计
第一轮	0	0	1	1	10	16	28
第二轮	0	0	0	0	7	20	27*

注：第二轮中有一位专家未参加本研究。

三、医学论文撰写中的常见问题

在论文投稿的过程中，经常遇到被直接拒稿，或编辑提出大量意见需反复修稿的情况，为避免这种现象的出现，现将撰写医学论文过程中可能会存在的常见问题进行剖析。

1. 标题　标题不精练，冗长繁琐，形容词或限定词语过多，造成题目过长，晦涩难懂；选题过大，内容涵盖面太广，分析问题不够具体，难以驾驭；使用了非公认名词或缩略语，使题目不易认读，例如“甲状腺功能减低性心脏病”通常不应缩略为“甲减心”；使用了不确定词语如“可能机制”。

2. 作者名单　作者由于某些特殊关系，将一些没有参与研究的人都列入作者名单；按照职称的高低、资历的新老、分工，甚至是与通讯作者的亲疏关系不同来排列作者署名，例如，将自己爱人列入作者中，并放在最前面的位置。通讯作者的名字和邮箱地址没有提供；通讯作者邮箱书写错误或通讯作者邮箱过多，导致编辑无法及时与作者进行沟通或者读者无法与作者进行交流。

3. 摘要　首先要明确摘要是否具有可理解性，是否含有医学研究报告的主要部分。摘要中不能含有图、表格及非标准化的符号和术语，且无需分段。摘要只对论文内容做真实的介绍，无需举例说明，不做自我评价。摘要不能过分侧重引言部分，对实验内容方法一笔带过，又不能过分夸大意义，更不能超字数，要按照具体投稿杂志要求写成“四段式”或“一段式”。未提供英文摘要，或英文摘要和中文摘要的内容不一致。

4. 关键词　不会总结关键词，导致关键词的选择过多或过少；未使用MeSH词表中的规范关键词；关键词无法反映文章的主要研究内容；关键词使用不规范英文缩略语或简写形式，导致无法辨识。

5. 引言　初写者经常无从下手、无话可说，主要由于对研究现状把握不足，不了解自己的研究在其中所处的位置；或者过多叙述历史与罗列文献，没有自己的观点。另外，把自己研究结果的意义任意夸大，脱离实际，随意使用“首次报道”“首创”“第一”等词语。

6. 材料与方法　实验步骤或方法介绍不清，缺少实验对象的选择入组标准，随机抽样原则交代不清，甚至治疗方法中药物剂量、使用方法介绍不详，无法说明设计的合理性和代表性。使用的仪器设备型号没有具体考证，随意在网络上搜索书写；将国产抗体、试剂改写成进口抗体、试剂，无法让读者判断材料的先进性和可靠程度。误将全部仪器、器皿、试剂的明细列出，占据大量篇幅，其实如果是认可的通用方法仅需注明名称或特殊部分即可。

7. 结果　与材料方法部分重复；列出一个结果，分析一个结果，缺乏整体逻辑性；将讨论部分的内容过度前移，导致四个部分的内容含混不清；选取的数据必须实事求是，不能把不符合主观设想的数据和结果随意删除，即使小数点后的数值，也不可随意取舍，只列阳性结果，对阴性结果只字不提或一味遮掩；图表不规范表达，图注、表注表示不清楚或根本缺乏，表题过于简略和繁琐，且时间、地点和内容交代不清，或标题过多，层次不清晰；对表格种类选择不当，数据未作统计学处理，仍应用原始记录制图；存在统计学常见错误，如例数选择过少、统计方法选择错误、未设立合理的对照、对统计学结论解读错误等。

8. 讨论　为充填文章分量而将结果部分内容简单机械重复；存在超出结果部分内容的结论；缺乏自己的观点，将引用文献内容再次复习、罗列出来，只是将中文文献进行简单概括，或直接抄袭部分原文，或将英文文献简单翻译过来列于文中，而对于自己的文章与所引用的参考文献内容之间的关系并未有任何提及。引文繁多，但缺乏作者个人见解和意图。观点与他人实验结果相差较大时，要谨慎下结论，避免过度推想不成熟的定论，可以提出恰如其分的设想和建议。

9. 参考文献　该部分不涉及任何技术性问题，只需要有认真严谨的态度和规范的习惯，就可以完成，现在的文献编辑可以借助 EndNote 这样的软件轻松准确完成。常见问题如下：未阅读投稿须知，导致著录格式不规范（例如，期刊要求引用文献数不少于20个，或不多于30个，一定要按照要求去做）；缺少连续出版物卷或期号，专著缺少出版地和出版社；引用非正式出版物上的文献，包括内部资料、论文汇编、预印本等未正式出版的资料；缺乏必要的文献，文中谈及某人的研究，引用其结果，但文后见不到文献，使读者无法了解原文。参考文献应是作者阅读的原文献，不应借引用其他文章中引用的文献。正文忘记标注引用序号或正文中标注的序号与文后参考文献序号不一致；引用文献不恰当，过度引用老旧文献（应多引用近五年的文献，例如，2020年投稿的文章，应多引用2015—2020年的文献）；对多名作者的录著不符合杂志要求，例如，有的期刊要求只列出前三位作者，有的期刊要求列出全部作者；刊名缩写错误或录著位置不符合规范。

第三节　文献综述与科研论文的发表

一、医学期刊的分类及介绍

医学期刊是医学工作者交流医药经验和研究成果的汇集地，体现了医药学新进展及水平，在传播和交流学术、沟通情报信息等方面起到桥梁作用，是医学工作者进行工作研究的重要情报来源。通过掌握学科现状及研究动态，医学工作者在前人研究成果基础上开发新思路、开展新研究。

期刊相比图书具有出版周期短、专业性强、选题机动灵活、读者众多、检索性能强的特点。据不完全统计，全世界出版的科技期刊约12万种，年发行近30亿册，其中25%为生物、医学期刊约3万种，发行量约7亿册。

（一）期刊的定义

期刊也称"杂志"，是具有统一题名、连续定期出版（每年至少2期，每周至多1

期）、有序号、刊号、版式相同、装订成册的连续出版物。

学术期刊是相对于非学术期刊而言的，是指以开展学术研究为办刊宗旨，以刊载研究发现和创新成果的学术论文、文献为主的连续性出版物，通常涉及特定学科，起到了公示作用。

医学期刊是学术期刊的一种，是以医学和与医学相关学科为内容的情报载体。国内公开发行的医学期刊是由国家新闻出版广电总局批准，由国家直属机构、一级协会、地方性医学组织，医学院校、医院科研单位等承办的主要以刊载医学学术论文为主的连续出版物。

（二）医学期刊分类

医学期刊种类及出版类型繁多，有不同的分类方式。从出版周期上可分为周刊、旬刊、半月刊、月刊、双月刊、季刊、年刊等；从出版或编辑机构上可分为学术团体、政府机构、出版社或厂商出版的期刊；从载体形态及文献加工程度上分为一次文献、二次文献、三次文献等；按内容分为学术、技术性期刊、快报性期刊、消息性期刊、资料性期刊、检索性期刊、译文、译报、科普性期刊等。

学术、技术性期刊信息量大，情报价值高，是医学期刊的核心部分，主要刊载科研、医疗、教学等方面的学术论文、研究报告、实验报告、临床报告等原始文献，如学报、纪年、会刊或会议录、汇刊、综述、进展、年鉴等。快报性期刊专门刊载有关最新科研成果的论文，预报将要发表的论文摘要，如各种快报、快讯等。消息性期刊刊载与学术机构或厂商企业有关的新闻消息，刊名中常带有新闻或快讯等字样。资料性期刊主要刊载实验数据、统计资料和技术规范等方面的内容，专门向用户报道各种数据和事实性情报，刊名中常带有数据、记事录等字样。检索性期刊供查找文献用，常带有文摘索引等字样。译文、译报是介绍国外医学研究的刊物。科普性期刊主要以读者群为标准来划分期刊，旨在普及医药卫生知识。

核心期刊指发表基金论文数量相对较多、信息密度大、被读者利用次数较高、二次文献转摘及引用较多或被重要数据库收录较多的期刊。世界卫生组织于1979年公布世界200种西文医学核心期刊，包括英国的《柳叶刀》和美国的《新英格兰医学杂志》等著名期刊。中国的医学核心期刊主要参照北大图书馆出版的《中文核心期刊要目总览》和中国科学信息技术研究所出版的《中国科技论文统计源期刊》。

（三）评价指标及评价工具

学术期刊刊登文献大约提供科学家和专家们所需情报的70%以上，是一种科学家之间正式、有序、公开的交流媒介。对学术期刊在科学活动及文献交流中的作用及质量优劣进行评价，能有效地评价期刊，了解其自身学术影响力，使科研工作者客观准确地选择期刊，也为决策部门学术评价管理提供依据。

评定学术期刊质量的常用方法有检索工具法、专家评定法、流通统计法、引文分析法等。目前国际通用的引文分析法以期刊的影响因子（impact factor，IF）确定期刊的水平。美国科学引文索引（science citation index，SCI）就是应用引文分析法建立统计评价指标，对期刊论文进行综合客观的评价，由此促进"期刊引用报告"（journal citation reports，JCR）的出版。

常用的学术期刊评价指标：①期刊载文量，指定时间内发表论文数；②期刊引用量，指定时间引用的全部参考文献；③平均引用率，指定时间引用参考文献数量/相应期刊载文量，反映期刊吸收信息的能力和科学交流程度；④总被引频次，全部论文在统计当年被引总次数；⑤平均被引率，指定时间论文被引次数/相应载文量；⑥影响因子，是美国文献计量学家加菲尔德1972年提出的一项期刊计量指标，公式为"前N年的期刊论文在当年所产生的被引总次数/前N年的期刊论文数之和"，目前国际通用时间跨度为2年；⑦即年指标，期刊论文被引次数/期刊当年发表论文总数；⑧期刊自引率，被本刊引用次数/期刊被引总次数；⑨期刊他引率，被其他刊引用次数/期刊被引用的总次数。通过以上评价指标可较全面分析期刊引用及被引用情况，为期刊质量评价提供依据。

通过期刊评价工具可以对期刊论文相关评价指标进行评价排序，清晰地了解期刊相关指标及学术地位。目前常用的期刊评价工具有《期刊引用报告》《中文核心期刊要目总览》《中国科技期刊引证报告》《中国学术期刊综合引证报告》和中国科学引文数据库等。通过以上分析工具，对期刊的引用与被引用关系进行系统归类、整理、分析，可以清楚地了解期刊引用和被引用的情况，评估某种期刊在科学交流体系中的作用和地位。

国际上全科领域著名的期刊有《家庭医学年刊》（*Annals of Family Medicine*）、《英国全科医学杂志》（*The British Journal of General Practice*）、《澳大利亚家庭医生》（*Australian Family Physician*）、《加拿大家庭医生》（*Canadian Family Physician*）、《斯堪的纳维亚初级卫生保健杂志》（*Scandinavian Journal of Primary Health Care*）、新西兰《初级卫生保健杂志》（*Journal of Primary Health Care*）等。国内的全科领域重点中文期刊有《中国全科医学》《中华全科医师杂志》《中华全科医学》等，以下对三种中文期刊进行简单介绍。

《中国全科医学》创刊于1998年，是由中华人民共和国国家卫生健康委员会主管，中国医院协会、中国全科医学杂志社主办的中国国内公开出版发行的全科医学学术性期刊。栏目设有述评、论著、卫生政策解读、全科医疗、全科医学教育、慢病管理、全科医疗临床思维、数据研究分享等。2020年复合影响因子为2.25，综合影响因子为1.801。

《中华全科医师杂志》创刊于2002年，是由中国科学技术协会主管、中华医学会主办并编辑出版的全科医学领域的学术期刊。栏目设置有述评、专家论坛、指南与规范、论著、综述、全科医学教育、社区卫生服务与管理、社区学术沙龙、社区教学案例、全科医生手记、病例故事、社区诊疗案例、循证精要、读者来信等。2020年复合影响因子0.743，综合影响因子0.687。

《中华全科医学》创刊于2003年，是由中华人民共和国国家卫生健康委员会主管、中华预防医学会与安徽省全科医学会主办的国家级全科医学领域科技学术期刊。主要栏目有专家论坛、全科医学讲堂、论著、慢病防治研究、社区卫生研究、健康教育与健康促进、调查研究、医学综述、全科医学教育研究、全科护理研究、全科临床研究、药物与临床、病例报道等。2020年复合影响因子为1.531，综合影响因子为1.354。

此外还有《中国卫生经济》《中国卫生事业管理》《中华医院管理杂志》《现代预防医学》《中国妇幼保健》《医学与社会》《中国慢性病预防与控制》和《中国公共卫生》等期刊刊登了较多全科领域相关文献，为我国全科医学研究及信息共享提供学术交流平台。

二、科研论文的投稿和发表

按照惯例，科研成果必须以学术论文的形式在公开发行的正式出版物上发表或在学术会议上宣读，才能得到承认。因此，我们需通过发表医学论文来维护科研结果的首创权。下面具体介绍如何进行科研论文的投稿和发表。

（一）选择合适的刊物

医学论文投稿时，论文的研究内容及其学术质量是选择拟投稿期刊的主要出发点，作者须根据论文的专业性质、研究内容、学术水平，并结合拟投期刊的具体要求（包括学科专业、稿源范围、影响力、出版周期、发行量及从收稿到刊出的间期等）来选择期刊，这是论文能否发表的关键。因此，在投稿前需要慎重地选择期刊，准确地评估所投论文的学术质量，仔细阅读"作者须知"，了解该期刊的报道范围、读者对象和文章的格式。

如果期刊选择不当，可能会出现以下几种结局：①以"不适合在本刊发表"为由退稿，编辑部一般需要2~3个月才能做出退稿的决定，所以，再投他刊时，将会有数周至数月的延迟时间；②编辑和审稿者不熟悉作者的研究领域，不能客观公正地评价所投论文，甚至提出一些作者不能接受的、有争议的修改意见，最终导致退稿；③即使论文被接受发表，由于选择的期刊不合适，阅读的同行很少，达不到信息传播的目的，论文的影响力也随之减弱。

（二）投稿前准备

1. **掌握期刊投稿要求**　每种期刊都会在其官方网站列出《投稿要求》或《投稿须知》，大部分期刊还会提供样稿给作者参考。因此，作者在完成科研工作后，需要花一定的时间和精力按期刊的要求对自己的稿件进行修改、排版。如果稿件的撰写格式、排印不符合所投杂志的规范和要求，在进入正常的稿件处理流程前就可能被退回。

2. **完善投稿信内容**　投稿信是编辑部在收到正式论文稿件前最新阅读的内容，是作者推荐自己稿件的重要工具。现在大部分杂志通过网络填写投稿信的各项内容。其主要包括以下几个方面：说明本研究或发现的意义；声明本论文的全部内容均为原创，资料诚实可靠，不涉及保密、隐私等问题；声明本论文没有重复发表和/或一稿多投；声明是否有经济方面或其他方面的利益冲突；声明稿件已经所有作者阅读和同意投稿，署名无争议，并附所有作者签名，所有作者均符合著作权标准；通讯作者的详细地址、工作单位和联系方式，包括电话、传真和E-mail等，以及一些其他要说明的内容。投稿信可能还需要提供一些附件，如伦理委员会通过证书、版权使用许可书、版权协议等。

3. **选择合适的投稿方式**　随着计算机技术、网络技术的快速发展，投稿方式主要由以往的纸质文稿为主逐渐转变为网络投稿为主。

目前大部分杂志均有自己的"在线投稿系统"。作者进入系统后，注册成为用户，根据投稿步骤提示，可顺利完成网络投稿。网络投稿注意留好文件备份。"在线投稿系统"是实现作者、编辑、审稿专家三位一体的协作化、网络化、角色化的编辑稿件业务处理平台。通过该平台，编辑、作者、专家不受地点限制，可在各自权限范围内进行在线操作，极大地简化了投稿流程，提高了稿件处理质量。

（三）投稿后与编辑的沟通

作者在投稿后，为了做好与编辑的有效沟通，主动了解编辑部的稿件处理流程并正确应对是十分重要的。不同编辑部的稿件处理流程和具体要求有所不同，但在总的流程和要求上是有共性的。

1. 稿件的处理流程　当作者将稿件投至编辑部后，即正式进入了稿件处理流程。主要有初审、专家审稿、最终定稿下录用通知三个流程。

初审是期刊杂志社内部编辑进行的，期刊杂志社初审是基本过滤，一般无大问题的论文都能通过。通过后进入专家审核，专家审稿是稿件处理流程的重点，审稿专家主要审查稿件的学术含量，同时也会考虑该刊物的接受水平，审稿意见会返回给编辑。然后再由主编进行审核，最终决定是否直接退稿处理。如没有直接退稿，编辑部则会将具体修改意见反馈给作者，待作者修改完善后再次审稿，决定是否录用。整个流程中，作者需要密切关注稿件是否被退稿、具体退修意见及校对要求。

2. 稿件处理流程中的各个时间点　作者了解此点，可避免不必要的牵挂和不合时宜的反复询问。完成投稿后最先收到的是投稿回执，一般投稿后当天或1~2天就能收到临时稿号的回执，投稿后3天如未收到临时稿号的回执，应加以询问，以免其中某一环节出现问题而得不到及时解决。收到回执后，及时完成审稿费用处理，主要有网络支付、汇款等方式。编辑部收到审稿费后会告知稿件初审时间，一般为1~3个月。因此，如果稿件被退稿或者退修，作者会在1~3个月内收到退稿意见书或退修意见书。

综上所述，作者在收到回执后3个月如还未有消息，则可向编辑部进行咨询；如果稿件已被列入退修，收到稿件退修通知单即说明稿件基本上可被考虑采用，此时需要耐心等待编辑的稿件处理意见，不要再投他刊。

（四）正确应对稿件处理意见

大部分稿件在正式录用前都需要修改，直接录用而不需要返回给作者修改的稿件并不多。作者在投稿后对编辑部的稿件处理意见应该采取积极主动的处理态度，应结合原稿仔细阅读审改意见，分析、判断，如果同意编辑部所提意见，则尽量按照编辑的要求进行修改，对于有疑义的地方及时与编辑部沟通，实事求是地回答编辑部提出的问题，对可能有重大出入或有错误的意见，应采取慎重态度，反复查阅有关文献资料，认真核实原始科研记录，以证明自己是正确的，不能刻意回避或隐瞒。总之，对于稿件处理意见，既要勇于修正错误，也要敢于坚持真理。所有修改或回答部分因在原稿件基础上进行，并且保留修改痕迹。作者要注意在电脑中保存修改后定稿的文件，编辑部发送校样稿给作者校对时作为参照。稿件修改完毕通过"在线投稿系统"发回修定稿。纸版投稿应在Word文件格式下编排同时打印一份，并附上复制的U盘或光盘，连同编辑对稿件的退修函、原稿、授权书等尽快寄回编辑部。

（五）退稿主要原因解析及应对

投稿被拒的原因中，除了稿件的质量问题外，退稿原因是多方面的，常见的有：①稿件内容与期刊主题不符；②写作格式不符合医学论文要求；③内容无创新；④科研设计、研究方法、统计分析等不合理；⑤文字不清楚或错误、语法错误；⑥内容重复，文字内容与图表重复等；⑦涉嫌抄袭；⑧一稿多投等。

一般来说，期刊的退稿率会远远超出录用率。稿件被拒后，作者要调整心态，按照专家的评审意见认真修改，重新投稿。具体来说，要做好以下几点：①提升稿件质量；②寻找合适期刊；③细读投稿须知；④熟悉投稿流程。再接再厉，改正不足，汲取教训，不断提高写作能力，争取文稿早日发表。

（杜兆辉）

附录 统计用表

附表1 标准正态分布曲线下的面积

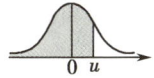

u	0.00	0.01	0.02	0.03	0.04	0.05	0.06	0.07	0.08	0.09
0.0	0.5000	0.5040	0.5080	0.5120	0.5160	0.5199	0.5239	0.5279	0.5319	0.5359
0.1	0.5398	0.5438	0.5478	0.5517	0.5557	0.5596	0.5636	0.5675	0.5714	0.5753
0.2	0.5793	0.5832	0.5871	0.5910	0.5948	0.5987	0.6026	0.6064	0.6103	0.6141
0.3	0.6179	0.6217	0.6255	0.6293	0.6331	0.6368	0.6406	0.6443	0.6480	0.6517
0.4	0.6554	0.6591	0.6628	0.6664	0.6700	0.6736	0.6772	0.6808	0.6844	0.6879
0.5	0.6915	0.6950	0.6985	0.7019	0.7054	0.7088	0.7123	0.7157	0.7190	0.7224
0.6	0.7257	0.7291	0.7324	0.7357	0.7389	0.7422	0.7454	0.7486	0.7517	0.7549
0.7	0.7580	0.7611	0.7642	0.7673	0.7703	0.7734	0.7764	0.7794	0.7823	0.7852
0.8	0.7881	0.7910	0.7939	0.7967	0.7995	0.8023	0.8051	0.8078	0.8106	0.8133
0.9	0.8159	0.8186	0.8212	0.8238	0.8264	0.8289	0.8315	0.8340	0.8365	0.8389
1.0	0.8413	0.8438	0.8461	0.8485	0.8508	0.8531	0.8554	0.8577	0.8599	0.8621
1.1	0.8643	0.8665	0.8686	0.8708	0.8729	0.8749	0.8770	0.8790	0.8810	0.8830
1.2	0.8849	0.8869	0.8888	0.8907	0.8925	0.8944	0.8962	0.8980	0.8997	0.9015
1.3	0.9032	0.9049	0.9066	0.9082	0.9099	0.9115	0.9131	0.9147	0.9162	0.9177
1.4	0.9192	0.9207	0.9222	0.9236	0.9251	0.9265	0.9278	0.9292	0.9306	0.9319
1.5	0.9332	0.9345	0.9357	0.9370	0.9382	0.9394	0.9406	0.9418	0.9430	0.9441
1.6	0.9452	0.9463	0.9474	0.9484	0.9495	0.9505	0.9515	0.9525	0.9535	0.9545
1.7	0.9554	0.9564	0.9573	0.9582	0.9591	0.9599	0.9608	0.9616	0.9625	0.9633
1.8	0.9641	0.9648	0.9656	0.9664	0.9671	0.9678	0.9686	0.9693	0.9700	0.9706
1.9	0.9713	0.9719	0.9726	0.9732	0.9738	0.9744	0.9750	0.9756	0.9762	0.9767
2.0	0.9772	0.9778	0.9783	0.9788	0.9793	0.9798	0.9803	0.9808	0.9812	0.9817
2.1	0.9821	0.9826	0.9830	0.9834	0.9838	0.9842	0.9846	0.9850	0.9854	0.9857
2.2	0.9861	0.9864	0.9868	0.9871	0.9874	0.9878	0.9881	0.9884	0.9887	0.9890
2.3	0.9893	0.9896	0.9898	0.9901	0.9904	0.9906	0.9909	0.9911	0.9913	0.9916
2.4	0.9918	0.9920	0.9922	0.9925	0.9927	0.9929	0.9931	0.9932	0.9934	0.9936
2.5	0.9938	0.9940	0.9941	0.9943	0.9945	0.9946	0.9948	0.9949	0.9951	0.9952
2.6	0.9953	0.9955	0.9956	0.9957	0.9959	0.9960	0.9961	0.9962	0.9963	0.9964
2.7	0.9965	0.9966	0.9967	0.9968	0.9969	0.9970	0.9971	0.9972	0.9973	0.9974
2.8	0.9974	0.9975	0.9976	0.9977	0.9977	0.9978	0.9979	0.9979	0.9980	0.9981
2.9	0.9981	0.9982	0.9982	0.9983	0.9984	0.9984	0.9985	0.9985	0.9986	0.9986
3.0	0.9987	0.9987	0.9987	0.9988	0.9988	0.9989	0.9989	0.9989	0.9990	0.9990

注：本表最后一行自左至右依次是 φ（3.0）、…、φ（3.9）的值

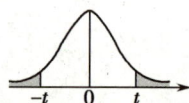

附表2　t分布界值表

ν	单侧: 0.25 双侧: 0.50	0.20 0.40	0.10 0.20	0.05 0.10	0.025 0.05	0.01 0.02	0.005 0.010	0.0025 0.0050	0.001 0.002	0.0005 0.0001
					概率，P					
1	1.000	1.376	3.078	6.314	12.706	31.821	63.657	127.321	318.309	636.619
2	0.816	1.061	1.886	2.920	4.303	6.965	9.925	14.089	22.327	31.599
3	0.765	0.978	1.638	2.353	3.182	4.540	5.841	7.453	10.215	12.924
4	0.741	0.941	1.533	2.132	2.776	3.747	4.604	5.597	7.173	8.610
5	0.727	0.920	1.476	2.015	2.570	3.365	4.032	4.773	5.893	6.868
6	0.718	0.906	1.440	1.943	2.447	3.143	3.707	4.317	5.208	5.959
7	0.711	0.896	1.415	1.895	2.365	2.998	3.499	4.029	4.785	5.408
8	0.706	0.889	1.397	1.859	2.306	2.896	3.355	3.833	4.501	5.041
9	0.703	0.883	1.383	1.833	2.262	2.821	3.250	3.690	4.297	4.781
10	0.700	0.879	1.372	1.812	2.228	2.764	3.169	3.581	4.144	4.587
11	0.697	0.876	1.363	1.796	2.201	2.718	3.106	3.496	4.025	4.437
12	0.695	0.873	1.356	1.782	2.179	2.681	3.055	3.428	3.930	4.318
13	0.694	0.870	1.350	1.771	2.160	2.650	3.012	3.372	3.852	4.221
14	0.692	0.868	1.345	1.761	2.145	2.624	2.977	3.326	3.787	4.140
15	0.691	0.866	1.341	1.753	2.131	2.602	2.947	3.286	3.733	4.073
16	0.690	0.865	1.337	1.746	2.120	2.583	2.921	3.252	3.686	4.015
17	0.689	0.863	1.333	1.740	2.110	2.567	2.898	3.222	3.646	3.965
18	0.688	0.862	1.330	1.734	2.101	2.552	2.878	3.197	3.610	3.922
19	0.688	0.861	1.328	1.729	2.093	2.539	2.861	3.174	3.579	3.883
20	0.687	0.860	1.325	1.725	2.086	2.528	2.845	3.153	3.552	3.849
21	0.686	0.859	1.323	1.721	2.080	2.518	2.831	3.135	3.527	3.819
22	0.686	0.858	1.321	1.717	2.074	2.508	2.819	3.119	3.505	3.792
23	0.685	0.858	1.319	1.714	2.069	2.500	2.807	3.104	3.485	3.768
24	0.685	0.857	1.318	1.711	2.064	2.492	2.797	3.091	3.467	3.745
25	0.684	0.856	1.316	1.708	2.060	2.485	2.787	3.078	3.450	3.725

v	概率，P									
	单侧: 0.25	0.20	0.10	0.05	0.025	0.01	0.005	0.0025	0.001	0.0005
	双侧: 0.50	0.40	0.20	0.10	0.05	0.02	0.010	0.0050	0.002	0.0001
26	0.684	0.856	1.315	1.706	2.056	2.479	2.779	3.067	3.435	3.707
27	0.684	0.855	1.314	1.703	2.052	2.473	2.771	3.056	3.421	3.690
28	0.683	0.855	1.313	1.701	2.048	2.467	2.763	3.047	3.408	3.674
29	0.683	0.854	1.311	1.699	2.045	2.462	2.756	3.038	3.396	3.659
30	0.683	0.854	1.310	1.697	2.042	2.457	2.750	3.030	3.385	3.646
31	0.683	0.853	1.309	1.696	2.040	2.453	2.744	3.022	3.375	3.633
32	0.682	0.853	1.309	1.694	2.037	2.449	2.738	3.015	3.365	3.622
33	0.682	0.853	1.308	1.692	2.035	2.445	2.733	3.008	3.356	3.611
34	0.682	0.852	1.307	1.691	2.032	2.441	2.728	3.002	3.348	3.601
35	0.682	0.852	1.306	1.690	2.030	2.438	2.724	2.996	3.340	3.591
36	0.681	0.852	1.306	1.688	2.028	2.434	2.719	2.990	3.332	3.582
37	0.681	0.851	1.305	1.687	2.026	2.431	2.715	2.985	3.325	3.574
38	0.681	0.851	1.304	1.686	2.024	2.429	2.712	2.980	3.319	3.565
39	0.681	0.851	1.304	1.685	2.023	2.426	2.708	2.976	3.313	3.558
40	0.681	0.851	1.303	1.684	2.021	2.423	2.704	2.971	3.307	3.551
50	0.679	0.849	1.299	1.676	2.009	2.403	2.678	2.937	3.261	3.496
60	0.679	0.848	1.296	1.671	2.000	2.390	2.660	2.915	3.232	3.460
70	0.678	0.847	1.294	1.667	1.994	2.381	2.648	2.899	3.211	3.435
80	0.678	0.846	1.292	1.664	1.990	2.374	2.639	2.887	3.195	3.416
90	0.677	0.846	1.291	1.662	1.987	2.368	2.632	2.878	3.183	3.402
100	0.677	0.845	1.290	1.660	1.984	2.364	2.626	2.871	3.174	3.390
200	0.676	0.843	1.286	1.653	1.972	2.345	2.601	2.839	3.131	3.340
∞	0.675	0.842	1.282	1.645	1.960	2.326	2.576	2.807	3.090	3.290

附表3　卡方分布界值表

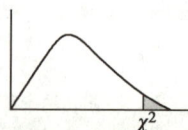

v	\multicolumn{13}{c}{a（右侧尾部面积）}
	0.995	0.990	0.975	0.950	0.900	0.750	0.500	0.250	0.100	0.050	0.025	0.010	0.005
1	—	—	—	—	0.02	0.10	0.45	1.32	2.71	3.84	5.02	6.63	7.88
2	0.01	0.02	0.05	0.10	0.21	0.58	1.39	2.77	4.61	5.99	7.38	9.21	10.60
3	0.07	0.11	0.22	0.35	0.58	1.21	2.37	4.11	6.25	7.81	9.35	11.34	12.84
4	0.21	0.30	0.48	0.71	1.06	1.92	3.36	5.39	7.78	9.49	11.14	13.28	14.86
5	0.41	0.55	0.83	1.15	1.61	2.67	4.35	6.63	9.24	11.07	12.83	15.09	16.75
6	0.68	0.87	1.24	1.64	2.20	3.45	5.35	7.84	10.64	12.59	14.45	16.81	18.55
7	0.99	1.24	1.69	2.17	2.83	4.25	6.35	9.04	12.02	14.07	16.01	18.48	20.28
8	1.34	1.65	2.18	2.73	3.49	5.07	7.34	10.22	13.36	15.51	17.53	20.09	21.95
9	1.73	2.09	2.70	3.33	4.17	5.90	8.34	11.39	14.68	16.92	19.02	21.67	23.59
10	2.16	2.56	3.25	3.94	4.87	6.74	9.34	12.55	15.99	18.31	20.48	23.21	25.19
11	2.60	3.05	3.82	4.57	5.58	7.58	10.34	13.70	17.28	19.68	21.92	24.72	26.76
12	3.07	3.57	4.40	5.23	6.30	8.44	11.34	14.85	18.55	21.03	23.34	26.22	28.30
13	3.57	4.11	5.01	5.89	7.04	9.30	12.34	15.98	19.81	22.36	24.74	27.69	29.82
14	4.07	4.66	5.63	6.57	7.79	10.17	13.34	17.12	21.06	23.68	26.12	29.14	31.32
15	4.60	5.23	6.26	7.26	8.55	11.04	14.34	18.25	22.31	25.00	27.49	30.58	32.80
16	5.14	5.81	6.91	7.96	9.31	11.91	15.34	19.37	23.54	26.30	28.85	32.00	34.27
17	5.70	6.41	7.56	8.67	10.09	12.79	16.34	20.49	24.77	27.59	30.19	33.41	35.72
18	6.26	7.01	8.23	9.39	10.86	13.68	17.34	21.60	25.99	28.87	31.53	34.81	37.16
19	6.84	7.63	8.91	10.12	11.65	14.56	18.34	22.72	27.20	30.14	32.85	36.19	38.58
20	7.43	8.26	9.59	10.85	12.44	15.45	19.34	23.83	28.41	31.41	34.17	37.57	40.00
21	8.03	8.90	10.28	11.59	13.24	16.34	20.34	24.93	29.62	32.67	35.48	38.93	41.40
22	8.64	9.54	10.98	12.34	14.04	17.24	21.34	26.04	30.81	33.92	36.78	40.29	42.80
23	9.26	10.20	11.69	13.09	14.85	18.14	22.34	27.14	32.01	35.17	38.08	41.64	44.18
24	9.89	10.86	12.40	13.85	15.66	19.04	23.34	28.24	33.20	36.42	39.36	42.98	45.56
25	10.52	11.52	13.12	14.61	16.47	19.94	24.34	29.34	34.38	37.65	40.65	44.31	46.93
26	11.16	12.20	13.84	15.38	17.29	20.84	25.34	30.43	35.56	38.89	41.92	45.64	48.29
27	11.81	12.88	14.57	16.15	18.11	21.75	26.34	31.53	36.74	40.11	43.19	46.96	49.64
28	12.46	13.56	15.31	16.93	18.94	22.66	27.34	32.62	37.92	41.34	44.46	48.28	50.99
29	13.12	14.26	16.05	17.71	19.77	23.57	28.34	33.71	39.09	42.56	45.72	49.59	52.34
30	13.79	14.95	16.79	18.49	20.60	24.48	29.34	34.80	40.26	43.77	46.98	50.89	53.67

v	\multicolumn{13}{c}{α（右侧尾部面积）}
	0.995	0.990	0.975	0.950	0.900	0.750	0.500	0.250	0.100	0.050	0.025	0.010	0.005
40	20.71	22.16	24.43	26.51	29.05	33.66	39.34	45.62	51.81	55.76	59.34	63.69	66.77
50	27.99	29.71	32.36	34.76	37.69	42.94	49.33	56.33	63.17	67.50	71.42	76.15	79.49
60	35.53	37.48	40.48	43.19	46.46	52.29	59.33	66.98	74.40	79.08	83.30	88.38	91.95
70	43.28	45.44	48.76	51.74	55.33	61.70	69.33	77.58	85.53	90.53	95.02	100.43	104.21
80	51.17	53.54	57.15	60.39	64.28	71.14	79.33	88.13	96.58	101.88	106.63	112.33	116.32
90	59.20	61.75	65.65	69.13	73.29	80.62	89.33	98.65	107.57	113.15	118.14	124.12	128.30
100	67.33	70.06	74.22	77.93	82.36	90.13	99.33	109.14	118.50	124.34	129.56	135.81	140.17

附表4 相关系数 r 界值表

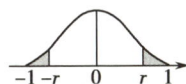

v	单侧：	0.25	0.10	0.05	0.025	0.01	0.005	0.0025	0.001	0.000
	双侧：	0.50	0.20	0.10	0.05	0.02	0.01	0.005	0.002	0.001
1		0.707	0.951	0.988	0.997	1.000	1.000	1.000	1.000	1.000
2		0.500	0.800	0.900	0.950	0.980	0.990	0.995	0.998	0.999
3		0.404	0.687	0.805	0.878	0.934	0.959	0.974	0.986	0.991
4		0.347	0.608	0.729	0.811	0.882	0.917	0.942	0.963	0.974
5		0.309	0.551	0.669	0.755	0.833	0.875	0.906	0.935	0.951
6		0.281	0.507	0.621	0.707	0.789	0.834	0.870	0.905	0.925
7		0.260	0.472	0.582	0.666	0.750	0.798	0.836	0.875	0.898
8		0.242	0.443	0.549	0.632	0.715	0.765	0.805	0.847	0.872
9		0.228	0.419	0.521	0.602	0.685	0.735	0.776	0.820	0.847
10		0.216	0.398	0.497	0.576	0.658	0.708	0.750	0.795	0.823
11		0.206	0.380	0.476	0.553	0.634	0.684	0.726	0.772	0.801
12		0.197	0.365	0.457	0.532	0.612	0.661	0.703	0.750	0.780
13		0.189	0.351	0.441	0.514	0.592	0.641	0.683	0.730	0.760
14		0.182	0.338	0.426	0.497	0.574	0.623	0.664	0.711	0.742
15		0.176	0.327	0.412	0.482	0.558	0.606	0.647	0.694	0.725
16		0.170	0.317	0.400	0.468	0.542	0.590	0.631	0.678	0.708
17		0.165	0.308	0.389	0.456	0.529	0.575	0.616	0.662	0.693
18		0.160	0.299	0.378	0.444	0.515	0.561	0.602	0.648	0.679
19		0.156	0.291	0.369	0.433	0.503	0.549	0.589	0.635	0.665
20		0.152	0.284	0.360	0.423	0.492	0.537	0.576	0.622	0.652

v	概率，P								
	单侧：0.25	0.10	0.05	0.025	0.01	0.005	0.0025	0.001	0.000
	双侧：0.50	0.20	0.10	0.05	0.02	0.01	0.005	0.002	0.001
21	0.148	0.277	0.352	0.413	0.482	0.526	0.565	0.610	0.640
22	0.145	0.271	0.344	0.404	0.472	0，515	0.554	0.599	0.629
23	0.141	0.265	0.337	0.396	0.462	0.505	0.543	0.588	0.618
24	0.138	0.260	0.330	0.388	0.453	0.496	0.534	0.578	0.607
25	0.136	0.255	0.323	0.381	0.445	0.487	0.524	0.568	0.597
26	0.133	0.250	0.317	0.374	0.437	0.479	0.515	0.559	0.588
27	0.131	0.245	0.311	0.367	0.430	0.471	0.507	0.550	0.579
28	0.128	0.241	0.306	0.361	0.423	0.463	0.499	0.541	0.570
29	0.126	0.237	0.301	0.355	0.416	0.456	0.491	0.533	0.562
30	0.124	0.233	0.296	0.349	0.409	0.449	0.484	0.526	0.554
31	0.122	0.229	0.291	0.344	0.403	0.442	0.477	0.518	0.546
32	0.120	0.225	0.287	0.339	0.397	0.436	0.470	0.511	0.539
33	0.118	0.222	0.283	0.334	0.392	0.430	0.464	0.504	0.532
34	0.116	0.219	0.279	0.329	0.386	0.424	0.458	0.498	0.525
35	0.115	0.216	0.275	0.325	0.381	0.418	0.452	0.492	0.519
36	0.113	0.213	0.271	0.320	0.376	0.413	0.446	0.486	0.513
37	0.111	0.210	0.267	0.316	0.371	0.408	0.441	0.480	0.507
38	0.110	0.207	0.264	0.312	0.367	0.403	0.435	0.474	0.501
39	0.108	0.204	0.261	0.308	0.362	0.398	0.430	0.469	0.495
40	0.107	0.202	0.257	0.304	0.358	0.393	0.425	0.463	0.490
41	0.106	0.199	0.254	0.301	0.354	0.389	0.420	0.458	0.484
42	0.104	0.197	0.251	0.297	0.250	0.384	0.416	0.453	0.479
43	0.103	0.195	0.248	0.294	0.346	0.380	0.411	0.449	0.474
44	0.102	0.192	0.246	0.291	0.342	0.376	0.407	0.444	0.469
45	0.101	0.190	0.243	0.288	0.338	0.372	0.403	0.439	0.465
46	0.100	0.188	0.240	0.285	0.335	0.368	0.399	0.435	0.460
47	0.099	0.186	0.238	0.282	0.331	0.365	0.395	0.421	0.456
48	0.098	0.184	0.235	0.279	0.328	0.361	0.391	0.427	0.451
49	0.097	0.182	0.233	0.276	0.325	0.358	0.387	0.423	0.447
50	0.096	0.181	0.231	0.273	0.322	0.354	0.384	0.419	0.443

参考文献

［1］陈向明. 质的研究方法与社会科学研究. 北京：教育科学出版社，2000.

［2］董永丽，何生奇，高云，等. 人工智能背景下我国中医药发展的SWOT分析与对策研究. 国际中医中药杂志，2020，42（7）：615-619.

［3］樊佳赛，陶立元，杨梦溪. 混合方法研究在临床心力衰竭研究中的应用. 中国循环杂志，2021，36（7）：721-724.

［4］方积乾. 卫生统计学. 7版. 北京：人民卫生出版社，2012.

［5］风笑天. 社会研究方法. 5版. 北京：中国人民大学出版社，2018.

［6］韩启德. 医学的温度. 北京：商务印书馆，2020.

［7］李晓松. 卫生统计学. 8版. 北京：人民卫生出版社，2017.

［8］林翠清，段玉婷，陆丽明. 队列研究在中医药领域的应用. 中华中医药学刊，2021，39（2）：189-193.

［9］刘国恩. 中国药物经济学评价指南2020. 北京：中国市场出版社，2020.

［10］刘民，胡志斌. 医学科研方法学. 3版. 北京：人民卫生出版社，2020.

［11］刘续宝，孙业桓. 临床流行病学与循证医学. 5版. 北京：人民卫生出版社，2018.

［12］刘雪寒，鲁春丽，刘建平. 定性访谈法在中医药领域中的应用及优势. 现代中医临床，2020，27（6）：50-56.

［13］罗伯特. F. 得威利斯. 量表编制：理论与应用. 席仲恩，杜珏，译. 重庆：重庆大学出版社，2016.

［14］陶庄. 经典秩和比法详解. 数理医药学杂志，2007，20（2）：122-125.

［15］施榕，郭爱民. 全科医生科研方法. 2版. 北京：人民卫生出版社，2017.

［16］王家良. 临床流行病学　临床科研设计、测量与评价. 3版. 上海：上海科学技术出版社，2009.

［17］王志飞，谢雁鸣. 中药上市后再评价发展概述. 世界中医药，2014（9）：1113-1116，1119.

［18］王忠，刘骏，王永炎. 中成药上市后再评价关键技术领域及其相互关系. 中药与临床，2010，1（1）：10-12.

［19］邬晓芳，段玉婷，陆丽明. 病例-对照研究在中医药领域安全性应用的思考.

中华中医药杂志，2020，35（10）：4823–4826.

［20］谢雁鸣．中医药临床评价方法研究与实践．北京：人民卫生出版社，2014.

［21］于丹丹，廖星，章轶立，等．混合方法研究及其在中医药领域应用的意义．中医杂志，2019，60（13）：1089–1094.

［22］颜虹．医学统计学．2版．北京：人民卫生出版社，2010.

［23］于燕乔，史大卓，曲华，等．定性研究方法在中医药领域的应用与思考．世界中医药，2021，16（13）：2058–2060.

［24］张俊华，孙鑫．循证中医药学，上海：上海科学技术出版社，2017.

［25］中国互联网络信息中心．第47次《中国互联网络发展状况统计报告》．http://www.cnnic.cn/hlwfzyj/hlwxzbg/hlwtjbg/202102/P020210203334633480104.pdf.

［26］中国互联网络信息中心．2019年中国网民搜索引擎使用情况研究报告．http://www.cnnic.cn/hlwfzyj/hlwxzbg/ssbg/201910/P020191025506904765613.pdf.

［27］中国心血管病预防指南（2017）写作组，中华心血管病杂志编辑委员会．中国心血管病预防指南（2017）．中华心血管病杂志，2018，46（1）：10–25.

［28］BRAUER CA, ROSEN AB, GREENBERG D, et al. Trends in the measurement of health utilities in published cost–utility analyses. Value Health, 2006, 9（4）：213–218.

［29］FRANK AS. Valuing health care: Costs, benefits, and effectiveness of pharmaceuticals and other medical technologies. Cambridge University Press, 1995, 15（3）：492–495.

［30］LIU X, YU C, WANG Y, et al. Trends in the incidence and mortality of diabetes in china from 1990 to 2017: a joinpoint and age–period–cohort analysis.International Journal of Environmental Research and Public Health, 2019, 16（1）：158.

［31］MASON H, BAKER R, DONALDSON C. Willingness to pay for a QALY: past, present and future. Expert Review Of Pharmacoeconomics & Outcomes Research, 2008, 8（6）：575–582.

［32］MAGLIANO DJ, SHAW JE, SHORTREED SM, et al. Lifetime risk and projected population prevalence of diabetes. Diabetologia, 2008, 51（12）：2179–2186.

［33］PAGE MJ, MCKENZIE JE, BOSSUYT PM, BOUTRON I, HOFFMANN TC, MULROW CD, et al. The PRISMA 2020 statement: An updated guide line for reporting systematic reviews. PLoS Med, 2021, 18（3）：e1003583.

中英文名词对照索引

C

D

F

X

Y

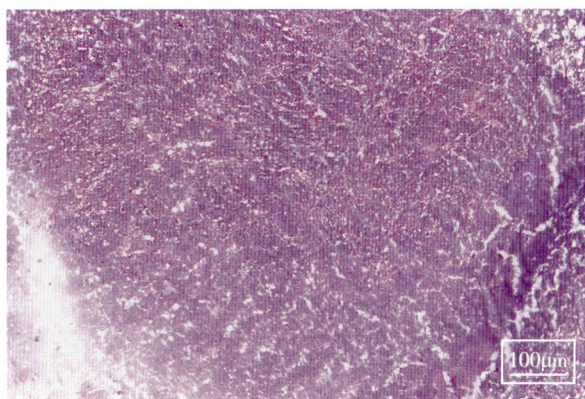

图 13-3 免疫组化图举例